9급 공무원 시험대비 **개정판**

박문각 공무원

기 본 서

New Trend
단기합격 길라잡이

"2025년 출제 기조 전환 어휘[공무원 필수 어휘 & 핵심 어휘 & 실무 어휘] 완벽 반영 및 수록"

진가영 편저

동영상 강의 www.pmg.co.kr

박문각

진가영 영어 단기합격 VOCA

PREFACE

머리말

수험생들에게 최고의 어휘 학습서가 될
New Trend 진가영 영어 단기합격 VOCA 교재를 펴내며...

안녕하세요. 여러분들의 단기합격 길라잡이 진가영입니다.

2025년 출제 기조 전환에 따른 공무원 시험에서 영어 시험이 평이해졌다고 하지만 영어 어휘 영역은 아마 많은 분께 가장 큰 고민거리이자 부담일 것입니다. 즉, 방대하게 느껴지는 영어 어휘의 범위로 인해서 선택과 집중이 힘들고 어휘를 막상 시작한다고 해도 정말 많아 보이는 단어의 양에 압도되어 끝을 보기가 힘드셨을 것입니다.

이번 시험 출제 기조 전환에 따라 빠르고 정확하게 문제를 풀기 위해서는 **인사혁신처에서 이번 기조 전환에서 중요하게 언급하고 있는 활용도가 높은 어휘들과 공무원 실무에 관련된 어휘를 체계적이고 효율적으로 학습할 필요성**이 있습니다.

여러분들의 단기합격 길라잡이로서 여러분들이 현명하게 영어 시험에서 가장 기본이 되고 필수적인 어휘 실력을 향상하는 데 도움을 드리기 위해서 **진가영 영어 단기합격 VOCA** 를 출간하게 되었습니다.

이번 교재에는 **교육부에서 지정하고 있는 필수 어휘들과 공무원 시험에서 자주 출제되는 어휘들을 우선순위로 암기할 수 있도록 기출 빅데이터를 기반으로 어휘가 정리되어있으며 인사혁신처에서 강조하고 있는 실무 어휘들도 체계적으로 정리**가 되어있습니다.

더하여, **진가영 영어 단기합격 VOCA**는 이미 출간 된 이후 꾸준히 최고의 어휘 적중률을 자랑하고 있기 때문에 안전한 교재입니다. 또한 공무원 기본 및 고난도 어휘를 부록으로 제공함으로써 여러분들이 책 한 권으로 공무원 시험에 필요한 어휘를 체계적으로 학습해 나갈 수 있도록 한 교재 입니다.

결국, 공무원 시험에서는 막연한 어휘 공부가 아닌 시험에 정해진 범위 내에서의 체계적인 어휘 학습이 중요하고, 이런 체계적인 어휘 공부를 할 수 있도록 어휘 학습 날개를 달아 줄 교재가 바로 **진가영 영어 단기합격 VOCA** 입니다.

이 교재가 여러분들의 영어 학습을 완성시켜 주는 자양분이 될 수 있다고 자부합니다.

여러분들의 영어 점수를 토대를 다지는 데 기본적이고 필수적인 역할을 하고 어휘 영역을 정복하게 돕는 **진가영 영어 단기합격 VOCA** 의 장점은 다음과 같습니다.

2025년 출제 기조 전환 완벽 반영!

출제 기조 전환에 따른 활용도가 높은 어휘들을 중심으로 총 3개의 파트로 구분하여 변화되는 시험을 제대로 대비할 수 있다.

쉽고 간결한 예문을 통한 어휘 학습 가능!

쉽고 간결한 예문에서 맥락을 통해 어휘 뜻을 익힐 수 있도록 양질의 예문들을 포함하고 있다.

진가영 공무원 영어 앱 & 핸드북 <미니 VOCA> 제공!

진가영 공무원 영어 앱과 핸드북 〈미니 VOCA〉를 통해 언제 어디서든 어휘 암기가 가능하다.

저자 직강으로 효율적인 어휘 암기 가능!

어휘 교재에 관련된 모든 어휘를 저자 강의를 통해 수월한 어휘 학습이 가능하다.

스케줄 관리를 통한 꾸준한 학습 가능!

학습계획표를 통해 가시적으로 학습을 관리하여 꾸준한 어휘 학습이 가능하다.

New Trend 진가영 영어 **단기합격 VOCA** 교재를 통해 꼭 빠른 합격을 이루시길 항상 응원합니다.

여러분들의 노력이 반드시 합격으로 이어지도록 현명한 길라잡이로서 더 좋은 수업을 통해 뵙도록 하겠습니다♥

Dreams come true!
꿈은 반드시 이루어진다!

진심을 다해 가르치는 영어 - 진가영

GUIDE

2025 출제 기조 전환

① 2025년도 출제 기조 전환 "핵심 내용"

"지식암기 위주에서 현장 직무 중심으로 9급 공무원 시험의 출제 기조가 바뀐다"

인사혁신처가 출제하는 9급 공무원 시험 국어·영어 과목의 출제 기조가 2025년부터 전면 전환됩니다. 인사혁신처 처장은 '2023년 업무보고'에서 발표했던 인사처가 출제하는 9급 공무원 시험의 '출제 기조 전환'을 2025년부터 본격 추진한다고 밝혔습니다.

'출제 기조 전환'의 핵심내용은 지식암기 위주로 출제되고 있는 현행 9급 공무원 시험 국어·영어 과목의 출제 기조를 직무능력 중심으로 바꾸고, 민간 채용과의 호환성을 강화하는 것입니다. 현장 직무 중심의 평가를 위해 영어 과목에서는 실제 업무수행에 필요한 실용적인 영어능력을 검증하고자 합니다. 특히 영어 과목에서는 실제 활용도가 높은 어휘를 주로 물어보고 어법의 암기를 덜 요구하는 방식이고, 전자메일과 안내문 등 업무 현장에서 접할 수 있는 소재와 형식을 적극 활용한 문제들로 구성될 것으로 보입니다.

이를 바탕으로 인사혁신처는 종합적 사고력과 실용적 능력을 평가하게 되는 출제 기조 전환으로 공직에 더 적합한 인재를 선발할 수 있고, 공무원과 민간부문 채용시험 간 호환성 제고로 청년들의 시험 준비 부담이 감소되고 우수한 인재가 공직에 보다 더 지원할 것으로 기대하고 있습니다.

② 2025년 "현명한" 신경향 공무원 영어 학습 전략

신경향 어휘 학습

출제 기조 전환 전에는 유의어 유형을 많이 물어보고 단순 암기로 인하여 문제 푸는 시간 또한 절약할 수 있었습니다. 하지만 2025년 출제 기조 전환 예시문제를 보면 어휘는 빈칸 유형으로만 구성된 것으로 보아 **제시문의 맥락을 고려하고 정확한 단서를 찾은 후에 빈칸 안에 어떤 어휘가 적절한 것인지 찾는 훈련과 연습**이 반드시 필요합니다.

신경향 문법 학습

출제 기조 전환 전에는 문법 문제들이 박스형, 문장형, 영작형으로만 구성되었지만 출제 기조 전환 발표 중 일부인 민간 채용과의 호환성을 강화하는 취지로 **TOEIC, TEPS 시험에서 잘 나오는 빈칸 유형이 문법 문제로 새로 추가되었습니다.** 이런 유형들은 기존의 유형들과 확실하게 다른 접근법으로 문제를 풀어야 하므로 **문법 파트별로 체계적인 이론 정리와 더불어 다양한 문제들을 많이 풀어보고 문제 풀이 전략을 정확하고 확실하게 배워야 합니다.**

신경향 독해 학습

출제 기조 전환 전에는 1지문 1문제로 구성되고 각 선지들이 지문에 맞는지, 안 맞는지만 판단하기만 하면 되었지만 **2025년 출제 기조 전환 예시문제를 보면 독해 유형에 세트형이 2문제**로 구성되어 있습니다. 세트형이라고 난도가 더 올라갔다고 보기는 어렵지만 **다소 생소한 형식의 문제 유형이 출제되면 수험생들이 당황하기가 쉬우므로 신유형 독해 문제인 전자메일과 안내문, 홈페이지 게시글 등의 형식들에 대한 체계적인 학습을 통해 빠르고 정확하게 푸는 전략을 체화시켜야 합니다.** 이와 같은 형식으로 단일 지문으로 구성되기도 하니 특히 많은 훈련이 필요한 영역입니다.

CURRICULUM

커리큘럼

2025 출제 기조 전환 대비 단기합격 커리큘럼 영상

2025년
신경향(New Trend)
정규 커리큘럼

합격을 위한 필수 과정

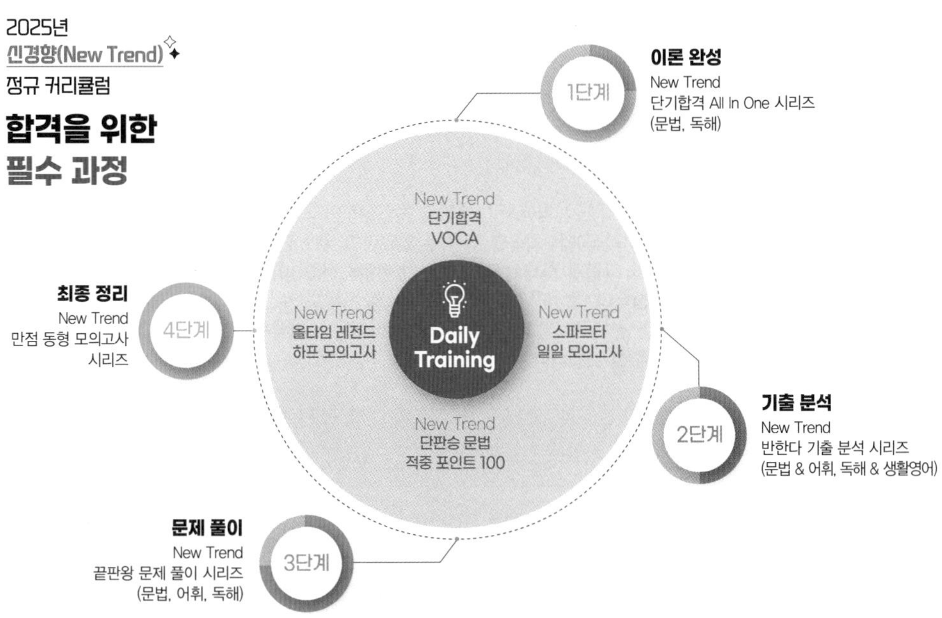

2025년
신경향(New Trend)
보완 커리큘럼

합격을 위한 선택 과정

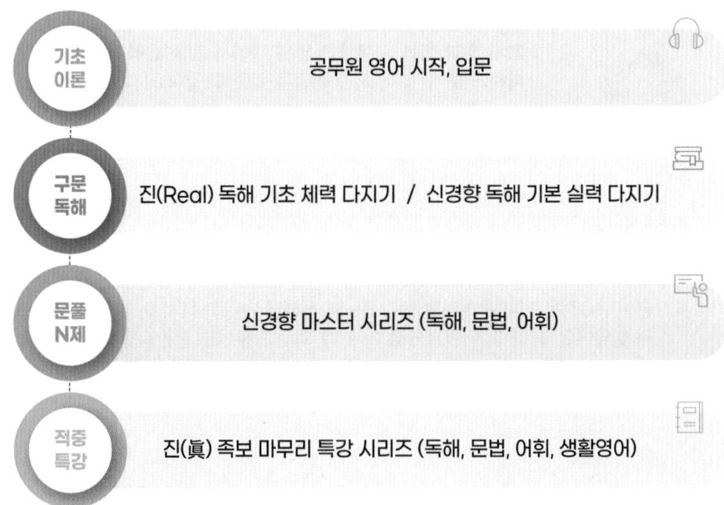

REVIEW

후기

가영쌤과 점수 수직 상승을 만들어 낸 '생생한' 수강후기

★★★★★ 2024년 일반농업직 영어 100점

**주

3번 도전 끝에 마지막이라고 생각한 시험에서 다행히도 최종합격이라는 좋은 결과를 얻을 수 있었습니다. 제가 이번 **국가직에서 최종합격 할 수 있었던 이유는 진가영 선생님 덕분입니다!** 이번 국가직 영어가 어렵게 출제가 되었지만 **가영쌤을 믿고 따른 결과 100점이라는 성적을 거둘 수 있었습니다.** 혹시라도 영어 강의 선택을 앞두고 계신 분들이 있다면 무.조.건. 진.가.영. 영.어.를 선택하시길 바랍니다! **내년에 바뀌는 시험에서도 안전하게 여러분들을 합격까지 인도해주실 것입니다.**

★★★★★ 2024년 사회복지직 영어 95점

**화

I cannot thank you enough♥ 시험을 준비하면서 나름의 소소한 목표 중 하나가 영어 시험을 잘 봐서 가영쌤한테 제가 먼저 올해 영어 잘 봤다고 연락드리는 거였는데, 드디어 그 목표를 이룰 수 있게 되어서 너무 기뻐요! 처음 박문각 와서 하프 들었을 때 3,4개 맞기도 하고 그랬던 적이 있었는데~ **쌤과 열심히 함께 달렸더니 95점이라는 이런 좋은 점수를 받았습니다. 영어는 제 발목을 잡는 과목 중 하나여서 처음부터 끝까지 긴장을 놓지 않고 제일 큰 비중을 두고 공부한 과목이었습니다. 이번 지방직에서 단어, 문법, 생활영어까지 쌤과 함께 공부했던 범위 내에서 계속 반복하며 공부했던 부분들이라 신속하고 정확하게 풀 수 있어 시간 절약을 했던 것 같아요!** 다 가영쌤과 함께한 덕분이에요!

★★★★★ 2024 일반행정직 영어 100점

**선

영어 100점은 진짜 운이라고 생각했는데 선생님 만나고 나서 이게 진짜 실력으로 된다는 걸 알았어요. 단어 미친 반복으로 겨우 다 외우고 문법도 단판승 3시간 너무 좋았고 독해는 그 200제가 정말 좋았어요. 제가 국가직 영어 35분 걸려서 정말 선생님도 찾아뵈고 걱정 많이 했는데 **이번 지방직은 20분 컷해서 정말 좋았어요.** 언제나 감사합니다!!

★★★★★ 2024 일반행정직 영어 95점 **경

공시 시작하고 가영쌤을 만나서 영어 공부도 즐겁게 할 수 있었고 95점이라는 고득점도 해볼 수 있었고 항상 최선을 다하시는 모습을 보면서 많이 본받아야겠다 생각했습니다. 나태해질 때마다 쌤을 보면서 힘을 얻었고 앞으로도 제가 많이 존경하고 진심으로 응원할 영원한 제 1타 강사 가영쌤♥ 건강 잘 챙기시고 곧 태어날 아이와 가족들 또 주변 사람들과 행복한 순간만 앞으로 더 가득하시면 좋겠어요♥ 서울 가게 되면 인사드리러 꼭 갈게요!! 쌤이랑 함께한 시간들 항상 소중했어요❤ I cannot thank you enough♥

★★★★★ 공무원 영어 점수 상승의 구원자 가영쌤 문*정

영어단어는 외우면 다음날 까먹고 누적해서 매일 외우려고 노력했지만 좀처럼 머리에 남는 것이 없었어요. 박문각패스를 끊고 혹시 영어 단어 강의는 없을까? 하며 둘러보던 중 가영쌤의 단어 강의를 보게 되었어요. 맛보기로 강의를 들어보았는데 이게 웬걸, **강의를 한번 듣기만 했는데도 몇몇 단어가 기억에 남는 건 처음이었어요. 정말 가영쌤 아니었으면 영어 때문에 공시를 포기하지 않았을까 생각해요.**

★★★★★ 진가영쌤 독해 필수 어휘 수강, 실강 후기 김*생

영어 교수님만 3번째인 공시생입니다. 여태 지도해주셨던 **어떤 교수님들보다도 단순히 누구나 늘어 놓을 수 있는 말이 아닌 가장 이해가 쉽고 수업 자체를 재치 있고 유머러스하게 진행해 주시니 집중도 잘됩니다.** 특히 어휘 강의의 경우, **반복학습에 유리한 구성의 교재와 외우기 어려운 단어를 쉽게 외우는 팁 그리고 어근 어원 등을 활용하여 강의해 주시기 때문에 암기에 탁월합니다.** 사실 여담이지만 노량진 강사님들 통틀어 가장 미인이세요.

GUIDE

구성 및 특징

① 2025년 출제 기조 전환 완벽 반영

출제 기조 전환에 따른 활용도가 높은 어휘들을 중심으로 총 3개의 파트로 구분하여 변화되는 시험을 제대로 대비할 수 있다.

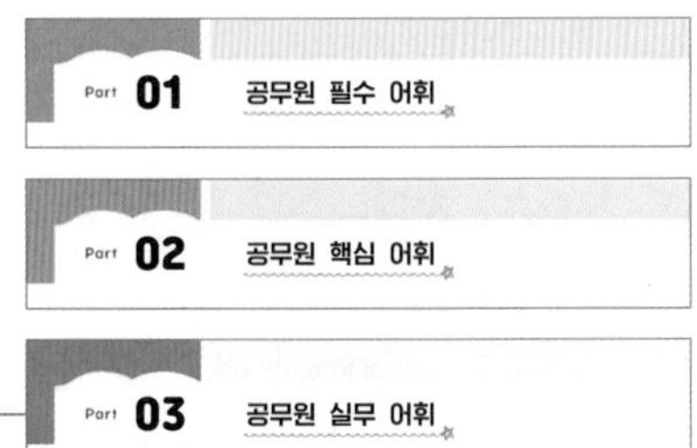

Part 01 공무원 필수 어휘
Part 02 공무원 핵심 어휘
Part 03 공무원 실무 어휘

② 쉽고 간결한 예문을 통한 어휘 학습 가능

쉽고 간결한 예문에서 맥락을 통해 어휘 뜻을 익힐 수 있도록 양질의 예문들을 포함하고 있다.

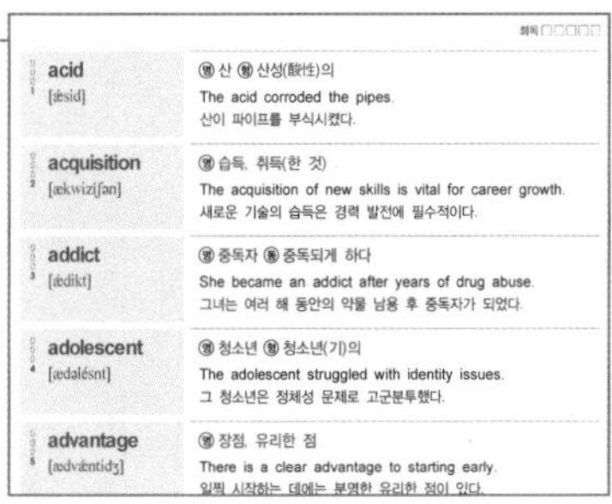

0001	acid [æsid]	명 산 형 산성(酸性)의 The acid corroded the pipes. 산이 파이프를 부식시켰다.
0002	acquisition [ækwizíʃən]	명 습득, 취득(한 것) The acquisition of new skills is vital for career growth. 새로운 기술의 습득은 경력 발전에 필수적이다.
0003	addict [ǽdikt]	명 중독자 동 중독되게 하다 She became an addict after years of drug abuse. 그녀는 여러 해 동안의 약물 남용 후 중독자가 되었다.
0004	adolescent [ædəlésnt]	명 청소년 형 청소년(기)의 The adolescent struggled with identity issues. 그 청소년은 정체성 문제로 고군분투했다.
0005	advantage [ədvǽntidʒ]	명 장점, 유리한 점 There is a clear advantage to starting early. 일찍 시작하는 데에는 분명한 유리한 점이 있다.

③ Preview Test / Review & Level up Test

어휘 학습 전후 수록되어 있는 Test를 통해 어휘실력을 점검하고 향상시킬 수 있다.

DAY 01 PREVIEW & DIAGNOSIS TEST

01	acid	26	attitude
02	acquisition	27	audience
03	addict	28	avenue
04	adolescent	29	barrier
05	advantage	30	basis
06	affair	31	biography
07	affection	32	blank
08	agenda	33	boundary
09	agent	34	budget
10	agriculture	35	candidate
11	aircraft	36	capital
12	ambition	37	career
13	anchor	38	category
14	anniversary	39	celebrity
15	anxiety	40	certificate

④ 진가영 공무원 영어 앱 & 핸드북 <미니 VOCA> 제공

진가영 공무원 영어 앱과 핸드북 〈미니 VOCA〉를 통해 언제 어디서든 어휘 암기가 가능하다.

DAY 01 공무원 필수 어휘

0001	acid	산, 산성(酸性)의
0002	acquisition	습득, 취득(한 것)
0003	addict	중독자, 중독되게 하다
0004	adolescent	청소년, 청소년(기)의

⑤ 스케줄 관리를 통한 꾸준한 학습 가능

학습계획표를 통해 가시적으로 학습을 관리하여 꾸준한 어휘 학습이 가능하다.

GUIDE 학습계획표

학습계획표

PART 01 필수 어휘	1회독	2회독	3회독	4회독	5회독
DAY 01					
DAY 02					
DAY 03					
DAY 04					
DAY 05					
DAY 06					
DAY 07					
DAY 08					
DAY 09					
DAY 10					
DAY 11					
DAY 12					
DAY 13					
DAY 14					
DAY 15					
DAY 16					
DAY 17					
DAY 18					
DAY 19					
DAY 20					
PART 02 핵심 어휘	**1회독**	**2회독**	**3회독**	**4회독**	**5회독**
DAY 21					
DAY 22					
DAY 23					
DAY 24					
DAY 25					
DAY 26					
DAY 27					
DAY 28					
DAY 29					
DAY 30					
DAY 31					
DAY 32					
DAY 33					
DAY 34					
DAY 35					
DAY 36					
DAY 37					
DAY 38					
DAY 39					
DAY 40					
PART 03 실무 어휘	**1회독**	**2회독**	**3회독**	**4회독**	**5회독**
DAY 41					
DAY 42					
DAY 43					
DAY 44					
DAY 45					
DAY 46					
DAY 47					
DAY 48					
DAY 49					
DAY 50					

CONTENTS

차례

part 03 공무원 실무 어휘

+ 부록

New Trend
단기합격 길라잡이

진가영 영어
단기합격 VOCA

진가영 영어연구소 | cafe.naver.com/easyenglish7

Part

01

공무원 필수 어휘

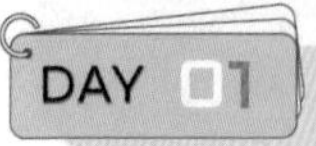

공무원 필수 어휘

DAY 01 PREVIEW & DIAGNOSIS TEST

01 acid ____________

02 acquisition ____________

03 addict ____________

04 adolescent ____________

05 advantage ____________

06 affair ____________

07 affection ____________

08 agenda ____________

09 agent ____________

10 agriculture ____________

11 aircraft ____________

12 ambition ____________

13 anchor ____________

14 anniversary ____________

15 anxiety ____________

16 apology ____________

17 architect ____________

18 archive ____________

19 article ____________

20 aspect ____________

21 asset ____________

22 athlete ____________

23 atmosphere ____________

24 atom ____________

25 attention ____________

26 attitude ____________

27 audience ____________

28 avenue ____________

29 barrier ____________

30 basis ____________

31 biography ____________

32 blank ____________

33 boundary ____________

34 budget ____________

35 candidate ____________

36 capital ____________

37 career ____________

38 category ____________

39 celebrity ____________

40 certificate ____________

41 chairman ____________

42 chaos ____________

43 character ____________

44 charity ____________

45 choir ____________

46 circumstance ____________

47 climate ____________

48 code ____________

49 colleague ____________

50 colony ____________

[정답 ☞ 네이버 카페 '진가영 영어 연구소'에서 확인]

0001 **acid**
[ǽsid]

명 산 형 산성(酸性)의
The acid corroded the pipes.
산이 파이프를 부식시켰다.

0002 **acquisition**
[æ̀kwizíʃən]

명 습득, 취득(한 것)
The acquisition of new skills is vital for career growth.
새로운 기술의 습득은 경력 발전에 필수적이다.

0003 **addict**
[ǽdikt]

명 중독자 동 중독되게 하다
She became an addict after years of drug abuse.
그녀는 여러 해 동안의 약물 남용 후 중독자가 되었다.

0004 **adolescent**
[æ̀dəlésnt]

명 청소년 형 청소년(기)의
The adolescent struggled with identity issues.
그 청소년은 정체성 문제로 고군분투했다.

0005 **advantage**
[ædvǽntidʒ]

명 장점, 유리한 점
There is a clear advantage to starting early.
일찍 시작하는 데에는 분명한 유리한 점이 있다.
반 disadvantage 단점

0006 **affair**
[əfɛ́ər]

명 일, 사건
She was busy with her personal affairs.
그녀는 개인적인 일로 바빴다.

0007 **affection**
[əfékʃən]

명 애착, 애정
She showed great affection for her pet cat.
그녀는 자신의 반려 고양이에 대한 큰 애정을 보였다.

0008 **agenda**
[ədʒéndə]

명 안건, 의제
The man added a new item to the agenda.
그 남자는 의제에 새로운 항목을 추가했다.

0009 **agent**
[éidʒənt]

명 대리인, 행위자
The old man appointed a new agent.
그 나이든 남자는 새로운 대리인을 임명했다.

0010 **agriculture**
[ǽgrəkʌltʃər]

명 농업
Agriculture is vital for ensuring food security and economic stability.
농업은 식량 안보와 경제 안정을 보장하는 데 중요하다.

회독 □□□□□

0011 **aircraft** [e'rkræ,ft]

㉬ 항공기

New safety measures were introduced to enhance aircraft security.

항공기 안전을 강화하기 위해 새로운 안전 조치가 도입되었다.

0012 **ambition** [æmbíʃən]

㉬ 야망, 포부

His ambition is to become a successful entrepreneur.

그의 야망은 성공적인 기업가가 되는 것이다.

0013 **anchor** [ǽŋkər]

㉬ 닻, 앵커 ⓓ 정박하다, 고정시키다

The anchor symbolizes stability and strength.

닻은 안정과 힘을 상징한다.

0014 **anniversary** [ænəvə́:rsəri]

㉬ 기념일

The company is planning a big event for its anniversary.

그 회사는 창립 기념일을 위해 큰 행사를 계획하고 있다.

0015 **anxiety** [æŋzáiəti]

㉬ 염려, 불안

His anxiety about the exam was palpable.

그의 시험에 대한 불안은 뚜렷하게 느껴졌다.

0016 **apology** [əpɑ́lədʒi]

㉬ 사과

He gave a sincere apology to his friend.

그는 친구에게 진심으로 사과했다.

0017 **architect** [ɑ́:rkətèkt]

㉬ 건축가

The city hired an architect to redesign the downtown area.

그 도시는 시내 지역을 재설계하기 위해 건축가를 고용했다.

0018 **archive** [ɑ́:rkaiv]

㉬ 기록 보관소, 기록(pl.)

The historian found valuable documents in the archive.

역사학자는 기록 보관소에서 귀중한 문서를 찾았다.

0019 **article** [ɑ́:rtikl]

㉬ 글, 기사, 물건, (문법) 관사

She wrote an article about climate change for the magazine.

그녀는 그 잡지에 기후 변화에 대한 기사를 썼다.

0020 **aspect** [ǽspekt]

㉬ 측면, 관점

The most important aspect of the job is teamwork.

그 일의 가장 중요한 측면은 팀워크이다.

0021 **asset** [ǽset]

㉮ 자산, 재산, 이점

The company's most valuable asset is its employees.
회사의 가장 귀중한 자산은 직원들이다.

0022 **athlete** [ǽθliːt]

㉮ (운동) 선수

Athletes train rigorously to improve their performance.
선수들은 성능을 향상시키기 위해 엄격히 훈련한다.

0023 **atmosphere** [ǽtməsfiər]

㉮ 대기, 분위기

Air pollution can affect the atmosphere and climate.
대기 오염은 대기와 기후에 영향을 미칠 수 있다.

0024 **atom** [ǽtəm]

㉮ 원자, 극히 작은 것

Atoms consist of protons, neutrons, and electrons.
원자는 양성자, 중성자, 전자로 구성되어 있다.

0025 **attention** [əténʃən]

㉮ 주의, 주목, 관심, 흥미

She caught everyone's attention with her speech.
그녀는 자신의 연설로 모든 이의 주목을 이끌었다.

0026 **attitude** [ǽtitjùːd]

㉮ 태도

My positive attitude made everyone feel better.
나의 긍정적인 태도가 모두를 더 기분 좋게 만들었다.

0027 **audience** [ɔ́ːdiəns]

㉮ 관중, 청중

The concert drew a large audience to the park.
그 콘서트는 공원에 많은 관중을 끌어들였다.

0028 **avenue** [ǽvənjùː]

㉮ 길, 거리

They walked down the bustling avenue.
그들은 붐비는 거리를 걸었다.

0029 **barrier** [bǽriər]

㉮ 장벽, 장애물

Language can be a barrier to effective communication.
언어는 효과적인 의사소통의 장벽이 될 수 있다.

0030 **basis** [béisis]

㉮ 근거, 기초, 기반

The center is run on a non-profit basis.
그 센터는 비영리를 기반으로 운영된다.

회독 □□□□□

0031 **biography** [baiɑ́grəfi]

㉮ 전기, 일대기

She wrote a biography of the famous scientist

그녀는 그 유명한 과학자의 전기를 썼다.

0032 **blank** [blæŋk]

명 공백, 여백 형 빈

I stared at the blank page, unsure of what to write.

나는 무엇을 써야 할지 모르고 빈 종이를 응시했다.

0033 **boundary** [báundəri]

명 경계

The fence marks the boundary of the property.

울타리가 그 토지의 경계를 표시한다.

0034 **budget** [bʌ́dʒit]

명 예산

We need to stick to our budget for the project.

우리는 프로젝트 예산을 지켜야 한다.

0035 **candidate** [kǽndidèit]

명 지원자, 후보자

Several candidates are running for the city council seat.

여러 후보자가 시의회 의석을 위해 출마하고 있다.

0036 **capital** [kǽpətl]

명 자본, 수도, 대문자 형 주요한, 사형의

The company is going to invest more capital in technology.

그 회사는 기술에 더 많은 자본을 투자할 예정이다.

0037 **career** [kəríər]

명 경력, 직업

He has built a successful career in finance.

그는 금융 분야에서 성공적인 경력을 쌓았다.

0038 **category** [kǽtəgɔ̀ːri]

명 카테고리, 범주

This event falls into the category of outdoor activities.

이 행사는 야외 활동 범주에 속한다.

0039 **celebrity** [səlébrəti]

명 유명 인사

The celebrity was mobbed by fans at the airport.

그 유명 인사는 공항에서 팬들에게 둘러싸였다.

0040 **certificate** [sərtífikeɪt]

명 증명서, 자격증

He earned a certificate in digital marketing.

그는 디지털 마케팅에서 자격증을 취득했다.

0041 **chairman** [ʧɛərmən]
명 의장, 회장
The new chairman was elected unanimously by the board.
신임 회장은 이사회에 의해 만장일치로 선출되었다.

0042 **chaos** [kéias]
명 혼돈, 혼란
The city was in chaos after the sudden storm.
갑작스러운 폭풍 후 도시가 혼란에 빠졌다.

0043 **character** [kǽriktər]
명 성격, 특징, 인물
He is known for his kind character and generosity.
그는 친절한 성격과 관대함으로 알려져 있다.

0044 **charity** [ʧǽrəti]
명 자선단체, 자애, 자비
The charity helps provide food and shelter to the homeless.
그 자선단체는 노숙자들에게 음식과 쉼터를 제공하는 데 도움을 준다.

0045 **choir** [kwaiər]
명 성가대, 합창단
The choir rehearsed for the upcoming concert.
합창단은 다가오는 콘서트를 위해 연습했다.

0046 **circumstance** [sə́ːrkəmstæns]
명 상황, 환경
In certain circumstances, exceptions can be made.
특정 상황에서는 예외가 허용될 수 있다.

0047 **climate** [kláimit]
명 기후
The climate in this region is typically mild and temperate.
이 지역의 기후는 보통 온화하고 온난하다.

0048 **code** [koud]
명 암호, 부호, 코드, 법전
The programmer tested the code for any errors.
프로그래머는 코드에 오류가 없는지 테스트했다.

0049 **colleague** [kɑ́liːg]
명 동료
His colleague praised his innovative ideas.
그의 동료는 그의 혁신적인 아이디어를 칭찬했다.

0050 **colony** [kɑ́ləni]
명 식민지, 집단(거주지), 군집
The country was once a British colony.
그 나라는 한때 영국의 식민지였다.

DAY 01 REVIEW & LEVEL-UP TEST

■ 괄호 안에 알맞은 단어를 고르시오.

01 He is a coffee [addict / adolescent] and always has a cup in hand.

02 He has the [anchor / ambition] to start his own business.

03 The company's valuable [asset / audience] is its intellectual property.

■ 다음 빈칸에 문맥상 적절한 단어를 고르시오.

• architect	• anxiety	• agriculture

04 Advancements in ________ have increased food production.

05 His ________ about the future often keeps him awake at night.

06 As an ________, she has worked on many famous buildings.

■ 다음 빈칸에 적절한 뜻을 쓰시오.

07 We need to add the budget review to the agenda for the meeting.
우리는 내일 회의의 ________에 예산 검토를 추가해야 한다.

08 The biography was so well-written that it became a bestseller.
그 ________는 너무 잘 쓰여져서 베스트셀러가 되었다.

09 The tropical climate of the region makes it a popular destination.
그 지역의 열대 ________는 그것을 인기 있는 목적지로 만든다.

[해석 ☞ 네이버 카페 '진가영 영어 연구소'에서 확인] 

정답

01 addict 02 ambition 03 asset 04 agriculture 05 anxiety
06 architect 07 안건 08 전기 09 기후

DAY 02

PREVIEW & DIAGNOSIS TEST

01 commerce ________
02 committee ________
03 commodity ________
04 community ________
05 component ________
06 compound ________
07 concept ________
08 congress ________
09 conscience ________
10 consensus ________
11 content ________
12 context ________
13 controversy ________
14 convention ________
15 conversation ________
16 copyright ________
17 council ________
18 counterpart ________
19 county ________
20 courage ________
21 craft ________
22 creature ________
23 credit ________
24 crime ________
25 crisis ________
26 criterion ________
27 critic ________
28 currency ________
29 custody ________
30 custom ________
31 defense ________
32 deficiency ________
33 deficit ________
34 degree ________
35 democracy ________
36 department ________
37 departure ________
38 dependence ________
39 description ________
40 destination ________
41 destruction ________
42 device ________
43 dictionary ________
44 dignity ________
45 dimension ________
46 disaster ________
47 discipline ________
48 discourse ________
49 disease ________
50 disgust ________

[정답 ☞ 네이버 카페 '진가영 영어 연구소'에서 확인] 

회독 □□□□□

0051 **commerce** [kάməːrs]
명 상업, 통상, 무역
The city is a major hub of international commerce.
그 도시는 국제 상업의 주요 중심지이다.

0052 **committee** [kəmíti]
명 위원회
The committee reached a unanimous decision on the matter.
위원회는 그 문제에 대해 만장일치로 결정을 내렸다.

0053 **commodity** [kəmάdəti]
명 상품, 물품
Oil is a valuable commodity in the global market.
석유는 세계 시장에서 귀중한 상품이다.

0054 **community** [kəmjúːnəti]
명 지역 사회, 공동체
The new park will benefit the entire community.
새 공원은 전체 지역 사회에 혜택을 줄 것이다.

0055 **component** [kəmpóunənt]
명 부품, (구성) 요소
Teamwork is a critical component of our success.
팀워크는 우리 성공의 중요한 구성 요소이다.

0056 **compound** [kάmpaund]
명 화합물, 복합체 형 합성의 동 혼합하다
The scientist discovered a new compound.
과학자는 새로운 화합물을 발견했다.

0057 **concept** [kάnsept]
명 개념
She explained the concept of gravity to the students.
그녀는 학생들에게 중력의 개념을 설명했다.
유 notion 개념

0058 **congress** ['kaːŋgrəs]
명 의회
The congress passed a new bill to improve healthcare.
의회는 의료 개선을 위한 새 법안을 통과시켰다.

0059 **conscience** [kάnʃəns]
명 양심, 의식
She couldn't ignore her conscience and decided to help.
그녀는 자신의 양심을 무시할 수 없어 돕기로 결정했다.

0060 **consensus** [kənsénsəs]
명 합의, (의견) 일치
They worked hard to build a consensus on the issue.
그들은 그 문제에 대해 합의를 이루기 위해 열심히 노력했다.

0061 **content**
[kɑ́ntent]

명 내용물, 목차(pl.), 만족 형 만족한 동 만족시키다

The book's content was both informative and entertaining.
그 책의 내용은 유익하면서도 재미있었다.

0062 **context**
[kɑ́ntekst]

명 문맥, 맥락

The meaning of the word can change depending on its context.
그 단어의 의미는 그것의 맥락에 따라 달라질 수 있다.

0063 **controversy**
[kɑ́ntrəvə̀ːrsi]

명 논란, 논쟁

The new policy caused a lot of controversy.
새로운 정책은 많은 논란을 일으켰다.

0064 **convention**
[kənvénʃən]

명 관습, 관례, 대회

Wearing black at funerals is a common convention in many cultures.
장례식에서 검은색 옷을 입는 것은 많은 문화에서 흔한 관습이다.

0065 **conversation**
[kɑ̀nvərséiʃən]

명 대화, 회화

We had an interesting conversation about travel destinations.
우리는 여행지에 대한 흥미로운 대화를 나눴다.

0066 **copyright**
[ka'pirai,t]

명 저작권

The author's work is protected by copyright law.
그 작가의 작품은 저작권 법에 의해 보호받고 있다.

0067 **council**
['kaʊnsl]

명 의회, 협의회

He was elected to the city council last year.
그는 작년에 시의회에 선출되었다.

0068 **counterpart**
[káuntərpɑ̀ːrt]

명 상대, 대응 관계에 있는 사람[것]

She met with her counterpart from the neighboring city.
그녀는 인접 도시에서 온 그녀의 상대와 만났다.

0069 **county**
[káunti]

명 군(郡), 주(州)

The author grew up in Orange County and loves the community.
그 작가는 오렌지 주에서 자랐으며 지역 사회를 사랑한다.

0070 **courage**
[kə́ːridʒ]

명 용기

It takes a lot of courage to speak in public.
대중 앞에서 말하는 것은 많은 용기가 필요하다.

회독 □□□□□

0071 **craft** [kræft]

㉭ 공예, 기술 ㉬ 공들여 만들다

Learning crafts is a rewarding hobby.
공예를 배우는 것은 보람 있는 취미이다.

0072 **creature** [kríːʧər]

㉭ 생물

The creature emerged from the shadows of the cave.
그 생물이 동굴의 그림자에서 나타났다.

0073 **credit** [krédit]

㉭ 신뢰, 신용 ㉬ 신용하다, 믿다, 공로를 돌리다

You can use your credit card to make purchases online.
온라인에서 구매할 때 신용카드를 사용할 수 있다.

0074 **crime** [kraim]

㉭ 범죄, 범행

Crime does not pay.
범죄는 득이 되지 않는다.

0075 **crisis** [kráisis]

㉭ 위기, 고비

The financial crisis resulted in widespread unemployment.
금융 위기는 대규모 실업을 초래했다.

0076 **criterion** [kraitíəriən]

㉭ 기준, 표준

Quality is the primary criterion when we assess these products.
우리가 이 제품들을 평가할 때 품질이 주요한 기준이다.

0077 **critic** [krítik]

㉭ 평론가, 비평가

The literary critic analyzed the symbolism in the novel.
문학 비평가가 소설의 상징주의를 분석했다.

0078 **currency** [kəːrənsi]

㉭ 통화, 화폐

International trade involves transactions in multiple currencies.
국제 무역은 여러 통화로 거래되는 것을 포함한다.

0079 **custody** [kʌstədi]

㉭ 보관, 보호, 구금, 감금

The suspect was taken into custody by the authorities.
용의자가 그 당국에 의해 구금되었다.

0080 **custom** [kʌstəm]

㉭ 관습, 풍습, 관세(pl.), 세관(pl.)

Exchanging gifts is a local custom.
선물을 교환하는 것이 지역적인 관습이다.

0081 **defense** [diféns]
명 방어, 수비
Vaccination is a crucial defense against infectious diseases.
예방접종은 감염성 질환에 대한 중요한 방어 수단이다.

0082 **deficiency** [difíʃənsi]
명 결핍, 결함
Iron deficiency can cause fatigue and weakness.
철분 결핍은 피로와 약화를 일으킬 수 있다.

0083 **deficit** [défəsit]
명 적자, 결손
The country is facing a significant budget deficit this year.
그 나라는 올해 중요한 예산 적자에 직면하고 있다.

0084 **degree** [digríː]
명 정도, 학위, (온도, 각도, 경도의) 도
My son received his bachelor's degree in computer science last year.
나의 아들은 작년에 컴퓨터 공학 학사 학위를 받았다.

0085 **democracy** [dimάkrəsi]
명 민주주의
Freedom of speech is a fundamental principle of democracy.
언론의 자유는 민주주의의 기본 원칙이다.

0086 **department** [dipάːrtmənt]
명 부서, 학과, 분야
She works in the marketing department of a multinational corporation.
그녀는 다국적 기업의 마케팅 부서에서 일한다.

0087 **departure** [dipάːrʧər]
명 출발, 떠남
The departure of the train was delayed due to the accident.
그 사고 때문에 기차의 출발이 30분 지연되었다.

0088 **dependence** [dipéndəns]
명 의지, 의존
The country's economy has a heavy dependence on tourism.
그 나라의 경제는 관광업에 많이 의존하고 있다.

0089 **description** [diskrípʃən]
명 묘사
His description of the event was different from hers.
사건에 대한 그의 묘사는 그녀의 것과는 달랐다.

0090 **destination** [dèstənéiʃən]
명 목적지
After a long journey, they reached our destination.
긴 여행 끝에 그들은 목적지에 도착했다.
cf destiny 운명

회독 □□□□□

0091 **destruction** [distrʌ́kʃən]

명 파괴

Pollution contributes to the destruction of marine ecosystems.
오염은 해양 생태계의 파괴에 기여한다.

0092 **device** [diváis]

명 장치

The security system includes motion-sensing devices.
그 보안 시스템에는 움직임 감지 장치가 포함되어 있다.

0093 **dictionary** [díkʃənèri]

명 사전

He searched the dictionary to find the definition of the word.
그는 단어의 정의를 찾기 위해 사전을 찾았다.

0094 **dignity** [dígnəti]

명 위엄, 존엄, 품위

He handled the difficult situation with dignity.
그는 어려운 상황을 품위 있게 처리했다.

0095 **dimension** [diménʃən]

명 치수, 크기, 차원

Time is a dimension we cannot see.
시간은 우리가 볼 수 없는 차원이다.

0096 **disaster** [dizǽstər]

명 재난, 재앙, 참사

Failing to prepare for the storm could lead to a disaster.
폭풍을 대비하지 않는 것은 재난으로 이어질 수 있다.

0097 **discipline** [dísəplin]

명 규율, 훈육, 학과

The teacher emphasized discipline and hard work.
그 선생님은 규율과 열심히 일하는 것을 강조했다.

0098 **discourse** [dískɔːrs]

명 담론, 담화

The professor led a discourse on the impact of technology on society.
교수는 기술이 사회에 미치는 영향에 대한 담론을 이끌었다.

0099 **disease** [dizíːz]

명 질병

Early diagnosis is crucial for the treatment of most diseases.
대부분의 질병의 치료를 위해서는 조기 진단이 중요하다.
유 illness, sickness, ailment, disorder

0100 **disgust** [disgʌ́st]

명 역겨움, 혐오감

She felt a sense of disgust when she saw the dirty kitchen.
그녀는 더러운 주방을 보고 혐오감을 느꼈다.

DAY 02 REVIEW & LEVEL-UP TEST

■ 괄호 안에 알맞은 단어를 고르시오.

01 She followed her [congress / conscience] and returned the extra money that was given to her by mistake.

02 The economic [crisis / creature] led to widespread layoffs and financial hardship for many families.

03 The company is working to reduce its operational [democracy / deficit] by cutting costs and improving efficiency.

■ 다음 빈칸에 문맥상 적절한 단어를 고르시오.

• dictionary	• courage	• currency

04 The firefighter's ________ saved lives amid the raging blaze.

05 He exchanged his dollars for local ________ before traveling abroad.

06 I always keep a ________ on my desk to look up unfamiliar words.

■ 다음 빈칸에 적절한 뜻을 쓰시오.

07 International <u>commerce</u> relies heavily on efficient logistics and supply chains.

국제 ________은 효율적인 물류와 공급망에 크게 의존한다.

08 After much discussion, the committee reached a <u>consensus</u> on the new policy proposal.

많은 논의 끝에 위원회는 새로운 정책 제안에 대해 ________에 도달했다.

09 The detective provided a precise <u>description</u> of the suspect to aid in the investigation.

형사는 수사를 돕기 위해 용의자에 대한 정확한 ________를 제공했다.

[해석 ☞ 네이버 카페 '진가영 영어 연구소'에서 확인]

정답

01 conscience **02** crisis **03** deficit **04** courage **05** currency
06 dictionary **07** 무역 **08** 합의 **09** 묘사

DAY 03 PREVIEW & DIAGNOSIS TEST

01	disorder		26	fault	
02	district		27	fellow	
03	domain		28	figure	
04	economy		29	flaw	
05	edge		30	fluid	
06	effect		31	formation	
07	element		32	formula	
08	emergency		33	fortune	
09	emphasis		34	foundation	
10	enemy		35	fraction	
11	enterprise		36	framework	
12	entry		37	fright	
13	environment		38	funeral	
14	equipment		39	gender	
15	estate		40	gene	
16	evolution		41	generation	
17	executive		42	genius	
18	expense		43	glimpse	
19	expertise		44	glory	
20	extent		45	goods	
21	facility		46	grace	
22	factor		47	grade	
23	faculty		48	greed	
24	faith		49	grief	
25	fame		50	guideline	

[정답 ☞ 네이버 카페 '진가영 영어 연구소'에서 확인]

0101 **disorder** [disɔ́ːrdər]

명 엉망, 무질서, 장애

His room was a complete disorder.
그의 방은 완전히 엉망이였다.

0102 **district** [dístrikt]

명 지역, 지방

There are many libraries in this district.
이 지역에는 많은 도서관이 있다.

0103 **domain** [douméin]

명 영토, 분야, 영역, 구역

The researcher's work is in the domain of artificial intelligence.
그 연구자의 작업은 인공지능 분야에 속한다.

0104 **economy** [ikɑ́nəmi]

명 경제

A strong economy creates jobs.
강한 경제는 일자리를 만든다.

0105 **edge** [edʒ]

명 가장자리, 모서리, 우세, 강점

She placed the book on the edge of the table.
그녀는 책을 테이블 가장자리 위에 놓았다.

0106 **effect** [ifékt]

명 효과, 영향 동 초래하다

The medication had a positive effect on her symptoms.
그 약물은 그녀의 증상에 긍정적인 영향을 미쳤다.

0107 **element** [éləmənt]

명 요소, 성분

Trust is an essential element of any successful relationship.
신뢰는 성공적인 관계의 필수 요소이다.

0108 **emergency** [imə́ːrdʒənsi]

명 비상, 응급 상황

In case of emergency, please call 911.
응급 상황의 경우, 911에 전화하세요.

0109 **emphasis** [émfəsis]

명 강조, 주안점

The new policy places emphasis on sustainable practices.
새로운 정책은 지속가능한 실천에 주안점을 두고 있다.

0110 **enemy** [énəmi]

명 적

The enemy's strategy was unexpected.
적의 전략은 예상치 못했다.

회독 □□□□□

0111 **enterprise** [éntərpràiz]

㉺ 기업, 회사

The enterprise's profits have been steadily increasing.
그 기업의 수익은 꾸준히 증가하고 있다.

0112 **entry** [éntri]

㉺ 입장, 출입, 들어감, 참가

The entry fee for the concert was quite expensive.
그 콘서트의 참가비는 상당히 비쌌다.

0113 **environment** [inváiərənmənt]

㉺ 환경

The factory's emissions are harmful to the environment.
그 공장의 배출물은 환경에 해롭다.

0114 **equipment** [ikwípmənt]

㉺ 장비, 용품

He bought new fishing equipment for his weekend trip.
그는 주말여행을 위해 새로운 낚시 장비를 샀다.

0115 **estate** [istéit]

㉺ 사유지, 토지, 재산

He plans to sell the estate next year.
그는 내년에 토지를 팔 계획이다.

0116 **evolution** [èvəlúːʃən]

㉺ 진화, 발전, 진전

Human evolution is a complex process.
인간의 진화는 복잡한 과정이다.

0117 **executive** [igzékjutiv]

㉺ 경영진, 조직 간부, 임원

She is an executive at the finance company
그녀는 그 금융 회사의 임원이다.

0118 **expense** [ikspéns]

㉺ (어떤 일에 드는) 돈, 비용

The expense of repairing the car was higher than expected.
자동차 수리 비용이 예상보다 높았다.

0119 **expertise** [èkspərtíːz]

㉺ 전문 지식

Her expertise in finance is recognized worldwide.
그녀의 금융 분야 전문 지식은 전 세계적으로 인정받고 있다.

0120 **extent** [ikstént]

㉺ 정도, 크기, 규모

I didn't know the extent of the damage caused by the storm.
나는 폭풍으로 인한 피해의 정도를 알지 못했다.

0121 **facility** [fəsíləti]
㉱ 시설
The hospital has modern facilities for patient treatment.
그 병원은 환자 치료를 위한 최신 시설을 갖추고 있다.

0122 **factor** [fǽktər]
㉱ 요인, 요소
Time management is a crucial factor in achieving success.
시간 관리는 성공을 이루는 데 중요한 요소이다.

0123 **faculty** [fǽkəlti]
㉱ 능력, 재능, 학부, 교수진
He has a great faculty for calligraphy.
그는 서예에 대한 훌륭한 능력을 가지고 있다.

0124 **faith** [feiθ]
㉱ 믿음, 신앙
She has great faith in her team's ability to succeed.
그녀는 팀의 성공 능력에 큰 믿음을 가지고 있다.

0125 **fame** [feim]
㉱ 명성 ㉲ 유명하게 하다
Her fame spread after the release of her debut album.
그녀의 명성은 데뷔 앨범 발표 후 퍼졌다.

0126 **fault** [fɔːlt]
㉱ 잘못, 책임
It was my fault that we missed the train.
우리가 기차를 놓친 것은 내 잘못이었다.

0127 **fellow** [félou]
㉱ 동료, 녀석
He is a good fellow.
그는 좋은 동료이다.

0128 **figure** [fígjər]
㉱ 숫자, 계산, 인물 ㉲ 중요하다, 생각하다, 계산하다
The figure on the graph shows a increase in sales.
그래프의 숫자는 매출이 증가했음을 보여준다.

0129 **flaw** [flɔː]
㉱ 결함, 결점
The report contained a flaw in the data analysis.
보고서에는 데이터 분석에 결함이 있었다.

0130 **fluid** [flúːid]
㉱ 유체, 유동체 ㉳ 유동성의, 변하기 쉬운
Their plans are fluid and can change anytime.
그들의 계획은 유동적이며 언제든지 변경될 수 있다.

회독 □□□□□

0131 **formation** [fɔːrméiʃən]

명 형성

The cloud formation indicated that a storm was approaching.
구름 형성은 폭풍이 다가오고 있음을 나타냈다.

0132 **formula** [fɔ́ːrmjulə]

명 공식

He used the formula to determine the cost of the project.
그는 프로젝트 비용을 정하기 위해 공식을 사용했다.

0133 **fortune** [fɔ́ːrtʃən]

명 행운, 재산

They lost their fortune in the stock market.
그들은 주식 시장에서 재산을 잃었다.

0134 **foundation** [faundéiʃən]

명 토대, 기초, 창설, 설립

The foundation of the building needs repairing.
건물의 토대는 수리될 필요가 있다.

0135 **fraction** [frǽkʃən]

명 부분, 일부, 분수

He only owns a small fraction of the company's shares.
그는 회사 주식의 일부만 소유하고 있다.

0136 **framework** [frei'mwər,k]

명 뼈대, 틀, 체계

We need a legal framework for drones.
드론에 대한 법률 체계가 필요하다.

0137 **fright** [frait]

명 놀람, 두려움

The child screamed in fright when seeing the spider
그 아이는 거미를 보고 놀라서 소리쳤다.

0138 **funeral** [fjúːnərəl]

명 장례식 형 장례식의

Hundreds of people attended the funeral.
수백 명의 사람들이 그 장례식에 참석했다.

0139 **gender** [dʒéndər]

명 성, 성별

Gender stereotypes can limit opportunities for individuals.
성 고정관념은 개인의 기회를 제한할 수 있다.

0140 **gene** [dʒiːn]

명 유전자

They are studying the gene's role in human development.
그들은 인간 발달에서 유전자의 역할을 연구하고 있다.

회독 □□□□□

0141 **generation**
[dʒènəréiʃən]

명 세대
Each generation faces its own unique challenges and opportunities.
각 세대는 고유한 도전과 기회를 직면한다.

0142 **genius**
[dʒí:njəs]

명 천재, 특별한 재능
He is often considered a genius.
그는 종종 천재로 여겨진다.

0143 **glimpse**
[glimps]

명 힐끗[언뜻] 봄 동 힐끗 보다
He caught a glimpse of the sunset through the trees.
그는 나무 사이로 일몰을 힐끗 볼 수 있었다.

0144 **glory**
[glɔ́:ri]

명 영광, 영예
The team celebrated their victory with much glory.
그 팀은 승리를 큰 영광과 함께 축하했다.

0145 **goods**
[gudz]

명 상품, 재산
They offer a wide range of goods at competitive prices.
그들은 경쟁력 있는 가격에 다양한 상품을 제공한다.

0146 **grace**
[greis]

명 우아함, 품위
The lady walked with grace.
그 숙녀는 우아하게 걸었다.

0147 **grade**
[greid]

명 등급, 학년, 성적 동 등급을 나누다
Quality determines the grade of apples.
품질은 사과의 등급을 결정한다.

0148 **greed**
[gri:d]

명 탐욕, 욕심
The company's collapse was a direct result of the CEO's greed.
그 회사의 붕괴는 CEO의 탐욕이 직접적인 결과였다.

0149 **grief**
[gri:f]

명 큰 슬픔, 비통
Grief is be a long and painful process.
비통은 길고 고통스러운 과정이다.

0150 **guideline**
[gáidlàin]

명 지침, 가이드라인
The government issued new guidelines for businesses.
정부는 기업들을 위한 새로운 지침을 발표했다.

DAY 03 REVIEW & LEVEL-UP TEST

■ 괄호 안에 알맞은 단어를 고르시오.

01 Tourism plays a vital role in the local [economy / enemy], generating jobs and revenue.

02 The medicine had a calming [effect / edge] on the patient's anxiety symptoms.

03 There was a [flaw / fellow] in the design that caused the product to malfunction.

■ 다음 빈칸에 문맥상 적절한 단어를 고르시오.

• genius	• emergency	• disorder

04 She struggles with attention deficit ________, making it difficult for her to focus in class.

05 In case of a medical ________, dial 911 for immediate assistance.

06 Albert Einstein is considered a ________ for his contributions to theoretical physics.

■ 다음 빈칸에 적절한 뜻을 쓰시오.

07 The customs officer inspected the imported goods at the port.
세관원들이 항구에서 수입된 ________을 검사했다.

08 The forest is home to a diverse habitat of plants, animals, and insects.
그 숲은 다양한 식물, 동물 및 곤충들의 ________이다.

09 Corporate greed often leads to unethical business practices and environmental degradation.
기업의 ________은 종종 비윤리적인 경영 관행과 환경 파괴로 이어진다.

[해석 ☞ 네이버 카페 '진가영 영어 연구소'에서 확인]

정답

01 economy **02** effect **03** flaw **04** disorder **05** emergency
06 genius **07** 상품 **08** 서식지 **09** 탐욕

DAY 04 PREVIEW & DIAGNOSIS TEST

01 habitat ______________
02 harbor/harbour ______________
03 haste ______________
04 heir ______________
05 heritage ______________
06 horizon ______________
07 horror ______________
08 hostage ______________
09 household ______________
10 ideology ______________
11 illusion ______________
12 impact ______________
13 incident ______________
14 industry ______________
15 infant ______________
16 ingredient ______________
17 insight ______________
18 instance ______________
19 instinct ______________
20 instrument ______________
21 interval ______________
22 irony ______________
23 jury ______________
24 justice ______________
25 landscape ______________
26 law ______________
27 lease ______________
28 leisure ______________
29 level ______________
30 liberty ______________
31 logic ______________
32 literature ______________
33 luxury ______________
34 majority ______________
35 manner ______________
36 margin ______________
37 mate ______________
38 material ______________
39 mechanism ______________
40 medicine ______________
41 merchant ______________
42 merit ______________
43 method ______________
44 miner ______________
45 mineral ______________
46 mission ______________
47 monument ______________
48 motion ______________
49 motive ______________
50 myth ______________

[정답 ☞ 네이버 카페 '진가영 영어 연구소'에서 확인]

회독 □□□□□

0151 **habitat** [hǽbitæt]

명 서식지

Habitat destruction is one of the main causes of species extinction.

서식지 파괴는 종의 멸종 주요 원인 중 하나이다.

0152 **harbor/harbour** [hɑ́ːrbər]

명 항구, 항만

The navy used the harbor as a base for its operations.

해군은 항구를 작전 기지로 사용했다.

0153 **haste** [heist]

명 서두름, 급함

His only weakness is haste.

그의 유일한 약점은 서두름이다.

0154 **heir** [ɛər]

명 상속자, 계승자

The king's eldest son was named the heir to the throne.

왕의 장남은 왕위 계승자로 지명되었다.

0155 **heritage** [héritidʒ]

명 유산

The castle is a valuable piece of our cultural heritage.

그 성은 우리 문화 유산의 소중한 부분이다.

0156 **horizon** [həráizn]

명 수평선, 지평선

The sun began to see above the horizon.

지평선 위로 해가 보이기 시작했다.

0157 **horror** [hɔ́ːrər]

명 공포

They were haunted by the horror of the events that had transpired.

그들은 일어난 사건들의 공포에 시달렸다.

0158 **hostage** [hɑ́stidʒ]

명 인질, 저당, 담보물

The terrorists took several hostages during the bank robbery.

테러리스트들이 은행 강도 사건 동안 여러 명의 인질을 잡았다.

0159 **household** [háushòuld]

명 가정, 가족 형 가정(용)의, 가족의

The household appliance broke down.

가정용 전자제품이 고장 났다.

0160 **ideology** [àidiɑ́lədʒi]

명 이념, 이데올로기

His political ideology shaped his views on society.

그의 정치적 이념은 그의 사회에 대한 견해를 형성했다.

0161 **illusion** [ilúːʒən]

㊔ 환상, 착각

She lived under the illusion that money could buy happiness.
그녀는 돈이 행복을 살 수 있다는 환상을 가지고 살았다.

0162 **impact** [ímpækt]

㊔ 영향, 충격

The impact of the earthquake was felt across the entire region.
지진의 영향은 그 지역 전체에서 느껴졌다.

0163 **incident** [ínsədənt]

㊔ 사건

She described the incident in detail to the authorities.
그녀는 당국에 사건을 자세히 설명했다.

0164 **industry** [índəstri]

㊔ 산업

The automotive industry is one of the largest sectors in the economy.
자동차 산업은 경제에서 가장 큰 부문 중 하나이다.

0165 **infant** [ínfənt]

㊔ 유아, 아기 ㊎ 유아용의, 초기의

The family gathered to celebrate the infant's first birthday.
가족은 아기의 첫 번째 생일을 축하하기 위해 모였다.

0166 **ingredient** [ingríːdiənt]

㊔ 재료, 구성 요소

Flour is a key ingredient in baking bread.
밀가루는 빵을 굽는 데 중요한 재료이다.

0167 **insight** [ínsàit]

㊔ 통찰력, 이해

His book offers deep insights into human behavior.
그의 책은 인간 행동에 대한 깊은 통찰을 제공한다.

0168 **instance** [ínstəns]

㊔ 사례, 경우

There was an instance last year where we faced a similar issue.
작년에 우리가 비슷한 문제에 직면했던 사례가 있었다.

0169 **instinct** [ínstiŋkt]

㊔ 본능, 직감

Her first instinct was to run away from the danger.
그녀의 첫 본능은 위험에서 도망치는 것이었다.

0170 **instrument** [ínstrəmənt]

㊔ 기구, 악기

The thermometer is an essential instrument in the laboratory.
온도계는 실험실에서 필수적인 기구이다.

회독 □□□□□

0171 **interval** [íntərvəl]

㉮ 간격, 사이

The was a ten-minute interval between the two acts of the play.
연극의 두 막 사이에 10분 간격이 있었다.

0172 **irony** [áiərəni]

㉮ 역설적인 상황, 아이러니

Her winning the lottery after a lifetime of bad luck was a cruel irony.
그녀가 길었던 불행 끝에 복권에 당첨되었다는 것은 잔인한 아이러니였다.

0173 **jury** [dʒúəri]

㉮ 배심원단, 심사원 ㉯ 심사하다

The defense attorney presented new evidence to the jury.
변호인은 배심원단에게 새로운 증거를 제시했다.

0174 **justice** [dʒʌ́stis]

㉮ 정의, 공정성

The legal system aims to provide justice for all citizens.
법률 시스템은 모든 시민에게 정의를 제공하는 것을 목표로 한다.

0175 **landscape** [læ'ndskei,p]

㉮ 풍경

The landscape of the desert is both harsh and beautiful.
사막의 풍경은 거칠고 아름답다.

0176 **law** [lɔː]

㉮ 법

The new law will come into effect next month.
새로운 법은 다음 달에 발효될 것이다.

0177 **lease** [liːs]

㉮ 임대차 계약 ㉯ 임대[임차]하다

The landlord renewed the lease for another six months.
집주인은 임대 계약을 6개월 더 연장했다.

0178 **leisure** [líːʒər]

㉮ 여가 ㉱ 한가한

She enjoys reading books in her leisure time.
그녀는 여가 시간에 책을 읽는 것을 즐긴다.

0179 **level** [lévəl]

㉮ 정도, 수준, 단계 ㉱ 평평한 ㉯ 평평하게 하다, 동등하게 하다

The company needs to address issues at the management level.
그 회사는 경영 수준에서 문제를 해결해야 한다.

0180 **liberty** [líbərti]

㉮ 자유

Freedom of speech is a fundamental liberty in democratic societies.
언론의 자유는 민주 사회에서의 기본적인 자유이다.

0181 **logic** [lɑ́dʒik]

명 논리, 타당성

The argument lacked logic.
그 주장은 논리가 부족했다.

0182 **literature** [lítərətʃər]

명 문학

She studied English literature in college.
그녀는 대학교에서 영문학을 공부했다.

0183 **luxury** [lʌ́kʃəri]

명 사치, 호화로움

He leads a life of luxury.
그는 호화로운 생활을 하다.

0184 **majority** [mədʒɔ́:rəti]

명 대다수, 대부분

The company's majority shareholders approved the merger.
회사의 대다수 주주들이 합병을 승인했다.

0185 **manner** [mǽnər]

명 방식, 관습, 예절(pl.)

He always greets people in a friendly manner.
그는 항상 친근한 방식으로 사람들을 인사한다.

0186 **margin** [mɑ́:rdʒin]

명 여백, 차이, 가장자리

They won the election by a narrow margin of just 200 votes.
그들은 겨우 200표 차이로 선거에서 승리했다.

0187 **mate** [meit]

명 친구, 동료 동 짝짓기를 하다

My mate and I are planning a weekend trip.
나의 친구와 나는 주말 여행을 계획하고 있다.

0188 **material** [mətíəriəl]

명 재료, 자료 형 물질의, 중요한

He collected materials for his research over several years.
그는 몇 년에 걸쳐 연구를 위한 자료를 수집했다.

0189 **mechanism** [mékənizm]

명 기계 장치, 방법, 메커니즘

There is a safety mechanism in place to prevent accidents.
사고를 예방하기 위해 안전 기계 장치가 마련되어 있다.

0190 **medicine** [ˈmedısn]

명 의학, 의료, 의술, 약물

Modern medicine has made great strides in curing diseases.
현대 의학은 질병 치료에서 큰 발전을 이뤘다.

회독 □□□□□

0191 **merchant** [mə́ːrtʃənt]
명 상인
He worked as a merchant in the bustling marketplace.
그는 분주한 시장에서 상인으로 일했다.

0192 **merit** [mérit]
명 훌륭함, 장점
She has more merits than demerits.
그녀는 단점보다 장점이 더 많다.

0193 **method** [méθəd]
명 방법, 방식
His method of communication is very clear and effective.
그의 의사소통 방법은 매우 명확하고 효과적이다.

0194 **miner** [máinər]
명 광부, 채광[광산]업자
The miner carefully monitored the stability of the tunnel walls.
그 광부는 터널 벽의 안정성을 신중하게 확인했다.

0195 **mineral** [mínərəl]
명 광물, 무기물, 미네랄
The area is known for its rich deposits of precious minerals.
그 지역은 귀중한 광물 매장으로 유명하다.

0196 **mission** [míʃən]
명 임무, 사절(단)
His mission in life was to help those in need.
그의 인생의 임무는 도움이 필요한 사람들을 돕는 것이었다.

0197 **monument** [mάnjumənt]
명 기념물
The community gathered at the town square to unveil the new monument.
지역 사회는 새로운 기념비를 공개하기 위해 도시광장에 모였다.

0198 **motion** [móuʃən]
명 움직임, 운동, 동작
She felt a motion sickness while on the boat.
그녀는 보트에서 움직임에 의해 멀미를 느꼈다.

0199 **motive** [móutiv]
명 동기, 동인(動因)
Her motive for volunteering was to help those in need.
그녀의 자원 봉사 동기는 필요한 사람들을 돕는 것이었다.

0200 **myth** [miθ]
명 신화, 통념
Many cultures have myths about the creation of the universe.
많은 문화에는 우주의 창조에 대한 신화가 있다.

DAY 04 REVIEW & LEVEL-UP TEST

■ 괄호 안에 알맞은 단어를 고르시오.

01 In his [harbor / haste] to catch the train, he forgot his passport.

02 The preservation of national [heritage / horizon] buildings is crucial for maintaining a country's historical identity.

03 [Industry / Infant] mortality rates have significantly decreased with advances in healthcare.

■ 다음 빈칸에 문맥상 적절한 단어를 고르시오.

• illusion	• jury	• insight

04 Reading biographies gives students ________ into the lives of historical figures.

05 He couldn't distinguish reality from ________ anymore, because he was into computer games.

06 The ________ listened attentively to the witness's testimony.

■ 다음 빈칸에 적절한 뜻을 쓰시오.

07 The merits of this new technology include improved efficiency and reduced costs.

이 새로운 기술의 ________은 향상된 효율성과 비용 절감이다.

08 The statue of Liberty in New York City symbolizes hope and freedom.

뉴욕 시내의 ________의 여신상은 희망과 자유를 상징한다.

09 Modern medicine has made significant advancements in treating chronic diseases.

현대 ________은 만성 질병 치료에서 중요한 발전을 이루었다.

[해석 ☞ 네이버 카페 '진가영 영어 연구소'에서 확인]

정답

01 haste **02** heritage **03** Infant **04** insight **05** illusion
06 jury **07** 장점 **08** 자유 **09** 의학

DAY 05 PREVIEW & DIAGNOSIS TEST

01 norm ______
02 occasion ______
03 opportunity ______
04 optimist ______
05 origin ______
06 outcome ______
07 outline ______
08 outrage ______
09 panic ______
10 paragraph ______
11 parliament ______
12 particle ______
13 passage ______
14 passion ______
15 patent ______
16 peak ______
17 peer ______
18 penalty ______
19 period ______
20 personality ______
21 perspective ______
22 phase ______
23 phenomenon ______
24 planet ______
25 platform ______
26 pleasure ______
27 plenty ______
28 population ______
29 portion ______
30 portrait ______
31 predator ______
32 prejudice ______
33 premium ______
34 presence ______
35 president ______
36 prey ______
37 priest ______
38 principle ______
39 prison ______
40 privacy ______
41 profession ______
42 proof ______
43 property ______
44 prospect ______
45 province ______
46 pupil ______
47 purpose ______
48 quantity ______
49 reception ______
50 republic ______

[정답 ☞ 네이버 카페 '진가영 영어 연구소'에서 확인] 

0201 **norm** [nɔːrm]
명 표준, 기준, 규범
The norm for average working hours is about 40 per week.
평균 근무 시간의 표준은 주당 약 40시간이다.

0202 **occasion** [əkéiʒən]
명 때, 기회, 행사
She wore her best dress for the occasion.
그녀는 그 행사에 가장 좋은 드레스를 입었다.

0203 **opportunity** [àpərtjúːnəti]
명 기회
Don't miss this opportunity.
이 기회를 놓치지 마세요.

0204 **optimist** [ɑ́ptəmist]
명 낙관론자, 낙천주의자
She is an optimist.
그녀는 낙천주의자이다.

0205 **origin** [ɔ́ːrədʒin]
명 기원, 출신
The origin of the species is a topic of extensive study.
종의 기원은 광범위한 연구 주제이다.

0206 **outcome** [au'tkə,m]
명 결과
She was pleased with the outcome of her job interview.
그녀는 면접 결과에 만족했다.

0207 **outline** [au'tlai,n]
명 개요, 윤곽
The outline of the project was discussed in the meeting.
프로젝트의 개요는 회의에서 논의되었다.

0208 **outrage** [áutreidʒ]
명 격분, 폭행, 난폭
Her remarks on social media caused widespread outrage.
그녀의 사회적 미디어에서의 발언은 광범위한 격분을 일으켰다.
cf rage 격노, 분노

0209 **panic** [pǽnik]
명 극심한 공포, 공황
The crowd started to panic after hearing the loud noise.
큰 소리를 듣고 군중은 공황 상태에 빠졌다.

0210 **paragraph** [pǽrəgræf]
명 단락, 절
She wrote a paragraph about the book.
그녀는 그 책에 대해 한 단락을 썼다.

회독 □□□□□

0211 **parliament** [pɑ́:rləmənt]
㉮ 의회, 국회
The parliament building is located in the heart of the capital city.
의회 건물은 수도의 중심에 위치한다.

0212 **particle** [pɑ́:rtikl]
㉮ 입자, 조각
The particles in the air made it difficult to see clearly.
공기 중의 입자들 때문에 시야가 흐려졌다.

0213 **passage** [pǽsidʒ]
㉮ 통로, 구절
The passage was blocked by debris after the earthquake.
지진 후 그 통로는 잔해로 막혔다.

0214 **passion** [pǽʃən]
㉮ 열정, 격정
He fell in love with her passion.
그는 그녀의 열정에 반했다.

0215 **patent** [pǽtnt]
㉮ 특허권 ㉯ 특허의 ㉰ 특허를 얻다
The patent application process is complicated.
특허권 신청 절차는 복잡하다.

0216 **peak** [pi:k]
㉮ 정점, 절정, 꼭대기
She has reached the peak of his popularity.
그녀는 인기의 정점에 도달했다.

0217 **peer** [piər]
㉮ 동등한 사람, 동료 ㉰ ~에 필적하다, 응시하다
I have a lot of peers to help me when I'm having a hard time.
내가 힘들 때 도와줄 동료들이 많다.

0218 **penalty** [pénəlti]
㉮ 처벌, 불이익
There is a harsh penalty for drunk driving.
음주 운전에는 가혹한 처벌이 있다.

0219 **period** [pí:əriəd]
㉮ 기간, 주기
The project will be completed within a period of six months.
그 프로젝트는 6개월 기간 내에 완료될 것이다.

0220 **personality** [pə̀:rsənǽləti]
㉮ 성격, 개성
She was drawn to his calm and reassuring personality.
그녀는 그의 차분하고 안심시키는 성격에 끌렸다.

0221 **perspective** [pərspéktiv]

명 관점, 시각, 원근법

Changing your perspective can lead to new solutions.
당신의 관점을 바꾸는 것은 새로운 해결책을 이끌 수 있다.

0222 **phase** [feiz]

명 단계, 상

She is in the final phase of her research project.
그녀는 연구 프로젝트의 마지막 단계에 있다.

0223 **phenomenon** [finάmənὰn]

명 현상, 경이로운 것[사람]

The phenomenon occurs infrequently.
그 현상은 드물게 발생한다.

0224 **planet** [plǽnit]

명 행성

Earth is the only planet known to support life.
지구는 생명을 지원하는 것으로 알려진 유일한 행성이다.

0225 **platform** [plǽtfɔ:rm]

명 승강장, 연단

The train arrived at platform 3.
그 기차는 3번 승강장에 도착했다.

0226 **pleasure** [pléʒər]

명 기쁨, 즐거움

Cooking for friends is always a pleasure for her.
그녀는 친구들을 위해 요리하는 것이 항상 즐겁다.

0227 **plenty** [plénti]

형 많은, 충분한

He has plenty of experience in managing large teams.
그는 대규모 팀 관리에 충분한 경험이 있다.

0228 **population** [pὰpjuléiʃən]

명 인구, 주민

The census revealed a drop in the population of rural areas.
인구 조사는 농촌 지역의 인구가 감소했음을 밝혔다.

0229 **portion** [pɔ́:rʃən]

명 부분, 일부

A portion of the profits will be donated to charity.
수익의 일부는 자선단체에 기부될 것이다.

0230 **portrait** [pɔ́:rtrit]

명 초상화

The portrait is beautiful.
그 초상화는 아름답다.

회독 □□□□□

0231 **predator** [prédətər]
명 포식자, 육식 동물
Lions are predators of animals.
사자는 동물의 포식자이다.

0232 **prejudice** [prédʒudis]
명 편견 동 편견을 갖게 하다
He was obsessed with prejudice.
그는 편견에 사로잡혔다.

0233 **premium** [príːmiəm]
명 상금, 할증금, 보험료
A premium of 20% is paid out after 20 years.
10년 후에는 20%의 할증료를 내게 된다.

0234 **presence** [prézns]
명 존재, 참석
The presence of security cameras increased the safety of the premises.
보안 카메라의 존재가 건물의 안전성을 높였다.

0235 **president** [prézədənt]
명 대통령, 장
The president's decision was met with mixed reactions from the public.
대통령의 결정은 대중의 다양한 반응을 받았다.

0236 **prey** [prei]
명 먹이, 희생자 동 먹이로 하다
In the jungle, every predator has its prey.
정글에서는 모든 포식자가 먹이를 가진다.
cf pray 기도하다

0237 **priest** [priːst]
명 성직자, 사제
The priest delivered a moving sermon on forgiveness.
사제는 용서에 대한 감동적인 설교를 했다.

0238 **principle** [prínsəpl]
명 원리, 원칙
She lives by the principle of honesty in all her dealings.
그녀는 모든 거래에서 정직의 원칙을 지킨다.

0239 **prison** [prízn]
명 감옥, 교도소
He was locked in prison.
그는 교도소에 수감되었다.

0240 **privacy** [práivəsi]
명 사생활
Infringement of privacy is unforgivable.
사생활 침해는 용서할 수 없다.

0241 **profession** [prəféʃən]
명 직업, 공언, 선언
Teaching is a profession that requires patience and dedication.
교육은 인내와 헌신을 요구하는 직업이다.

0242 **proof** [pru:f]
명 증거, 증명
Without proof, the claim cannot be accepted as fact.
증거 없이는 그 주장은 사실로 받아들여질 수 없다.
유 evidence

0243 **property** [prápərti]
명 재산, 부동산, 속성, 특성
The property was sold at auction for a record price.
그 재산은 기록적인 가격에 경매로 판매되었다.

0244 **prospect** [práspekt]
명 가망, 전망
There is little prospect of the weather improving today.
오늘 날씨가 좋아질 가망은 거의 없다.

0245 **province** [právins]
명 주, 지방, 지역, 분야
The cultural heritage of each province is unique and diverse.
각 지방의 문화 유산은 독특하고 다양하다.

0246 **pupil** [pjú:pl]
명 학생, 제자, 눈동자, 동공
The pupil raised his hand to ask for help with the homework.
그 학생은 숙제를 도와달라고 요청하기 위해 손을 들었다.

0247 **purpose** [pə́:rpəs]
명 목적, 의도
He believed that every action should have a clear purpose.
그는 모든 행동에는 명확한 목적이 있어야 한다고 믿었다.

0248 **quantity** [kwántəti]
명 양, 수량
The quantity is sufficient.
수량이 충분하다.
cf quality 질, 품질

0249 **reception** [risépʃən]
명 수령, 환영
We attended the reception.
우리는 환영회에 참석했다.

0250 **republic** [ripʌ́blik]
명 공화국
The republic has a strong economy.
그 공화국은 강한 경제를 가지고 있다.

DAY 05 REVIEW & LEVEL-UP TEST

■ 괄호 안에 알맞은 단어를 고르시오.

01 Traveling abroad gave him the [optimist / opportunity] to learn about different cultures.

02 The [outcome / outrage] of the election will determine the future direction of the country.

03 He filed a [patent / peak] for his new invention to protect his intellectual property.

■ 다음 빈칸에 문맥상 적절한 단어를 고르시오.

• penalty	• passion	• population

04 His ________ for sports drives him to train hard every day.

05 He received a ________ for speeding on the highway.

06 China has the largest ________ of any country in the world.

■ 다음 빈칸에 적절한 뜻을 쓰시오.

07 It gives me great pleasure to see my students succeed.
나의 학생들이 성공하는 것을 보는 것이 나에게 큰 ________이다.

08 Prejudice against certain ethnic groups still persists in the society.
특정한 인종 집단에 대한 ________은 여전히 그 사회에서 지속되고 있다.

09 The main purpose of this meeting is to discuss our marketing strategy for next year.
이 회의의 주요 ________은 내년 마케팅 전략에 대해 논의하는 것이다.

[해석 ☞ 네이버 카페 '진가영 영어 연구소'에서 확인] 

정답

01 opportunity **02** outcome **03** patent **04** passion **05** penalty
06 population **07** 기쁨 **08** 편견 **09** 목적

DAY 06 PREVIEW & DIAGNOSIS TEST

01 reputation ____________
02 resort ____________
03 resource ____________
04 revenge ____________
05 revolution ____________
06 scale ____________
07 scholar ____________
08 secretary ____________
09 sector ____________
10 sensation ____________
11 sentiment ____________
12 sequence ____________
13 session ____________
14 sight ____________
15 sin ____________
16 source ____________
17 species ____________
18 spectacle ____________
19 sphere ____________
20 spirit ____________
21 status ____________
22 strategy ____________
23 stroke ____________
24 structure ____________
25 stuff ____________
26 subject ____________
27 substance ____________
28 substitute ____________
29 suburb ____________
30 suicide ____________
31 sum ____________
32 summary ____________
33 summit ____________
34 surface ____________
35 surgery ____________
36 symbol ____________
37 symptom ____________
38 talent ____________
39 target ____________
40 task ____________
41 tenant ____________
42 term ____________
43 territory ____________
44 theme ____________
45 theory ____________
46 therapy ____________
47 threat ____________
48 tissue ____________
49 tradition ____________
50 trail ____________

[정답 ☞ 네이버 카페 '진가영 영어 연구소'에서 확인]

회독 □□□□□

0251 **reputation** [rèpjutéiʃən]

명 명성, 평판

She earned a reputation for honesty.
그녀는 정직하다는 평판을 얻었다.

0252 **resort** [rizɔ́ːrt]

명 의지, 수단, 휴양지 동 의지하다

When negotiations failed, I resorted to legal action.
협상이 실패하자, 나는 법적 조치에 의존했다.

0253 **resource** [ríːsɔːrs]

명 자원, 재료

They have limited resources.
그들은 제한된 자원을 가지고 있다.

0254 **revenge** [rivéndʒ]

명 복수, 보복

His heart was filled with revenge.
그의 마음은 복수심으로 가득 찼다.

0255 **revolution** [rèvəlúːʃən]

명 혁명, 회전, (천문학) 공전

Technology sparked a digital revolution.
기술이 디지털 혁명을 불러일으켰다.

0256 **scale** [skeil]

명 규모, 범위, 등급, 비늘, 저울, 체중계

The project is on a large scale.
그 프로젝트는 대규모이다.

0257 **scholar** [skɑ́lər]

명 학자, 장학생

As a scholar, he values research.
학자로서 그는 연구를 중요하게 생각한다.

0258 **secretary** [sékrətèri]

명 비서, (각 부의) 장관(S-)

The secretary took notes during the meeting.
그 비서가 회의 중에 메모를 했다.

0259 **sector** [séktər]

명 부문, 영역

He specializes in the healthcare sector.
그는 의료 부문을 전문으로 한다.

0260 **sensation** [senséiʃən]

명 느낌, 감각

She felt a strange sensation in her hand.
그녀는 손에 이상한 감각을 느꼈다.

0261 **sentiment** [séntəmənt]

명 정서, 감정

There is a growing sentiment for change.
변화에 대한 감정이 점점 커지고 있다.

0262 **sequence** [síːkwəns]

명 순서, 연속

The events happened in sequence.
사건들은 순서대로 발생했다.

0263 **session** [séʃən]

명 기간[시간], 개회, 학기

Parliament is still in session.
의회는 아직 개회중이다.

0264 **sight** [sait]

명 시력, 시야

He has a keen sight for detail.
그는 세밀한 부분에 대한 예리한 시각을 가지고 있다.

0265 **sin** [sin]

명 죄

Greed is often seen as a sin.
탐욕은 종종 죄로 여겨진다.

0266 **source** [sɔːrs]

명 원천, 근원, 출처, 자료

His inspiration is the source of his creativity.
그의 영감은 그의 창의성이 원천이다.

0267 **species** [spíːʃiːz]

명 종(種)

Many species live in the ocean.
많은 종이 바다에 살고 있다.

0268 **spectacle** [spéktəkl]

명 장관, 구경거리

The fireworks display was a stunning spectacle.
불꽃놀이 공연은 멋진 장관이었다.

0269 **sphere** [sfiər]

명 구, 구체

The Earth is a perfect sphere.
지구는 완벽한 구체이다.

0270 **spirit** [spírit]

명 정신, 영혼, 기분, 마음

His spirit was lifted by the good news.
좋은 소식에 그의 기분이 나아졌다.

회독 □□□□□

0271 **status** [stéitəs]
㊔ 신분, 지위
His status at the company is secure.
그의 회사 내 지위는 안정적이다.

0272 **strategy** [strǽtədʒi]
㊔ 계획, 전략
We need a new strategy to increase sales.
우리는 매출 증가를 위한 새로운 전략이 필요하다.

0273 **stroke** [strouk]
㊔ 타격, 치기, (글자의)한 획, 수영법, 뇌졸중 ㊍ 쓰다듬다
I wanted to stroke the dog.
나는 그 개를 쓰다듬고 싶었다.

0274 **structure** [strʌ́ktʃər]
㊔ 구조, 구조물
The building's structure is very stable.
그 건물의 구조는 매우 안정적이다.

0275 **stuff** [stʌf]
㊔ 물건, 것 ㊍ 채우다
We need to clean up this stuff.
우리는 이 물건들을 청소해야 한다.

0276 **subject** [sʌ́bdʒikt]
㊔ 주제, 과목, 피실험자, 주어, 신하, 국민 ㊧ 지배받는, ~하기 쉬운
She is studying the subject of biology.
그녀는 생물학 과목을 공부하고 있다.

0277 **substance** [sʌ́bstəns]
㊔ 물질, 실체, 본질
The scientist tested the substance for purity.
과학자는 그 물질의 순도를 테스트했다.

0278 **substitute** [sʌ́bstətjùːt]
㊔ 대체물, 대리자 ㊍ 대신하다
The team needed a substitute player due to injury.
그 팀은 부상으로 인해 대체 선수가 필요했다.
유 exchange, replace, switch, stand in for, fill in for, take the place of

0279 **suburb** [sʌ́bəːrb]
㊔ 교외
She lives in a suburb just outside the city.
그녀는 도시 외곽의 교외에 산다.

0280 **suicide** [sjúːəsàid]
㊔ 자살
Suicide rates have increased in recent years.
최근에 자살률이 증가했다.

0281 **sum**
[sʌm]

명 합계, 액수 동 합하다, 요약하다
Calculate the sum of these figures.
이 숫자들의 합계를 계산하세요.

0282 **summary**
[sʌ́məri]

명 요약
The summary covers the main points of the book.
그 요약은 책의 주요 내용을 다룬다.

0283 **summit**
[sʌ́mit]

명 꼭대기, 절정, 정점, 정상 회담
She attended the summit on global health issues.
그녀는 세계 건강 문제에 관한 정상 회담에 참석했다.

0284 **surface**
[sə́ːrfis]

명 표면 동 나타나다
The water on the surface was calm.
표면의 물은 잔잔했다.

0285 **surgery**
[sə́ːrdʒəri]

명 수술
He underwent surgery to remove the tumor.
그는 종양을 제거하기 위해 수술을 받았다.

0286 **symbol**
[símbəl]

명 부호, 상징
The dove is a symbol of peace.
비둘기는 평화의 상징이다.

0287 **symptom**
[símptəm]

명 증상, 징후
Fever is often a symptom of infection.
발열은 종종 감염의 증상이다.
유 징후 indication

0288 **talent**
[tǽlənt]

명 재능
She was recognized for her talent in painting.
그녀는 그림 그리는 재능으로 인정받았다.

0289 **target**
[tɑ́ːrgit]

명 목표, 표적, 과녁 동 목표로 삼다
The marketing team set a target to increase sales by 20%.
마케팅 팀은 매출을 20% 증가시키는 목표를 설정했다.

0290 **task**
[tæsk]

명 일, 과제
She completed the task ahead of schedule.
그녀는 예정보다 빨리 일을 완료했다.

회독 □□□□□

0291 **tenant** [ténənt]
㉮ 세입자, 임차인
The tenant has lived in the apartment for five years.
그 세입자는 그 아파트에 5년 동안 살았다.

0292 **term** [təːrm]
㉮ 용어, 학기, 기간, 관계(pl.)
She has a good understanding of legal terms.
그녀는 법적 용어를 잘 이해하고 있다.

0293 **territory** [térətɔ̀ːri]
㉮ 영토, 지역, 영역
The lion marked its territory with scent.
사자는 냄새로 자신의 영역을 표시했다.

0294 **theme** [θiːm]
㉮ 주제, 테마
The main theme of the art exhibit was nature.
그 예술 전시회의 주요 주제는 자연이었다.

0295 **theory** [θíːəri]
㉮ 이론
She studied the theory of evolution in her biology class.
그녀는 생물학 수업에서 진화 이론을 공부했다.

0296 **therapy** [θérəpi]
㉮ 치료, 요법
She is undergoing therapy to manage her anxiety.
그녀는 불안을 관리하기 위해 치료를 받고 있다.

0297 **threat** [θret]
㉮ 협박, 위협, 위험
The doctor warned of the threat of infection after surgery.
의사는 수술 후 감염의 위험에 대해 경고했다.

0298 **tissue** [tíʃuː]
㉮ 화장지, 조직
The plant's tissue is very delicate.
그 식물의 조직은 매우 섬세하다.

0299 **tradition** [trədíʃən]
㉮ 전통
It is a tradition to eat turkey on Thanksgiving.
추수감사절에는 칠면조를 먹는 것은 전통이다.

0300 **trail** [treil]
㉮ 자취, 흔적
The dog followed the trail of scent through the forest.
그 개는 숲 속을 통해 냄새의 흔적을 따라갔다.

REVIEW & LEVEL-UP TEST

■ 괄호 안에 알맞은 단어를 고르시오.

01 She sought [scholar / revenge] against those who wronged her.

02 His promotion at work elevated his [sphere / status] within the company.

03 Living in a [suburb / summary] often means a longer commute to work.

■ 다음 빈칸에 문맥상 적절한 단어를 고르시오.

• threat	• species	• sequence

04 He watched the film so many times that he memorized the entire _________ of scenes.

05 The endangered _________ need protected habitats to survive.

06 The cyber attack was identified as a potential _________ to national security.

■ 다음 빈칸에 적절한 뜻을 쓰시오.

07 She found a substitute ingredient that worked perfectly in her dish.
그녀는 요리에 완벽하게 맞는 _________ 재료를 찾았다.

08 The tenant complained about the leaking faucet to the building manager.
_________는 물이 새는 수도꼭지에 대해 건물 관리자에게 불평했다.

09 The professor explained the key terms used in the research paper.
교수는 연구 논문에서 사용된 주요 _________ 설명했다.

[해석 ☞ 네이버 카페 '진가영 영어 연구소'에서 확인]

정답

01 revenge **02** status **03** suburb **04** sequence **05** species
06 threat **07** 대체 **08** 세입자 **09** 용어들을

PREVIEW & DIAGNOSIS TEST

01 transition
02 trial
03 tribe
04 troop
05 union
06 unit
07 vacuum
08 vehicle
09 vice
10 victim
11 virtue
12 wage
13 weapon
14 welfare
15 wit
16 abandon
17 abort
18 absorb
19 accelerate
20 accept
21 accommodate
22 accompany
23 accomplish
24 accumulate
25 accuse
26 achieve
27 acquaint
28 activate
29 adapt
30 adjust
31 administer
32 admire
33 admit
34 adopt
35 affiliate
36 afford
37 allocate
38 allow
39 alter
40 amaze
41 amplify
42 analyze/analyse
43 announce
44 anticipate
45 appear
46 apply
47 appoint
48 appreciate
49 approve
50 argue

[정답 ☞ 네이버 카페 '진가영 영어 연구소'에서 확인]

0301 **transition** [trænzíʃən]
명 이전, 전이
Transition of the disease can be difficult to detect early.
질병의 전이는 조기 발견이 어려울 수 있다.

0302 **trial** [tráiəl]
명 재판, 실험
The defendant will face trial next month for the alleged crime.
피고인은 다음 달에 그 혐의에 대한 재판을 받을 것이다.

0303 **tribe** [traib]
명 부족, 집단
The tribe gathered for their annual festival.
그 부족은 연례 축제를 위해 모였다.

0304 **troop** [tru:p]
명 병력, 군대, 부대
The troop marched through the village at dawn.
그 군대는 새벽에 마을을 행군했다.

0305 **union** [jú:njən]
명 조합, 협회
The workers' union demanded a fair wage.
노동자 조합은 공정한 임금을 요구했다.

0306 **unit** [jú:nit]
명 구성 단위, 한 개, 부대
The basic unit of society is the family.
사회의 기본 단위는 가족이다.

0307 **vacuum** [vækjuəm]
명 진공 형 진공의 동 (진공 청소기로) 청소하다
The space station is in a vacuum, with no air.
우주 정거장은 공기가 없는 진공 상태에 있다.

0308 **vehicle** [ví:ikl]
명 탈것, 차량
She drove her vehicle to work every morning.
그녀는 매일 아침 출근길에 자신의 차량을 운전했다.

0309 **vice** [vais]
명 악, 악덕, 부도덕
The philosopher wrote extensively on vice and virture.
그 철학자는 악덕과 미덕에 대해 광범위하게 저술했다.

0310 **victim** [víktim]
명 피해자, 희생자
The victim was treated for injuries at the hospital.
피해자는 병원에서 부상 치료를 받았다.

회독 □□□□□

0311 **virtue** [və́ːrtʃuː]

㊊ 미덕, 선

Patience is a virtue that is often hard to practice.
인내는 실천하기 어려운 미덕이다.

0312 **wage** [weidʒ]

㊊ 임금, 급료

She received a wage increase after her performance review.
그녀는 성과 평가 후 임금 인상을 받았다.

0313 **weapon** [wépən]

㊊ 무기

The police confiscated the weapon from the suspect's car.
경찰은 용의자의 차에서 무기를 압수했다.

0314 **welfare** [wélfɛər]

㊊ 복지, 안녕

The welfare of the children is the top priority for the school.
어린이들의 복지는 학교의 최우선 과제이다.

0315 **wit** [wit]

㊊ 재치

He impressed everyone with his sharp wit and humor.
그는 날카로운 재치와 유머로 모두를 감명시켰다.

0316 **abandon** [əbǽndən]

㊐ 버리다, 포기하다

They had to abandon their house due to the wildfire.
그들은 산불 때문에 집을 버려야 했다.
유 renounce, desert, dispense with, do away with, give up

0317 **abort** [əbɔ́ːrt]

㊐ 유산하다, 낙태시키다

She faced a difficult choice and ultimately chose to abort.
그녀는 어려운 선택에 직면했고 결국 유산하기로 결정했다.

0318 **absorb** [æbsɔ́ːrb]

㊐ 흡수하다

Plants absorb water through their roots from the soil.
식물은 뿌리를 통해 토양에서 물을 흡수한다.

0319 **accelerate** [æksélərèit]

㊐ 가속화하다

The new policy aims to accelerate economic growth.
새 정책은 경제 성장을 가속화하는 것을 목표로 한다.
유 speed up, hurry up

0320 **accept** [æksépt]

㊐ 받아들이다, 수용하다

They refused to accept the terms of the agreement.
그들은 계약 조건을 받아들이기를 거부했다.

0321 **accommodate** [əkάmədèit]
Ⓢ 수용하다, 숙박시키다, 적응시키다
The hotel can accommodate up to 200 guests.
그 호텔은 최대 200명의 손님을 수용할 수 있다.

0322 **accompany** [əkʌ́mpəni]
Ⓢ 동반하다, 동행하다
She will accompany me to the meeting this afternoon.
그녀는 오늘 오후 회의에 나와 동행할 것이다.

0323 **accomplish** [əkάmpliʃ]
Ⓢ 달성하다, 성취하다
The team accomplished all their tasks ahead of schedule.
팀은 모든 작업을 예정보다 앞서 달성했다.

0324 **accumulate** [əkjúːmjulèit]
Ⓢ 모으다, 축적하다
He was able to accumulate a large collection of books.
그는 많은 책을 모을 수 있었다.

0325 **accuse** [əkjúːz]
Ⓢ 고발[고소]하다, 비난하다
The lawyer accused the witness of lying in court.
변호사는 증인이 법정에서 거짓말을 했다고 비난했다.

0326 **achieve** [əʧíːv]
Ⓢ 달성하다
He achieved his best time in the marathon race.
그는 마라톤 경기에서 자신의 최고 기록을 달성했다.

0327 **acquaint** [əkwéint]
Ⓢ 익히다, 숙지하다
She quickly acquainted herself with the rules of the game.
그녀는 게임의 규칙을 빨리 익혔다.
유 familiarize

0328 **activate** [ǽktəvèit]
Ⓢ 활성화시키다
Please activate the alarm system before leaving the house.
집을 떠나기 전에 알람 시스템을 활성화하세요.

0329 **adapt** [ədǽpt]
Ⓢ 적응하다, 맞추다, 조정하다, 각색하다
She quickly adapted to the new work environment.
그녀는 새 작업 환경에 빠르게 적응했다.

0330 **adjust** [ədʒʌ́st]
Ⓢ 적응하다, 조정하다
She had to adjust the volume on the TV to hear better.
그녀는 더 잘 듣기 위해 TV의 음량을 조정해야 했다.

회독 □□□□□

0331 **administer** [ədmínistər]
㊐ 관리하다, 운영하다
He was appointed to administer the charity's finances.
그는 그 자선단체의 재정을 관리하기 위해 임명되었다.

0332 **admire** [ædmáiər]
㊐ 존경하다, 칭찬하다
I admire her dedication to helping others.
나는 다른 사람들을 돕는 그녀의 헌신을 존경한다.

0333 **admit** [ædmít]
㊐ 인정[시인]하다, 입장을 허락하다
He was too embarrassed to admit his mistake.
그는 너무 당황해서 자신의 실수를 인정할 수 없었다.

0334 **adopt** [ədάpt]
㊐ 채택하다, 입양하다
They decided to adopt a dog from the local shelter.
그들은 지역 쉼터에서 개를 입양하기로 결정했다.

0335 **affiliate** [əfílièit]
㊐ 제휴하다, 연계되다
They decided to affiliate their business with a larger corporation.
그들은 사업을 더 큰 기업과 제휴하기로 결정했다.

0336 **afford** [əfɔ́ːrd]
㊐ ~할 여유가 있다
They can afford to buy a new car this year.
그들은 올해 새 차를 살 여유가 있다.

0337 **allocate** [ǽləkèit]
㊐ 할당하다, 배분하다
We need to allocate more time for training to improve our skills.
우리의 기술 향상을 위해 더 많은 시간을 교육에 할당할 필요가 있다.

0338 **allow** [əláu]
㊐ 허락하다, 허용하다
The hotel allows pets, so you can bring your dog with you.
그 호텔은 애완동물을 허용하므로 당신은 개를 데리고 갈 수 있다.

0339 **alter** [ɔ́ːltər]
㊐ 변경하다, 바꾸다
He had to alter his schedule to attend the meeting.
그는 회의에 참석하기 위해 일정을 변경해야 했다.

0340 **amaze** [əméiz]
㊐ 놀라게 하다
Your talent for music always amazes me.
당신의 음악에 대한 재능은 항상 나를 놀라게 한다.

0341 **amplify** [ǽmpləfài]
㊐ 증폭시키다, 확대하다, 상세히 설명하다
The microphone is used to amplify the singer's voice.
마이크는 가수의 목소리를 증폭하는 데 사용된다.

0342 **analyze/analyse** [ǽnəlàiz]
㊐ 분석하다
I will analyze the data collected from the experiment.
나는 실험에서 수집된 데이터를 분석할 것이다.

0343 **announce** [ənáuns]
㊐ 발표하다, 알리다
She announced her retirement at the team meeting.
그녀는 팀 회의에서 자신의 은퇴를 발표했다.

0344 **anticipate** [æntísəpèit]
㊐ 기대하다, 예상하다
We anticipate a high turnout for the event this weekend.
우리는 이번 주말 행사에 높은 참여율을 예상한다.

0345 **appear** [əpíər]
㊐ 나타나다, 발생하다
The sun will appear above the horizon at dawn.
태양은 새벽에 지평선 위에 나타날 것이다.

0346 **apply** [əplái]
㊐ 신청하다, 지원하다, 적용하다, 응용하다, 바르다
You must apply for the job before the deadline.
그 일자리를 마감일 전에 신청해야 한다.

0347 **appoint** [əpɔ́int]
㊐ 임명하다, 지명하다
She was appointed as the head of the marketing department.
그녀는 마케팅 부서의 책임자로 임명되었다.

0348 **appreciate** [əpríːʃièit]
㊐ 평가하다, 인정하다, 감사하다, 감상하다
I really appreciate your help with the project.
나는 당신의 도움에 감사한다.

0349 **approve** [əprúːv]
㊐ 찬성하다, 승인하다
The committee will approve the new budget next week.
위원회는 다음 주에 새 예산을 승인할 것이다.

0350 **argue** [ɑ́ːrgjuː]
㊐ 주장하다, 논쟁하다, 말다툼하다
They argued for hours without reaching a conclusion.
그들은 결론에 도달하지 못하고 몇 시간 동안 논쟁했다.

DAY 07 REVIEW & LEVEL-UP TEST

■ 괄호 안에 알맞은 단어를 고르시오.

01 He drives a hybrid [vehicle / victim] to reduce his carbon footprint.

02 The crew was forced to [abort / abandon] ship when it began to sink.

03 Over time, dust can [accumulate / accuse] on surfaces if not cleaned regularly.

■ 다음 빈칸에 문맥상 적절한 단어를 고르시오.

• adopt	• vacuum	• welfare

04 In space, there is no atmosphere, creating a ________ devoid of air.

05 They decided to ________ a child from a foreign country.

06 Animal ________ organizations work to protect the rights and well-being of animals.

■ 다음 빈칸에 적절한 뜻을 쓰시오.

07 Nuclear weapons pose a significant threat to global security.
핵 ________는 세계 안보에 중대한 위협을 가한다.

08 The school accepts students from diverse cultural backgrounds.
학교는 다양한 문화적 배경을 가진 학생들을 ________.

09 Many people admire her dedication to environmental conservation.
많은 사람들이 그녀의 환경 보호에 대한 헌신을 ________.

[해석 ☞ 네이버 카페 '진가영 영어 연구소'에서 확인] 

정답

01 vehicle **02** abandon **03** accumulate **04** vacuum **05** adopt
06 welfare **07** 무기 **08** 받아들인다 **09** 존경한다

DAY 08 PREVIEW & DIAGNOSIS TEST

01 arise ______
02 aspire ______
03 assemble ______
04 assign ______
05 assist ______
06 associate ______
07 assume ______
08 assure ______
09 attach ______
10 attain ______
11 attend ______
12 attract ______
13 avoid ______
14 await ______
15 beg ______
16 behave ______
17 belong ______
18 bend ______
19 betray ______
20 bind ______
21 bless ______
22 boil ______
23 bore ______
24 breathe ______
25 breed ______
26 bury ______
27 calculate ______
28 cancel ______
29 carve ______
30 cater ______
31 cease ______
32 celebrate ______
33 cheer ______
34 circulate ______
35 clarify ______
36 cling ______
37 coincide ______
38 collaborate ______
39 commit ______
40 communicate ______
41 compensate ______
42 compete ______
43 compile ______
44 complain ______
45 complicate ______
46 comprise ______
47 conceal ______
48 concentrate ______
49 conclude ______
50 condemn ______

[정답 ☞ 네이버 카페 '진가영 영어 연구소'에서 확인]

회독 □□□□□

0351 **arise** [əráiz]
㊐ 생기다, 발생하다
Issues may arise during the implementation of the plan.
계획 실행 중에 문제가 발생할 수 있다.
cf arouse ~을 깨우다, 불러일으키다

0352 **aspire** [əspáiər]
㊐ 열망하다
He aspires to travel the world and experience different cultures.
그는 세계를 여행하며 다양한 문화를 경험하기를 열망한다.

0353 **assemble** [əsémbl]
㊐ 모으다, 집합시키다, 조립하다
We need to assemble the furniture before the guests arrive.
손님들이 도착하기 전에 가구를 조립해야 한다.

0354 **assign** [əsáin]
㊐ 맡기다, 배정하다
The company will assign a mentor to help the new employees.
회사는 신입 직원들을 돕기 위해 멘토를 배정할 것이다.

0355 **assist** [əsíst]
㊐ 돕다
She offered to assist him with his homework.
그녀는 그의 숙제를 도와주겠다고 제안했다.

0356 **associate** [əsóuʃièit]
㊐ 연상하다, 연관 짓다
They associate success with hard work and determination.
그들은 성공을 노력과 결단력과 연관 짓는다.
유 connect, link

0357 **assume** [əsúːm]
㊐ 가정하다, 추정하다, 맡다
You should not assume that everyone knows the rules.
모든 사람이 규칙을 알고 있다고 가정해서는 안 된다.

0358 **assure** [əʃúər]
㊐ 보증[보장]하다, 확신시키다, 확실하게 하다
She assured me that everything was under control.
그녀는 모든 것이 제어하에 있다고 나에게 확신시켰다.
유 확실하게 하다 make sure
확신시키다 convince

0359 **attach** [ətǽtʃ]
㊐ 붙이다, 첨부하다
She decided to attach a note with her resume.
그녀는 이력서에 메모를 첨부하기로 결정했다.

0360 **attain** [ətéin]
㊐ 이루다, 달성하다
She worked hard to attain her goal of becoming a doctor.
그녀는 의사가 되겠다는 목표를 달성하기 위해 열심히 노력했다.

0361 **attend** [əténd]

㉯ 참석하다, 주의하다, 시중들다

They will attend the wedding ceremony together.
그들은 함께 결혼식에 참석할 것이다.

0362 **attract** [ətrǽkt]

㉯ 마음을 끌다, 끌어당기다

Her charisma and charm attract people to her instantly.
그녀의 카리스마와 매력은 사람들을 즉시 끌어들인다.

0363 **avoid** [əvɔ́id]

㉯ 피하다

To avoid traffic, she left early for the appointment.
교통 체증을 피하기 위해 그녀는 약속을 위해 일찍 출발했다.

0364 **await** [əwéit]

㉯ 기다리다

Please await further instructions before proceeding.
진행하기 전에 추가 지시를 기다리세요.

0365 **beg** [beg]

㉯ 빌다, 애원하다, 간청하다

He begged for mercy after making a mistake.
그는 실수를 한 후 자비를 애원했다.

0366 **behave** [bihéiv]

㉯ 행동하다, (잘) 처신하다

Smart monkeys behave like humans.
똑똑한 원숭이는 사람처럼 행동한다.

0367 **belong** [bilɔ́:ŋ]

㉯ (~에) 속하다 (to), (~의) 소유물이다

Dokdo belongs to the territory of the Republic of Korea.
독도는 대한민국의 영토에 속한다.

0368 **bend** [bend]

㉯ 굽히다, 구부리다

The road bends left.
길이 왼쪽으로 굽어져 있다.

0369 **betray** [bitréi]

㉯ 배신하다, 누설하다

He betrayed her.
그는 그녀를 배신했다.

0370 **bind** [baind]

㉯ 묶다, 감다

Bind the rope.
밧줄을 묶어라.

회독 □□□□□

0371 **bless** [bles]
㉣ 축복하다
He blesses me for my future.
그는 나의 미래를 축복한다.

0372 **boil** [bɔil]
㉣ 끓이다, 끓다
The water starts to boil.
물이 끓기 시작한다.

0373 **bore** [bɔːr]
㉣ 지루하게 하다
The conversation bored me.
그 대화는 나를 지루하게 했다.

0374 **breathe** [briːð]
㉣ 숨 쉬다, 호흡하다
Don't forget to breathe.
숨 쉬는 것을 잊지 마세요.

0375 **breed** [briːd]
㉣ 기르다, 낳다, 사육하다, 번식시키다
They breed cattle on the farm.
그들은 농장에서 소를 기른다.

0376 **bury** [béri]
㉣ 묻다, 매장하다
They bury the dead.
그들은 죽은 사람을 묻는다.

0377 **calculate** [kǽlkjulèit]
㉣ 계산하다, 산출하다
The computer can calculate complex equations.
컴퓨터는 복잡한 방정식을 계산할 수 있다.
유 compute

0378 **cancel** [kǽnsəl]
㉣ 취소하다
He decided to cancel the meeting.
그는 회의를 취소하기로 결정했다.

0379 **carve** [kaːrv]
㉣ 새기다, 조각하다
He can carve wood beautifully.
그는 나무를 아름답게 조각할 수 있다.

0380 **cater** [kéitər]
㉣ 음식을 공급하다, ~에 응하다, 만족을 주다 (to)
The luxurious hotel catered for weddings.
그 고급스러운 호텔은 결혼식에 음식을 공급했다.

0381 **cease** [siːs]
㊐ 중단하다, 그치다, 끝나다
The company decided to cease operations.
그 회사는 운영을 중단하기로 결정했다.

0382 **celebrate** [séləbrèit]
㊐ 축하하다
We will celebrate his birthday tomorrow.
우리는 내일 그의 생일을 축하할 것이다.

0383 **cheer** [ʧiər]
㊐ 응원하다, 환호하다
They cheered for the team's victory.
그들은 팀의 승리를 위해 응원했다.

0384 **circulate** [sə́ːrkjulèit]
㊐ 순환하다, 순환시키다, 유통하다, 유포되다
The air conditioner circulates cool air throughout the room.
에어컨은 시원한 공기를 전체 방 안으로 순환시킨다.

0385 **clarify** [klǽrəfài]
㊐ 명확하게 하다, 깨끗하게[맑게] 하다
Please clarify your instructions.
당신의 지시사항을 명확하게 해주세요.

0386 **cling** [kliŋ]
㊐ 매달리다, 꼭 붙잡다
She clung tightly to her mother's hand.
그녀는 엄마의 손을 꽉 잡았다.

0387 **coincide** [kòuinsáid]
㊐ 동시에 일어나다, 일치하다
Our schedules coincide perfectly.
우리의 일정이 완벽하게 일치한다.

0388 **collaborate** [kəlǽbərèit]
㊐ 협력하다
They decided to collaborate on the project.
그들은 그 프로젝트에 협력하기로 결정했다.

0389 **commit** [kəmít]
㊐ 저지르다, 범하다, 전념하다, 약속하다, 맡기다
The suspect was arrested for committing a crime.
용의자는 범죄를 저지른 혐의로 체포되었다.

0390 **communicate** [kəmjúːnəkèit]
㊐ 의사소통하다, 전달하다
They communicate using sign language.
그들은 수화를 사용하여 의사소통한다.

회독 □□□□□

0391 **compensate** [kάmpənsèit]

동 보상하다 (for)

The manager compensated for his mistake by working hard.
그 매니저는 열심히 일함으로써 자신의 실수를 보상했다.
유 mark up for

0392 **compete** [kəmpíːt]

동 경쟁하다

He's not afraid to compete with anyone.
그는 누구와도 경쟁하는 것을 두려워하지 않는다.

0393 **compile** [kəmpáil]

동 모으다, 편집하다

The professor compiled a reading list for the course.
교수는 수업을 위한 독서 목록을 편집했다.
유 collect, gather, accumulate, put together

0394 **complain** [kəmpléin]

동 불평하다, 투정하다

He complains constantly, but never offers solutions.
그는 끊임없이 불평하지만 해결책을 제시하지 않는다.

0395 **complicate** [kάmpləkèit]

동 복잡하게 만들다

His explanation only served to complicate matters.
그의 설명은 상황을 더욱 복잡하게 만들었다.

0396 **comprise** [kəmpráiz]

동 구성하다, 차지하다, ~으로 구성되다[이루어지다]

The team comprises experts from various fields.
팀은 다양한 분야의 전문가로 구성되어 있다.

0397 **conceal** [kənsíːl]

동 숨기다

She concealed the truth from her parents.
그녀는 부모님에게 진실을 숨겼다.

0398 **concentrate** [kάnsəntrèit]

동 집중하다

It's hard to concentrate in a noisy environment.
시끄러운 환경에서 집중하기가 어렵다.

0399 **conclude** [kənklúːd]

동 결론을 내리다, 끝내다

The investigation concluded that it was an accident.
조사 결과 그것은 사고였다고 결론이 내려졌다.

0400 **condemn** [kəndém]

동 비난하다, 유죄 판결을 내리다

He was condemned for his reckless behavior.
그는 무모한 행동으로 비난을 받았다.

REVIEW & LEVEL-UP TEST

■ 괄호 안에 알맞은 단어를 고르시오.

01 The guide will [assist / attach] tourists during their visit to the historical landmarks.

02 To [bless / betray] one's country is considered one of the offenses.

03 He couldn't [breathe / breed] properly due to the high altitude.

■ 다음 빈칸에 문맥상 적절한 단어를 고르시오.

• beg	• boil	• cancel

04 The homeless man would often ________ for food on the street corner.

05 The water will ________ faster if you put a lid on the pot.

06 They had to ________ the flight due to bad weather conditions.

■ 다음 빈칸에 적절한 뜻을 쓰시오.

07 The protests will not cease until their demands are met.
그들의 요구가 충족될 때까지 시위를 ________ 않을 것이다.

08 The hotel compensated guests for the inconvenience with complimentary meals and upgraded rooms.
호텔은 불편함을 겪은 손님들에게 무료 식사와 업그레이드된 객실을 제공하여 ________.

09 Nurses complain about a lot of work but a small salary.
간호사들은 일은 많지만 급여는 적다고 ________.

DAY 08

[해석 ☞ 네이버 카페 '진가영 영어 연구소'에서 확인]

정답

01 assist **02** betray **03** breathe **04** beg **05** boil
06 cancel **07** 중단하지 **08** 보상했다 **09** 불평한다

DAY 09 PREVIEW & DIAGNOSIS TEST

01 confess ______________

02 confine ______________

03 conform ______________

04 confront ______________

05 confuse ______________

06 connect ______________

07 consider ______________

08 consist ______________

09 constitute ______________

10 construct ______________

11 consult ______________

12 consume ______________

13 contain ______________

14 continue ______________

15 contradict ______________

16 contribute ______________

17 convey ______________

18 convict ______________

19 convince ______________

20 cooperate ______________

21 cope ______________

22 correspond ______________

23 count ______________

24 crawl ______________

25 crush ______________

26 cultivate ______________

27 declare ______________

28 decorate ______________

29 dedicate ______________

30 defend ______________

31 define ______________

32 delete ______________

33 deliver ______________

34 demonstrate ______________

35 deny ______________

36 depress ______________

37 deprive ______________

38 derive ______________

39 descend ______________

40 describe ______________

41 deserve ______________

42 designate ______________

43 destroy ______________

44 detach ______________

45 detect ______________

46 determine ______________

47 develop ______________

48 devise ______________

49 devote ______________

50 dictate ______________

[정답 ☞ 네이버 카페 '진가영 영어 연구소'에서 확인]

0401 **confess**
[kənfés]

Ⓢ 고백하다, 자백하다
She confessed her secret to the teacher.
그녀의 비밀을 선생님에게 고백했다.

0402 **confine**
[kənfáin]

Ⓢ 한정하다, 제한하다
The company confined access to sensitive information.
그 회사는 민감한 정보에 대한 접근을 제한했다.

0403 **conform**
[kənfɔ́ːrm]

Ⓢ 따르다, 순응하다
The design must conform to safety regulations.
그 디자인은 안전 규정을 따라야 한다.

0404 **confront**
[kənfrʌ́nt]

Ⓢ 맞서다, 직면하다
She had to confront her fears in order to move forward.
그녀는 앞으로 나아가기 위해 자신의 두려움에 직면해야 했다.

0405 **confuse**
[kənfjúːz]

Ⓢ 혼란스럽게 만들다, 혼동하다
The instructions were unclear and confused the students.
지시사항이 명확하지 않아 학생들을 혼란스럽게 했다.

0406 **connect**
[kənékt]

Ⓢ 연결하다, 잇다
He needs to connect the printer to his computer.
그는 프린터를 컴퓨터에 연결해야 한다.

0407 **consider**
[kənsídər]

Ⓢ 고려하다, 간주하다, 여기다
She is considering studying abroad next year.
그녀는 내년에 유학을 고려하고 있다.

0408 **consist**
[kənsíst]

Ⓢ ~로 구성되다 (of), ~에 있다 (in), ~와 일치하다 (with)
The novel consists of ten chapters.
그 소설은 열 개의 장으로 구성되어 있다.

0409 **constitute**
[kάnstətjùːt]

Ⓢ 구성하다, 제정하다
Women constitute the majority of the workforce in this company.
여성들이 이 회사의 대부분의 직원을 구성한다.

0410 **construct**
[kənstrʌ́kt]

Ⓢ 건설하다, 구성하다
They are going to construct a new bridge across the river.
그들은 강을 가로지르는 새 다리를 건설할 예정이다.

회독 □□□□□

0411	**consult** [kənsʌ́lt]	㊍ 상담하다 You should consult a doctor if you have any health concerns. 건강에 우려가 있을 경우 의사와 상담해야 한다.
0412	**consume** [kənsú:m]	㊍ 소비하다, 소모하다, 먹다, 마시다 The new factory consumes a large amount of electricity. 새로운 공장은 많은 양의 전기를 소비한다.
0413	**contain** [kəntéin]	㊍ 포함하다, 억제하다 The capsule contains medicine for fever. 이 캡슐에는 발열에 대한 약을 포함하고 있다.
0414	**continue** [kəntínju:]	㊍ 계속하다 We will continue our discussion after the break. 휴식 후에 우리는 토론을 계속할 것이다.
0415	**contradict** [kɑ̀ntrədíkt]	㊍ 반박하다, 모순되다 His actions contradict his words. 그의 행동은 그의 말과 모순된다.
0416	**contribute** [kəntríbju:t]	㊍ 기여하다, 기부하다 She decided to contribute some money to the charity. 그녀는 자선 단체에 약간의 돈을 기부하기로 결정했다.
0417	**convey** [kənvéi]	㊍ 전달하다, 운반하다, 실어 나르다 The painting conveys a sense of peace and tranquility. 그 그림은 평화와 평온을 전달한다.
0418	**convict** [kənvíkt]	㊔ 죄인, 기결수 ㊍ 유죄를 선고하다 He was convicted of frand. 그는 사기죄로 유죄 선고를 받았다.
0419	**convince** [kənvíns]	㊍ 납득시키다, 확신시키다 I am convinced that he is telling the truth. 나는 그가 진실을 말하고 있다고 확신한다.
0420	**cooperate** [kouɑ́pərèit]	㊍ 협력하다, 협동하다 The two companies agreed to cooperate on the new project. 두 회사는 새 프로젝트에 협력하기로 합의했다.

0421 **cope** [koup]
㊐ 대항하다, 대처하다 (with)
She struggled to cope with the loss of her loved one.
그녀는 자신이 사랑하는 사람을 잃은 일에 대처하기 어려웠다.

0422 **correspond** [kɔ̀:rəspάnd]
㊐ 일치하다 (with), 상응하다 (to)
His actions don't correspond with his words.
그의 행동은 그의 말과 일치하지 않다.

0423 **count** [kaunt]
㊐ 세다, 계산하다, 간주하다, 중요하다
I will count the number of books on the shelf.
나는 그 책장에 있는 책의 수를 세어 볼 것이다.

0424 **crawl** [krɔ:l]
㊐ 기어가다
He had to crawl through the narrow tunnel to escape.
그는 탈출하기 위해 좁은 터널을 기어가야 했다.

0425 **crush** [krʌʃ]
㊐ 눌러 부수다, 으스러뜨리다
The strong wind crushed the windows of the building.
강한 바람이 건물의 창문을 부수었다.

0426 **cultivate** [kʌ́ltəvèit]
㊐ 경작하다, 재배하다
Farmers cultivate crops such as wheat and rice.
농부들은 밀과 쌀과 같은 작물을 재배한다.

0427 **declare** [dikléər]
㊐ 선언[선포/공표]하다, (세관에서) 신고하다
Do you have anything to declare?
신고하실 물건이 있으세요?

0428 **decorate** [dékərèit]
㊐ 장식하다, 꾸미다
She likes to decorate her house with flowers.
그녀는 집을 꽃으로 장식하는 것을 좋아한다.

0429 **dedicate** [dédikèit]
㊐ 헌신하다, 바치다
He plans to dedicate his new book to his parents.
그는 새 책을 부모님에게 바칠 계획이다.

0430 **defend** [difénd]
㊐ 방어하다, 수비하다
The security guard defended the building from the intruders.
경비원은 침입자로부터 건물을 방어했다.

회독 □□□□□

0431 **define** [difáin]
㊀ 정의하다, 규정하다
His actions define him as a person of integrity.
그의 행동들은 그를 정직한 사람으로 정의한다.

0432 **delete** [dilí:t]
㊀ 삭제하다
He regretted accidentally deleting the picture file.
그는 그림 파일을 실수로 삭제한 것을 후회했다.

0433 **deliver** [dilívər]
㊀ 배달하다, 분만하다
The postman delivers letters every morning.
우체부는 매일 아침 편지를 배달한다.

0434 **demonstrate** [démənstrèit]
㊀ 입증하다, 논증[증명]하다, 보여주다
This demonstrates his integrity.
이것은 그의 진실성을 증명한다.

0435 **deny** [dinái]
㊀ 부인하다, 부정하다
He denied any involvement in the crime.
그는 범죄와 관련이 없다고 부인했다.

0436 **depress** [diprés]
㊀ 우울하게 만들다, 침체시키다
The rainy weather tends to depress her mood.
비 오는 날씨는 그녀의 기분을 우울하게 만드는 경향이 있다.

0437 **deprive** [dipráiv]
㊀ 빼앗다, 면직[파면]하다
The thief deprived her of her wallet.
도둑이 그녀의 지갑을 빼앗았다.

0438 **derive** [diráiv]
㊀ 끌어내다, 획득하다, (결론을) 도출하다
She derives great pleasure from reading novels.
그녀는 소설을 읽는 것으로부터 큰 즐거움을 얻는다.

0439 **descend** [disénd]
㊀ 내려가다
The hikers carefully descended the steep mountain trail.
등산객들은 가파른 산길을 조심스럽게 내려갔다.

0440 **describe** [diskráib]
㊀ 묘사하다
He described the taste of the dish as spicy and flavorful.
그는 요리의 맛을 매콤하고 풍부하게 묘사했다.

0441 **deserve** [dizə́ːrv]

㊂ 자격이 있다, 받을 만하다

You deserve a break after studying so hard.
당신은 매우 열심히 공부했으니 휴식을 받을 자격이 있다.

0442 **designate** [dézignèit]

㊂ 지명하다, 지정하다

The area was designated as a national park.
그 지역은 국립공원으로 지정되었다.

0443 **destroy** [distrɔ́i]

㊂ 파괴하다

The hurricane destroyed many homes along the coast.
허리케인이 해안을 따라 많은 집들을 파괴했다.

0444 **detach** [ditǽtʃ]

㊂ 분리하다, 떼어내다

Detach the cable from the power outlet when not in use.
사용하지 않을 때 전원 콘센트에서 케이블을 분리하세요.

0445 **detect** [ditékt]

㊂ 발견하다, 감지하다

The security system detected movement near the fence.
보안 시스템이 울타리 근처의 움직임을 감지했다.

0446 **determine** [ditə́ːrmin]

㊂ 결정하다, 알아내다

She couldn't determine the exact location of the sound.
그녀는 소리의 정확한 위치를 결정할 수 없었다.

0447 **develop** [divéləp]

㊂ 발달하다, 개발하다

Children develop language skills at different rates.
어린이들은 서로 다른 속도로 언어 능력을 발달한다.

0448 **devise** [diváiz]

㊂ 고안하다, 생각해 내다, 발명하다

The team devised a new strategy to increase sales.
팀은 매출을 증가시키기 위해 새로운 전략을 고안했다.

0449 **devote** [divóut]

㊂ 헌신하다, 바치다

She devotes most of her time to charity work.
그녀는 대부분의 시간을 자선활동에 헌신한다.

0450 **dictate** [díkteit]

㊂ 받아쓰게 하다

The secretary dictated the memo to her assistant.
비서는 그녀의 보조에게 메모를 받아쓰게 했다.

DAY 09 REVIEW & LEVEL-UP TEST

■ 괄호 안에 알맞은 단어를 고르시오.

01 The engineers worked together to [construct / consume] the bridge across the river.

02 Volunteers [convict / contribute] their time to help those in need.

03 The baby is learning to [crawl / cope] across the living room floor.

■ 다음 빈칸에 문맥상 적절한 단어를 고르시오.

• convince	• delete	• cultivate

04 She tried hard to ________ her parents to let her study abroad.

05 He works hard to ________ vegetables in his backyard garden.

06 Please ________ the unnecessary files from your computer.

■ 다음 빈칸에 적절한 뜻을 쓰시오.

07 The suspect confessed to the crime during interrogation.
용의자는 심문 중 범죄를 ________.

08 Before making a decision, please consider all the available options.
결정을 내리기 전에 가능한 모든 선택 사항을 ________ 주세요.

09 Her statement contradicted the evidence presented in court.
그녀의 진술은 법정에서 제시된 증거와 ________.

[해석 ☞ 네이버 카페 '진가영 영어 연구소'에서 확인] 

정답

01 construct	**02** contribute	**03** crawl	**04** convince	**05** cultivate
06 delete	**07** 고백했다	**08** 고려해	**09** 모순된다	

DAY 10 PREVIEW & DIAGNOSIS TEST

01 dig ______
02 dip ______
03 disagree ______
04 disappoint ______
05 discriminate ______
06 dismiss ______
07 dispose ______
08 disrupt ______
09 distort ______
10 distract ______
11 distribute ______
12 disturb ______
13 donate ______
14 drag ______
15 dread ______
16 drown ______
17 dwell ______
18 earn ______
19 edit ______
20 educate ______
21 elect ______
22 embarrass ______
23 embrace ______
24 emerge ______
25 emit ______
26 employ ______
27 enclose ______
28 encourage ______
29 endure ______
30 enforce ______
31 engage ______
32 enhance ______
33 ensure ______
34 entertain ______
35 establish ______
36 evacuate ______
37 evaluate ______
38 evolve ______
39 exaggerate ______
40 examine ______
41 exceed ______
42 exclude ______
43 exhaust ______
44 exhibit ______
45 exist ______
46 explain ______
47 explode ______
48 explore ______
49 expose ______
50 express ______

[정답 ☞ 네이버 카페 '진가영 영어 연구소'에서 확인]

회독 □□□□□

0451 **dig** [dig]
㊐ 파다
He dug a hole in the backyard to plant some flowers.
그는 꽃을 심기 위해 뒷마당에 구멍을 팠다.

0452 **dip** [dip]
㊐ 살짝 담그다
I dipped my feet in the valley.
나는 계곡에 발을 살짝 담갔다.

0453 **disagree** [dìsəgríː]
㊐ 일치하지 않다, 동의하지 않다
I disagree with your assessment of the situation.
당신의 상황 평가에는 동의하지 않는다.

0454 **disappoint** [dìsəpɔ́int]
㊐ 실망시키다
His performance in the exam disappointed his parents.
시험에서의 그의 성적은 부모님을 실망시켰다.

0455 **discriminate** [diskrímənèit]
㊐ 식별하다, 차별하다
It's important not to discriminate against people.
사람을 차별하지 않는 것이 중요하다.

0456 **dismiss** [dismís]
㊐ 해산시키다, 해고하다
I decided to dismiss the employee for violating company policy.
회사 정책을 위반한 직원을 해고하기로 결정했다.

0457 **dispose** [dispóuz]
㊐ 처리하다, 배치하다
He disposed of all his old clothes by donating them to charity.
그는 모든 옛 옷을 자선에 기부함으로써 처리했다.

0458 **disrupt** [disrʌ́pt]
㊐ 방해하다
Technical issues disrupted the live broadcast of the event.
기술 문제로 행사의 생중계가 방해되었다.

0459 **distort** [distɔ́ːrt]
㊐ 왜곡하다, 일그러뜨리다
The article distorted the facts.
그 기사는 사실을 왜곡했다.

0460 **distract** [distrǽkt]
㊐ 산만하게 하다, 주의를 돌리다
Don't distract me while I'm studying.
내가 공부하는데 산만하게 하지마세요.

0461 **distribute** [distríbjuːt]

㉢ 분배하다, 나누어 주다

The teacher will distribute the test papers to the students.
선생님은 시험지를 학생들에게 나눠줄 것이다.

0462 **disturb** [distə́ːrb]

㉢ 방해하다, 불안하게 만들다

Please don't disturb me while I'm studying.
공부할 때는 저를 방해하지 마세요.

0463 **donate** [dóuneit]

㉢ 기부[기증]하다, 증여하다

She donated her old clothes to the homeless shelter.
그녀는 자신의 옛 옷을 노숙자 쉼터에 기부했다.

0464 **drag** [dræg]

㉢ 끌다 ㉠ 끌기, (물리학) 저항

He had to drag the heavy box across the room.
그는 무거운 상자를 방 안을 끌고 다녀야 했다.

0465 **dread** [dred]

㉢ 두려워하다 ㉠ 두려움

People dreaded falling ill.
사람들은 병에 걸리는 것을 두려워한다.

0466 **drown** [draun]

㉢ 익사하다, 잠기게 하다

Three people drowned in the accident.
사고로 세 명이 익사했다.

0467 **dwell** [dwel]

㉢ 거주하다, 살다

He dwells in a small village in the countryside.
그는 시골의 작은 마을에 거주하고 있다.

0468 **earn** [əːrn]

㉢ 벌다, 얻다

They earn a steady income from their rental properties.
그들은 임대 부동산으로 안정적인 수입을 벌고 있다.

0469 **edit** [édit]

㉢ 편집하다, 수정하다

Please edit the document for clarity.
명확성을 위해 문서를 편집해 주세요.

0470 **educate** [édʒukèit]

㉢ 가르치다, 교육하다

Parents play a crucial role in educating their children.
부모는 자녀를 교육하는 데 중요한 역할을 한다.

0471 **elect** [ilékt]

㉭ 선출하다, 선택하다

She was elected as the president of the student council.
그녀는 학생회장으로 선출되었다.

0472 **embarrass** [imbǽrəs]

㉭ 당황스럽게 하다, 난처하게 하다

The lack of preparation for the presentation embarrassed him.
발표 준비 부족으로 그는 당황했다.

0473 **embrace** [imbréis]

㉭ 포옹하다, 받아들이다, 포괄하다

The community has finally embraced diversity.
지역 사회는 마침내 다양성을 받아들였다.

0474 **emerge** [imə́ːrdʒ]

㉭ 나오다, 나타나다, 드러나다, 출현하다

The diver slowly emerged from the water.
다이버가 천천히 물에서 나왔다.

0475 **emit** [imít]

㉭ 내뿜다, 방출하다

Volcanoes can emit ash and lava during an eruption.
화산은 분출 시 재와 용암을 방출할 수 있다.

0476 **employ** [implɔ́i]

㉭ 고용하다, 사용하다

The factory employs hundreds of workers.
그 공장은 수백 명의 근로자를 고용하고 있다.

0477 **enclose** [inklóuz]

㉭ 둘러싸다, 동봉하다

Enclose the receipt for reimbursement.
환급을 위해 영수증을 동봉하세요.

0478 **encourage** [inkə́ːridʒ]

㉭ 격려하다, 용기를 북돋우다

The coach encourages the team to do their best.
코치는 팀이 최선을 다하도록 격려한다.

0479 **endure** [indjúər]

㉭ 견디다, 참다

He can endure pain better than anyone I know.
그는 내가 아는 누구보다도 고통을 잘 견딘다.

0480 **enforce** [infɔ́ːrs]

㉭ 강요하다, 집행하다

The police are there to enforce the law.
경찰은 법을 집행하기 위해 존재한다.

0481 **engage** [ingéidʒ]

㉧ 끌다, 사로잡다, 몰두시키다, 고용하다, 약속하다, 약혼시키다

He was able to engage the audience with his speech.
그는 자신의 연설로 청중을 사로잡을 수 있었다.

0482 **enhance** [inhǽns]

㉧ 높이다, 향상시키다

Regular exercise can enhance your overall health.
규칙적인 운동은 전반적인 건강을 향상시킬 수 있다.

0483 **ensure** [inʃúər]

㉧ 보증하다, 보장하다, 확실하게 하다

We must ensure that every employee receives proper training.
모든 직원이 적절한 교육을 받도록 보장해야 한다.

0484 **entertain** [èntərtéin]

㉧ 즐겁게 하다, 접대하다

We need to entertain the guests with some good music.
우리는 좋은 음악으로 손님들을 즐겁게 해야 한다.

0485 **establish** [istǽbliʃ]

㉧ 설립하다, 제정하다

They plan to establish a new branch in the city.
그들은 도시에서 새로운 지점을 설립할 계획이다.

0486 **evacuate** [ivǽkjuèit]

㉧ 대피시키다, 떠나다

They had to evacuate the building because of a gas leak.
가스 누출로 인해 그들은 건물을 대피해야 했다.

0487 **evaluate** [ivǽljuèit]

㉧ 평가하다, 감정하다

The teacher will evaluate the students' essays next week.
선생님은 다음 주에 학생들의 에세이를 평가할 것이다.

0488 **evolve** [iválv]

㉧ 진화하다, 발달하다

The species evolved to adapt to their new environment.
그 종은 새로운 환경에 적응하기 위해 진화했다.

0489 **exaggerate** [igzǽdʒərèit]

㉧ 과장하다

She exaggerated the size of the fish she caught.
그녀는 자신이 잡은 물고기의 크기를 과장했다.

0490 **examine** [igzǽmin]

㉧ 조사하다, 검사하다

The doctor will examine your eyes during the check-up.
의사는 건강 검진 동안 당신의 눈을 검사할 것이다.

회독 □□□□□

0491 **exceed** [iksíːd]

㉿ 넘다, 초과하다

The cost of the repairs may exceed your budget.
수리 비용이 당신의 예산을 초과할 수 있다.

0492 **exclude** [iksklúːd]

㉿ 배제하다, 제외하다

They decided to exclude junk food from their diet.
그들은 식단에서 정크푸드를 제외하기로 결정했다.

0493 **exhaust** [igzɔ́ːst]

㉿ 기진맥진하게 하다, 고갈시키다

She felt completely exhausted after the workout.
그녀는 운동 후 완전히 기진맥진 했다.

0494 **exhibit** [igzíbit]

㊔ 전시(품) ㉿ 전시하다, 나타내다

The museum will exhibit ancient artifacts from Egypt.
박물관은 이집트의 고대 유물을 전시할 것이다.

0495 **exist** [igzíst]

㉿ 존재하다, 실재하다

They claim that no such organization exists.
그들은 그러한 조직이 존재하지 않는다고 주장한다.

0496 **explain** [ikspléin]

㉿ 설명하다

The teacher will explain the assignment details in class.
선생님은 수업에서 과제 세부사항을 설명할 것이다.

0497 **explode** [iksplóud]

㉿ 폭발하다, 터지다

The volcano could explode any moment now.
그 화산은 지금 당장 폭발할 수 있다.

0498 **explore** [iksplɔ́ːr]

㉿ 탐험하다, 탐구하다

She wants to explore the ancient ruins during her vacation.
그녀는 휴가 동안 고대 유적지를 탐험하고 싶어한다.

0499 **expose** [ikspóuz]

㉿ 노출시키다, 드러내다, 폭로하다

The report will expose the flaws in the current system.
그 보고서는 현재 시스템의 결함을 폭로할 것이다.

0500 **express** [iksprés]

㉿ 표현하다, 나타내다

He uses art to express his emotions and thoughts.
그는 자신의 감정과 생각을 표현하기 위해 예술을 사용한다.

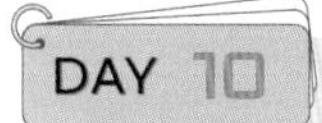

REVIEW & LEVEL-UP TEST

■ 괄호 안에 알맞은 단어를 고르시오.

01 Some media outlets are known to [distort / donate] the truth to fit their agenda.

02 The old man likes to [drown / dwell] in solitude, away from the hustle and bustle of the city.

03 He spent hours [editing / electing] the video for his YouTube channel.

■ 다음 빈칸에 문맥상 적절한 단어를 고르시오.

• distribute	• dread	• emit

04 The volunteers will ________ food to the homeless in the city center.

05 The villagers lived in constant ________ of the wild animals that roamed nearby.

06 Certain types of radioactive materials ________ harmful radiation.

■ 다음 빈칸에 적절한 뜻을 쓰시오.

07 The loud noise from the construction site disrupted the meeting.
건설 현장에서 나오는 시끄러운 소음이 회의를 ________.

08 She had to endure a long and painful recovery after the surgery.
그녀는 수술 후에 길고 고통스러운 회복 과정을 ________ 했다.

09 He tends to exaggerate the difficulties of his job.
그는 자신의 직업의 어려움을 ________ 경향이 있다.

[해석 ☞ 네이버 카페 '진가영 영어 연구소'에서 확인] 

정답

01 distort **02** dwell **03** electing **04** distribute **05** dread
06 emit **07** 방해했다 **08** 견뎌야 **09** 과장하는

DAY 11 PREVIEW & DIAGNOSIS TEST

01	fascinate	______
02	fasten	______
03	flee	______
04	flip	______
05	float	______
06	flourish	______
07	fold	______
08	forbid	______
09	foster	______
10	frustrate	______
11	fulfill	______
12	furnish	______
13	gather	______
14	glance	______
15	govern	______
16	greet	______
17	happen	______
18	haunt	______
19	heal	______
20	hesitate	______
21	hide	______
22	hurt	______
23	identify	______
24	ignore	______
25	illustrate	______
26	imagine	______
27	immigrate	______
28	imply	______
29	impose	______
30	impress	______
31	improve	______
32	incline	______
33	incorporate	______
34	indicate	______
35	induce	______
36	infect	______
37	infer	______
38	inflate	______
39	inform	______
40	inhabit	______
41	inhibit	______
42	initiate	______
43	inject	______
44	injure	______
45	inquire	______
46	insist	______
47	inspire	______
48	install	______
49	instruct	______
50	integrate	______

[정답 ☞ 네이버 카페 '진가영 영어 연구소'에서 확인] 

0501 **fascinate** [fǽsənèit]

㊍ 매혹하다, 마음을 사로잡다

The mystery of the universe continues to fascinate scientists.
우주의 미스터리는 과학자들의 마음을 계속해서 사로잡았다.

0502 **fasten** [fǽsn]

㊍ 매다, 고정시키다

Please fasten your seatbelt before the plane takes off.
비행기가 이륙하기 전에 안전벨트를 매세요.

0503 **flee** [fliː]

㊍ 달아나다, 도망하다

She had to flee the scene when the police arrived.
경찰이 도착했을 때 그녀는 현장을 달아났다.

0504 **flip** [flip]

㊍ 뒤집다, 젖히다, 톡 치다

He can flip the pancake perfectly.
그는 팬케이크를 완벽하게 뒤집을 수 있다.

0505 **float** [flout]

㊍ 떠가다, 뜨다

The boat will float on the water because it is made of wood.
그 배는 나무로 만들어졌기 때문에 물 위에 뜰 것이다.

0506 **flourish** [flə́ːriʃ]

㊍ 번창하다, 번성하다

The community flourished with the introduction of new technology.
새로운 기술 도입으로 인해 그 지역 사회는 번창했다.

0507 **fold** [fould]

㊍ 접다, 구부리다

We need to fold the table after the event is over.
행사가 끝난 후 테이블을 접을 필요가 있다.

0508 **forbid** [fərbíd]

㊍ 금지하다

The law forbids the sale of alcohol to minors.
그 법은 미성년자에게 술을 판매하는 것을 금지한다.

0509 **foster** [fɔ́ːstər]

㊍ 조성하다, 양육하다

The school strives to foster a supportive learning environment.
그 학교는 지원적인 학습 환경을 조성하려고 노력한다.

0510 **frustrate** [frʌ́streit]

㊍ 좌절시키다, 방해하다

His lack of preparation frustrated the team's efforts.
그의 준비 부족이 팀의 노력을 방해했다.

회독 □□□□□

0511 **fulfill** [fulfíl]

㊍ 이행하다, 완료하다, 달성하다

He is determined to fulfill his promise to the community.
그는 지역사회에 대한 약속을 이행하기로 결심했다.

0512 **furnish** [fə́ːrniʃ]

㊍ 제공하다, 공급하다, 비치하다

They plan to furnish the new house with modern furniture.
그들은 새 집을 현대적인 가구로 비치할 계획이다.

0513 **gather** [gǽðər]

㊍ 모으다, 수집하다

They gather data from various sources for their research.
그들은 연구를 위해 다양한 출처에서 데이터를 수집한다.

0514 **glance** [glæns]

㊐ 힐끗 봄 ㊍ 힐끗 보다

She took a quick glance at her watch before leaving the office.
그녀는 사무실을 떠나기 전에 시계를 빠르게 힐끗 봤다.

0515 **govern** [gʌ́vərn]

㊍ 통치하다, 지배하다

The country is governed by a democratic system.
그 나라는 민주적 시스템에 의해 통치된다.

0516 **greet** [griːt]

㊍ 인사하다, 환영하다

She greeted her guests with a smile and a handshake.
그녀는 미소와 악수로 손님들과 인사했다.

0517 **happen** [hǽpən]

㊍ 발생하다, 일어나다

They were surprised by what happened at the meeting.
그들은 회의에서 일어난 일에 놀랐다.

0518 **haunt** [hɔːnt]

㊍ 계속 떠오르다, (귀신 등이) 나타나다, 괴롭히다

The memories of her past mistake haunted her.
과거 실수의 기억이 그녀를 괴롭혔다.

0519 **heal** [hiːl]

㊍ 낫다, 치유하다, 고치다

Time can heal even the deepest emotional wounds.
시간은 가장 깊은 감정의 상처도 치유할 수 있다.

0520 **hesitate** [hézətèit]

㊍ 망설이다, 주저하다

Don't hesitate to ask for help.
도움을 요청하는 것을 망설이지 마세요.

0521 **hide** [haid]

㉿ 감추다, 숨기다

He decided to hide the key in a secret place.
그는 그 열쇠를 비밀 장소에 숨기로 결정했다.

0522 **hurt** [həːrt]

㉿ 다치게 하다, 아프다

Be careful not to hurt yourself while using the tools.
도구를 사용할 때 다치지 않도록 조심하세요.

0523 **identify** [aidéntəfài]

㉿ 발견하다, 확인하다, 동일시하다

She could not identify the plant species from the photo.
그녀는 사진에서 그 식물 종을 발견할 수 없었다.

0524 **ignore** [ignɔ́ːr]

㉿ 무시하다

It's not good to ignore the warning signs of a health issue.
건강 문제의 경고 신호를 무시하는 것은 좋지 않다.

0525 **illustrate** [íləstrèit]

㉿ 삽화를 쓰다, 설명하다, 실증하다

The book uses colorful pictures to illustrate the story.
그 책은 이야기를 설명하기 위해 색색의 그림을 사용한다.

0526 **imagine** [imǽdʒin]

㉿ 상상하다, 생각해 내다

She couldn't imagine a life without her best friend.
그녀는 가장 친한 친구 없이 사는 것을 상상할 수 없었다.

0527 **immigrate** [íməgrèit]

㉿ 이민을 오다, 이주해 오다

They decided to immigrate to Canada for a better life.
그들은 더 나은 삶을 위해 캐나다로 이민하기로 결정했다.

0528 **imply** [implái]

㉿ 암시하다, 함축하다

His gesture seemed to imply agreement.
그의 제스처는 동의를 암시하는 듯했다.

0529 **impose** [impóuz]

㉿ 부과하다, 강요하다, 속이다 (on, upon)

The new regulations will impose strict limits on pollution levels.
새로운 규제는 오염 수준에 엄격한 제한을 부과할 것이다.

0530 **impress** [imprés]

㉿ 감동을 주다, 깊은 인상을 주다

They were impressed by the singer's powerful voice.
그들은 그 가수의 강력한 목소리에 감동했다.

회독 □□□□□

0531 **improve** [imprúːv]

㉠ 나아지다, 개선하다, 향상시키다

Regular exercise can improve your overall health.
규칙적인 운동은 전반적인 건강을 향상시킬 수 있다.

0532 **incline** [inkláin]

㉠ ~하고 싶은 마음이 들게하다, 기울다

He felt inclined to help her with the project.
그는 그녀의 프로젝트를 돕고 싶은 마음이 들었다.

0533 **incorporate** [inkɔ́ːrpərèit]

㉠ 통합시키다, 통합하다, 설립하다, 포함하다

It took several months to incorporate the non-profit organization.
비영리 조직을 설립하는 데 몇 달이 걸렸다.

0534 **indicate** [índikèit]

㉠ 나타내다, 가리키다

The warning light indicates a problem with the engine.
경고등은 엔진에 문제가 있음을 나타낸다.

0535 **induce** [indjúːs]

㉠ 설득하다, 유발하다, 유도하다

Stress can sometimes induce headaches.
스트레스는 때때로 두통을 유발할 수 있다.

0536 **infect** [infékt]

㉠ 감염시키다, 오염시키다

He was careful not to infect others with his cold.
그는 감기에 걸린 자신이 다른 사람을 감염시키지 않도록 조심했다.

0537 **infer** [infə́ːr]

㉠ 추론하다, 암시하다

She inferred his disappointment from his silent reaction.
그녀는 그의 침묵스러운 반응에서 그의 실망을 추론했다.

0538 **inflate** [infléit]

㉠ 부풀리다, 과장하다

The article seemed to inflate the story to make it sensational.
그 기사는 그것을 자극적으로 만들기 위해 이야기를 과장하는 것 같았다.

0539 **inform** [infɔ́ːrm]

㉠ 알리다, 통지하다

They were informed that their application had been approved.
그들은 신청이 승인되었다는 사실을 통보받았다.

0540 **inhabit** [inhǽbit]

㉠ 거주하다, 서식하다

Wolves inhabit the remote areas of the mountains.
늑대들은 산의 외딴 지역에 서식한다.

0541 **inhibit** [inhíbit]
ⓢ ~하지 못하게 하다, 억제하다
The medication may inhibit the spread of the disease.
그 약물은 질병의 확산을 억제할 수 있다.

0542 **initiate** []iníʃièit]
ⓢ 개시하다, 시작하다
They will initiate the project once all the funding is secured.
모든 자금이 확보되면 프로젝트를 시작할 것이다.

0543 **inject** [indʒékt]
ⓢ 주입하다, 주사하다
The doctor will inject the vaccine to prevent the flu.
의사가 독감 예방을 위해 백신을 주사할 것이다.

0544 **injure** [índʒər]
ⓢ 부상[상처]을 입히다, 해치다
They were injured in a car accident.
그들은 교통사고로 부상을 입었다.

0545 **inquire** [inkwáiər]
ⓢ 묻다, 문의하다
She called to inquire about the availability of the tickets.
그녀는 티켓의 사용 가능 여부를 문의하기 위해 전화했다.

0546 **insist** [insíst]
ⓢ 고집하다, 주장하다
She insisted that she could handle the project on her own.
그녀는 자신이 프로젝트를 혼자서 처리할 수 있다고 주장했다.

0547 **inspire** [inspáiər]
ⓢ 고무하다, 영감을 주다
The beautiful scenery inspired him to write a new poem.
아름다운 경관은 그가 새 시를 쓰도록 영감을 주었다.

0548 **install** [instɔ́:l]
ⓢ 설치하다
We need to install a security system to protect the building.
우리는 건물을 보호하기 위해 보안 시스템을 설치할 필요가 있다.

0549 **instruct** [instrʌ́kt]
ⓢ 지시하다, 가르치다
Please instruct your staff to handle the documents with care.
직원들에게 문서들을 조심스럽게 취급하도록 지시해 주세요.

0550 **integrate** [íntəgrèit]
ⓢ 통합시키다[하다], 통합되다, 전체로 합치다
They integrated the new employees into the team quickly.
그들은 새 직원을 팀에 빠르게 통합시켰다.

DAY 11 REVIEW & LEVEL-UP TEST

■ 괄호 안에 알맞은 단어를 고르시오.

01 He used a letter to [express / flee] his gratitude for their support.

02 The artist's career began to [float / flourish] after her major exhibition.

03 He used a fake name to [immigrate / hide] his identity from the authorities.

■ 다음 빈칸에 문맥상 적절한 단어를 고르시오.

• ignore	• inquire	• heal

04 Proper rest and medication helped her body ________ after surgery.

05 She felt hurt when her friends seemed to ________ her at the party.

06 Customers often ________ about the ingredients used in our products before making a purchase.

■ 다음 빈칸에 적절한 뜻을 쓰시오.

07 The school rules strictly <u>forbid</u> smoking on campus.
학교 규칙은 캠퍼스 내에서 흡연을 엄격히 ________.

08 The complicated instructions on the new software <u>frustrated</u> many users.
새 소프트웨어의 복잡한 설명서가 많은 사용자들을 ________.

09 She didn't <u>hesitate</u> to speak up when she saw injustice.
그녀는 부당함을 보고 할 말을 ________ 않았다.

[해석 ☞ 네이버 카페 '진가영 영어 연구소'에서 확인] 

정답

01 express **02** flourish **03** hide **04** heal **05** ignore
06 inquire **07** 금지한다 **08** 좌절시켰다 **09** 주저하지

DAY 12 PREVIEW & DIAGNOSIS TEST

01	intend	________	26	melt	________
02	interact	________	27	merge	________
03	interfere	________	28	migrate	________
04	interpret	________	29	mock	________
05	interrupt	________	30	modify	________
06	intervene	________	31	mount	________
07	intrigue	________	32	multiply	________
08	invade	________	33	narrate	________
09	invent	________	34	neglect	________
10	invest	________	35	negotiate	________
11	investigate	________	36	nominate	________
12	involve	________	37	oblige	________
13	irritate	________	38	observe	________
14	isolate	________	39	obsess	________
15	justify	________	40	occupy	________
16	lay	________	41	occur	________
17	lean	________	42	offend	________
18	leave	________	43	operate	________
19	legislate	________	44	oppose	________
20	lend	________	45	organize	________
21	locate	________	46	overcome	________
22	maintain	________	47	overlook	________
23	manage	________	48	overwhelm	________
24	manipulate	________	49	owe	________
25	mediate	________	50	participate	________

[정답 ☞ 네이버 카페 '진가영 영어 연구소'에서 확인] 

회독 □□□□□

0551 **intend** [inténd]
㉭ 의도하다, 작정하다, 의미하다
I intend to buy a new car next year.
나는 내년에 새 차를 살 작정이다.

0552 **interact** [ˌɪntərˈækt]
㉭ 상호 작용하다, 소통하다
Children learn best when they interact with their peers.
아이들은 또래들과 상호작용할 때 가장 잘 배운다.

0553 **interfere** [intərfíər]
㉭ 간섭하다 (in), 방해하다 (with)
His comments tend to interfere with the flow of the meeting.
그의 발언은 회의의 진행을 방해하는 경향이 있다.

0554 **interpret** [intə́ːrprit]
㉭ 해석하다, 이해하다
The artist's work is often difficult to interpret.
그 예술가의 작품은 종종 해석하기 어렵다.

0555 **interrupt** [intərʌ́pt]
㉭ 방해하다, 중단시키다
She apologized for interrupting the conversation.
그녀는 대화를 방해한 것에 대해 사과했다.

0556 **intervene** [intərvíːn]
㉭ 끼어들다, 개입하다
The police intervened to stop the fight in the street.
경찰은 거리에서 싸움을 막기 위해 개입했다.

0557 **intrigue** [intríːg]
㉭ 음모를 꾸미다, 호기심을 돋우다
They intrigued within the company to take control of the board.
그들은 이사회를 장악하기 위해 회사 내에서 음모를 꾸몄다.

0558 **invade** [invéid]
㉭ 침입하다, 침해하다
The virus can invade the body's cells and cause illness.
그 바이러스는 신체 세포를 침입하여 질병을 일으킬 수 있다.

0559 **invent** [invént]
㉭ 발명하다
Thomas Edison is famous for inventing the light bulb.
토마스 에디슨은 전구를 발명한 것으로 유명하다.

0560 **invest** [invést]
㉭ 투자하다
It is important to invest time in learning new skills.
새로운 기술을 배우는 데 시간을 투자하는 것이 중요하다.

0561 **investigate** [invéstəgèit]

㊐ 조사하다, 연구하다

The police are investigating the cause of the accident.
경찰은 사고의 원인을 조사하고 있다.

0562 **involve** [invάlv]

㊐ 포함하다, 관련시키다

Her job involves traveling to different countries regularly.
그녀의 직업은 정기적으로 다른 나라를 여행하는 것을 포함한다.

0563 **irritate** [írətèit]

㊐ 짜증나게 하다, 거슬리다

The recurring problem is starting to irritate the staff.
반복되는 문제가 직원들을 짜증나게 하고 있다.

0564 **isolate** [áisəlèit]

㊐ 고립시키다, 분리하다

The scientist decided to isolate the bacteria for further study.
과학자는 추가 연구를 위해 박테리아를 분리하기로 결정했다.

0565 **justify** [dʒʌ́stəfài]

㊐ 정당화하다

The lawyer will justify the defendant's actions in court.
변호사는 법정에서 피고인의 행동을 정당화할 것이다.

0566 **lay** [lei]

㊐ 놓다, 두다

Please lay the book on the table.
책을 테이블 위에 놓아 주세요.

0567 **lean** [liːn]

㊐ 기울다, 기대다

She leaned against the wall.
그녀는 벽에 기대었다.

0568 **leave** [liːv]

㊐ 떠나다, 그만두다, 남겨두다

He plans to leave the office at five o'clock.
그는 오후 5시에 사무실을 떠날 계획이다.

0569 **legislate** [lédʒislèit]

㊐ 법률을 제정하다

They legislated a new law to protect wild animals.
그들은 야생 동물을 보호하기 위한 새로운 법률을 제정했다.

0570 **lend** [lend]

㊐ 빌려주다

I can lend you my car if you need to go to the airport.
당신이 공항에 가야 한다면 내 차를 빌려줄 수 있다.

회독 □□□□□

0571 **locate** [lóukeit]	[동] 위치하게 하다, 찾아내다, 자리잡다 The treasure was located at the bottom of the ocean. 보물은 바다 밑에 위치해 있었다.
0572 **maintain** [meintéin]	[동] 유지하다, 주장하다 She wants to maintain a good relationship with her neighbors. 그녀는 이웃들과 좋은 관계를 유지하고 싶어한다.
0573 **manage** [mǽnidʒ]	[동] 해내다, 관리하다, 살아 나가다 He plans to manage the new project from start to finish. 그는 새 프로젝트를 시작부터 끝까지 관리할 계획이다.
0574 **manipulate** [mənípjulèit]	[동] 조종하다, 조작하다, 다루다 He managed to manipulate the situation to his advantage. 그는 상황을 자신의 이익에 맞게 조작하는 데 성공했다.
0575 **mediate** [míːdièit]	[동] 중재하다, 조정하다 They hoped to mediate the dispute before it escalated further. 그들은 분쟁이 더 심각해지기 전에 중재하기를 희망했다.
0576 **melt** [melt]	[동] 녹다 The metal will melt at a high temperature. 금속은 높은 온도에서 녹을 것이다.
0577 **merge** [məːrdʒ]	[동] 합병하다, 합치다 The two companies merged to form a larger corporation. 두 회사는 더 큰 기업을 형성하기 위해 합병했다.
0578 **migrate** [máigreit]	[동] 이동하다, 이주하다 Birds migrate south for the winter. 새들은 겨울을 나기 위해 남쪽으로 이동한다.
0579 **mock** [mak]	[명] 조롱, 가짜 [형] 거짓의, 가짜의 [동] 놀리다, 조롱하다, 무시하다 It's not nice to mock someone for their appearance. 외모 때문에 사람을 조롱하는 것은 좋지 않다.
0580 **modify** [mάdəfài]	[동] 수정하다, 바꾸다 They decided to modify the design after receiving feedback. 그들은 피드백을 받은 후 디자인을 수정하기로 결정했다.

0581 **mount**
[maunt]

동 오르다, 증가하다

The climbers started to mount the mountain at dawn.
등산객들은 새벽에 산을 오르기 시작했다.

0582 **multiply**
[mʌ́ltəplài]

동 곱하다, 증가[증대]하다, 증가[증대]시키다

You need to multiply the base by the height to find the area.
당신은 면적을 구하려면 밑변과 높이를 곱해야 한다.

0583 **narrate**
[nǽreit]

동 이야기를 하다[들려주다]

He loves to narrate his travel experiences to his friends.
그는 친구들에게 여행 경험을 이야기하는 것을 좋아한다.

0584 **neglect**
[niglékt]

동 무시하다, 방치하다

They decided to neglect the minor issues and focus on the major ones.
그들은 사소한 문제는 무시하고 주요 문제에 집중하기로 결정했다.

0585 **negotiate**
[nigóuʃièit]

동 협상하다

We need to negotiate a fair price.
우리는 공정한 가격을 협상해야 한다.

0586 **nominate**
[nɑ́mənèit]

동 지명하다, 임명하다

They decided to nominate her for the award.
그들은 그녀를 상 후보로 지명하기로 결정했다.

0587 **oblige**
[əbláidʒ]

동 강요하다, 의무를 지게 하다

They were obliged to work overtime.
그들은 초과 근무를 강요받았다.

0588 **observe**
[əbzə́ːrv]

동 관찰하다, 지키다, 준수하다

She likes to observe people at the park.
그녀는 공원에서 사람들을 관찰하는 것을 좋아한다.

0589 **obsess**
[əbsés]

동 사로잡다, ~에 집착하게 하다

He is obsessed with capturing the essence of nature in his paintings.
그는 자신의 그림에서 자연의 본질을 포착하고자 집착하고 있다.

0590 **occupy**
[ɑ́kjupài]

동 차지하다, 거주하다

They occupy the entire building.
그들은 건물 전체를 차지하고 있다.

회독 □□□□□

0591 **occur** [əkə́:r]
㊐ 일어나다, 발생하다, 존재하다
Accidents can occur at any time.
사고는 언제든지 발생할 수 있다.

0592 **offend** [əfénd]
㊐ 기분 상하게[불쾌하게] 하다, 범죄를 저지르다
His rude comments may offend some people.
그의 무례한 발언은 일부 사람들을 불쾌하게 할 수 있다.

0593 **operate** [ɑ́pərèit]
㊐ 작동하다, 수술하다
How does this machine operate?
이 기계는 어떻게 작동하나요?

0594 **oppose** [əpóuz]
㊐ 반대하다, 겨루다
Many residents oppose the construction project.
많은 주민들이 건설 프로젝트에 반대한다.

0595 **organize** [ɔ́:rgənàiz]
㊐ 조직하다, 정리하다
She will organize the conference next month.
그녀는 다음 달에 회의를 조직할 것이다.

0596 **overcome** [ou'vərkə,m]
㊐ 극복하다
She managed to overcome her fear of heights.
그녀는 높은 곳에 대한 두려움을 극복했다.

0597 **overlook** [ou'vərlʊ,k]
㊐ 간과하다, 눈감아 주다, 감독하다, 감시하다
We must not overlook the importance of safety.
안전의 중요성을 간과해서는 안 된다.

0598 **overwhelm** [òuvərhwélm]
㊐ 압도하다, 제압하다
She felt overwhelmed with the amount of work.
그녀는 작업량에 압도당했다고 느꼈다.

0599 **owe** [ou]
㊐ 빚지고 있다, 탓으로[덕택으로] 하다
He owes money to the bank.
그는 은행에 돈을 빚지고 있다.

0600 **participate** [pa:rtísəpèit]
㊐ 참여하다
Students are required to participate in the class activities.
학생들은 수업 활동에 참여해야 한다.

DAY 12

REVIEW & LEVEL-UP TEST

■ 괄호 안에 알맞은 단어를 고르시오.

01 The team worked hard to [interfere / integrate] various ideas into a cohesive project plan.

02 The bank refused to [lean / lend] him money because of his poor credit history.

03 He found it challenging to [melt / maintain] focus during the long meetings.

■ 다음 빈칸에 문맥상 적절한 단어를 고르시오.

• interpret	• merge	• invade

04 Different cultures may ________ the same gesture in varying ways.

05 The virus can ________ the body and weaken the immune system.

06 The river branches ________ into one before flowing into the sea.

■ 다음 빈칸에 적절한 뜻을 쓰시오.

07 The police are investigating the robbery that occurred last night.
경찰은 어젯밤 발생한 강도 사건을 ________ 있다.

08 She tried to justify her actions, but no one believed her excuses.
그녀는 자신의 행동을 ________ 했지만, 아무도 그녀의 변명을 믿지 않았다.

09 Many citizens oppose the construction of the new highway through the protected forest area.
많은 시민들이 보호된 숲 지역을 통과하는 새 고속도로 건설에 ________.

[해석 ☞ 네이버 카페 '진가영 영어 연구소'에서 확인]

정답

01 integrate **02** lend **03** maintain **04** interpret **05** invade
06 merge **07** 조사하고 **08** 정당화하려 **09** 반대한다

DAY 13 PREVIEW & DIAGNOSIS TEST

01 perceive ______
02 perform ______
03 persist ______
04 pollute ______
05 possess ______
06 pour ______
07 preach ______
08 precede ______
09 predict ______
10 prefer ______
11 prepare ______
12 prescribe ______
13 preserve ______
14 presume ______
15 pretend ______
16 prevail ______
17 prevent ______
18 proceed ______
19 prohibit ______
20 promote ______
21 pronounce ______
22 prosper ______
23 protect ______
24 prove ______
25 publish ______
26 punish ______
27 pursue ______
28 qualify ______
29 quote ______
30 raise ______
31 realize ______
32 recall ______
33 receive ______
34 recognize ______
35 recommend ______
36 recover ______
37 recruit ______
38 recycle ______
39 reduce ______
40 refer ______
41 refine ______
42 reflect ______
43 refuse ______
44 register ______
45 regulate ______
46 reinforce ______
47 relate ______
48 relax ______
49 relieve ______
50 rely ______

[정답 ☞ 네이버 카페 '진가영 영어 연구소'에서 확인]

0601 **perceive** [pərsíːv]

㊍ 지각하다, 인지하다

They perceive the problem differently than we do.
그들은 우리가 보는 것과 다르게 문제를 인지한다.

0602 **perform** [pərfɔ́ːrm]

㊍ 수행하다, 공연하다

The machine is designed to perform various tasks.
그 기계는 다양한 작업을 수행하도록 설계되었다.

0603 **persist** [pərsíst]

㊍ 고집하다, 지속하다

Despite the challenges, she continued to persist in her studies.
어려움에도 불구하고 그녀는 공부를 계속해서 지속했다.

0604 **pollute** [pəlúːt]

㊍ 오염시키다

Plastic waste can pollute our oceans.
플라스틱 폐기물은 바다를 오염시킬 수 있다.

0605 **possess** [pəzés]

㊍ 소유하다, 지니다

She does not possess the skills needed for the job.
그녀는 그 직업에 필요한 기술을 지니고 있지 않다.
유 own 소유하다

0606 **pour** [pɔːr]

㊍ 붓다, 쏟다, 따르다

She carefully poured the wine into the glass.
그녀는 조심스럽게 와인을 잔에 따랐다.

0607 **preach** [priːʧ]

㊍ 설교하다, 설파하다

He likes to preach about kindness and compassion.
그는 친절과 연민에 대해 설교하는 것을 좋아한다.

0608 **precede** [prisíːd]

㊍ ~에 앞서다, 선행하다, 우선하다

The music performance will precede the award ceremony.
음악 공연이 시상식에 앞서 있을 것이다.

0609 **predict** [pridíkt]

㊍ 예측하다, 예언하다

He predicted a rise in stock prices.
그는 주식 가격의 상승을 예측했다.

0610 **prefer** [prifə́ːr]

㊍ 선호하다, 좋아하다

They prefer to travel by train rather than by plane.
그들은 비행기보다는 기차로 여행하는 것을 더 좋아한다.

회독 □□□□□

0611 **prepare** [pripɛ́ər]

㊍ 준비하다, 대비하다

They are preparing for the upcoming exam.
그들은 다가오는 시험을 준비하고 있다.

0612 **prescribe** [priskráib]

㊍ 처방하다, 규정하다

The doctor will prescribe medication for the patient's condition.
의사는 환자의 상태에 맞는 약을 처방할 것이다.

0613 **preserve** [prizə́:rv]

㊍ 보존하다, 지키다

She uses honey to preserve the fruit.
그녀는 과일을 보존하기 위해 꿀을 사용한다.

0614 **presume** [prizú:m]

㊍ 추정하다, 간주하다

She is presumed innocent until proven guilty.
그녀는 유죄가 입증될 때까지 무죄로 추정된다.

0615 **pretend** [priténd]

㊍ ~인 체하다

He pretended to be sick.
그는 아픈 척했다.

0616 **prevail** [privéil]

㊍ 만연하다, 유행하다, 승리하다 (over), 설득하다 (on, with)

Rumors are prevailing throughout the office.
소문이 사무실 전체에 만연하고 있다.

0617 **prevent** [privént]

㊍ 막다, 예방하다

Wearing a helmet can prevent head injuries.
헬멧을 착용하면 머리 부상을 예방할 수 있다.

0618 **proceed** [prəsí:d]

㊍ 계속하다, 진행하다

If there are no objections, we will proceed with the vote.
이의가 없으면 우리는 투표를 진행할 것이다.

0619 **prohibit** [prouhíbit]

㊍ 금지하다

The school rules prohibit the use of mobile phones during class.
학교 규칙은 수업 중에 휴대폰 사용을 금지한다.

0620 **promote** [prəmóut]

㊍ 촉진하다, 홍보하다, 승진시키다

They are working to promote gender equality in the workplace.
그들은 직장에서 성 평등을 촉진하기 위해 노력하고 있다.

0621 **pronounce** [prənáuns]

㉣ 발음하다, 선언하다
It's important to pronounce medical terms accurately.
의료 용어를 정확하게 발음하는 것이 중요하다.

0622 **prosper** [prάspər]

㉣ 번창하다, 번영하다
A stable economy helps people prosper.
안정적인 경제는 사람들이 번창하는 데 도움이 된다.

0623 **protect** [prətékt]

㉣ 보호하다
The law is designed to protect consumer rights.
그 법은 소비자 권리를 보호하기 위해 제정되었다.

0624 **prove** [pruːv]

㉣ 증명하다, 입증하다, 드러나다, 판명되다
He managed to prove that the theory was correct.
그는 그 이론이 맞다는 것을 입증하는 데 성공했다.

0625 **publish** [pʌ́bliʃ]

㉣ 출판[발행]하다, 발표[공표]하다
The author will publish his new book next month.
저자는 다음 달에 새 책을 출판할 예정이다.

0626 **punish** [pʌ́niʃ]

㉣ 처벌하다
We should not punish someone without a fair trial.
우리는 공정한 재판 없이 누군가를 처벌해서는 안 된다.

0627 **pursue** [pərsúː]

㉣ 추구하다, 뒤쫓다
We must pursue every legal avenue to solve the problem.
우리는 문제를 해결하기 위해 모든 법적 방법을 추구해야 한다.

0628 **qualify** [kwάləfài]

㉣ 자격을 얻다, 자격[권리]을 주다
He qualified as a doctor after completing his studies.
그는 공부를 마친 후 의사 자격을 얻었다.

0629 **quote** [kwout]

㉢ 인용구 ㉣ 인용하다
He quoted a passage from the book during the discussion.
그는 토론 중에 책에서 한 구절을 인용했다.
유 cite

0630 **raise** [reiz]

㉣ 들어 올리다, 일으키다, 기르다
She raised her hand to ask a question.
그녀는 질문을 하기 위해 손을 들어 올렸다.
cf rise 증가, 오르다

회독 □□□□□

0631 **realize** [rí:əlàiz]

[동] 깨닫다, 실현시키다

She finally realized that she had left her keys at home.
그녀는 결국 집에 열쇠를 두고 왔다는 것을 깨달았다.

0632 **recall** [rikɔ́:l]

[동] 기억해 내다, 상기하다

He can't recall where he parked the car.
그는 차를 어디에 주차했는지 기억해 낼 수 없다.

0633 **receive** [risí:v]

[동] 받다, 받아들이다

We will receive the shipment tomorrow.
우리는 내일 배송물을 받게 될 것이다.

0634 **recognize** [rékəgnàiz]

[동] 인식하다, 알아보다, 인정하다

The company was recognized as a leader in innovation.
그 회사는 혁신의 선두주자로 인정받았다.

0635 **recommend** [rèkəménd]

[동] 추천하다, 권하다, 충고하다

She recommended a book that she recently read.
그녀는 최근에 읽은 책을 추천했다.

0636 **recover** [rikʌ́vər]

[동] 회복하다, 되찾다

The company is expected to recover from the financial crisis.
그 회사는 금융 위기에서 회복할 것으로 예상된다.

0637 **recruit** [rikrú:t]

[명] 신병[신참자] [동] 모집하다

The army will recruit more soldiers next year.
군대는 내년에 더 많은 군인을 모집할 것이다.

0638 **recycle** [ri:sáikl]

[동] 재활용하다

Recycling helps conserve natural resources.
재활용은 천연 자원을 보존하는 데 도움이 된다.

0639 **reduce** [ridjú:s]

[동] 줄이다, 낮추다

To lose weight, you need to reduce your calorie intake.
체중을 줄이려면 당신은 칼로리 섭취를 줄일 필요가 있다.

0640 **refer** [rifə́:r]

[동] 참조하다, 언급하다

She referred to the manual to solve the problem.
그녀는 문제를 해결하기 위해 설명서를 참조했다.

0641 **refine**
[rifáin]
㊕ 정제하다, 개선하다
They are working to refine the product before launch.
그들은 출시 전에 제품을 개선하기 위해 작업하고 있다.

0642 **reflect**
[riflékt]
㊕ 비추다, 반사하다, 반영하다, 숙고하다 (on)
The mirror reflects light from the sun.
거울은 햇빛을 반사한다.

0643 **refuse**
[rifjúːz]
㊕ 거절하다, 거부하다
They will refuse entry to anyone without a ticket.
그들은 티켓이 없는 사람에게는 입장을 거부할 것이다.

0644 **register**
[rédʒistər]
㊔ 기록부, 명부 ㊕ 등록하다
The system will automatically register your attendance.
시스템은 자동으로 당신의 출석을 등록할 것이다.

0645 **regulate**
[régjulèit]
㊕ 규제하다, 조절하다
Laws are needed to regulate the new technology.
새로운 기술을 규제하기 위해 법이 필요하다.

0646 **reinforce**
[rìːinfɔ́ːrs]
㊕ 강화하다, 보강하다
The new evidence will reinforce our argument.
새로운 증거가 우리의 주장을 강화할 것이다.

0647 **relate**
[riléit]
㊕ 관련시키다, 관계되다
The data collected can be related to the study's findings.
수집된 데이터는 연구 결과와 관련이 있을 수 있다.

0648 **relax**
[rilǽks]
㊕ 휴식을 취하다, 진정하다
You should relax and enjoy your vacation.
당신은 휴가를 즐기며 휴식을 취해야 한다.

0649 **relieve**
[rilíːv]
㊕ 완화하다, 줄이다, 덜어 주다
Taking a break can relieve stress.
휴식을 취하는 것이 스트레스를 완화할 수 있다.

0650 **rely**
[rilái]
㊕ 의지하다, 의존하다 (on)
We rely on technology to make our work easier.
우리는 일을 더 쉽게 하기 위해 기술에 의존한다.

DAY 13 REVIEW & LEVEL-UP TEST

■ 괄호 안에 알맞은 단어를 고르시오.

01 Meteorologists [preserve / predict] heavy rainstorms in the region tomorrow.

02 The new regulations [prohibit / pronounce] fishing in the protected marine sanctuary.

03 The author is excited to [punish / publish] her new book next month.

■ 다음 빈칸에 문맥상 적절한 단어를 고르시오.

• quote	• prevent	• participate

04 She decided to _________ in the marathon to raise money for charity.

05 Vaccinations are important to _________ the spread of infectious diseases.

06 In his essay, he _________ statistical data to support his argument.

■ 다음 빈칸에 적절한 뜻을 쓰시오.

07 The doctor prescribed antibiotics to treat the bacterial infection.
의사는 박테리아 감염을 치료하기 위해 항생제를 _________.

08 The detective presumed the suspect had fled the country.
형사는 용의자가 나라를 떠난 것으로 _________.

09 The doctor recommended taking vitamins to improve her health.
의사는 그녀의 건강을 개선하기 위해 비타민 복용을 _________.

[해석 ☞ 네이버 카페 '진가영 영어 연구소'에서 확인] 

정답

01 predict 02 prohibit 03 publish 04 participate 05 prevent
06 quote 07 처방했다 08 추정했다 09 추천했다

DAY 14 PREVIEW & DIAGNOSIS TEST

01	remain	26	scramble
02	remind	27	sculpt
03	remove	28	seek
04	repeat	29	seem
05	replace	30	seize
06	represent	31	select
07	require	32	serve
08	resemble	33	settle
09	reserve	34	shave
10	resist	35	shrink
11	resolve	36	simulate
12	respond	37	skip
13	restore	38	soak
14	restrict	39	solve
15	resume	40	spell
16	reveal	41	spend
17	revive	42	spit
18	rid	43	splash
19	roast	44	spoil
20	rob	45	starve
21	roll	46	steal
22	satisfy	47	stimulate
23	scare	48	stretch
24	scatter	49	strip
25	scold	50	submit

[정답 ☞ 네이버 카페 '진가영 영어 연구소'에서 확인]

회독 □□□□□

0651 **remain** [riméin]	ⓜ 유물(pl.), 유적(pl.) ⓢ 남다 Despite the chaos, she remained calm and composed. 혼란 속에서도 그녀는 침착하고 차분하게 남아 있었다.
0652 **remind** [rimáind]	ⓢ 상기시키다 She set an alarm to remind her of the meeting. 그녀는 회의를 상기시키기 위해 알람을 설정했다.
0653 **remove** [rimúːv]	ⓢ 제거하다 She removed the old wallpaper from the walls. 그녀는 벽에서 오래된 벽지를 제거했다.
0654 **repeat** [ripíːt]	ⓢ 반복하다 Don't repeat the same mistake. 같은 실수를 반복하지 마세요.
0655 **replace** [ripléis]	ⓢ 대신하다, 교체하다 We need to replace the broken window. 우리는 깨진 창문을 교체해야 한다.
0656 **represent** [rèprizént]	ⓢ 대표하다, 대신하다 She was chosen to represent her class in the competition. 그녀는 대회에서 반을 대표하도록 선택되었다.
0657 **require** [rikwáiər]	ⓢ 요구하다, 필요로 하다 This task requires careful attention to detail. 이 작업은 세부 사항에 대한 세심한 주의가 필요하다.
0658 **resemble** [rizémbl]	ⓢ 닮다, 비슷하다 His painting resembles a famous artwork. 그의 그림은 유명한 작품과 비슷하다.
0659 **reserve** [rizə́ːrv]	ⓢ 예약하다, 비축하다, 유보하다 You need to reserve your tickets in advance. 당신은 티켓을 미리 예약해야 한다.
0660 **resist** [rizíst]	ⓢ 저항하다, 참다 They resisted the urge to check their phones. 그들은 휴대전화를 확인하고 싶은 충동을 참았다.

0661 **resolve** [rizάlv]

㊣ 해결하다, 결심하다, 분해[용해]하다

She resolved the conflict peacefully.
그녀는 분쟁을 평화롭게 해결했다.

0662 **respond** [rispάnd]

㊣ 대답하다, 반응하다

The dog responded to his owner's command.
개는 주인의 명령에 반응했다.

0663 **restore** [ristɔ́ːr]

㊣ 회복시키다, 복구하다

The technician worked quickly to restore the internet connection.
기술자는 인터넷 연결을 복구하기 위해 빠르게 작업했다.

0664 **restrict** [ristríkt]

㊣ 제한하다, 한정하다

The new rules restrict access to certain areas of the park.
새로운 규정은 공원의 일부 지역에 대한 접근을 제한한다.

0665 **resume** [rizúːm]

㊔ 이력서 ㊣ 재개하다, 다시 시작하다

The team will resume training tomorrow morning.
팀은 내일 아침에 훈련을 다시 시작할 것이다.

0666 **reveal** [rivíːl]

㊣ 드러내다, 폭로하다

She hesitated to reveal her true feelings.
그녀는 자신의 진심을 드러내기를 망설였다.

0667 **revive** [riváiv]

㊣ 부활시키다, 소생시키다

They worked to revive the unconscious patient.
그들은 의식을 잃은 환자를 부활시키려고 노력했다.

0668 **rid** [rid]

㊣ 없애다, 제거하다

The new law aims to rid the city of illegal parking.
새로운 법은 도시에서 불법 주차를 없애는 것을 목표로 한다.

0669 **roast** [roust]

㊣ 굽다

The coffee beans were freshly roasted for maximum flavor.
최대한의 맛을 위해 커피 콩을 신선하게 구워졌다.

0670 **rob** [rab]

㊣ 털다, 강탈하다

The thief tried to rob the bank but was caught.
도둑은 은행을 털려 했지만 붙잡혔다.

회독 □□□□□

0671 **roll** [roul]

㉯ 구르다, 회전하다

The cat likes to roll around in the sunshine.
고양이는 햇빛 속에서 구르는 것을 좋아한다.

0672 **satisfy** [sǽtisfài]

㉯ 만족시키다, 충족시키다

He tried to satisfy his curiosity by asking questions.
그는 질문을 하면서 호기심을 충족시키려고 했다.

0673 **scare** [skɛər]

㉯ 겁주다, 놀라게 하다, 무서워하다

The loud thunder scared the children during the storm.
폭풍이 몰아치는 동안 시끄러운 천둥이 아이들을 놀래 켰다.

0674 **scatter** [skǽtər]

㉯ 흩뿌리다, 쫓아 버리다

She scattered flower petals along the wedding aisle.
그녀는 결혼식 복도를 따라 꽃잎을 흩뿌렸다.

0675 **scold** [skould]

㉯ 꾸짖다

She scolded her son for not doing his homework.
그녀는 아들이 숙제를 하지 않아서 꾸짖었다.

0676 **scramble** [skrǽmbl]

㉯ 뒤섞다, 긁어모으다

He scrambled the letters on the board to form a new word.
그는 새로운 단어를 형성하기 위해 보드 위의 글자들을 뒤섞었다.

0677 **sculpt** [skʌlpt]

㉯ 조각하다

Picasso continued to sculpt for the rest of his life.
피카소는 평생 조각을 계속했다.

0678 **seek** [siːk]

㉯ 찾다, 추구하다

He seeks inner peace through meditation and mindfulness.
그는 명상과 순수함을 통해 내적 평화를 찾고 있다.

0679 **seem** [siːm]

㉯ ~인 것 같다, ~처럼 보이다

It seems like it's going to rain soon.
곧 비가 올 것 같다.

0680 **seize** [siːz]

㉯ 붙잡다, 움켜잡다, 장악하다, 체포하다

The police seized the suspect and handcuffed him.
경찰은 용의자를 붙잡고 수갑을 채웠다.

0681 **select**
[silékt]

㊍ 선택하다
She carefully selected a book from the shelf.
그녀는 책장에서 신중하게 책을 선택했다.

0682 **serve**
[səːrv]

㊍ 제공하다, 섬기다
The school cafeteria serves lunch to students and staff.
학교 급식실은 학생들과 교직원에게 점심을 제공한다.

0683 **settle**
[sétl]

㊍ 해결하다, 결정하다, 정착하다
They settled the conflict through mediation.
그들은 조정을 통해 갈등을 해결했다.

0684 **shave**
[ʃeiv]

㊍ 면도하다, 깎다
She prefers to shave her legs in the shower.
그녀는 샤워 중에 다리를 면도하는 것을 선호한다.

0685 **shrink**
[ʃriŋk]

㊍ 줄어들다, 오그라들다
The ice cubes will shrink as they melt in the hot water.
뜨거운 물에 녹으면서 얼음 조각들은 줄어들 것이다.

0686 **simulate**
[símjulèit]

㊍ 흉내 내다, 가장하다, ~인 체하다
The robot was designed to simulate human movements.
그 로봇은 인간의 동작을 흉내 내도록 설계되었다.

0687 **skip**
[skip]

㊍ 건너뛰다, 생략하다, 팔짝팔짝 뛰다
Let's skip the formality and start the discussion right away.
격식은 생략하고 바로 토의를 시작하시죠.

0688 **soak**
[souk]

㊍ 적시다, 담그다, 흡수하다
Soak the beans overnight before cooking them.
요리하기 전에 콩을 하룻밤 동안 담그세요.

0689 **solve**
[salv]

㊍ 해결하다, 풀다
She solved the math problem quickly.
그녀는 수학 문제를 빠르게 풀었다.

0690 **spell**
[spel]

㊍ 철자를 말하다, 철자를 쓰다
Can you spell your name for me?
당신 이름의 철자를 나한테 말해 줄 수 있나요?

회독 □□□□□

0691 **spend** [spend]

㊀ (시간, 돈을) 쓰다, 보내다

I spend too much money on clothes.
나는 옷에 너무 많은 돈을 쓴다.

0692 **spit** [spit]

㊀ 뱉다

He spit the gum out into the trash can.
그는 껌을 휴지통에 뱉었다.

0693 **splash** [splæʃ]

㊀ 튀기다, 첨벙거리다

She accidentally splashed water on her book.
그녀는 실수로 책에 물을 튀겼다.

0694 **spoil** [spɔil]

㊀ 망치다, 손상시키다

The rain spoiled our picnic plans.
비가 우리의 소풍 계획을 망쳤다.

0695 **starve** [sta:rv]

㊀ 굶주리다, 굶기다

They were determined to help those who are starving.
그들은 굶주린 사람들을 돕기로 결심했다.

0696 **steal** [sti:l]

㊀ 훔치다

The thief stole the valuable painting.
도둑은 귀중한 그림을 훔쳤다.

0697 **stimulate** [stímjulèit]

㊀ 자극하다, 고무하다

Music can stimulate emotions.
음악은 감정을 자극할 수 있다.

0698 **stretch** [stretʃ]

㊀ 늘이다, 뻗다

The cat woke up and started to stretch its body.
고양이가 깨어나 몸을 늘리기 시작했다.

0699 **strip** [strip]

㊀ 옷을 벗다, 벗기다, 빼앗다

They stripped the tree of its bark.
그들이 그 나무의 껍질을 벗겼다.

0700 **submit** [səbmít]

㊀ 제출하다, 항복하다, 말하다, 진술하다

He submitted his resignation letter to his boss yesterday.
그는 어제 상사에게 사직서를 제출했다.

DAY 14 REVIEW & LEVEL-UP TEST

■ 괄호 안에 알맞은 단어를 고르시오.

01 The company decided to [replace / resemble] the CEO due to declining profits.

02 He was arrested for attempting to [roll / rob] a convenience store.

03 He used clay to [sculpt / scold] a beautiful vase.

■ 다음 빈칸에 문맥상 적절한 단어를 고르시오.

• shrink	• reserve	• steal

04 Please make sure to ________ a table at the restaurant for dinner.

05 The lake begins to ________ during the dry season due to lack of rainfall.

06 He was caught trying to ________ a wallet from a crowded subway station.

■ 다음 빈칸에 적절한 뜻을 쓰시오.

07 The mystery of his disappearance remains unsolved to this day.
그의 실종의 미스터리는 오늘날까지도 해결되지 않은 채 ________.

08 The surgeon successfully removed the tumor during the operation.
그 외과 의사는 수술 중 종양을 성공적으로 ________.

09 He tends to repeat himself when he's nervous.
그는 긴장할 때 자신의 말을 ________ 경향이 있다.

[해석 ☞ 네이버 카페 '진가영 영어 연구소'에서 확인]

정답

01 replace **02** rob **03** sculpt **04** reserve **05** shrink
06 steal **07** 남아 있다 **08** 제거했다 **09** 반복하는

PREVIEW & DIAGNOSIS TEST

01 subscribe ____________

02 suck ____________

03 suffer ____________

04 suggest ____________

05 supervise ____________

06 suppose ____________

07 surround ____________

08 survive ____________

09 suspend ____________

10 sustain ____________

11 swear ____________

12 swell ____________

13 tackle ____________

14 tease ____________

15 tend ____________

16 terminate ____________

17 testify ____________

18 throw ____________

19 tie ____________

20 toss ____________

21 transact ____________

22 transform ____________

23 translate ____________

24 transmit ____________

25 undergo ____________

26 underlie ____________

27 undermine ____________

28 undertake ____________

29 unify ____________

30 unite ____________

31 update ____________

32 utilize ____________

33 vanish ____________

34 vary ____________

35 wander ____________

36 warn ____________

37 weave ____________

38 weigh ____________

39 wipe ____________

40 withdraw ____________

41 absent ____________

42 absolute ____________

43 abstract ____________

44 absurd ____________

45 abundant ____________

46 accurate ____________

47 actual ____________

48 acute ____________

49 adverse ____________

50 aesthetic ____________

[정답 ☞ 네이버 카페 '진가영 영어 연구소'에서 확인]

0701 **subscribe** [səbskráib]
㊍ 구독하다, 가입하다
I decided to subscribe to the magazine.
나는 잡지를 구독하기로 결정했다.

0702 **suck** [sʌk]
㊍ 빨다
Babies often suck their thumbs for comfort.
아기들은 종종 안정을 위해 엄지손가락을 빨기도 한다.

0703 **suffer** [sʌ́fər]
㊍ 고통받다, 시달리다
He suffered emotionally after the loss of his beloved pet.
그는 사랑하는 애완 동물을 잃은 후 감정적으로 고통받았다.

0704 **suggest** [səgdʒést]
㊍ 제안하다, 암시하다, 시사하다
I suggested taking a day trip to the countryside.
나는 사골로 당일 여행을 가는 것을 제안했다.

0705 **supervise** [sú:pərvàiz]
㊍ 감독하다, 지도하다
She supervises the interns' training.
그녀는 인턴들의 훈련을 감독한다.

0706 **suppose** [səpóuz]
㊍ 가정하다, 추측하다
The doctor supposed that the patient's symptoms were due to allergies.
의사는 환자의 증상이 알레르기 때문인 것으로 가정했다.

0707 **surround** [səráund]
㊍ 둘러싸다, 에워싸다
The castle is surrounded by a moat filled with water.
성은 물로 가득찬 호수로 둘러싸여 있다.

0708 **survive** [sərváiv]
㊍ 살아남다, 생존하다
Many species have adapted to survive in harsh environments.
많은 종들이 가혹한 환경에서 생존하기 위해 적응했다.

0709 **suspend** [səspénd]
㊍ 연기하다, 중단하다, 정직(정학)시키다, 매달다
The construction work was suspended due to bad weather.
건설 작업은 나쁜 날씨로 인해 중단되었다.

0710 **sustain** [səstéin]
㊍ 지탱하다, 버티다, 견디다
The building couldn't sustain the force of the earthquake.
건물은 지진의 힘을 견딜 수 없었다.

회독 □□□□□

0711 **swear** [swεər]

동 맹세하다, 욕을 하다

She swore revenge on those who wronged her.
그녀는 자신에게 해를 끼친 사람들에게 복수를 맹세했다.

0712 **swell** [swel]

동 붓다, 부풀다, 부어오르다

Her ankle began to swell after she twisted it during the hike.
등산 중 발목을 삐어서 발목이 부었다.

0713 **tackle** [tǽkl]

동 부딪치다, 논쟁하다

he wasn't able to tackle the impact and hit his head on the dashboard.
그는 충격에 대처하지 못하고 계기판에 머리를 부딪혔다.

0714 **tease** [tiːz]

동 놀리다, 괴롭히다

Teasing others is not allowed.
다른 사람들을 놀리는 것은 허용되지 않는다.

0715 **tend** [tend]

동 ~하는 경향이 있다, 돌보다

She tends to procrastinate when faced with difficult tasks.
어려운 과제를 마주하면 그녀는 미루는 경향이 있다.

0716 **terminate** [tə́ːrmənèit]

동 끝내다, 종료하다

The company decided to terminate the employee's contract.
그 회사는 직원의 계약을 종료하기로 결정했다.

0717 **testify** [téstəfài]

동 증언하다, 입증하다

She agreed to testify against the defendant in court.
그녀는 법정에서 피고인에 대해 증언하기로 동의했다.

0718 **throw** [θrou]

동 던지다, 내다버리다

The pitcher threw the baseball with all his strength.
투수는 힘을 다해 야구공을 던졌다.

0719 **tie** [tai]

동 묶다

She asked her friend to tie her hair back before she started cooking.
요리를 시작하기 전에 친구에게 머리를 묶어달라고 했다.

0720 **toss** [tɔːs]

동 던지다, 내던지다

She tossed the ball to her friend across the yard.
그녀는 마당을 가로질러 친구에게 공을 던졌다.

0721 **transact** [trænsǽkt]
㊞ 거래하다
They met to transact the sale of the property.
그들은 재산의 매매를 거래하기 위해 만났다.

0722 **transform** [trænsfɔ'rm]
㊞ 변형시키다, 바꾸다
Education has the power to transform lives and communities.
교육은 삶과 사회를 바꿀 수 있는 힘을 지니고 있다.

0723 **translate** [trænsléit]
㊞ 번역하다, 해석하다, 설명하다
She can fluently translate between English and Spanish.
그녀는 영어와 스페인어 사이를 유창하게 번역할 수 있다.

0724 **transmit** [trænsmít]
㊞ 전송하다, 전달하다, 전도하다
Radio waves are used to transmit signals over long distances.
라디오 주파는 멀리 있는 곳에 신호를 전송하는 데 사용된다.

0725 **undergo** [ə,ndərgou']
㊞ 겪다, 받다
She had to undergo surgery to remove the tumor.
그녀는 종양을 제거하기 위해 수술을 받아야 했다.

0726 **underlie** [ə,ndərlai']
㊞ ~의 기초가 되다, 기저를 이루다
Basic principles of mathematics underlie many scientific theories.
수학의 기본 원리가 많은 과학 이론의 기초를 이룬다.

0727 **undermine** [ə'ndərmai,n]
㊞ 약화시키다, 훼손하다
Lack of trust can undermine the foundation of a relationship.
신뢰 부족은 관계의 기반을 약화시킬 수 있다.

0728 **undertake** [ə'ndərtei,k]
㊞ 착수하다, 맡다
He was hesitant to undertake the responsibility of leading the team.
그는 팀을 이끌 책임을 맡는 것에 주저했다.

0729 **unify** [júːnəfài]
㊞ 통합하다, 통일하다
The company implemented new policies to unify its global operations.
회사는 글로벌 영업을 통합하기 위해 새로운 정책을 시행했다.

0730 **unite** [juːnáit]
㊞ 연합하다, 통합시키다
People from all walks of life united to support the charity's cause.
다양한 사회적 지위의 사람들이 자선 단체의 목적을 지원하기 위해 연합했다.

회독 □□□□□

0731	**update** [əpdei't]	ⓢ 갱신하다, 새롭게 하다 Please update the software to the latest version for improved performance. 성능 향상을 위해 소프트웨어를 최신 버전으로 갱신해 주세요.
0732	**utilize** [júːtəlàiz]	ⓢ 활용하다, 이용하다 Farmers utilize modern agricultural techniques to increase crop yields. 농부들은 작물 수확량을 증가시키기 위해 현대 농업 기술을 활용한다.
0733	**vanish** [vǽniʃ]	ⓢ 사라지다 Daylight vanished as the sun dipped below the horizon. 해가 지면서 햇살이 사라졌다.
0734	**vary** [vɛ́əri]	ⓢ 다르다, 변하다, 변화를 주다 Students' opinions on the topic vary greatly. 학생들의 의견은 주제에 따라 매우 다르다.
0735	**wander** [wɑ́ndər]	ⓢ 돌아다니다, 배회하다 I like to wander aimlessly through the forest. 나는 목적 없이 숲을 배회하는 것을 좋아한다.
0736	**warn** [wɔːrn]	ⓢ 경고하다 The teacher warned the students not to plagiarize. 선생님은 학생들에게 표절하지 말라고 경고했다.
0737	**weave** [wiːv]	ⓢ 짜다, 엮다 The spider weaved a delicate web to catch its prey. 거미는 먹이를 잡기 위해 섬세한 거미줄을 짰다.
0738	**weigh** [wei]	ⓢ 무게를 달다, 누르다, 따져 보다 Elephants can weigh up to a few tons. 코끼리는 최대 몇 톤까지 무게가 나갈 수도 있다.
0739	**wipe** [waip]	ⓢ 닦다 He wiped his tears away with the back of his hand. 그는 손등으로 눈물을 닦았다.
0740	**withdraw** [wiðdrɔ́ː]	ⓢ 철수하다, 인출하다, 취소하다 The soldier was ordered to withdraw from the battlefield. 병사는 전장에서 철수할 것으로 명령받았다.

0741 **absent** [ǽbsənt]

Ⓗ 부재한, 결석한
She was absent from school yesterday due to illness.
그녀는 어제 아프다고 학교를 결석했다.

0742 **absolute** [ǽbsəlùːt]

Ⓗ 완전한, 절대적인
The painting's beauty was of absolute perfection.
그 그림의 아름다움은 절대적인 완벽함이었다.

0743 **abstract** [æbstrǽkt]

Ⓜ 추상, 요약(추록) Ⓗ 추상적인 Ⓓ 발췌하다, 요약하다
The concept of time is abstract and difficult to grasp.
시간의 개념은 추상적이며 이해하기 어렵다.

0744 **absurd** [æbsə́ːrd]

Ⓗ 우스꽝스러운, 터무니없는
It's absurd to think that money can buy happiness.
돈이 행복을 살 수 있다고 생각하는 것은 터무니없다.

0745 **abundant** [əbʌ́ndənt]

Ⓗ 풍부한, 많은
The region is known for its abundant natural resources.
그 지역은 풍부한 천연 자원으로 유명하다.

0746 **accurate** [ǽkjurət]

Ⓗ 정확한, 정밀한
The map provided accurate directions to the destination.
지도는 목적지까지 정확한 방향을 제공했다.

0747 **actual** [ǽktʃuəl]

Ⓗ 실제의, 현실의
The actual size of the room was smaller than expected.
방의 실제 크기는 예상보다 작았다.

0748 **acute** [ǽktʃuəl]

Ⓗ 심한, 급성의, 예리한, 예민한
The patient's condition worsened due to an acute infection.
환자의 상태가 급성 감염으로 인해 악화되었다.

0749 **adverse** [ædvə́ːrs]

Ⓗ 불리한, 부정적인
Economic downturns often result in adverse effects on employment rates.
경제 침체는 종종 고용률에 부정적인 영향을 미친다.

0750 **aesthetic** [esθétik]

Ⓗ 미학적인, 심미적인
The artist's paintings were admired for their aesthetic beauty.
예술가의 그림은 미적 아름다움으로 칭송받았다.

DAY 15 REVIEW & LEVEL-UP TEST

■ 괄호 안에 알맞은 단어를 고르시오.

01 She had to [strip / submit] an application form to apply for the scholarship.

02 The company decided to [supervise / suspend] production temporarily due to a shortage of raw materials.

03 She was called to [testify / transact] as a witness in the court case.

■ 다음 빈칸에 문맥상 적절한 단어를 고르시오.

• terminate	• suffer	• absent

04 Many animals ________ due to habitat loss caused by deforestation.

05 They decided to ________ their partnership after years of disagreement.

06 She was ________ from school yesterday due to illness.

■ 다음 빈칸에 적절한 뜻을 쓰시오.

07 The detective <u>supposed</u> the crime scene had been tampered with.
형사는 범행 현장이 조작된 것으로 ________.

08 The witness <u>swore</u> under oath to tell the truth in court.
목격자는 법정에서 진술할 때 진실을 말하기로 ________.

09 He <u>teased</u> her about forgetting her lines during the play.
그는 연극 중에 대사를 잊어버린 것에 대해 그녀를 ________.

[해석 ☞ 네이버 카페 '진가영 영어 연구소'에서 확인] 

정답

01 submit	**02** suspend	**03** testify	**04** suffer	**05** terminate
06 absent	**07** 추측했다	**08** 맹세했다	**09** 놀렸다	

DAY 16 PREVIEW & DIAGNOSIS TEST

01 aggressive ______
02 alike ______
03 alive ______
04 ancient ______
05 annual ______
06 anxious ______
07 apparent ______
08 appropriate ______
09 approximate ______
10 artificial ______
11 authentic ______
12 automatic ______
13 awake ______
14 aware ______
15 awesome ______
16 awful ______
17 awkward ______
18 bare ______
19 blind ______
20 bold ______
21 brief ______
22 brilliant ______
23 broad ______
24 capable ______
25 casual ______
26 causal ______
27 chronic ______
28 civil ______
29 compatible ______
30 comprehensive ______
31 compulsory ______
32 confident ______
33 conscious ______
34 consistent ______
35 constant ______
36 contemporary ______
37 contrary ______
38 convenient ______
39 corporate ______
40 crisp ______
41 crucial ______
42 cruel ______
43 current ______
44 cynical ______
45 dairy ______
46 damp ______
47 decent ______
48 definite ______
49 delicate ______
50 dense ______

[정답 ☞ 네이버 카페 '진가영 영어 연구소'에서 확인]

회독 □□□□□

0751	**aggressive** [əgrésiv]	ⓗ 공격적인, 과감한 His aggressive behavior often led to conflicts with his colleagues. 그의 공격적인 행동은 종종 동료들과의 갈등으로 이어졌다.
0752	**alike** [əláik]	ⓗ 닮은, 비슷한 The twins looked so alike that it was difficult to tell them apart. 쌍둥이들은 너무 닮아서 그들을 구분하기가 어려웠다.
0753	**alive** [əláiv]	ⓗ 살아 있는 The old traditions are still alive in this remote village. 이 외진 마을에서는 오래된 전통이 여전히 살아있다.
0754	**ancient** [éinʃənt]	ⓗ 고대의 She was fascinated by ancient mythology and spent hours studying it. 그녀는 고대 신화에 매혹되어 시간을 들여서 연구했다.
0755	**annual** [ǽnjuəl]	ⓗ 매년의, 연례의, 연간의 The annual rainfall in the region helps sustain the local agriculture. 그 지역의 연간 강우는 현지 농업을 유지하는 데 도움이 된다.
0756	**anxious** [ǽŋkʃəs]	ⓗ 불안해하는, 염려하는 (about), 열망하는 (for) The anxious parents waited nervously for news of their missing child. 불안해하는 부모들은 실종된 자녀에 대한 소식을 긴장하며 기다렸다.
0757	**apparent** [əpǽrənt]	ⓗ 명백한, 분명한 It was apparent to anyone that he was the culprit. 그가 범인이라는 것은 누가 봐도 분명했다.
0758	**appropriate** [əpróupriət]	ⓗ 적절한 ⓢ 도용[전용]하다 It's not appropriate to speak loudly in a library. 도서관에서 큰 소리로 말하는 것은 적절하지 않다.
0759	**approximate** [əprάksəmət]	ⓗ 근사치인, 거의 정확한 ⓢ 가까워지다, 접근하다 The number of spectators in the game is only a approximate. 경기의 관중 수는 근사치일 뿐이다.
0760	**artificial** [ὰːrtəfíʃəl]	ⓗ 인공적인, 모조의 Many processed foods contain artificial flavors and colors. 많은 가공 식품에는 인공 향료와 색소가 포함되어 있다.

0761 **authentic** [ɔ:θéntik]

㉠ 진짜인, 진품의
She purchased an authentic antique vase at the flea market.
그녀는 벼룩시장에서 진품 고미술 화병을 구매했다.

0762 **automatic** [ɔ̀:təmǽtik]

㉠ 자동의
The factory had installed automatic machinery.
공장은 자동 기계장치를 설치했다.

0763 **awake** [əwéik]

㉠ 깨어 있는, 잠들지 않은 ㉢ 깨우다, 불러일으키다
The sound of the alarm clock jolted him awake in the morning.
아침에 알람 소리에 깜짝 놀라 깨어났다.

0764 **aware** [əwɛ́ər]

㉠ 알고 있는, 의식하고 있는
The company was aware of the growing concerns among its employees.
그 회사는 직원들 사이에서 커지고 있는 우려를 알고 있었다.

0765 **awesome** [ɔ́:səm]

㉠ 굉장한, 엄청난
He received a awesome gift on his birthday.
그는 생일에 엄청난 선물을 받았다.

0766 **awful** [ɔ́:fəl]

㉠ 끔찍한, 형편없는
The food at the restaurant was awful.
그 레스토랑의 음식은 정말 형편없었다.

0767 **awkward** [ɔ́:kwərd]

㉠ 어색한, 서투른
There was an awkward silence after his joke fell flat in the meeting.
회의에서 그의 농담이 실패한 후 어색한 침묵이 흘렀다.

0768 **bare** [bɛər]

㉠ 벌거벗은 ㉢ 벌거벗기다, 드러내다
He wandered around bare after drinking.
그는 술을 마시고 벌거벗은 채로 돌아다녔다.

0769 **blind** [blaind]

㉠ 눈이 먼, 맹인인
He navigated the room with ease despite being blind.
그는 맹인임에도 불구하고 방을 쉽게 돌아다녔다.

0770 **bold** [bould]

㉠ 용감한, 대담한
His bold fashion choices always turned heads wherever he went.
그의 대담한 패션 선택은 어디를 가든 항상 사람들의 시선을 끌었다.

회독 □□□□□

0771 **brief** [briːf]
㉻ 짧은, 간단한
She wrote a brief summary of the book for her class presentation.
그녀는 수업 발표를 위해 그 책에 대한 간단한 요약을 썼다.

0772 **brilliant** ['brɪl.jənt]
㉻ 훌륭한, 뛰어난
His brilliant mind allowed him to solve complex problems with ease.
그의 뛰어난 두뇌 능력 덕분에 그는 복잡한 문제를 쉽게 해결할 수 있었다.

0773 **broad** [brɔːd]
㉻ 넓은
He has a broad knowledge of history and literature.
그는 역사와 문학에 대해 폭넓은 지식을 가지고 있다.

0774 **capable** [kéipəbl]
㉻ 할 수 있는, 유능한, (할) 능력이 있는
She is capable of solving complex problems.
그녀는 복잡한 문제를 해결할 수 있다.

0775 **casual** [kǽʒuəl]
㉻ 평상시의, 임시의, 우연한
The meeting was informal and casual.
그 회의는 비공식적이고 임시적이었다.

0776 **causal** [kɔ́ːzəl]
㉻ 인과 관계의, 원인의
There is no clear causal relationship between the two events.
그 두 사건 사이에는 명확한 인과 관계가 없다.

0777 **chronic** [krɑ́nik]
㉻ 만성적인, 장기간에 걸친
She suffers from chronic back pain.
그녀는 만성적인 허리 통증에 시달리고 있다.

0778 **civil** [sívəl]
㉻ 시민의
Civil rights are fundamental to a just society.
시민권은 정의로운 사회에 필수적이다.

0779 **compatible** [kəmpǽtəbl]
㉻ 호환이 되는, 양립할 수 있는
Ensure the printer is compatible with your computer before purchasing.
구매 전에 프린터가 컴퓨터와 호환되는지 확인하세요.

0780 **comprehensive** [kɑ̀mprihénsiv]
㉻ 포괄적인, 광범위한, 이해력이 있는
We need a comprehensive plan to address all the issues.
우리는 모든 문제를 해결하기 위한 포괄적인 계획이 필요하다.

0781 **compulsory** [kəmpʌ́lsəri]
[형] 의무적인, 강제적인
Wearing a uniform is compulsory at this school.
이 학교에서는 교복 착용이 의무적이다.

0782 **confident** [kάnfədənt]
[형] 자신 있는, 확신하는
He is confident that his team will win the game.
그는 그의 팀이 경기에서 이길 것이라고 확신한다.

0783 **conscious** [kάnʃəs]
[형] 의식하는, 지각하는
He is not conscious of the changes in the plan.
그는 계획의 변경 사항에 대해 지각하지 못하고 있다.

0784 **consistent** [kənsístənt]
[형] 일관된, ~와 일치하는
The results were consistent with our expectations.
결과는 우리의 기대와 일치했다.

0785 **constant** [kάnstənt]
[명] 상수 [형] 일정한, 끊임없는
There was a constant flow of customers at the store.
상점에는 끊임없는 손님이 왔다.

0786 **contemporary** [kəntémpərèri]
[형] 현대의, 동시대의
Contemporary music often blends different genres.
현대 음악은 종종 다양한 장르를 혼합한다.

0787 **contrary** [kάntreri]
[형] 반대되는, 다른
They argued that the evidence supported the contrary position.
그들은 증거가 반대되는 입장을 지지한다고 주장했다.

0788 **convenient** [kənvíːnjənt]
[형] 편리한
The new store is very convenient for shopping.
새 상점은 쇼핑하기에 매우 편리하다.

0789 **corporate** [kɔ́ːrpərət]
[형] 기업[회사]의, 법인의, 공동의
She works in the corporate sector of the company.
그녀는 회사의 기업 부문에서 일한다.

0790 **crisp** [krisp]
[형] 바삭바삭한
She prefers her salad with a crisp, fresh crunch.
그녀는 샐러드를 신선하고 바삭하게 먹는 것을 선호한다.

회독 □□□□□

0791 **crucial** [krúːʃəl]

형 중대한, 결정적인

The final decision will be crucial for the future of the company.

최종 결정은 회사의 미래에 매우 중대할 것이다.

0792 **cruel** [krúːəl]

형 잔혹한, 잔인한

It is cruel to treat animals poorly.

동물을 못되게 대하는 것은 잔인하다.

0793 **current** [kəːrənt]

형 현재의, 지금의

The current issue needs to be addressed immediately.

현재 문제는 즉시 해결해야 한다.

0794 **cynical** [sínikəl]

형 냉소적인, 부정적인

Her cynical attitude made it hard to trust her intentions.

그녀의 냉소적인 태도는 그녀의 의도를 믿기 어렵게 만들었다.

0795 **dairy** [dɛ́əri]

형 유제품의, 낙농(업)의

The dairy farm produces cheese, yogurt, and butter.

그 유제품 농장은 치즈, 요거트, 버터를 생산한다.

0796 **damp** [dæmp]

형 축축한, 눅눅한

The towels are still damp after the rain.

비가 온 후 수건이 아직 축축하다.

0797 **decent** [díːsnt]

형 적당한, 훌륭한

They found a decent place to stay for the night.

그들은 밤을 지낼 만한 적당한 장소를 찾았다.

0798 **definite** [défənit]

형 확실한, 명확한

There is no definite proof that he was involved.

그가 관여했다는 확실한 증거는 없다.

0799 **delicate** [délikət]

형 연약한, 섬세한

He has a delicate balance to maintain in his work.

그는 자신의 일에서 섬세한 균형을 유지해야 한다.

0800 **dense** [dens]

형 밀집한, 빽빽한

The city is full of dense buildings.

도시는 밀집된 건물들이 가득하다.

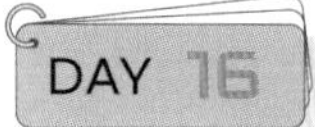

REVIEW & LEVEL-UP TEST

■ 괄호 안에 알맞은 단어를 고르시오.

01 Smoking can have [adverse / aesthetic] effects on your health, such as lung cancer and heart disease.

02 There was an [automatic / awkward] silence after his inappropriate joke.

03 There is a [civil / causal] relationship between smoking and lung cancer.

■ 다음 빈칸에 문맥상 적절한 단어를 고르시오.

• compulsory	• artificial	• blind

04 Wearing a seatbelt is _________ for drivers and passengers in many countries.

05 The _________ flavors in the candy made it taste like strawberries.

06 He was born _________ and learned to navigate the world using his other senses.

■ 다음 빈칸에 적절한 뜻을 쓰시오.

07 She couldn't bear to watch the <u>cruel</u> scenes in the horror movie.
그녀는 공포 영화에서의 _________ 장면들을 보기 싫어했다.

08 Her <u>cynical</u> remarks during the meeting annoyed her colleagues.
회의 중 그녀의 _________ 발언은 동료들을 짜증나게 했다.

09 She gave a <u>brief</u> summary of the main points at the end of the presentation.
그녀는 발표가 끝날 때 주요 사항에 대한 _________ 요약을 했다.

[해석 ☞ 네이버 카페 '진가영 영어 연구소'에서 확인]

정답

01 adverse **02** awkward **03** causal **04** compulsory **05** artificial
06 blind **07** 잔인한 **08** 냉소적인 **09** 간단한

DAY 17 PREVIEW & DIAGNOSIS TEST

01 desperate ____________
02 disabled ____________
03 distant ____________
04 diverse ____________
05 domestic ____________
06 dominant ____________
07 dual ____________
08 due ____________
09 dynamic ____________
10 eager ____________
11 effective ____________
12 efficient ____________
13 elaborate ____________
14 elegant ____________
15 enthusiastic ____________
16 entire ____________
17 essential ____________
18 ethical ____________
19 evident ____________
20 exact ____________
21 exotic ____________
22 external ____________
23 extinct ____________
24 extraordinary ____________
25 false ____________
26 familiar ____________
27 fatal ____________
28 federal ____________
29 fertile ____________
30 fierce ____________
31 finite ____________
32 flat ____________
33 flexible ____________
34 folk ____________
35 fond ____________
36 foreign ____________
37 formal ____________
38 former ____________
39 fortunate ____________
40 frequent ____________
41 fundamental ____________
42 furious ____________
43 generous ____________
44 gorgeous ____________
45 gradual ____________
46 grateful ____________
47 gross ____________
48 guilty ____________
49 harsh ____________
50 hostile ____________

[정답 ☞ 네이버 카페 '진가영 영어 연구소'에서 확인]

0801 **desperate** [déspərət]
형 절망적인, 필사적인
She was desperate to find her lost cat.
그녀는 잃어버린 고양이를 찾기 위해 필사적이었다.

0802 **disabled** [diséibld]
형 장애를 가진
He helps the disabled cross the street safely.
그는 장애인들이 거리를 안전하게 건너도록 돕는다.

0803 **distant** [dístənt]
형 먼, 떨어져 있는
They live in a distant village away from the city.
그들은 도시에서 떨어진 먼 마을에 살고 있다.

0804 **diverse** [daivə́ːrs]
형 다양한
The book covers a diverse set of topics.
그 책은 다양한 주제를 다룬다.

0805 **domestic** [dəméstik]
형 가정의, 국내의, 길들여진
The company specializes in domestic travel arrangements.
그 회사는 국내 여행 준비를 전문으로 한다.

0806 **dominant** [dɑ́mənənt]
형 지배적인, 우세한
This species of tree is dominant in the forest ecosystem.
이 종류의 나무는 숲 생태계에서 지배적이다.

0807 **dual** [djúːəl]
형 이중의
The system provides dual language support for users.
그 시스템은 사용자에게 이중 언어 지원을 제공한다.

0808 **due** [djuː]
형 ~때문에, ~할 예정인, 만기가 된
The meeting was postponed due to unforeseen circumstances.
예상치 못한 상황으로 인해 회의가 연기되었다.

0809 **dynamic** [dainǽmik]
명 힘, 원동력 형 역동적인
She has a dynamic personality that attracts many people.
그녀는 많은 사람들을 끌어들이는 역동적인 성격을 가지고 있다.

0810 **eager** [íːgər]
형 열렬한, 간절히 바라는, 열심인
He looked eager to hear the results of the competition.
그는 경쟁 결과를 듣기를 간절히 바라는 듯 보였다.

회독 □□□□□

0811 **effective** [iféktiv]

㉠ 효과적인

This medicine is effective in treating cold symptoms.
이 약은 감기 증상 치료에 효과적이다.

0812 **efficient** [ifíʃənt]

㉠ 효율적인, 능률적인

She is known for her efficient time management skills.
그녀는 효율적인 시간 관리 기술로 유명하다.

0813 **elaborate** [ilǽbərət]

㉠ 정교한, 복잡한 ㉢ 공들여 만들다, 상세하게 만들다

The painting was painted with elaborate techniques.
그 그림은 정교한 기술로 그려졌다.

0814 **elegant** [éligənt]

㉠ 우아한, 품격 있는

The design of the new building is very elegant and modern.
새 건물의 디자인은 매우 우아하고 현대적이다.

0815 **enthusiastic** [inθùːziǽstik]

㉠ 열광적인, 열렬한

She was very enthusiastic about starting her new job.
그녀는 새 직장을 시작하는 것에 대해 매우 열광적이었다.

0816 **entire** [intáiər]

㉠ 전체의

She read the entire book in one day.
그녀는 하루 만에 전체의 책을 완독했다.

0817 **essential** [isénʃəl]

㉠ 필수적인, 본질적인, 중요한

Water is essential for all forms of life.
물은 모든 생명체에 필수적이다.

0818 **ethical** [éθikəl]

㉠ 윤리적인, 도덕적인

The research project was conducted under strict ethical guidelines.
그 연구 프로젝트는 엄격한 윤리적 지침 하에 수행되었다.

0819 **evident** [évədənt]

㉠ 분명한, 눈에 띄는

It was evident from her smile that she was happy.
그녀의 미소를 통해 그녀가 행복하다는 것이 분명했다.

0820 **exact** [igzǽkt]

㉠ 정확한, 엄밀한

Please give me the exact time of the meeting.
회의의 정확한 시간을 알려주세요.

0821 **exotic** [igzátik]
㉻ 외국의, 이국적인
They visited an exotic island in the Pacific Ocean.
그들은 태평양의 이국적인 섬을 방문했다.

0822 **external** [ikstə́:rnl]
㉻ 외부의, 밖의
The building's external walls are made of reinforced concrete.
건물의 외부 벽은 강화 콘크리트로 만들어졌다.

0823 **extinct** [ikstíŋkt]
㉻ 멸종된, 사라진
The dinosaur species became extinct millions of years ago.
공룡 종은 수백만 년 전에 멸종했다.

0824 **extraordinary** [ikstrɔ́:rdənèri]
㉻ 놀라운, 비범한
She made an extraordinary recovery from her illness.
그녀는 병에서 놀라운 회복을 이뤘다.

0825 **false** [fɔ:ls]
㉻ 틀린, 거짓의
The statement turned out to be false.
그 진술은 거짓으로 밝혀졌다.

0826 **familiar** [fəmíljər]
㉻ 친숙한, 익숙한, 잘 알려진, 알고 있는
She is very familiar with the city's public transportation system.
그녀는 그 도시의 대중교통 시스템에 매우 익숙하다.

0827 **fatal** [féitl]
㉻ 치명적인, 운명의
Driving under the influence of alcohol is a fatal mistake.
음주 운전은 치명적인 실수이다.

0828 **federal** [fédərəl]
㉻ 연방제의
Federal laws protect the rights of all citizens.
연방 법은 모든 시민의 권리를 보호한다.

0829 **fertile** [fə́:rtl]
㉻ 비옥한, 풍부한, 생식력 있는
The soil in this region is very fertile, perfect for farming.
이 지역의 토양은 매우 비옥하여 농사에 적합하다.

0830 **fierce** [fiərs]
㉻ 사나운, 격렬한, 극심한
She gave him a fierce look when he interrupted her presentation.
그가 그녀의 발표를 방해하자 그녀는 사나운 눈초리를 했다.

회독 □□□□□

0831 **finite** [fáinait]
㉻ 한정된, 유한한
The amount of time we can spend on this task is finite.
우리가 이 작업에 할 수 있는 시간은 유한하다.

0832 **flat** [flæt]
㉻ 평평한, 납작한
The land was flat and perfect for building.
땅이 평평하고 건축하기에 완벽했다.

0833 **flexible** [fléksəbl]
㉻ 유연한, 융통성 있는
The schedule is flexible, so you can choose your own hours.
일정이 유연하여 원하는 시간을 선택할 수 있다.

0834 **folk** [fouk]
㉻ 민속의, 민간의 ㉮ 사람들(pl.)
Folk art is an important part of our cultural heritage.
민속 예술은 우리의 문화 유산에서 중요한 부분이다.

0835 **fond** [fand]
㉻ 좋아하는, 즐기는
She is very fond of reading mystery novels.
그녀는 미스터리 소설 읽기를 매우 좋아한다.

0836 **foreign** [fɔ́:rən]
㉻ 외국의, 이질의
The company has many foreign clients from different countries.
그 회사는 다양한 국가의 외국 고객들이 많다.

0837 **formal** [fɔ́:rməl]
㉻ 정중한, 공식적인, 격식 있는
He gave a formal speech at the conference.
그는 회의에서 공식적인 연설을 했다.

0838 **former** [fɔ́:rmər]
㉻ 이전의, 과거의, 앞선
She met her former colleague at the conference.
그녀는 회의에서 이전 직장 동료를 만났다.

0839 **fortunate** [fɔ́:rtʃənət]
㉻ 운 좋은, 다행한
We are fortunate to live in a peaceful neighborhood.
우리는 평화로운 동네에 살 수 있어서 운이 좋았다.

0840 **frequent** [fríːkwənt]
㉻ 빈번한, 잦은 ㉯ 자주 가다
Wildfires are frequent in spring.
봄이 되면 산불이 빈번하다.

0841 **fundamental** [fʌ́ndəméntl]
명 기본, 근본, 원리(pl.) 형 근본적인, 필수적인
She has a fundamental belief in the importance of education.
그녀는 교육의 중요성에 대한 근본적인 믿음을 가지고 있다.

0842 **furious** [fjúəriəs]
형 몹시 화난, 맹렬한
He became furious after hearing the unfair decision.
그는 불공정한 결정을 듣고 몹시 화가 났다.

0843 **generous** [dʒénərəs]
형 후한, 너그러운
Her generous nature makes her well-loved by everyone.
그녀의 너그러운 성격 덕분에 모든 사람들에게 사랑받는다.

0844 **gorgeous** [gɔ́:rdʒəs]
형 아주 멋진, 아름다운
The actress received compliments on her gorgeous smile.
배우는 그녀의 아름다운 미소에 대한 칭찬을 받았다.

0845 **gradual** [grǽdʒuəl]
형 점진적인, 단계적인
Language acquisition is a gradual process, requiring patience.
언어 습득은 점진적인 과정이며, 인내를 필요로 한다.

0846 **grateful** [gréitfəl]
형 감사하는 (사람), 기분 좋은 (사물)
She felt grateful for the support of her friends during difficult times.
그녀는 힘든 시기에 친구들의 지원에 감사했다.

0847 **gross** [grous]
형 총, 전체의
The company reported a gross profit increase for the fiscal year.
회사는 회계 연도에 총이익이 증가했다고 보고했다.

0848 **guilty** [gílti]
형 죄책감을 느끼는, 유죄의
He felt guilty for not speaking up when he witnessed the injustice.
그는 불의를 목격했을 때 말을 하지 않아서 죄책감을 느꼈다.

0849 **harsh** [ha:rʃ]
형 혹독한, 가혹한
The judge handed down a harsh sentence to the repeat offender.
판사는 재범자에게 가혹한 형량을 선고했다.

0850 **hostile** [hɑ́stl]
형 적대적인
The two countries have long been hostile.
두 나라는 오랜 기간 적대적인 관계였다.

DAY 17 REVIEW & LEVEL-UP TEST

■ 괄호 안에 알맞은 단어를 고르시오.

01 Due to the accident, he was left permanently [disabled / dense] and required a wheelchair.

02 [Domestic / Decent] violence is a serious issue that affects many families.

03 Regular exercise is an [effective / exotic] way to maintain good health and reduce stress.

■ 다음 빈칸에 문맥상 적절한 단어를 고르시오.

• extinct	• finite	• false

04 Efforts are being made to prevent the African elephant from becoming ________ in the wild.

05 The witness gave a ________ statement under oath and was charged with perjury.

06 Natural resources are ________, so it's important to use them wisely and sustainably.

■ 다음 빈칸에 적절한 뜻을 쓰시오.

07 The distant sound of thunder hinted at an approaching storm.
________ 들려오는 천둥소리가 다가오는 폭풍을 암시했다.

08 She has always been fond of animals, especially cats and dogs.
그녀는 항상 동물, 특히 고양이와 개를 ________.

09 They were furious at the airline for canceling their flight without prior notice.
그들은 사전 통보 없이 항공편을 취소한 항공사에 대해 ________.

[해석 ☞ 네이버 카페 '진가영 영어 연구소'에서 확인]

정답

01 disabled	02 Domestic	03 effective	04 extinct	05 false
06 finite	07 멀리서	08 좋아했다	09 몹시 화냈다	

DAY 18 PREVIEW & DIAGNOSIS TEST

01 ideal ______
02 identical ______
03 immediate ______
04 immense ______
05 immune ______
06 imperial ______
07 incredible ______
08 independent ______
09 inevitable ______
10 informal ______
11 inherent ______
12 innocent ______
13 intellectual ______
14 intense ______
15 intent ______
16 intermediate ______
17 intimate ______
18 judicial ______
19 keen ______
20 latter ______
21 legal ______
22 likely ______
23 linguistic ______
24 literal ______
25 local ______
26 lone ______
27 loose ______
28 loyal ______
29 magnificent ______
30 marine ______
31 mature ______
32 medieval ______
33 mental ______
34 mere ______
35 metropolitan ______
36 minimal ______
37 minor ______
38 moderate ______
39 moral ______
40 mortal ______
41 multiple ______
42 mutual ______
43 naive ______
44 naked ______
45 narrow ______
46 nasty ______
47 neat ______
48 necessary ______
49 negative ______
50 nervous ______

[정답 ☞ 네이버 카페 '진가영 영어 연구소'에서 확인]

회독 □□□□□

0851 **ideal** [aidíːəl]
㉠ 이상적인
His novel presents an ideal world where peace prevails.
그의 소설은 평화가 만연하는 이상적인 세계를 제시한다.

0852 **identical** [aidéntikəl]
㉠ 동일한, 똑같은
The twins looked almost identical, making it hard to tell them apart.
쌍둥이들은 거의 똑같아서 그들을 구분하기 어려웠다.

0853 **immediate** [imíːdiət]
㉠ 즉각적인
The company needs to take immediate action to address the issue.
회사는 문제를 해결하기 위해 즉각적인 조치를 취해야 한다.

0854 **immense** [iméns]
㉠ 엄청난, 어마어마한
There is a immense amount of books in the library.
도서관에는 엄청난 양의 책들이 있다.

0855 **immune** [imjúːn]
㉠ 면역성이 있는, 면역이 된
She remained immune to the flu.
그녀는 독감에 면역이 되어 있었다.

0856 **imperial** [impíəriəl]
㉠ 제국의, 황제의
The emperor's decree carried imperial authority.
황제의 법령은 제국의 권위를 지니고 있다.

0857 **incredible** [inkrédəbl]
㉠ 믿을 수 없는
His death was incredible.
그의 죽음은 믿을 수 없었다.

0858 **independent** [indipéndənt]
㉠ 독립적인
Independent thinking is crucial for success.
독립적인 사고는 성공에 중요하다.

0859 **inevitable** [inévətəbl]
㉠ 필연적인, 불가피한
Death is an inevitable part of life.
죽음은 삶의 불가피한 부분이다.

0860 **informal** [infɔ́ːrməl]
㉠ 격식에 얽매이지 않는, 편안한
It's a rule for the company to be informal.
그 회사는 격식에 얽매이지 않는 것이 규칙이다.

0861 **inherent** [inhíərənt]
㊀ 내재하는, 본래의, 타고난
Curiosity is inherent in children.
호기심은 아이들에게 내재적이다.

0862 **innocent** [ínəsənt]
㊀ 무죄의, 결백한
The child's laughter was innocent and pure.
아이의 웃음은 순수하고 결백했다.

0863 **intellectual** [ìntəléktʃuəl]
㊀ 지적인, 지능의
His intellectual curiosity knows no bounds.
그의 지적 호기심은 한계가 없다.

0864 **intense** [inténs]
㊀ 극심한, 강렬한, 치열한
The intense competition pushed him to his limits.
치열한 경쟁이 그를 한계까지 밀어붙였다.

0865 **intent** [intént]
㊔ 의도 ㊀ 관심을 보이는, 몰두하는
The letter was written with malicious intent.
그 편지는 악의적인 의도로 쓰여졌다.

0866 **intermediate** [ìntərmíːdiət]
㊀ 중간의, 중급의
The course is designed for intermediate learners.
이 강좌는 중급 학습자를 대상으로 설계되었다.

0867 **intimate** [íntəmət]
㊀ 친밀한, 사적인
She has a few intimate friends she trusts deeply.
그녀는 깊은 신뢰를 가지고 있는 몇몇 친밀한 친구가 있다.

0868 **judicial** [dʒuːdíʃəl]
㊀ 사법의, 재판의
The judicial system ensures justice is served.
사법 제도는 정의가 실현되도록 한다.

0869 **keen** [kiːn]
㊀ 예민한, 예리한, 열심인, 열정적인
His keen observation skills helped him solve the puzzle.
그의 예리한 관찰 능력이 퍼즐을 푸는 데 도움이 되었다.

0870 **latter** [lǽtər]
㊀ 후자의, 후반의, 마지막의
She considered two options, but ultimately chose the latter.
그녀는 두 가지 선택을 고려했지만 결국 후자를 선택했다.

회독 □□□□□

0871 **legal** [líːgəl]

형 합법적인, 법률의

The legal system ensures justice and fairness for all citizens.
법률 제도는 모든 시민에게 정의와 공정을 보장한다.

0872 **likely** [láikli]

형 ~할 것 같은, ~할 가능성이 있는

It is likely to rain later this afternoon.
오후 늦게 비가 올 가능성이 있다.

0873 **linguistic** [liŋgwístik]

형 언어의

Linguistic skills are essential for effective communication.
언어 기술은 효과적인 소통에 필수적이다.

0874 **literal** [lítərəl]

형 문자의, 문자 그대로의

The literal translation of the poem didn't capture its poetic essence.
시의 문자 그대로의 번역은 시적 본질을 포착하지 못했다.

0875 **local** [lóukəl]

형 지역의, 현지의

The local market is a great place to find fresh produce.
현지 시장은 신선한 농산물을 찾기에 좋은 장소이다.

0876 **lone** [loun]

형 혼자인, 단독의

She was the lone survivor of the train crash.
그녀는 기차 충돌에서 혼자 살아남았다.

0877 **loose** [luːs]

형 느슨한, 풀린 동 느슨하게 하다

He wore loose clothes because he was frustrated.
그는 답답해서 느슨한 옷을 입었다.

0878 **loyal** [lɔ́iəl]

형 충성스러운, 충실한

The company values employees who are loyal.
회사는 충실한 직원들을 중요시한다.
cf royal 국왕의

0879 **magnificent** [mægnífəsnt]

형 참으로 아름다운, 훌륭한

The sunset sea was truly magnificent.
일몰 바다는 참으로 아름다웠다.

0880 **marine** [məríːn]

형 해양의, 바다의, 해상의

Marine pollution harms ocean ecosystems.
해양 오염이 바다 생태계에 해를 끼친다.

0881 **mature**
[mətjúər]

형 성숙한, 어른스러운 동 성숙하다, 성숙[발달]시키다

Her mature outlook on life impressed everyone around her.
그녀의 성숙한 삶의 태도는 주변 사람들을 감동시켰다.

0882 **medieval**
[mìːdiíːvəl]

형 중세의

Medieval literature often romanticizes chivalry and courtly love.
중세 문학은 종교성과 궁정 사랑을 로맨틱하게 표현한다.

0883 **mental**
[méntl]

형 정신적인

Meditation helps to relieve mental stress.
명상은 정신적인 스트레스를 완화시키는 데 도움이 된다.

0884 **mere**
[miər]

형 ~에 불과한, 겨우 ~의

His explanation was a mere excuse for his behavior.
그의 설명은 그의 행동을 변명하는 단순한 핑계에 불과했다.

0885 **metropolitan**
[mètrəpάlitən]

형 대도시의

The metropolitan city bustled with activity, day and night.
대도시는 낮과 밤을 가리지 않고 활기차게 움직였다.

0886 **minimal**
[mínəməl]

형 최소의, 아주 적은

The business trip had to be moved with minimal expenses.
출장은 최소의 경비로만 움직여야 했다.

0887 **minor**
[máinər]

명 미성년자, 부전공 형 작은

He played a minor part in the play.
그는 연극에서 작은 역할을 맡았다.

0888 **moderate**
[mάdərət]

형 보통의, 중간의

The drug is very dangerous, even in moderate doses.
이 약은 보통의 용량으로도 매우 위험하다.

0889 **moral**
[mɔ́ːrəl]

형 도덕상의, 윤리의

He faced a moral dilemma when asked to betray his friend.
그는 친구를 배신해야 하는 도덕적 딜레마에 직면했다.

0890 **mortal**
[mɔ́ːrtl]

형 죽을 운명의, 치명적인

The man suffered from a mortal disease.
그 남자는 죽을 병에 고통스러워했다.

회독 □□□□□

0891 **multiple** [mʌ́ltəpl]

㉻ 다수의, 복합적인

Multiple factors contributed to the success of the project.
다수의 요인이 프로젝트의 성공에 기여했다.

0892 **mutual** [mjúːʧuəl]

㉻ 상호간의, 서로의

Mutual respect is essential for maintaining healthy relationships.
상호 존중은 건강한 관계를 유지하는 데 필수적이다.

0893 **naive** [naːíːv]

㉻ 순진한, 천진난만한, 잘 속는

I was quite naive when I got my first job.
첫 직장에 취직했을 때 나는 좀 순진했다.

0894 **naked** [néikid]

㉻ 벌거벗은

The baby ran around the house naked, giggling with joy.
아기는 기쁨에 겨워 킬킬 웃으면서 벌거벗은 채로 집안을 돌아다녔다.

0895 **narrow** [nǽrou]

㉻ 좁은, 한정된 ㉯ 좁아지다

It was difficult for a person to pass through the narrow alley.
좁은 골목은 한 사람도 지나가기가 어려웠다.

0896 **nasty** [nǽsti]

㉻ 끔찍한, 못된

The nasty scene lingered in my memory for a long time.
그 끔찍한 장면은 오랫동안 기억에 남아 있었다.

0897 **neat** [niːt]

㉻ 정돈된, 깔끔한

Her desk is always neat, with everything in its proper place.
그녀의 책상은 항상 정돈되어 있고 모든 것이 제 위치에 있다.

0898 **necessary** [nésəsèri]

㉻ 필요한, 필수의

Oxygen is necessary for human survival.
산소는 인간의 생존에 필요하다.

0899 **negative** [négətiv]

㉻ 부정적인, 음성의

Despite the negative opinion, he didn't give up.
부정적인 의견에도 불구하고 그는 포기하지 않았다.

0900 **nervous** [nə́ːrvəs]

㉻ 불안해하는, 초조한

I'm too nervous to stand still.
나는 너무 불안해서 가만히 있을 수가 없었다.

DAY 18 REVIEW & LEVEL-UP TEST

■ 괄호 안에 알맞은 단어를 고르시오.

01 Children are more vulnerable to infections as their [immune / imperial] systems are still developing.

02 Curiosity is an [intense / inherent] trait in young children.

03 A timid personality, he preferred to work [lone / loyal].

■ 다음 빈칸에 문맥상 적절한 단어를 고르시오.

• judicial	• minimal	• intellectual

04 His ________ capacity allowed him to grasp complex scientific theories effortlessly.

05 The ________ system ensures that laws are upheld and justice is served impartially.

06 The company operates with a ________ workforce to reduce costs.

■ 다음 빈칸에 적절한 뜻을 쓰시오.

07 The two countries remained in a <u>hostile</u> relationship despite attempts at diplomacy.

외교 노력에도 불구하고 두 나라는 ________ 관계를 유지했다.

08 The two paintings were nearly <u>identical</u> in style and composition.

두 그림은 스타일과 구성에서 거의 ________.

09 The company responded with <u>immediate</u> action to address customer complaints about the faulty product.

회사는 불량 제품에 대한 고객 불만을 해결하기 위해 ________ 조치를 취했다.

[해석 ☞ 네이버 카페 '진가영 영어 연구소'에서 확인]

정답

01 immune **02** inherent **03** lone **04** intellectual **05** judicial
06 minimal **07** 적대적인 **08** 동일했다 **09** 즉각적인

DAY 18

DAY 19 PREVIEW & DIAGNOSIS TEST

01 neutral ______
02 normal ______
03 nuclear ______
04 numerous ______
05 obvious ______
06 odd ______
07 ordinary ______
08 organic ______
09 overall ______
10 pale ______
11 permanent ______
12 physical ______
13 plain ______
14 polite ______
15 popular ______
16 positive ______
17 practical ______
18 precious ______
19 precise ______
20 pregnant ______
21 previous ______
22 primary ______
23 primitive ______
24 prior ______
25 private ______
26 profound ______
27 prominent ______
28 prompt ______
29 proper ______
30 racial ______
31 rapid ______
32 rare ______
33 rational ______
34 raw ______
35 regular ______
36 relevant ______
37 reluctant ______
38 remote ______
39 respective ______
40 responsible ______
41 ridiculous ______
42 rude ______
43 rural ______
44 sacred ______
45 scarce ______
46 sensible ______
47 serious ______
48 several ______
49 severe ______
50 shallow ______

[정답 ☞ 네이버 카페 '진가영 영어 연구소'에서 확인]

0901 **neutral**
[njú:trəl]

㉻ 중립적인
In negotiations, it's crucial to maintain a neutral position.
협상에서는 중립적인 위치를 유지하는 것이 중요하다.

0902 **normal**
[nɔ́:rməl]

㉻ 보통의, 평범한, 정상인
His temperature returned to normal after a few days of rest.
그의 체온은 몇 일 쉰 후 정상으로 돌아왔다.

0903 **nuclear**
[njú:kliər]

㉻ 핵의, 원자력의
The possession of nuclear weapons is now prohibited.
핵의 보유는 지금 금지되고 있다.

0904 **numerous**
[ˊnu:mərəs]

㉻ 많은, 다수의
The hot-tempered player received numerous warnings in the game.
다혈질 선수는 경기에서 많은 경고를 받았다.

0905 **obvious**
[ɑ́bviəs]

㉻ 명백한, 확실한
The ending of the movie was so obvious.
그 영화의 결말은 너무나 명백했다.

0906 **odd**
[ad]

㉻ 이상한, 홀수의
He made an odd noise when he laughed.
그는 웃을 때 이상한 소리를 냈다.

0907 **ordinary**
[ɔ́:rdənèri]

㉻ 보통의, 평범한
My mother wanted to live a ordinary life.
어머니는 평범한 삶을 살기를 원했다.

0908 **organic**
[ɔ:rgǽnik]

㉻ 유기농의, 생물의
She preferred to buy organic produce from the local market.
그녀는 현지 시장에서 유기농 식품을 사는 것을 선호했다.

0909 **overall**
[ou'vərɔ,l]

㉻ 종합적인, 전반적인, 전체의
The overall cost was higher than expected.
전체 비용은 예상보다 높았다.

0910 **pale**
[peil]

㉻ 창백한
She looked pale.
그녀는 창백해 보였다.

회독 □□□□□

0911 **permanent** [pə́ːrmənənt]
㉭ 영구적인
The fire left a permanent scar.
그 화재로 인해 영구적인 상처가 생겼다.

0912 **physical** [fízikəl]
㉭ 신체의, 물질의
She was reluctant to make physical contact.
그녀는 신체 접촉을 꺼려했다.

0913 **plain** [plein]
㉢ 평원, 평지 ㉭ 분명한, 평범한
We made it plain that we had to leave the house.
우리는 집을 떠나야 한다는 것을 분명히 했다.

0914 **polite** [pəláit]
㉭ 예의 바른, 공손한
She was always polite to the elderly.
그녀는 어르신들에게 항상 예의가 있었다.

0915 **popular** [pάpjulər]
㉭ 인기 있는, 대중적인
The teacher was popular with the students.
선생님은 학생들에게 인기가 있었다.

0916 **positive** [pάzətiv]
㉭ 긍정적인, 양성(반응)의
A positive attitude can overcome difficulties.
긍정적인 태도는 어려움을 극복할 수 있다.

0917 **practical** [prǽktikəl]
㉭ 현실적인, 실용적인, 타당한
The tool sold well because it was practical.
그 도구는 실용적이어서 잘 팔렸다.

0918 **precious** [préʃəs]
㉭ 귀중한, 값비싼
Nothing is more precious than human life.
인간의 생명보다 귀중한 것은 없다.

0919 **precise** [prisáis]
㉭ 정확한, 정밀한
Precise details need further discussion.
정확한 세부 사항은 추가 논의가 필요하다.

0920 **pregnant** [prégnənt]
㉭ 임신한
Pregnant women should always move carefully.
임신한 여성들은 항상 조심하게 움직여야 한다.

0921 **previous** [príːviəs]
형 이전의
My previous job was better.
이전의 직장이 더 좋았다.

0922 **primary** [práimeri]
형 주된, 주요한, 최초[초기]의
The primary goal of this project is to persuade people.
이 프로젝트의 주요 목표는 사람들을 설득하는 것이다.

0923 **primitive** [prímətiv]
형 원시의, 태고의
Primitive societies often relied on agriculture.
원시 사회는 종종 농업에 의존했다.

0924 **prior** [práiər]
형 사전의, 우선하는
You must have prior approval before starting the project.
프로젝트를 시작하기 전에 사전 승인을 받아야 한다.

0925 **private** [práivət]
형 사유의, 사적인
The company values private customer information.
회사는 고객의 사적인 정보를 중요하게 생각한다.

0926 **profound** [prəfáund]
형 깊은, 심오한
She has a profound understanding of philosophy.
그녀는 철학에 대한 깊은 이해를 가지고 있다.

0927 **prominent** [prάmənənt]
형 유명한, 중요한, 눈에 잘 띄는
He is a prominent lawyer in the city.
그는 그 도시에서 유명한 변호사이다.

0928 **prompt** [prɑːmpt]
형 즉각적인, 신속한
His prompt action prevented the accident.
그의 신속한 행동이 사고를 예방했다.

0929 **proper** [prάpər]
형 적절한
It's important to have a proper diet for good health.
좋은 건강을 위해서는 적절한 식단이 중요하다.

0930 **racial** [réiʃəl]
형 인종의, 민족의
The organization works to promote racial equality.
그 조직은 인종 평등을 촉진하기 위해 노력한다.

회독 □□□□□

0931 **rapid**
[rǽpid]

ⓗ 빠른, 신속한

The rapid growth of technology is changing our world.
기술의 빠른 성장은 우리의 세상을 변화시키고 있다.

0932 **rare**
[rɛər]

ⓗ 드문, 희귀한

A rare species of bird was spotted in the forest.
숲에서 드문 종류의 새가 발견되었다.

0933 **rational**
[rǽʃənl]

ⓗ 합리적인, 이상적인

She provided a rational explanation for her actions.
그녀는 자신의 행동에 대한 합리적인 설명을 제공했다.

0934 **raw**
[rɔː]

ⓗ 날것의, 가공되지 않은

Be careful when handling raw meat to avoid contamination.
오염을 피하기 위해 날것의 고기를 다룰 때 주의하세요.

0935 **regular**
[régjulər]

ⓗ 규칙적인, 정기적인, 보통의

The train service has regular intervals throughout the day.
그 기차 서비스는 하루 종일 정기적인 간격으로 운행된다.

0936 **relevant**
[réləvənt]

ⓗ 관련 있는

Please provide relevant examples to clarify your point.
당신의 주장을 명확히 하기 위해 관련 있는 예를 제공해 주세요.

0937 **reluctant**
[rilʌ́ktənt]

ⓗ 꺼리는, 마지못한

He was reluctant to accept the new job offer.
그는 새로운 직업 제안을 받아들이는 것을 꺼려했다.

0938 **remote**
[rimóut]

ⓗ 외딴, 먼

They live in a remote village far from the city.
그들은 도시에서 멀리 떨어진 외딴 마을에 산다.

0939 **respective**
[rispéktiv]

ⓗ 각자의

They returned to their respective homes after the party.
그들은 파티 후 각자의 집으로 돌아갔다.

0940 **responsible**
[rispάnsəbl]

ⓗ 책임이 있는

Parents are responsible for their children's education.
부모는 자녀의 교육에 책임이 있다.

0941 **ridiculous** [ridíkjuləs]
㉻ 웃기는, 우스꽝스러운, 터무니없는
The prices at that store are absolutely ridiculous.
그 가게의 가격은 정말 터무니없다.

0942 **rude** [ruːd]
㉻ 무례한, 예의 없는
It is rude to interrupt someone while they are speaking.
누군가가 말하고 있을 때 방해하는 것은 무례하다.

0943 **rural** [rúərəl]
㉻ 시골의, 지방의
The rural community relies heavily on agriculture.
그 시골 공동체는 농업에 크게 의존한다.

0944 **sacred** [séikrid]
㉻ 성스러운
The temple is considered a sacred place by the locals.
그 사원은 현지인들에 의해 성스러운 장소로 간주된다.

0945 **scarce** [skɛərs]
㉻ 부족한, 드문
Good job opportunities are scarce in this rural area.
이 시골 지역에서는 좋은 직업 기회가 부족하다.

0946 **sensible** [sénsəbl]
㉻ 합리적인, 분별 있는
It's sensible to check the weather before planning a trip.
여행을 계획하기 전에 날씨를 확인하는 것이 합리적이다.

0947 **serious** [síəriəs]
㉻ 진지한, 심각한
The doctor warned that the injury was quite serious.
의사는 그 부상이 상당히 심각하다고 경고했다.

0948 **several** [sévərəl]
㉻ 몇몇의, 여러 가지의
He has several friends who live in different countries.
그는 여러 나라에 사는 몇몇의 친구들이 있다.

0949 **severe** [sivíər]
㉻ 극심한, 가혹한
He suffered from severe pain after the surgery.
그는 수술 후 극심한 통증을 겪었다.

0950 **shallow** [ʃǽlou]
㉻ 얕은, 피상적인
The conversation was shallow and lacked depth.
대화는 얕았고 깊이가 부족했다.

DAY 19 REVIEW & LEVEL-UP TEST

■ 괄호 안에 알맞은 단어를 고르시오.

01 The singer released a [popular / permanent] song that topped the charts for weeks.

02 Time with family is more [primitive / precious] than anything else.

03 [Pregnant / Profound] women should avoid certain foods to ensure the baby's health.

■ 다음 빈칸에 문맥상 적절한 단어를 고르시오.

• ordinary	• prompt	• pale

04 The online diary is meant to be a record of the events of ________ day.

05 His face turned ________ when he heard the bad news.

06 The ________ arrival of the ambulance saved the injured person's life.

■ 다음 빈칸에 적절한 뜻을 쓰시오.

07 She played a prominent role in the company's success.
그녀는 회사의 성공에 ________ 역할을 했다.

08 The scientist discovered a rare species of butterfly.
그 과학자는 ________ 나비 종을 발견했다.

09 He was reluctant to admit that he had made a mistake.
그는 자신이 실수를 저질렀다고 인정하기를 ________.

[해석 ☞ 네이버 카페 '진가영 영어 연구소'에서 확인] 

정답

01 popular 02 precious 03 Pregnant 04 ordinary 05 pale
06 prompt 07 중요한 08 희귀한 09 꺼려했다

DAY 20 PREVIEW & DIAGNOSIS TEST

01 significant ______
02 silent ______
03 silly ______
04 similar ______
05 simultaneous ______
06 smooth ______
07 social ______
08 sole ______
09 sophisticated ______
10 sore ______
11 spare ______
12 specific ______
13 steady ______
14 steep ______
15 stiff ______
16 strict ______
17 subjective ______
18 substantial ______
19 subtle ______
20 sudden ______
21 sufficient ______
22 superb ______
23 superior ______
24 swift ______
25 temporary ______
26 tender ______
27 terrible ______
28 terrific ______
29 thorough ______
30 tough ______
31 toxic ______
32 tragic ______
33 tremendous ______
34 typical ______
35 ultimate ______
36 unique ______
37 urban ______
38 urgent ______
39 vague ______
40 valid ______
41 vast ______
42 verbal ______
43 vertical ______
44 vigorous ______
45 violent ______
46 virtual ______
47 vital ______
48 voluntary ______
49 weird ______
50 wicked ______

[정답 ☞ 네이버 카페 '진가영 영어 연구소'에서 확인]

회독 □□□□□

0951 **significant** [signífikənt]
㉻ 중요한, 중대한, 의미심장한
It has made a significant contribution to fundraising activities.
모금 활동에 중대한 기여를 했다.

0952 **silent** [sáilənt]
㉻ 침묵의, 말을 안 하는
The room was silent after the announcement was made.
발표가 끝난 후 방은 조용했다.

0953 **silly** [síli]
㉻ 어리석은, 바보 같은
It was a silly mistake to forget my keys at home.
집에 열쇠를 두고 오는 것은 어리석은 실수였다.

0954 **similar** [símələr]
㉻ 비슷한, 유사한
The twins have similar tastes in music.
쌍둥이는 음악 취향이 비슷하다.

0955 **simultaneous** [sàiməltéiniəs]
㉻ 동시의, 동시에 일어나는
The meeting conducted simultaneous interpretation.
그 회의는 동시 통역을 진행했다.

0956 **smooth** [smuːð]
㉻ 매끈한, 잔잔한
The surface of the table is very smooth and polished.
그 테이블 표면은 매우 매끈하고 광택이 난다.

0957 **social** [sóuʃəl]
㉻ 사회의, 사교적인
Social skills are important for building strong relationships.
사회적 기술은 강한 관계를 구축하는 데 중요하다.

0958 **sole** [soul]
㉻ 단독의, 유일한, 하나의
He is the sole owner of the company.
그는 그 회사의 유일한 소유주이다.

0959 **sophisticated** [səfístəkèitid]
㉻ 정교한, 세련된, 복잡한
She admired the sophisticated design of the new car.
그녀는 새 차의 정교한 디자인을 감탄했다.

0960 **sore** [sɔːr]
㉻ 아픈, 쓰라린
Wearing new shoes often makes my feet sore.
새 신발을 신으면 종종 발이 아프다.

0961 **spare** [spɛər]
㊔ 여분의, 남는
He kept a spare tire in the trunk of his car.
그는 차 트렁크에 여분의 타이어를 보관했다.

0962 **specific** [spisífik]
㊔ 구체적인, 특정한, 명확한
The doctor gave him a specific diet to follow for his condition.
의사는 그의 상태를 위해 구체적인 식단을 제시했다.

0963 **steady** [stédi]
㊔ 꾸준한, 한결같은
He maintained a steady pace while running the marathon.
그는 마라톤을 달릴 때 꾸준한 속도를 유지했다.

0964 **steep** [stiːp]
㊔ 가파른, 급격한
She took a deep breath and climbed the steep staircase.
그녀는 깊게 숨을 들이쉬고 가파른 계단을 올랐다.

0965 **stiff** [stif]
㊔ 뻣뻣한
His muscles are stiff from sitting at the desk all day.
그는 하루 종일 책상에 앉아 있어서 근육이 뻣뻣하다.

0966 **strict** [strikt]
㊔ 엄격한
Her parents are very strict about her curfew.
그녀의 부모님은 그녀의 통금 시간에 대해 매우 엄격하다.

0967 **subjective** [səbdʒéktiv]
㊔ 주관적인
Her evaluation of the music was quite subjective.
그녀의 음악 평가가 꽤 주관적이었다.

0968 **substantial** [səbstǽnʃəl]
㊔ 상당한, 견고한, 실체의
She received a substantial amount of money as a bonus.
그녀는 보너스로 상당한 금액을 받았다.

0969 **subtle** [sʌ́tl]
㊔ 미묘한, 교묘한
I decided to use a more subtle way to succeed.
나는 성공하기 위해 더 교묘한 방법을 사용하기로 결정했다.

0970 **sudden** [sʌ́dn]
㊔ 갑작스러운
There was a sudden storm that caught everyone by surprise.
갑작스러운 폭풍이 모든 사람을 놀라게 했다.

회독 □□□□□

0971 **sufficient** [səfíʃənt]
형 충분한
Make sure you get sufficient rest before the exam.
시험 전에 충분한 휴식을 취하도록 하세요.

0972 **superb** [supə́ːrb]
형 최상의, 최고의
The chef prepared a superb meal for the guests.
그 셰프는 손님들을 위해 최고의 식사를 준비했다.

0973 **superior** [səpíəriər]
명 상관 형 우수한, 상급의
The product is superior to other products.
그 제품은 다른 제품들보다 우수하다.

0974 **swift** [swift]
형 신속한, 재빠른
The police issued a swift response to the emergency situation.
경찰은 긴급 상황에 신속하게 대응했다.

0975 **temporary** [témpərèri]
형 임시의, 일시적인
Right now, a temporary solution is needed.
지금은 임시적인 해결책이 필요하다.

0976 **tender** [téndər]
형 상냥한, 다정한, 연한
Tender meat is easy for even the elderly to chew.
연한 고기는 노인들도 씹기 쉽다.

0977 **terrible** [térəbl]
형 끔찍한, 지독한
He had a terrible headache all day.
그는 하루 종일 끔찍한 두통을 겪었다.

0978 **terrific** [tərífik]
형 멋진, 훌륭한
She gave a terrific performance in the school play.
그녀는 학교 연극에서 멋진 공연을 했다.

0979 **thorough** [θə́ːrou]
형 철저한, 빈틈없는
The police conducted a thorough investigation into the incident.
경찰은 그 사건에 대해 철저한 조사를 했다.

0980 **tough** [tʌf]
형 힘든, 엄한
The hike was tough, but the view from the top was worth it.
등산은 힘들었지만 정상에서 본 경치는 가치가 있었다.
cf rough 거친

0981 **toxic** [tάksik]
㊊ 유독성의
The chemical is very toxic, so you have to be careful.
그 화학 물질은 독성이 매우 강해서 당신은 주의해야 한다.

0982 **tragic** [trǽdʒik]
㊊ 비극적인
She shared a tragic story of losing her home in the fire.
그녀는 화재로 그녀의 집을 잃은 비극적인 이야기를 나눴다.

0983 **tremendous** [triméndəs]
㊊ 엄청난, 굉장한
The new policy had a tremendous impact on the economy.
새 정책은 경제에 엄청난 영향을 미쳤다.

0984 **typical** [típikəl]
㊊ 전형적인, 대표적인, 일반적인
It's typical for him to arrive late to meetings.
그가 회의에 늦게 도착하는 것은 일반적이다.

0985 **ultimate** [ʌ́ltəmət]
㊊ 궁극적인, 최후[최종]의
Winning the championship was the ultimate goal of the team.
챔피언십 우승이 팀의 궁극적인 목표였다.

0986 **unique** [juːníːk]
㊊ 독특한, 유일(무이)한
His approach to solving problems is quite unique.
그의 문제 해결 접근 방식은 꽤 독특하다.

0987 **urban** [ə́ːrbən]
㊊ 도시의
Urban areas often face challenges related to traffic congestion.
도시 지역은 종종 교통 혼잡과 관련된 문제에 직면한다.

0988 **urgent** [ə́ːrdʒənt]
㊊ 긴급한
She sent an urgent message requesting immediate assistance.
그녀는 즉각적인 도움이 필요한 긴급 메시지를 보냈다.

0989 **vague** [veig]
㊊ 모호한, 희미한
His memory of the event was vague and unclear.
그 사건에 대한 그의 기억은 모호하고 불분명했다.

0990 **valid** [vǽlid]
㊊ 유효한, 타당한
The ticket is only valid for one day.
그 티켓은 하루 동안만 유효하다.

회독 □□□□□

0991 **vast**
[væst]

[형] 어마어마한, 막대한
The company has made a vast profit this quarter.
그 회사는 이번 분기에 막대한 이익을 올렸다.

0992 **verbal**
[və́ːrbəl]

[형] 언어의, 구두의
She received a verbal warning about her behavior at work.
그녀는 직장에서 행동에 대한 구두 경고를 받았다.

0993 **vertical**
[və́ːrtikəl]

[형] 수직의, 세로의
The climber ascended the vertical cliff with great skill.
그 등반가는 매우 능숙하게 수직 절벽을 올랐다.

0994 **vigorous**
[vígərəs]

[형] 활발한, 활기찬
She took a vigorous walk every morning to stay fit.
그녀는 건강을 유지하기 위해 매일 아침 활발하게 산책했다.

0995 **violent**
[váiələnt]

[형] 폭력적인, 격렬한
The city experienced a violent storm last night.
그 도시는 어젯밤에 격렬한 폭풍을 경험했다.

0996 **virtual**
[və́ːrʧuəl]

[형] 사실상의, 가상의
The museum offers virtual tours online.
박물관은 온라인으로 가상 투어를 제공한다.

0997 **vital**
[váitl]

[형] 필수적인, 생명의
Water is vital for all living things.
물은 모든 생명체에 필수적이다.

0998 **voluntary**
[vάləntèri]

[형] 자발적인
Donations must be voluntary, not compulsory.
기부는 강제가 아닌 자발적이어야 한다.

0999 **weird**
[wiərd]

[형] 기이한, 기괴한
He began to make weird noises.
그는 기괴한 소리를 내기 시작했다.

1000 **wicked**
[wíkid]

[형] 사악한, 못된
He played an wicked role in this movie.
그는 이번 영화에서 사악한 역할을 맡았다.

DAY 20 REVIEW & LEVEL-UP TEST

■ 괄호 안에 알맞은 단어를 고르시오.

01 Interpreting art can be highly [subjective / superb], as everyone perceives it differently.

02 The [superior / sudden] appearance of a deer on the road caused the driver to brake abruptly.

03 The patient was rushed to the hospital due to an [urban / urgent] medical condition.

■ 다음 빈칸에 문맥상 적절한 단어를 고르시오.

• toxic	• spare	• vague

04 She always carries a ________ umbrella in case it rains unexpectedly.

05 Exposure to ________ chemicals can have long-term health effects.

06 Her instructions were ________, so I wasn't sure what she wanted me to do.

■ 다음 빈칸에 적절한 뜻을 쓰시오.

07 The two brothers have <u>similar</u> interests in sports.
두 형제는 스포츠에 대해 ________ 관심을 가지고 있다.

08 The company has <u>strict</u> guidelines for handling confidential information.
그 회사는 기밀 정보 처리에 대한 ________ 지침을 가지고 있다.

09 Witnesses described a <u>violent</u> scene after the car accident.
목격자들은 차 사고 후의 ________ 장면을 묘사했다.

[해석 ☞ 네이버 카페 '진가영 영어 연구소'에서 확인]

DAY 20

정답

01 subjective **02** sudden **03** urgent **04** spare **05** toxic
06 vague **07** 비슷한 **08** 엄격한 **09** 폭력적인

New Trend
단기합격 길라잡이

진가영 영어
단기합격 VOCA

진가영 영어연구소 | cafe.naver.com/easyenglish7

Part 02

공무원 핵심 어휘

Part **02** 공무원 핵심 어휘

DAY 21 PREVIEW & DIAGNOSIS TEST

01 abuse ________
02 access ________
03 accord ________
04 account ________
05 advance ________
06 alert ________
07 alien ________
08 ally ________
09 amount ________
10 approach ________
11 arrest ________
12 assault ________
13 attack ________
14 attempt ________
15 balance ________
16 bar ________
17 bet ________
18 bias ________
19 blame ________
20 blast ________
21 blend ________
22 blossom ________
23 blow ________
24 bond ________
25 boom ________
26 boost ________
27 border ________
28 bother ________
29 broadcast ________
30 bully ________
31 bump ________
32 burden ________
33 burst ________
34 capture ________
35 cause ________
36 censor ________
37 chase ________
38 chemical ________
39 clash ________
40 classic ________
41 cluster ________
42 combat ________
43 comment ________
44 commission ________
45 complete ________
46 complex ________
47 conflict ________
48 contract ________
49 contrast ________
50 convert ________

[정답 ☞ 네이버 카페 '진가영 영어 연구소'에서 확인]

1001 **abuse**
[əbjúːz]

[명] 남용, 학대 [동] 남용하다, 학대하다

Verbal abuse can be just as damaging as physical abuse.
언어적 학대는 신체적 학대만큼이나 해로울 수 있다.

1002 **access**
[ǽkses]

[명] 접근 [동] 접근하다

The app allows users to access their accounts from anywhere in the world.
그 앱은 사용자들이 전 세계 어디서나 계정에 접근할 수 있도록 해준다.

1003 **accord**
[əkɔ́ːrd]

[명] 합의 [동] 부여하다, 부합하다

His actions were not in accord with the company's policies.
그의 행동은 회사 정책과 부합하지 않았다.

1004 **account**
[əkáunt]

[명] 설명, 계좌 [동] 간주하다, 여기다

The accountant was responsible for managing the company's financial accounts.
그 회계사는 회사의 재무 계좌를 관리하는 책임이 있었다.

1005 **advance**
[ædvǽns]

[명] 전진, 발전 [동] 전진하다, 나아가다

The scientists made a significant advance in cancer research.
과학자들은 암 연구에서 중요한 진전을 이루었다.

1006 **alert**
[əlɔ́ːrt]

[명] 경보 [형] 빈틈없는, 경계하는

The weather center issued an alert for severe thunderstorms in the area.
기상청은 그 지역에 심한 뇌우 경보를 발령했다.

1007 **alien**
[éiljən]

[명] 외계인, 이방인 [형] 외국의, 외래의

He felt like an alien in his own country after living abroad for many years.
그는 오랜 해외 생활 후 고국에서 이방인처럼 느꼈다.

1008 **ally**
[əlái]

[명] 동맹국, 협력자 [동] 동맹[연합, 제휴]하다

The two countries decided to ally against their common enemy.
두 나라는 공통의 적에 맞서 동맹을 맺기로 결정했다.

회독 □□□□□

1009 **amount** [əmáunt]

명 양, 액수 동 (얼마만큼) 되다, 달하다

She measured the exact amount of flour needed for the recipe.
그녀는 레시피에 필요한 정확한 밀가루 양을 측정했다.

1010 **approach** [əpróutʃ]

명 접근, 접근법 동 다가가다, 접근하다

The problem was not solved, so I approached it in a different way.
문제가 해결되지 않아 나는 다른 방법으로 접근했다.

1011 **arrest** [ərést]

명 체포 동 체포하다

He was arrested for driving under the influence of alcohol.
그는 술에 취한 상태로 운전한 혐의로 체포되었다.

1012 **assault** [əsɔ́:lt]

명 공격, 폭행 동 폭행하다

Assault against healthcare workers is considered a serious offense.
의료진에 대한 폭행은 심각한 범죄로 간주된다.

1013 **attack** [ətǽk]

명 공격 동 공격하다

She survived a vicious shark attack while surfing.
그녀는 서핑 중 잔인한 상어 공격을 견뎌냈다.

1014 **attempt** [ətémpt]

명 시도 동 시도하다

The suspect was arrested for attempting to rob the bank.
용의자는 은행을 털려고 시도한 혐의로 체포되었다.

1015 **balance** [bǽləns]

명 균형, 잔고, 잔액 동 균형을 유지하다

Finding a balance between savings and spending is crucial for financial stability.
저축과 소비 사이의 균형을 찾는 것은 재정 안정을 위해 중요하다.

1016 **bar** [ba:r]

㉠ 술집, 막대기, 봉 ㉢ 막다, 금지하다

They bar access to the beach after sunset for safety reasons.
그들은 안전상의 이유로 저녁 이후에는 해변 접근을 막는다.

1017 **bet** [bet]

㉠ 내기 ㉢ 내기를 하다

He is betting on the result.
그는 결과를 놓고 내기를 하고 있다.

1018 **bias** [báiəs]

㉠ 편향, 편견 ㉢ 편견을 갖게 하다

Her political bias influenced her decision on the matter.
그녀의 정치적 편견이 그 문제에 대한 그녀의 결정에 영향을 미쳤다.

1019 **blame** [bleim]

㉠ 책임, 비난 ㉢ 탓하다, 비난하다

He accepted full blame for the misunderstanding.
그는 오해에 대한 모든 책임을 받아들였다.

1020 **blast** [blæst]

㉠ 돌풍, 폭발 ㉢ 폭발시키다

More than 30 people were killed and injured in the major blast.
대규모 폭발로 30명 이상이 사망하고 다쳤다.

1021 **blend** [blend]

㉠ 혼합, 조합 ㉢ 섞다

Their music is a blend of jazz and classical influences.
그들의 음악은 재즈와 클래식 영향을 혼합한 것이다.
cf bland 단조로운, 재미없는, 부드러운, 온화한

1022 **blossom** [blɑ́səm]

㉠ 꽃, 개화 ㉢ 꽃이 피다, 번영하다

The rose trees blossom in April.
장미나무는 4월에 꽃이 핀다.

회독 □□□□□

1023 **blow** [blou]

명 강타, 충격 동 불다, 날리다

There was a strong wind blowing from the north east.
북동쪽에서 강한 바람이 불어오고 있었다.

1024 **bond** [band]

명 유대, 결속 동 접착하다

The brothers and sisters formed a strong bond.
형제 자매는 끈끈한 유대감을 형성했다.

1025 **boom** [buːm]

명 붐, 호황 동 호황을 맞다

The construction industry is experiencing a boom due to increased demand for housing.
주택 수요 증가로 건설 산업이 번창하고 있다.

1026 **boost** [buːst]

명 격려, 힘 동 북돋우다, 밀어 올리다

Getting the job greatly boosted his self-esteem.
직업을 얻는 것은 그의 자존감을 크게 북돋우었다.

1027 **border** [bɔ́ːrdər]

명 가장자리, 국경 동 (국경을) 접하다

They crossed the border illegally.
그들은 불법으로 국경을 넘었다.

1028 **bother** [bάðər]

명 성가심 동 귀찮게 하다, 괴롭히다

He didn't want to bother his parents with his financial troubles.
그는 자신의 재정 문제로 부모님을 귀찮게 하고 싶지 않았다.

1029 **broadcast** [brɔ́ːdkæst]

명 방송 동 방송하다

The government broadcasted emergency alerts to residents in the affected areas.
정부는 피해 지역 주민들에게 비상 경보를 방송했다.

1030 **bully**
[búli]

명 괴롭히는 사람 동 괴롭히다

It shouldn't be to bully friends in school.
학교에서 친구들을 괴롭히는 것이 있어서는 안 된다.

1031 **bump**
[bʌmp]

명 쿵 소리, 혹 동 부딪치다

She accidentally bumped her head on the low doorway.
그녀는 낮은 문통에 머리를 실수로 부딪혔다.

1032 **burden**
[bə́:rdn]

명 부담 동 짐[부담]을 지우다

He felt burdened by the responsibility of managing the project.
그는 프로젝트를 관리하는 책임감으로 인해 부담을 느꼈다.

1033 **burst**
[bə:rst]

명 쏟음, 파열 동 터지다, 파열하다

The balloon suddenly burst, startling everyone in the room.
풍선이 갑자기 터져서 방 안의 모든 사람들을 깜짝 놀라게 했다.

1034 **capture**
[kǽptʃər]

명 포획, 구금 동 사로잡다, 포획하다

His speech captured the audience's attention from beginning to end.
그의 연설은 처음부터 끝까지 청중의 관심을 사로잡았다.

1035 **cause**
[kɔ:z]

명 원인, 이유 동 유발하다, 야기하다

Smoking can cause serious health problems, including lung cancer.
흡연은 폐암을 포함한 심각한 건강 문제를 유발할 수 있다.

1036 **censor**
[sénsər]

명 검열관, 감찰관 동 검열하다

The government censors certain content on the internet.
정부는 인터넷에서 특정 내용을 검열한다.

회독 □□□□□

1037 **chase** [ʧeis]

㉮ 추적, 추격 ㉯ 뒤쫓다

The police chased the suspect through the streets.
경찰은 용의자를 뒤쫓아 거리를 돌아다녔다.

1038 **chemical** [kémikəl]

㉮ 화학 물질 ㉰ 화학의

Exposure to certain chemicals can be harmful to your health.
특정 화학 물질에 노출되는 것은 건강에 해로울 수 있다.

1039 **clash** [klæʃ]

㉮ 충돌 ㉯ 충돌하다, 맞붙다

The clash of cultures led to misunderstandings and tensions.
문화의 충돌이 오해와 긴장을 야기했다.

1040 **classic** [klǽsik]

㉮ 고전, 명작 ㉰ 일류의, 전형적인, 고전적인

"Pride and Prejudice" is considered a classic novel by Jane Austen.
"오만과 편견"은 Jane Austen의 고전 소설로 평가받고 있다.

1041 **cluster** [klʌstər]

㉮ 무리, 군집 ㉯ 무리를 이루다

The city had a cluster of skyscrapers in its downtown area.
그 도시는 시내 지역에 초고층 빌딩 무리가 있었다.

1042 **combat** [kəmbǽt]

㉮ 전투, 싸움 ㉯ 싸우다

The government launched a campaign to combat illegal drug trafficking.
정부는 불법 마약 밀거래와 싸우기 위한 캠페인을 시작했다.

1043 **comment** [kάment]

㉮ 논평, 언급 ㉯ 논평하다, 견해를 밝히다

Please refrain from making negative comments during the meeting.
회의 중에는 부정적인 언급을 삼가주시기 바랍니다.

1044 **commission** [kəmíʃən]

㉠ 위원회, 위원단, 수수료 ㉢ 의뢰[주문]하다, 위임하다

The government set up a commission to investigate the corruption allegations.
정부는 부패 의혹을 조사하기 위해 위원회를 설립했다.

1045 **complete** [kəmplíːt]

㉡ 완전한, 완벽한 ㉢ 완료하다, 마치다

The team needs your help to complete the project on time.
팀은 프로젝트를 제시간에 완료하기 위해 당신의 도움이 필요하다.

1046 **complex** [kəmpléks]

㉠ 단지, 복합 건물 ㉡ 복잡한

He enjoys solving complex mathematical problems in his spare time.
그는 여가 시간에 복잡한 수학 문제를 푸는 것을 즐긴다.
유 복잡한 complicated, convoluted, intricate

1047 **conflict** [kənflíkt]

㉠ 갈등 ㉢ 상충하다

There was a conflict between two rival gangs over territory.
두 라이벌 갱단 사이에 영토를 두고 충돌이 있었다.

1048 **contract** [kən´trækt]

㉠ 계약 ㉢ 계약하다, 수축하다, 병에 걸리다

He reviewed the contract carefully before agreeing to its terms.
그는 계약 조건에 동의하기 전에 계약서를 주의 깊게 검토했다.
유 병에 걸리다 develop, catch, come[go] down with

1049 **contrast** [kəntrǽst]

㉠ 대조, 차이 ㉢ 대조하다, 차이를 보이다

The contrast between the old and new buildings in the city was striking.
그 도시의 오래된 건물과 새 건물 사이의 대조가 두드러졌다.

1050 **convert** [kənvə́ːrt]

㉠ 전환자, 개종자 ㉢ 전환시키다

In 10 years, most cars will be converted to electric vehicles.
10년 안에, 대부분의 자동차가 전기 자동차로 전환될 것이다.

DAY 21 REVIEW & LEVEL-UP TEST

■ 괄호 안에 알맞은 단어를 고르시오.

01 Animal [abuse / account] is a serious crime that can result in significant fines and imprisonment.

02 He was charged with [alien / assault] after attacking a stranger on the street.

03 The journalist was accused of showing [bias / blossom] in their reporting on the political issue.

■ 다음 빈칸에 문맥상 적절한 단어를 고르시오.

• balance	• chemical	• arrest

04 The new evidence led to the ________ of the main suspect in the murder case.

05 Yoga helps improve flexibility and ________.

06 The ________ reaction between the two substances produced a colorful gas.

■ 다음 빈칸에 적절한 뜻을 쓰시오.

07 The noise from the construction site bothered the residents.
건설 현장에서 나오는 소음이 주민들을 ________.

08 Soldiers undergo intense training to prepare for combat situations.
군인들은 ________ 상황에 대비하기 위해 강도 높은 훈련을 받는다.

09 They signed a contract to purchase the house.
그들은 집을 구매하기 위해 ________을 체결했다.

[해석 ☞ 네이버 카페 '진가영 영어 연구소'에서 확인] 

정답

01 abuse **02** assault **03** bias **04** arrest **05** balance
06 chemical **07** 괴롭혔다 **08** 전투 **09** 계약

DAY 22 PREVIEW & DIAGNOSIS TEST

01 coordinate ____________
02 core ____________
03 correct ____________
04 corrupt ____________
05 counter ____________
06 crash ____________
07 cure ____________
08 dare ____________
09 dash ____________
10 defeat ____________
11 deliberate ____________
12 delight ____________
13 deposit ____________
14 desire ____________
15 despair ____________
16 discharge ____________
17 display ____________
18 document ____________
19 dose ____________
20 doubt ____________
21 draft ____________
22 drain ____________
23 ease ____________
24 empty ____________
25 encounter ____________
26 envy ____________
27 erect ____________
28 escape ____________
29 estimate ____________
30 even ____________
31 excess ____________
32 excuse ____________
33 experience ____________
34 export ____________
35 extract ____________
36 extreme ____________
37 faint ____________
38 fair ____________
39 feature ____________
40 feed ____________
41 female ____________
42 filter ____________
43 finance ____________
44 firm ____________
45 fit ____________
46 flock ____________
47 flood ____________
48 force ____________
49 forecast ____________
50 freeze ____________

[정답 ☞ 네이버 카페 '진가영 영어 연구소'에서 확인]

회독 □□□□□

1051 **coordinate** [kouɔ́ːrdənət]

명 좌표, 동등한 사람[것] 동 조직화하다, 조정하다, 동등하게 하다

They recruited new personnel to coordinate the team's work.
그들은 팀의 업무를 조정할 새로운 인력을 모집했다.

1052 **core** [kɔːr]

명 핵심, 중심부 형 핵심적인, 중요한

The core of the problem lies in miscommunication between departments.
문제의 핵심은 부서 간의 의사 소통 부족에 있다.

1053 **correct** [kərékt]

형 정확한, 옳은 동 바로잡다, 정정하다

She quickly realized her mistake and promptly corrected it.
그녀는 신속히 자신의 실수를 깨닫고 즉시 수정했다.

1054 **corrupt** [kərʌpt]

형 부패한, 타락한 동 타락시키다

The corrupt officials were caught accepting bribes from local businesses.
부패한 공직자들이 지역 기업으로부터 뇌물을 받는 것을 적발되었다.

1055 **counter** [káuntər]

명 계산대, 판매대 동 반대하다, 거스르다, 대응하다

The team developed a strategy to counter the opponent's tactics.
팀은 상대방의 전술에 대응하기 위한 전략을 개발했다.

1056 **crash** [kræʃ]

명 충돌, 굉음 동 충돌하다, 부딪치다

The car crash resulted in significant damage to both vehicles.
차량 충돌로 인해 두 차량 모두 큰 피해를 입었다.

1057 **cure** [kjuər]

명 치유약, 치료법 동 치유하다, 고치다

Researchers are working tirelessly to find a cure for cancer.
연구자들은 암의 치료법을 찾기 위해 끊임없이 노력하고 있다.

1058 **dare** [dɛər]

명 모험, 도전 동 ~할 용기가 있다

He didn't dare to speak his mind straight.
그는 감히 자신의 마음을 똑바로 말할 용기가 없었다.

1059 **dash**
[dæʃ]

[명] 돌진, 질주 [동] 서둘러 가다

You have to dash if you don't want to miss the bus.
버스를 놓치고 싶지 않다면 서둘러 가야 한다.

1060 **defeat**
[difíːt]

[명] 패배 [동] 패배시키다

He vowed to come back stronger after this defeat.
그는 이 패배 후에 더 강해져서 돌아오겠다고 맹세했다.

1061 **deliberate**
[dilíbərət]

[형] 고의의, 신중한 [동] 숙고하다

She spoke in a deliberate manner to emphasize her point.
그녀는 자신의 주장을 강조하기 위해 신중한 말투로 말했다.

1062 **delight**
[diláit]

[명] 기쁨, 즐거움 [동] 기쁘게 하다

He took great delight in solving challenging puzzles.
그는 어려운 퍼즐을 푸는 것에서 큰 기쁨을 느꼈다.

1063 **deposit**
[dipάzit]

[명] 침전물, 예금, 보증금 [동] 맡기다, 두다, 예금하다

When you leave the house, the deposit is returned.
집을 나갈 때 보증금은 반환된다.

1064 **desire**
[dizáiər]

[명] 요구, 욕망 [동] 바라다, 원하다

Their desire for success motivated them to work hard.
그들의 성공에 대한 욕구가 그들을 열심히 일하게 만들었다.

1065 **despair**
[dispέər]

[명] 절망 [동] 절망하다, 체념하다

After losing her job, she fell into a deep despair.
일자리를 잃은 후 그녀는 깊은 절망에 빠졌다.

회독 □□□□□

1066 **discharge**
[distʃɑ́ːrdʒ]

명 방출, 배출 동 짐을 내리다, 방출하다

The factory was fined for illegally discharging pollutants into the river.
그 공장은 강에 불법으로 오염물질을 배출하여 벌금을 물었다.

1067 **display**
[displéi]

명 전시, 진열 동 전시하다, 드러내다

The museum displayed ancient artifacts.
박물관은 고대 유물들을 전시했다.

1068 **document**
[dάkjumənt]

명 문서, 서류 동 기록하다

She carefully documented every step of her research in a detailed report.
그녀는 자신의 연구 과정을 모두 자세히 기록한 보고서를 작성했다.

1069 **dose**
[dous]

명 복용량 동 투약하다, 조제하다

She accidentally took a double dose of her medication this morning.
그녀는 오늘 아침 실수로 자신의 약을 두 배로 투약했다.

1070 **doubt**
[daut]

명 의심, 의혹 동 의심하다

He expressed doubt about the accuracy of the information provided.
그는 제공된 정보의 정확성에 대해 의심을 표했다.

1071 **draft**
[dræft]

명 원고, 초안, 징집 동 (초안을) 작성하다, 징집하다

He wrote a rough draft of his essay.
그는 대략적인 에세이의 초안을 작성했다.

1072 **drain**
[drein]

명 배수관 동 물을 빼다, 고갈시키다

Heavy rainfall caused the drain outside their house to overflow.
폭우로 인해 그들 집 밖 배수관이 넘쳤다.
유 고갈시키다 deplete, exhaust, use up

1073 **ease** [iːz]

명 안락, 편함 동 완화시키다, 편하게 하다

The new medication helped ease her chronic pain.
새로운 약물이 그녀의 만성 통증을 완화하는 데 도움이 되었다.

1074 **empty** [émpti]

형 비어 있는 동 비우다

The stadium seats were empty before the game started.
경기 시작 전에 경기장 좌석은 비어 있었다.

1075 **encounter** [inkáuntər]

명 만남, 접촉 동 맞닥뜨리다

They were surprised to encounter an old friend at the airport.
그들은 공항에서 예전 친구를 만나 놀라웠다.

1076 **envy** [énvi]

명 부러움, 선망 동 부러워하다

I couldn't hide my envy of my friend for buying a new car.
새 차를 산 친구에 대한 부러움을 감추지 못했다.

1077 **erect** [irékt]

형 똑바로 선 동 세우다, 건립하다

The artist erected a sculpture in the center of the town square.
예술가는 마을 광장 중앙에 조각을 세웠다.

1078 **escape** [iskéip]

명 탈출, 도피 동 탈출하다

She managed to escape from the burning building just in time.
그녀는 불나는 건물에서 가까스로 탈출했다.

1079 **estimate** [éstəmèit]

명 추정치, 추산 동 추정하다, 추산하다

The real estate agent gave us an estimate of the market value of the house.
부동산 중개인은 그 집의 시장 가치에 대한 추정치를 제공했다.

회독 □□□□□

1080 **even** [íːvən]

㊋ ~조차, 훨씬 ㊌ 평평한, 짝수의

I parked my car on the even ground.
나는 평평한 땅에 주차했다.

1081 **excess** [iksés]

㊐ 과도, 지나침 ㊌ 초과한

Excess exposure to sunlight can lead to skin damage.
과도한 햇빛 노출은 피부 손상을 일으킬 수 있다.

1082 **excuse** [ikskjúːz]

㊐ 변명, 이유 ㊍ 용서하다, 변명하다

She made up an excuse to leave the party early.
그녀는 파티를 일찍 나가기 위해 변명을 만들었다.

1083 **experience** [ikspíəriəns]

㊐ 경험 ㊍ 경험하다

Traveling abroad allows you to experience different cultures.
해외 여행은 다양한 문화를 경험할 수 있게 해준다.

1084 **export** [ikspɔ́ːrt]

㊐ 수출 ㊍ 수출하다

China is one of the world's largest exporters of manufactured goods.
중국은 세계에서 가장 큰 제조업품 수출국 중 하나이다.

1085 **extract** [ikstrǽkt]

㊐ 추출, 발췌 ㊍ 추출하다, 뽑아내다

The book contains extracts from various ancient manuscripts.
그 책에는 다양한 고대 원고에서 발췌한 구절이 포함되어 있다.

1086 **extreme** [ikstríːm]

㊐ 극단, 극한 ㊌ 극도의, 극심한

She felt extreme joy when she received the news of her promotion.
그녀는 승진 소식을 받았을 때 극도의 기쁨을 느꼈다.

1087 **faint** [feint]

[명] 기절 [형] 희미한 [동] 기절하다

He heard a faint sound coming from the other room.
그는 다른 방에서 들리는 희미한 소리를 들었다.

1088 **fair** [fɛər]

[명] 박람회, 품평회 [형] 공정한

The judge ensured a fair trial for all parties involved.
판사는 관련된 모든 당사자들에게 공정한 재판을 보장했다.

1089 **feature** [fíːʧər]

[명] 특징 [동] 특징으로 삼다

The beautiful lake is the main feature of this park.
아름다운 호수가 이 공원의 주요 특징이다.

1090 **feed** [fiːd]

[명] 먹이 [동] 먹이를 주다

Farmers feed their livestock with nutritious grains.
농부들은 가축에게 영양가 있는 곡물을 먹인다.

1091 **female** [fíːmeil]

[명] 여성 [형] 여성의

Female students outnumber male students in the biology class.
생물학 수업에는 여학생들이 남학생들보다 더 많다.
[반] male 남성, 남성의

1092 **filter** [fíltər]

[명] 필터, 여과 장치 [동] 여과하다, 거르다

She used a water filter to purify the drinking water.
그녀는 마실 물을 정화하기 위해 필터를 사용했다.

1093 **finance** [finǽns]

[명] 재정, 재원 [동] 자금을 대다

They are seeking finance to expand their business operations overseas.
그들은 해외 사업 확장을 위해 자금을 조달하고 있다.

회독 □□□□□

1094 **firm**
[fəːrm]

명 회사 형 견고한, 딱딱한

She works at a law firm in downtown Manhattan.
그녀는 맨해튼 시내에 있는 법률 회사에서 일한다.

1095 **fit**
[fit]

형 건강한, 적합한 동 맞다, 적합하다

The puzzle pieces didn't fit together.
퍼즐 조각들이 서로 맞지 않았다.

1096 **flock**
[flak]

명 떼, 무리 동 모이다, 떼 지어 가다

Tourists flocked to the beach to enjoy the sunny weather.
관광객들은 맑은 날씨를 즐기기 위해 해변으로 모였다.

1097 **flood**
[flʌd]

명 홍수 동 물에 잠기다

The rescue team arrived quickly to help people stranded by the flood.
구조 팀은 홍수로 인해 고립된 사람들을 돕기 위해 신속하게 도착했다.

1098 **force**
[fɔːrs]

명 힘, 물리력 동 강요하다, 하게 만들다

The police used force to break up the rioting crowd.
경찰은 시위하는 사람들을 해산시키기 위해 힘을 사용했다.

1099 **forecast**
[fɔ'rkæ͵st]

명 예보, 예측 동 예보하다, 예측하다

Economists have revised their growth forecast for the year due to unexpected factors.
경제학자들은 예상치 못한 요인들로 인해 올해의 성장 예측을 수정했다.

1100 **freeze**
[friːz]

명 동결, 한파 동 얼다, 얼리다

The pond froze over during the cold winter months.
연못이 추운 겨울 동안 얼었다.

DAY 22 REVIEW & LEVEL-UP TEST

■ 괄호 안에 알맞은 단어를 고르시오.

01 Please [correct / corrupt] any mistakes you find in the report before submitting it.

02 He made a [despair / deposit] of $500 into his savings account at the bank.

03 His success at such a young age sparked [envy / estimate] among his peers.

■ 다음 빈칸에 문맥상 적절한 단어를 고르시오.

• defeat	• cure	• escape

04 Antibiotics can ________ bacterial infections when used correctly.

05 The candidate conceded ________ after losing in the election.

06 The prisoner attempted to ________ from the maximum-security prison but was caught.

■ 다음 빈칸에 적절한 뜻을 쓰시오.

07 The car <u>crashed</u> into a tree after skidding on the icy road.

차는 얼음 길에서 미끄러진 후 나무에 ________.

08 The researchers <u>extracted</u> DNA samples from the blood samples collected.

연구원들은 수집한 혈액 샘플에서 DNA 샘플을 ________.

09 She made a rough <u>estimate</u> of how much time it would take to complete the project.

그녀는 프로젝트를 완료하는 데 걸리는 시간을 대략적으로 ________.

[해석 ☞ 네이버 카페 '진가영 영어 연구소'에서 확인]

정답

01 correct **02** deposit **03** envy **04** cure **05** defeat
06 escape **07** 충돌했다 **08** 추출했다 **09** 추정했다

DAY 23 PREVIEW & DIAGNOSIS TEST

01 frown ______
02 fuel ______
03 function ______
04 fund ______
05 fuse ______
06 gain ______
07 gaze ______
08 glare ______
09 glow ______
10 graduate ______
11 grant ______
12 grasp ______
13 grave ______
14 guarantee ______
15 halt ______
16 handicap ______
17 handle ______
18 harvest ______
19 hire ______
20 honor / honour ______
21 host ______
22 implement ______
23 import ______
24 increase ______
25 individual ______
26 initial ______
27 input ______
28 insert ______
29 insult ______
30 interest ______
31 joint ______
32 judge ______
33 junior ______
34 knot ______
35 lack ______
36 launch ______
37 lead ______
38 leak ______
39 leap ______
40 license / licence ______
41 limit ______
42 load ______
43 loan ______
44 lot ______
45 major ______
46 manifest ______
47 mark ______
48 marvel ______
49 mass ______
50 master ______

[정답 ☞ 네이버 카페 '진가영 영어 연구소'에서 확인] 

1101 **frown** [fraun]

㉥ 찌푸림 ㉯ 찌푸리다

She frowned when she heard the disappointing news.
그녀는 실망스러운 소식을 들었을 때 눈살을 찌푸렸다.

1102 **fuel** [fjúːəl]

㉥ 연료 ㉯ 연료를 공급하다

The car needs more fuel before we can continue our journey.
우리가 여행을 계속하기 전에 차에 연료를 더 넣어야 한다.

1103 **function** [fʌŋkʃən]

㉥ 기능 ㉯ 기능하다, 작용하다

Despite the power outage, the function of the hospital was performed normally.
정전에도 불구하고 병원의 기능은 정상적으로 수행되었다.

1104 **fund** [fʌnd]

㉥ 기금 ㉯ 기금[자금]을 대다

The government allocated funds for the construction of new schools.
정부는 새 학교 건설을 위한 자금을 할당했다.

1105 **fuse** [fjuːz]

㉥ 퓨즈, 도화선 ㉯ 융합되다

The meeting aims to fuse different perspectives into a unified strategy.
회의는 다양한 관점을 통합된 전략으로 융합하려고 한다.

1106 **gain** [gein]

㉥ 증가 ㉯ 얻다

She worked hard to gain the trust of her colleagues.
그녀는 동료들의 신뢰를 얻기 위해 열심히 일했다.

1107 **gaze** [geiz]

㉥ 응시, 시선 ㉯ 응시하다, 바라보다

The couple sat by the lake, gazing at the sunset.
그 커플은 호수 옆에 앉아 일몰을 바라보았다.

1108 **glare** [glɛər]

㉥ 섬광, 눈부신 빛 ㉯ 빛나다, 노려보다

The headlights from the oncoming car created a blinding glare.
다가오는 차의 헤드라이트가 눈부신 빛을 만들었다.

회독 □□□□□

1109 **glow** [glou]

(명) 불빛 (동) 빛나다, 상기되다

The city skyline had a beautiful glow as the sun set behind it.
해가 그 뒤로 지면서 도시의 하늘 선이 아름다운 불빛을 냈다.

1110 **graduate** [grǽdʒuət]

(명) 대학 졸업자 (동) 졸업하다

After years of hard work, he finally graduated from medical school.
수년간의 노력 끝에 그는 드디어 의과 대학을 졸업했다.

1111 **grant** [grænt]

(명) 보조금 (동) 승인하다, 인정하다, 주다

The judge granted the defendant's request for a recess.
판사는 피고인의 휴정 요청을 승인했다.

1112 **grasp** [græsp]

(명) 꽉 쥐기, 지배, 이해 (동) 움켜잡다, 파악하다, 이해하다

She struggled to grasp the concept of quantum mechanics.
그녀는 양자 역학의 개념을 파악하기 어려워 했다.

1113 **grave** [greiv]

(명) 무덤 (형) 심각한

It is important to address climate change as a grave environmental issue.
기후 변화를 심각한 환경 문제로 인식하는 것이 중요하다.

1114 **guarantee** [gæ̀rəntíː]

(명) 보증, 확약 (동) 보장하다

The company offers a one-year guarantee on all its electronic products.
그 회사는 모든 전자 제품에 대해 1년 보증을 제공한다.

1115 **halt** [hɔːlt]

(명) 멈춤, 중단 (동) 중단시키다, 멈추다

The car halted as it slowed down.
차가 속도를 줄이면서 멈췄다.

1116 **handicap**
[hǽndikæp]

(명) 장애, 불리한 조건 (동) 불리하게 만들다

Despite his handicap, he has achieved great success in his career.
그의 장애에도 불구하고 그는 자신의 경력에서 큰 성공을 거두었다.

1117 **handle**
[hǽndl]

(명) 손잡이 (동) 다루다, 처리하다

The manager handles all the financial transactions for the company.
매니저는 회사의 모든 재정 거래를 처리한다.

1118 **harvest**
[hɑ́:rvist]

(명) 수확, 수확물 (동) 거둬들이다, 수확하다

Harvesting the wheat requires a lot of manpower.
밀을 수확하는 데는 많은 인력이 필요하다.

1119 **hire**
[haiər]

(명) 빌림, 대여 (동) 고용하다, 빌리다

She was hired as the new marketing manager last month.
그녀는 지난달 새로운 마케팅 매니저로 고용되었다.

1120 **honor / honour**
[ɑ́nər]

(명) 명예 (동) 존경하다, 공경하다

The soldier received a medal of honor for his bravery in battle.
그 군인은 전투에서의 용맹함으로 명예 훈장을 받았다.

1121 **host**
[houst]

(명) 주인, 주최자[국] (동) 주최하다

The 2002 World Cup was co-hosted by Korea and Japan.
2002년 월드컵은 한일 양국이 공동 주최한 것이다.

1122 **implement**
[ímpləmənt]

(명) 도구, 용구 (동) 시행하다, 이행하다

The city council will implement a new recycling program starting next year.
시의회는 내년부터 새로운 재활용 프로그램을 시행할 것이다.

회독 □□□□□

1123 **import**
[impɔ́:rt]

명 수입, 수입품 동 수입하다, 내포하다

The company specializes in the import and export of electronics.
그 회사는 전자제품의 수입과 수출을 전문으로 한다.

1124 **increase**
[inkrí:s]

명 증가, 인상 동 증가하다, 늘다

The company plans to increase its workforce by 20% next year.
그 회사는 내년에 직원 수를 20% 늘릴 계획이다.

1125 **individual**
[ìndəvídʒuəl]

명 개인 형 각각의, 개인의

In our company, we value individual creativity and innovation.
우리 회사에서는 개인의 창의성과 혁신을 중요하게 생각한다.

1126 **initial**
[iníʃəl]

명 이름의 첫 글자 형 처음의, 초기의

Before making a decision, we need to discuss the initial cost estimates.
결정을 내리기 전에 초기 비용 추정에 대해 논의해야 한다.

1127 **input**
[ínpùt]

명 투입, 입력 동 입력하다

This program mostly accepts input from the word process.
이 프로그램은 대부분 워드 프로세스의 입력을 받는다.
반 output 생산량, 출력, 출력해 내다

1128 **insert**
[insə́:rt]

명 삽입 동 끼우다, 넣다

Please insert the USB drive into the port to transfer the files.
파일을 전송하기 위해 USB 드라이브를 포트에 넣어주세요.

1129 **insult**
[insʌlt]

명 모욕 동 모욕하다

Her sarcastic comment was taken as an insult by some of the guests.
그녀의 풍자적인 발언이 몇몇 손님들에게 모욕으로 받아들여졌다.

1130 **interest**
[íntərəst]

[명] 관심, 흥미 [동] 관심을 끌다, 관심을 보이다

His research focuses on the public's interest in renewable energy sources.
그의 연구는 재생 가능 에너지원에 대한 대중의 관심에 집중한다.

1131 **joint**
[dʒɔint]

[명] 관절, 이음매 [형] 공동의

They reached a joint decision to postpone the project until next year.
그들은 내년까지 프로젝트를 연기하기로 공동 결정을 내렸다.

1132 **judge**
[dʒʌdʒ]

[명] 판사, 심판 [동] 판단하다

Try not to judge others without understanding their circumstances.
다른 사람들을 그들의 상황을 이해하지 않고 판단하지 마세요.

1133 **junior**
[dʒúːnjər]

[명] 하급자, 후배 [형] 하급의, 부하의

He is much older than me, but he is junior to school.
그는 나보다 훨씬 나이가 많지만 학교 후배이다.

1134 **knot**
[nat]

[명] 매듭 [동] 묶다, 얽히다

The sailors learned various types of knots to use on the ship.
선원들은 배에서 사용할 다양한 종류의 매듭을 배웠다.

1135 **lack**
[læk]

[명] 부족, 결핍 [동] 부족하다

She failed the exam due to a lack of preparation.
그녀는 준비 부족으로 시험에서 떨어졌다.

1136 **launch**
[lɔːntʃ]

[명] 개시, 출시 [동] 착수하다, 출시하다

The company plans to launch a new product line next month.
그 회사는 다음 달에 새로운 제품 라인을 출시할 계획이다.
[유] 시작하다 start, initiate, commence

회독 □□□□□

1137 **lead** [li:d]

명 선두 동 안내하다, 이끌다

She was chosen to lead the team on their new project.
그녀는 새 프로젝트에서 팀을 이끌 것으로 선택되었다.

1138 **leak** [li:k]

명 새는 곳, 누설 동 새다

There was a leak in the roof after the heavy rainstorm.
폭우 후 지붕에 누수가 있었다.

1139 **leap** [li:p]

명 도약 동 뛰어오르다

The cat made a graceful leap from the fence onto the roof.
고양이는 울타리에서 지붕으로 우아하게 뛰어올랐다.

1140 **license / licence** [láisəns]

명 면허, 자격증 동 허가하다

She earned her teaching license after completing her education degree.
그녀는 교육 학위를 마친 후 교사 자격증을 취득했다.

1141 **limit** [límit]

명 제한, 한계 동 제한하다

There is a speed limit of 50 miles per hour on this highway.
이 고속도로의 속도 제한은 시속 50마일이다.

1142 **load** [loud]

명 짐, 하중, 부담 동 싣다, 태우다

He lifted the heavy load onto his shoulders and carried it to the truck.
그는 무거운 짐을 어깨에 들어 트럭으로 옮겼다.

1143 **loan** [loun]

명 대출, 대여 동 빌려주다, 대출하다

She applied for a bank loan to buy a new car.
그녀는 새 차를 사기 위해 은행 대출을 신청했다.

1144 **lot** [lat]

(명) 많음, (토지의) 한 구획, 부지, 제비뽑기

She found an empty spot in the parking lot near the entrance.
그녀는 입구 근처 주차장에서 빈 자리를 찾았다.

1145 **major** [méidʒər]

(명) 전공 (형) 주요한, 주된

He played a major role in organizing the charity event last month.
지난 달 그는 자선 행사 조직에 주요한 역할을 했다.

1146 **manifest** [mǽnəfèst]

(형) 명백한, 뚜렷한 (동) 명시하다, 드러내다

It's a manifest fault to hit people and run away.
사람을 때리고 도망치는 것은 명백한 잘못이다.

1147 **mark** [maːrk]

(명) 자국, 흔적 (동) 표시하다

Please mark the date of the meeting on your calendar.
회의 날짜를 당신의 달력에 표시해 주세요.

1148 **marvel** [mɑ́ːrvəl]

(명) 경이로운 것 (동) 경이로워하다

The new technology is a marvel of engineering innovation.
그 새로운 기술은 공학 혁신의 경이로움이다.

1149 **mass** [mæs]

(명) 덩어리, 질량, 대중 (형) 대량의 (동) 모이다

There was a mass protest in the capital against the new tax laws.
수도에서는 새로운 세법에 반대하는 대규모 시위가 있었다.

1150 **master** [mǽstər]

(명) 주인, 숙련자, 석사 (학위) (동) 완전히 익히다, 숙달하다

The dog obeyed its master's command without hesitation.
그 개는 망설임 없이 그 주인의 명령을 따랐다.

DAY 23 REVIEW & LEVEL-UP TEST

■ 괄호 안에 알맞은 단어를 고르시오.

01 The company decided to [insult / halt] production due to safety concerns.

02 The company plans to [honor / hire] more employees to meet the growing demand.

03 Due to the trade agreement, the [import / host] of certain goods became cheaper.

■ 다음 빈칸에 문맥상 적절한 단어를 고르시오.

• loan	• judge	• leak

04 The ________ sentenced him to five years in prison for his crimes.

05 The plumber fixed the ________ under the sink.

06 He took out a student ________ to pay for his tuition fees.

■ 다음 빈칸에 적절한 뜻을 쓰시오.

07 She began to frown as she read the confusing instructions.
그녀는 혼란스러운 설명서를 읽으면서 ________ 시작했다.

08 After graduating, she quickly found a job in her field of study.
________ 후, 그녀는 자신의 전공 분야에서 빠르게 일자리를 찾았다.

09 The political party plans to launch its election campaign next week.
그 정당은 다음 주에 선거 캠페인을 ________ 계획이다.

[해석 ☞ 네이버 카페 '진가영 영어 연구소'에서 확인]

정답

01 halt **02** hire **03** import **04** judge **05** leak
06 loan **07** 찌푸리기 **08** 졸업한 **09** 시작할

DAY 24 PREVIEW & DIAGNOSIS TEST

01 match ______
02 matter ______
03 maximum ______
04 mean ______
05 measure ______
06 medium ______
07 mention ______
08 mess ______
09 monitor ______
10 murder ______
11 nail ______
12 native ______
13 noble ______
14 notice ______
15 object ______
16 orbit ______
17 own ______
18 parallel ______
19 pardon ______
20 patient ______
21 pause ______
22 pile ______
23 pinch ______
24 pioneer ______
25 pitch ______
26 pity ______
27 plant ______
28 poison ______
29 polish ______
30 poll ______
31 post ______
32 potential ______
33 practice ______
34 press ______
35 prime ______
36 principal ______
37 privilege ______
38 process ______
39 produce ______
40 protest ______
41 pump ______
42 purchase ______
43 rally ______
44 range ______
45 rank ______
46 rate ______
47 rear ______
48 regard ______
49 regret ______
50 relative ______

[정답 ☞ 네이버 카페 '진가영 영어 연구소'에서 확인]

회독 □□□□□

1151 **match** [mætʃ]

㉠ 성냥, 시합 ㉢ 어울리다, (서로) 맞다

The puzzle pieces must match perfectly to complete the picture.
퍼즐 조각들은 그림을 완성하기 위해 완벽하게 맞아야 한다.

1152 **matter** [mǽtər]

㉠ 문제, 상황 ㉢ 문제되다, 중요하다

Does it really matter who hid it?
누가 숨겼는지가 정말 중요한가요?

1153 **maximum** [mǽksəməm]

㉠ 최고, 최대 ㉢ 최고의, 최대의

The maximum speed limit on this highway is 70 miles per hour.
이 고속도로의 최대 속도 제한은 시속 70마일이다.
반 minimum 최소, 최저, 최저의, 최소한의

1154 **mean** [miːn]

㉧ 비열한, 짓궂은 ㉢ 의미하다, 뜻하다

His stern expression could mean trouble.
그의 엄격한 표정은 곤란을 의미할 수 있다.

1155 **measure** [méʒər]

㉠ 조치, 척도 ㉢ 측정하다

How do you measure the amount of air?
공기의 양은 어떻게 측정하나요?

1156 **medium** [míːdiəm]

㉠ 매체 ㉧ 중간의

The mass media tends to denigrate politics.
대중 매체는 정치를 폄하하는 경향이 있다.

1157 **mention** [ménʃən]

㉠ 언급 ㉢ 언급하다

She mentioned her favorite book during the conversation.
그녀는 대화 중에 자신이 좋아하는 책을 언급했다.

1158 **mess** [mes]

㉠ 엉망인 상태 ㉢ 엉망으로 만들다

The living room was in a mess.
거실은 엉망이었다.

1159 **monitor** [mάnətər]

명 화면, 모니터 동 감시하다

The nurse will monitor your vital signs closely after surgery.
수술 후 간호사는 당신의 바이탈 사인을 주의 깊게 관찰할 것이다.

1160 **murder** [mə́ːrdər]

명 살인 동 살인하다

The detective solved the murder case.
수개월간의 수사 끝에 형사는 살인 사건을 해결했다.

1161 **nail** [neil]

명 손톱, 못 동 못으로 박다, 고정하다

He couldn't find a nail to hang the picture on the wall.
그는 그림을 벽에 걸 못을 찾을 수가 없었다.

1162 **native** [néitiv]

명 현지인 형 출생지의, 선천적인

The tribe celebrated their native customs and traditions during the festival.
그 부족은 축제 기간 동안 자신들의 출생지의 풍습과 전통을 축하했다.

1163 **noble** [nóubl]

명 귀족 형 고결한, 웅장한

The knight vowed to uphold the noble ideals of courage, justice, and loyalty.
그 기사는 용기, 정의, 충성의 고귀한 이상을 지키기로 맹세했다.

1164 **notice** [nóutis]

명 주목, 공지, 안내 동 주목하다, 알다

She received a notice from her landlord about the upcoming rent increase.
그녀는 임대인으로부터 다가오는 임대료 인상에 관한 공지를 받았다.

1165 **object** [άbdʒikt]

명 물체, 물건 동 반대하다

Many locals object the construction of landfills.
많은 지역 주민들이 매립지 건설에 반대한다.

회독 □□□□□

1166 **orbit**
[ɔ́ːrbit]

[명] 궤도 [동] 궤도를 돌다

The moon orbits around the Earth in a slightly elliptical path.
달은 지구 주위를 약간 타원형의 경로로 궤도를 돈다.

1167 **own**
[oun]

[형] 자신의, 고유한 [동] 소유하다

He finally saved enough money to buy his own car.
그는 마침내 자신의 차를 사기에 충분한 돈을 모았다.

1168 **parallel**
[pǽrəlèl]

[형] 평행한 [명] 평행, 유사물

The growth of technology runs in parallel with advancements in medicine.
기술의 발전은 의학의 진보와 평행하게 진행된다.

1169 **pardon**
[pɑ́ːrdn]

[명] 사면, 용서 [동] 사면하다, 용서하다

She asked for a pardon when she realized her mistake in accusing him wrongly.
그녀는 그를 잘못 고발한 자신의 실수를 깨닫고 용서를 구했다.

1170 **patient**
[péiʃənt]

[명] 환자 [형] 참을성 있는

The doctor was known for his patience and compassion towards his patients.
의사는 환자들에 대한 인내심과 동정심으로 유명했다.

1171 **pause**
[pɔːz]

[명] 멈춤, 휴지, 중지 [동] 잠시 멈추다, 정지시키다

He paused his exercise for a moment to catch his breath.
그는 숨을 쉬기 위해 잠시 운동을 멈췄다.

1172 **pile**
[pail]

[명] 무더기 [동] 쌓다, 포개다

She stumbled over a pile of boxes in the hallway.
그녀는 복도에서 상자 더미에 걸려 넘어졌다.

1173 **pinch** [pintʃ]

명 꼬집기 동 꼬집다, 꼭 집다

She gave him a pinch to wake him up from his nap.
그녀는 낮잠에서 깨우기 위해 그를 꼬집었다.

1174 **pioneer** [pàiəníər]

명 개척자, 선구자 동 개척하다

Steve Jobs is considered a pioneer of the personal computer revolution.
스티브 잡스는 개인 컴퓨터 혁명의 선구자로 여겨진다.

1175 **pitch** [pitʃ]

명 정점, 최고조 동 던지다

She pitched the ball to her teammate during practice.
연습 중에 그녀는 팀원에게 공을 던졌다.

1176 **pity** [píti]

명 연민, 유감, 동정 동 불쌍히 여기다, 동정하다

She felt pity for the stray dog shivering in the cold rain.
그녀는 추운 비 속에서 떨고 있는 유기견에 대해 연민을 느꼈다.

1177 **plant** [plænt]

명 식물, 공장 동 심다

They plan to plant trees along the new highway to reduce noise pollution.
그들은 소음 공해를 줄이기 위해 새 고속도로를 따라 나무를 심을 계획이다.

1178 **poison** [pɔ́izn]

명 독 동 독살하다

The snake's venom is a deadly poison that can kill its prey within minutes.
뱀의 독은 몇 분 내에 먹이를 죽일 수 있는 치명적인 독이다.

1179 **polish** [pάliʃ]

명 닦기, 광택 동 닦다, 광택을 내다

Please polish the table before you eat.
밥 먹기 전에 테이블을 닦아주세요.

회독 □□□□□

1180 **poll**
[poul]

명 여론 조사, 투표 동 득표하다, 여론 조사를 하다

They conducted a poll to gather opinions on the election.
그들은 선거에 대한 의견을 수집하기 위해 여론 조사를 실시했다.

1181 **post**
[poust]

명 우편, 우편물, 직책, 기둥 동 발송하다, 배치하다, 게시하다

There is a lot of post the day after the holiday.
연휴 다음날에는 우편물이 많다.

1182 **potential**
[pətén∫əl]

명 가능성 형 잠재적인

She has shown great potential in the field of mathematics from a young age.
그녀는 어린 시절부터 수학 분야에서 큰 잠재력을 보였다.

1183 **practice**
[prǽktis]

명 습관, 관습, 연습

He needs practice speaking English to improve his fluency.
그는 유창성을 향상시키기 위해 영어 말하기 연습이 필요하다.

1184 **press**
[pres]

명 신문, 언론, 인쇄 동 누르다, 꽉 쥐다, 강조하다

The journalist works for a major press outlet and covers international news.
그 기자는 주요 언론사에서 일하며 국제 뉴스를 다룬다.

1185 **prime**
[praim]

명 전성기 형 주된, 뛰어난

My prime concern is buying luxury goods.
나의 주된 관심사는 명품을 사는 것이다.

1186 **principal**
[prínsəpəl]

명 교장, 학장, 총장 형 주요한, 주된

The principal went to school for the first time since then.
교장선생님은 그 이후로 처음으로 학교에 갔다.

1187 **privilege**
[prívəlidʒ]

명 특권 동 특권을 주다

It is a privilege to be able to travel to so many different countries.
다양한 나라를 여행할 수 있는 것은 특권이다.

1188 **process**
[prɑ́ses]

명 과정, 진행 동 가공하다, 처리하다

The manufacturing process involves several stages of production.
제조 과정은 생산의 여러 단계를 포함한다.

1189 **produce**
[prədjúːs]

명 생산물, 농산물 동 생산하다

Farmers in the region produce a variety of fruits and vegetables.
그 지역 농부들은 다양한 과일과 채소를 생산한다.

1190 **protest**
[próutest]

명 항의, 시위 동 항의하다

Thousands of people gathered to protest against the government's new policy.
수천 명의 사람들이 정부의 새로운 정책에 항의하기 위해 모였다.

1191 **pump**
[pʌmp]

명 펌프 동 퍼 올리다

The mechanic used a pump to inflate the flat tire.
정비사는 펑크난 타이어를 팽창시키기 위해 펌프를 사용했다.

1192 **purchase**
[pə́ːrtʃəs]

명 구입 동 구입하다

They visited several stores before making a purchase decision.
그들은 구매 결정을 내리기 전에 여러 가게를 방문했다.

1193 **rally**
[rǽli]

명 집회 동 결집하다

Supporters gathered in the city center to rally for their candidate.
지지자들은 자신들의 후보를 위해 도심에서 집회를 열었다.

회독 □□□□□

1194 **range** [reindʒ]

명 범위 동 정렬하다, 배치하다

The store offers a wide range of products, from electronics to clothing.
그 가게는 전자제품부터 의류까지 다양한 제품을 제공한다.

1195 **rank** [ræŋk]

명 지위, 계급, 등급 동 매기다, 등급을 차지하다

She ranked first in the competition, showcasing her exceptional talent.
그녀는 뛰어난 재능을 발휘하여 대회에서 1위를 차지했다.

1196 **rate** [reit]

명 비율, 요금 동 평가하다

The crime rate in the city has decreased significantly over the past decade.
그 도시의 범죄율은 지난 10년 동안 크게 감소했다.

1197 **rear** [riər]

명 뒤쪽 동 기르다, 부양하다

The rear entrance to the building is often used by employees.
건물의 뒤쪽 입구는 종종 직원들이 사용한다.

1198 **regard** [rigɑ́:rd]

명 관심, 존경, 안부 동 여기다, 대하다

I regard him as one of the best writers of our time.
나는 그를 우리 시대 최고의 작가 중 한 명으로 여긴다.

1199 **regret** [rigrét]

명 후회 동 후회하다, 유감스럽게 생각하다

He expressed regret for his harsh words during the argument.
그는 말다툼 중에 한 심한 말들을 후회했다.

1200 **relative** [rélətiv]

명 친척 형 상대적인

My aunt is a close relative who lives in a different city.
나의 이모는 다른 도시에 사는 가까운 친척이다.

DAY 24 REVIEW & LEVEL-UP TEST

■ 괄호 안에 알맞은 단어를 고르시오.

01 The internet has become a popular [nail / medium] for advertising products globally.

02 The spacecraft successfully entered Mars' [patient / orbit] after a long journey through space.

03 She was a [pioneer / plant] in the field of genetic research, making groundbreaking discoveries.

■ 다음 빈칸에 문맥상 적절한 단어를 고르시오.

• principal	• privilege	• notice

04 Please put up a ________ about the upcoming meeting on the bulletin board.

05 The ________ of the school announced a new policy regarding student attendance.

06 As a citizen, voting is both a right and a ________ in a democratic society.

■ 다음 빈칸에 적절한 뜻을 쓰시오.

07 Scientists use specialized tools to <u>measure</u> the acidity of a liquid.
과학자들은 액체의 산도를 ________ 위해 전문 장비를 사용한다.

08 She wrote a letter of <u>protest</u> to the editor of the newspaper about the biased article.
그녀는 그 신문의 편향된 기사에 대해 편집자에게 ________ 편지를 썼다.

09 She decided to <u>purchase</u> a new car after months of saving up.
그녀는 여러 달 동안 저축한 후 새 차를 ________ 결정했다.

[해석 ☞ 네이버 카페 '진가영 영어 연구소'에서 확인]

정답

01 medium	**02** orbit	**03** pioneer	**04** notice	**05** principal
06 privilege	**07** 측정하기	**08** 항의하는	**09** 구매하기로	

DAY 25 PREVIEW & DIAGNOSIS TEST

01 release ______
02 remark ______
03 remedy ______
04 rent ______
05 repair ______
06 rescue ______
07 rest ______
08 result ______
09 retail ______
10 retreat ______
11 reward ______
12 riot ______
13 risk ______
14 rival ______
15 roar ______
16 routine ______
17 ruin ______
18 rule ______
19 rush ______
20 scan ______
21 scheme ______
22 screw ______
23 seal ______
24 senior ______
25 sense ______
26 sentence ______
27 separate ______
28 shade ______
29 shake ______
30 shame ______
31 shape ______
32 share ______
33 shelter ______
34 shield ______
35 shoot ______
36 sign ______
37 sink ______
38 slaughter ______
39 smash ______
40 subordinate ______
41 sniff ______
42 sort ______
43 span ______
44 spark ______
45 spill ______
46 spite ______
47 split ______
48 spot ______
49 squeeze ______
50 stack ______

[정답 ☞ 네이버 카페 '진가영 영어 연구소'에서 확인] 

1201 **release** [rilíːs]

명 석방, 개봉 동 풀어 주다, 방출하다, 개봉하다

The movie release date was postponed due to production delays.
영화의 개봉일이 제작 지연으로 연기되었다.

1202 **remark** [rimάːrk]

명 발언, 주목 동 알아차리다, 주목하다

He remarked the subtle difference between the two.
그는 두 사람의 미묘한 차이를 주목했다.

1203 **remedy** [rémədi]

명 치료, 해결책 동 바로잡다, 개선하다

She took a herbal remedy to relieve her headache.
그녀는 두통을 완화하기 위해 허브 치료법을 시도했다.

1204 **rent** [rent]

명 집세, 임차료 동 빌리다, 세내다

They decided to rent a beach house for their summer vacation.
그들은 여름 휴가를 위해 해변 집을 빌리기로 결정했다.

1205 **repair** [ripέər]

명 수리, 수선 동 수리하다

She learned how to repair a leaky faucet by watching online tutorials.
그녀는 온라인 강의를 보고 누수하는 수도꼭지를 수리하는 법을 배웠다.

1206 **rescue** [réskjuː]

명 구출, 구조 동 구하다, 구출하다

The lifeguard dove into the water to rescue the drowning swimmer.
구명원은 물에 빠진 수영자를 구하기 위해 물 속으로 뛰어들었다.

1207 **rest** [rest]

명 나머지, 휴식 동 쉬다, 휴식하다

She needed to rest for a few minutes before continuing her workout.
그녀는 운동을 계속하기 전에 몇 분 동안 휴식이 필요했다.

1208 **result** [rizʌlt]

명 결과 동 발생하다, 생기다

The experiment produced unexpected results that surprised the researchers.
실험은 연구자들을 놀라게 한 예상치 못한 결과를 도출했다.

회독 □□□□□

1209 **retail** [rí:teil]

명 소매 동 소매하다

The retail price of the shoes was higher than he expected.
그 신발의 소매 가격은 그가 예상한 것보다 높았다.

1210 **retreat** [ritrí:t]

명 퇴각, 후퇴 동 퇴각하다, 후퇴하다

The soldiers were ordered to retreat after facing heavy enemy fire.
병사들은 강력한 적의 공격을 받은 후 후퇴할 것을 명령받았다.

1211 **reward** [riwɔ́:rd]

명 보상, 보상금 동 보상하다

She received a monetary reward for her outstanding performance at work.
그녀는 직장에서의 탁월한 성과로 금전적 보상을 받았다.

1212 **riot** [ráiət]

명 폭동 동 폭동을 일으키다

The neighborhood was in chaos during the night of the riot.
그 폭동의 밤 동안 그 동네는 혼란 속에 있었다.

1213 **risk** [risk]

명 위험, 위험 요소 동 위태롭게 하다, (위험을) 무릅쓰다

They decided to take the risk and start their own business.
그들은 위험을 감수하고 자신의 사업을 시작하기로 결정했다.
유 danger, hazard, peril

1214 **rival** [ráivəl]

명 경쟁자 동 필적하다

The two companies are fierce rivals in the smartphone industry.
이 두 회사는 스마트폰 산업에서 치열한 경쟁자이다.

1215 **roar** [rɔ:r]

명 포효, 함성 동 으르렁거리다, 함성을 지르다

The lion let out a loud roar that echoed through the jungle.
사자는 밀림을 울려 퍼지게 할 정도로 큰 표효를 냈다.

1216 **routine** [ruːtíːn]

[명] 일상 [형] 일상적인

He felt a bit bored with the routine tasks at work.
그는 직장에서 일상적인 업무에 약간 지루함을 느꼈다.

1217 **ruin** [rúːin]

[명] 붕괴, 몰락 [동] 망치다

His careless remarks ruined their friendship.
그의 부주의한 발언이 그들의 우정을 거의 망쳤다.

1218 **rule** [ruːl]

[명] 규칙, 지배, 통치 [동] 지배하다, 통치하다

It's important to follow the rules of the road to ensure safety.
안전을 위해 도로 규칙을 준수하는 것이 중요하다.

1219 **rush** [rʌʃ]

[명] 돌진, 분주함 [동] 서두르다

They had to rush to catch the bus before it left.
버스가 떠나기 전에 그들은 서두르느라 바쁘게 움직였다.

1220 **scan** [skæn]

[명] 검사, 훑어보기 [동] 살피다, 훑어보다

He quickly scanned the room for any signs of his lost keys.
그는 잃어버린 열쇠의 흔적을 찾기 위해 방을 빠르게 살펴보았다.

1221 **scheme** [skiːm]

[명] 책략, 계획 [동] 책략을 꾸미다, 획책하다

She devised a clever scheme to surprise her best friend on her birthday.
그녀는 생일에 그녀의 가장 친한 친구를 놀라게 할 교묘한 계획을 세웠다.

1222 **screw** [skruː]

[명] 나사, 나사못 [동] 나사로 조이다, 비틀다

The mechanic replaced the old screws with new ones to secure the engine cover.
정비공은 엔진 덮개를 고정하기 위해 오래된 나사를 새로운 것으로 교체했다.

회독 □□□□□

1223 **seal** [siːl]

(명) 직인, 인장 (동) 밀봉하다

The envelope was sealed shut with glue.
그 봉투는 접착제로 밀봉되어 있었다.

1224 **senior** [síːnjər]

(명) 연장자, 선배 (형) 연상의, 선배의

He always offers his seat to seniors on the bus.
그는 버스에서 연장자들에게 항상 자리를 양보한다.

1225 **sense** [sens]

(명) 감각, 느낌 (동) 느끼다

He has a keen sense of humor and always makes people laugh.
그는 예리한 유머 감각을 가지고 있어 항상 사람들을 웃게 한다.

1226 **sentence** [séntəns]

(명) 문장, 선고 (동) 선고하다

Please write a sentence using each new vocabulary word.
새로운 어휘 단어를 사용하여 한 문장을 써 주세요.

1227 **separate** [sépərèit]

(명) 분리된 (동) 분리하다, 나누다

The mountain range separates the two countries geographically.
산맥은 지리적으로 두 나라를 분리한다.

1228 **shade** [ʃeid]

(명) 그늘 (동) 그늘지게 하다, 가리다

He prefers to sit in the shade rather than directly under the sun.
그는 햇볕 아래 직접 앉기보다는 그늘에서 앉는 것을 선호한다.

1229 **shake** [ʃeik]

(명) 흔들림, 떨림 (동) 흔들다, 떨리게 하다

She likes to shake her hips when she dances.
그녀는 춤을 출 때 엉덩이를 흔드는 것을 좋아한다.

1230 **shame** [ʃeim]

명 창피함, 수치심 동 창피하게 하다, 망신시키다

He couldn't bear the shame of losing the match in front of his fans.
그는 팬들 앞에서 경기에 졌을 때의 창피함을 견딜 수 없었다.

1231 **shape** [ʃeip]

명 모양, 형체 동 (어떤 모양으로) 만들다, 빚다

The sculptor used clay to shape a beautiful statue.
조각가는 점토를 사용하여 아름다운 조각을 만들었다.

1232 **share** [ʃɛər]

명 몫, 지분 동 나누다, 공유하다

He shared a funny story that made everyone laugh.
그는 모두를 웃게 만든 재미있는 이야기를 공유했다.

1233 **shelter** [ʃéltər]

명 주거지, 피난처 동 피하다, 보호하다

The homeless man found shelter in an abandoned building during the storm.
노숙자는 폭풍우 동안 버려진 건물에서 피난처를 찾았다.

1234 **shield** [ʃiːld]

명 방패, 보호물 동 보호하다, 가리다

Sunglasses shielded her eyes from the bright sunlight.
선글라스는 그녀의 눈을 강한 햇빛으로부터 보호했다.

1235 **shoot** [ʃuːt]

명 촬영 동 쏘다

He aimed carefully and shot the arrow directly at the target.
그는 신중하게 조준하여 화살을 목표물에 직접 쏘았다.

1236 **sign** [sain]

명 징후, 신호, 표지판 동 서명하다, 신호를 보내다

He saw a sign of hope in the dark clouds clearing.
그는 어두운 구름이 걷히는 것을 희망의 징후로 보았다.

회독 □□□□□

1237 **sink**
[siŋk]

[명] 싱크대 [동] 가라앉다, 침몰시키다

She watched the sunset sink below the horizon.
그녀는 일몰이 지평선 아래로 가라앉는 것을 지켜보았다.

1238 **slaughter**
[slɔ́:tər]

[명] 도살, 학살 [동] 도살하다, 학살하다

The farmer took his livestock to the abattoir for slaughter.
농부는 가축을 도축장으로 데려가 도살했다.

1239 **smash**
[smæʃ]

[명] 충돌 사고 [동] 박살내다, 부딪치다

The car smashed into a tree after skidding on the icy road.
차는 얼음길에서 미끄러진 후 나무에 부딪혔다.

1240 **subordinate**
[səbɔ́:rdənət]

[명] 부하, 하급자 [형] 하급의, 종속된, 부차적인

He gave orders to his subordinates.
그는 부하 직원들에게 지시를 내렸다.

1241 **sniff**
[snif]

[명] 킁킁거림 [동] 코를 훌쩍이다, 킁킁거리다, 냄새를 맡다

The dog sniffed the ground searching for a scent.
개는 흙을 냄새 맡으며 흔적을 찾았다.

1242 **sort**
[sɔ:rt]

[명] 종류, 유형 [동] 분류하다, 구분하다

She likes to sort her books by genre on the shelves.
그녀는 책을 장르별로 분류해서 책장에 놓는 것을 좋아한다.

1243 **span**
[spæn]

[명] 한 뼘, 기간 [동] (기간에) 걸치다

The novel spans multiple generations, telling the story of a family over a century.
이 소설은 여러 세대에 걸쳐 하나의 가족 이야기를 전한다.

1244 **spark** [spaːrk]

명 스파크, 불꽃 동 촉발시키다, 유발하다

The economic downturn sparked protests and demonstrations across the country.
경제 침체는 전국적으로 항의와 시위를 촉발시켰다.

1245 **spill** [spil]

명 유출, 유출물 동 쏟다, 흘리다

Be careful not to spill the milk when you pour it into the glass.
유리잔에 따를 때 우유를 쏟지 않도록 조심하세요.

1246 **spite** [spait]

명 악의, 심술 동 괴롭히다

They're just trying to spite us for no reason.
그들은 아무 이유 없이 우리를 괴롭히려고 할 뿐이다.

1247 **split** [split]

명 틈, 분열 동 쪼개다, 분리시키다

The company split the department into two divisions for better efficiency.
회사는 더 나은 효율성을 위해 그 부서를 두 개의 부문으로 분리시켰다.

1248 **spot** [spat]

명 점, 얼룩 동 발견하다, 찾다

She noticed a small spot of paint on her sleeve.
그녀는 소매에 작은 페인트 얼룩을 발견했다.

1249 **squeeze** [skwiːz]

명 짜기, 압박, 축소 동 짜내다

He squeezed the toothpaste tube to get the last bit out.
그는 마지막 조금 남은 치약을 짜내기 위해 치약 튜브를 조여 사용했다.

1250 **stack** [stæk]

명 더미, 무더기 동 쌓아올리다

He stacked the books neatly on the shelf.
그는 책들을 깔끔하게 책장에 쌓아올렸다.

DAY 25 REVIEW & LEVEL-UP TEST

■ 괄호 안에 알맞은 단어를 고르시오.

01 The coast guard launched a [rescue / rest] operation to save the sailors stranded at sea.

02 The soccer fans started a [riot / screw] after their team lost the championship match.

03 A single mistake can [seal / ruin] a carefully built reputation.

■ 다음 빈칸에 문맥상 적절한 단어를 고르시오.

• separate	• spill	• shame

04 He brought ________ upon his family by getting involved in illegal activities.

05 Please ________ the recyclables from the regular trash.

06 Be careful not to ________ your coffee on the carpet.

■ 다음 빈칸에 적절한 뜻을 쓰시오.

07 The police decided to <u>release</u> the suspect due to lack of evidence.
경찰은 증거 부족으로 인해 용의자를 ________ 결정했다.

08 The detective uncovered a complex criminal <u>scheme</u> involving money laundering and identity theft.
형사는 자금 세탁과 신분 도용을 포함한 복잡한 범죄 ________을 밝혀냈다.

09 The <u>slaughter</u> of innocent civilians shocked the entire nation.
무고한 민간인들의 ________은 전국을 충격에 빠뜨렸다.

[해석 ☞ 네이버 카페 '진가영 영어 연구소'에서 확인] 

정답

01 rescue	**02** riot	**03** ruin	**04** shame	**05** separate
06 spill	**07** 석방하기로	**08** 계획	**09** 학살	

DAY 26 PREVIEW & DIAGNOSIS TEST

01	stain	26	treasure
02	stamp	27	treat
03	stare	28	trick
04	stick	29	trigger
05	still	30	trim
06	stir	31	trouble
07	stitch	32	trouser
08	strain	33	tune
09	stream	34	twist
10	strike	35	uniform
11	string	36	upset
12	struggle	37	utter
13	suit	38	venture
14	survey	39	virgin
15	swallow	40	vote
16	sweep	41	voyage
17	swing	42	warrant
18	switch	43	whisper
19	tap	44	wire
20	tear	45	witness
21	tense	46	worship
22	thrill	47	worth
23	torture	48	wonder
24	trade	49	wound
25	transport	50	wreck

[정답 ☞ 네이버 카페 '진가영 영어 연구소'에서 확인]

회독 □□□□□

1251 **stain**
[stein]

㉧ 얼룩 ㉩ 얼룩지다

She accidentally spilled wine on the carpet, leaving a noticeable stain.
그녀는 실수로 카펫에 와인을 쏟아, 눈에 띄는 얼룩을 남겼다.

1252 **stamp**
[stæmp]

㉧ 우표, 도장 ㉩ 발을 구르다, 찍다

He put a stamp on the envelope before dropping it into the mailbox.
그는 우편함에 넣기 전에 편지 봉투에 우표를 붙였다.

1253 **stare**
[stɛər]

㉧ 응시 ㉩ 응시하다, 빤히 쳐다보다

When she entered the room, everyone stared at her.
그녀가 방에 들어오자 모든 사람이 그녀를 빤히 쳐다보았다.

1254 **stick**
[stik]

㉧ 채, 스틱, 나뭇가지 ㉩ 붙이다, 찌르다

The mud stuck to his shoes after walking through the wet grass.
그는 젖은 풀을 걸어서 신발에 진흙이 붙었다.

1255 **still**
[stil]

㉧ 고요한 ㉥ 아직, 훨씬, 그런데도

She is still waiting for his call.
그녀는 그의 전화를 아직 기다리고 있다.

1256 **stir**
[stəːr]

㉧ 충격, 섞기 ㉩ 젓다, 섞다

Simply pour hot water into the soup and stir.
뜨거운 물을 국물에 붓고 저어주기만 하면 된다.

1257 **stitch**
[stiʧ]

㉧ 바늘 한 땀, 뜨개질 한 코 ㉩ 꿰매다

She used a needle and thread to stitch a button onto her shirt.
그녀는 바늘과 실을 사용해 셔츠에 단추를 꿰맸다.

1258 **strain**
[strein]

㉧ 긴장, 중압 ㉩ 잡아당기다, 혹사하다

Despite the strain, he managed to deliver a flawless performance on stage.
긴장에도 불구하고, 그는 무대에서 완벽한 공연을 했다.

1259 **stream** [striːm]

㉮ 흐름, 개울 ㉯ 줄줄 흐르다, 줄줄이 이동하다

Tears streamed down his face.
그의 얼굴을 타고 눈물이 줄줄 흘렀다.

1260 **strike** [straik]

㉮ 파업, 타격 ㉯ 치다, 때리다

The boxer delivered a powerful strike to his opponent's jaw.
복싱 선수는 상대방의 턱에 강력한 타격을 가했다.

1261 **string** [striŋ]

㉮ 끈, 줄 ㉯ 묶다, 매달다

The violinist carefully tuned each string before the concert.
바이올리니스트는 콘서트 전 각 줄을 신중하게 조정했다.

1262 **struggle** [strʌgl]

㉮ 투쟁, 분투 ㉯ 고군분투하다

The child struggled to tie his shoes for the first time.
어린 아이는 처음으로 신발 끈을 묶는 데 고군분투했다.

1263 **suit** [suːt]

㉮ 슈트, 의복, 소송 ㉯ 맞다, 적합하다

The role in the play suits her personality perfectly.
연극에서의 그 역할이 그녀의 성격과 완벽하게 맞는다.

1264 **survey** [sərvéi]

㉮ 조사 ㉯ 살피다, 조사하다

We need to survey the damage caused by the storm.
우리는 폭풍이 초래한 피해를 조사해야 한다.

1265 **swallow** [swɑ́lou]

㉮ 제비 ㉯ 삼키다

The bird caught a fish and swallowed it whole.
그 새는 물고기를 잡아서 통째로 삼켰다.

회독 □□□□□

1266 **sweep**
[swi:p]

명 쓸기, 털기 동 쓸다, 털다

She used a broom to sweep the floor clean.
그녀는 바닥을 깨끗하게 쓸기 위해 빗자루를 사용했다.

1267 **swing**
[swiŋ]

명 흔들기, 변화 동 흔들다, 흔들리다

The pendulum swung back and forth in the clock tower.
시계 추는 시계탑에서 왔다 갔다 흔들렸다.

1268 **switch**
[switʃ]

명 스위치 동 전환되다, 바뀌다

He decided to switch jobs to pursue a new career path.
그는 새로운 경력을 쫓기 위해 직장을 바꾸기로 결정했다.

1269 **tap**
[tæp]

명 수도꼭지 동 톡톡 두드리다

She turned on the tap to fill the glass with water.
그녀는 물을 따르기 위해 수도꼭지를 열었다.

1270 **tear**
[tiər]

명 눈물 동 찢다

She tore up the letter after reading it.
그녀는 그 편지를 읽고 나서 찢어버렸다.

1271 **tense**
[tens]

명 시제 형 긴장한

The political situation in the country remains tense.
그 나라의 정치 상황은 여전히 긴장 상태에 있다.

1272 **thrill**
[θril]

명 전율, 스릴 동 열광시키다, 신나게 만들다

The crowd was thrilled by the singer's powerful voice.
관객들은 가수의 강렬한 목소리에 열광했다.

1273 **torture** [tɔ́:rtʃər]

명 고문 동 고문하다

The relentless heat felt like torture during the summer months.
여름 동안 끊임없는 더위는 고문과 같았다.

1274 **trade** [treid]

명 거래, 교역 동 거래하다

The shopkeeper trades goods from all over the world.
그 가게 주인은 전 세계에서 온 상품을 거래한다.

1275 **transport** [trænspɔ́:rt]

명 수송, 운송 동 수송하다

The goods must have been damaged in transport.
그 상품은 운송 중에 파손되었을 것이다.

1276 **treasure** [tréʒər]

명 보물 동 대단히 소중히 여기다

The pirates searched the island for buried treasure.
해적들은 묻힌 보물을 찾아 섬을 뒤졌다.

1277 **treat** [tri:t]

명 특별한 것, 대접 동 대하다, 치료하다

Despite their differences, they always treat each other with respect and kindness.
그들은 서로의 차이를 불구하고 항상 예의와 친절로 대한다.

1278 **trick** [trik]

명 속임수 동 속이다

He fell for her trick and bought more than he had intended.
그는 그녀의 속임수에 넘어가 의도했던 것보다 더 많은 것을 샀다.

1279 **trigger** [trígər]

명 방아쇠, 계기 동 발사하다, 유발하다

The economic downturn triggered a series of layoffs at the company.
경제적 침체가 회사에서 일련의 해고를 유발했다.

회독 □□□□□

1280 **trim** [trim]

(명) 다듬기 (동) 다듬다, 손질하다

She decided to trim her hair to shoulder length for a fresh new look.

그녀는 새로운 모습을 위해 머리를 어깨 길이로 다듬기로 결정했다.

1281 **trouble** [trʌbl]

(명) 골칫거리, 문제 (동) 괴롭히다, 애 먹이다

He got into trouble with the law after being caught speeding multiple times.

그는 여러 차례의 과속 적발 후 법적 문제에 휘말렸다.

1282 **trouser** [tráuzər]

(형) 바지의 (동) 돈을 받다, 돈을 벌다

He wore a crisp white shirt with black trousers to the job interview.

그는 면접 때 흰색 청결한 셔츠에 검은색 바지를 입었다.

1283 **tune** [tjuːn]

(명) 곡조, 선율 (동) 조율하다, 조정하다

The mechanic adjusted the engine to ensure it was running smoothly and in tune.

정비공은 엔진을 조정하여 원활하게 작동되고 있는지 확인했다.

1284 **twist** [twist]

(명) 돌리기, 전환 (동) 구부리다, 비틀다

He suddenly grabbed my arm and twisted it.

그는 갑자기 내 팔을 잡고 비틀었다.

1285 **uniform** [júːnəfɔ̀ːrm]

(명) 제복, 유니폼 (형) 동일한, 불변의, 균등한

Employees who do the same work are justified in getting the uniform wages.

같은 일을 하는 직원은 동일한 임금을 받는 것이 정당하다.

1286 **upset** [ʌpset]

(형) 속상한 (동) 속상하게 하다

His remarks upset her, but she tried not to show it.

그의 발언으로 그녀는 속상했지만, 그것을 보이지 않으려 했다.

1287 **utter**
[ʌtər]

[형] 완전한, 순전한 [동] 소리를 내다, 말을 하다

He had an utter disregard for authority and rules.
그는 권위와 규칙을 완전히 무시했다.

1288 **venture**
[véntʃər]

[명] 모험, 벤처 [동] (위험을 무릅쓰고) 가다

They decided to venture into the unknown territory in search of new opportunities.
그들은 새로운 기회를 찾기 위해 알려지지 않은 지역으로 모험을 떠나기로 결정했다.

1289 **virgin**
[və́ːrdʒin]

[명] 처녀 [형] 동정의, 순결한

The story of the virgin bride was well-known.
순결한 신부의 이야기는 잘 알려져 있었다.

1290 **vote**
[vout]

[명] 투표 [동] 투표하다

I asked for a vote to decide where to go next.
다음에 갈 곳을 결정하기 위해 투표를 요청했다.

1291 **voyage**
[vɔ́iidʒ]

[명] 여행, 항해 [동] 여행하다, 항해하다

They embarked on a long voyage across the Atlantic Ocean to explore new lands.
그들은 새로운 땅을 탐험하기 위해 대서양을 가로질러 긴 항해를 시작했다.

1292 **warrant**
[wɔ́ːrənt]

[명] 보증, 영장 [동] 보증하다, 권한을 주다

The police obtained a search warrant to enter the suspect's home.
경찰은 용의자의 집에 들어가기 위해 수색 영장을 획득했다.

1293 **whisper**
[hwíspər]

[명] 속삭임 [동] 속삭이다, 귓속말하다

She leaned close to him and whispered a secret into his ear.
그녀는 그에게 가까이 다가가서 비밀을 속삭였다.

회독 □□□□□

1294 **wire** [waiər]

(명) 철사, 선 (동) 연결하다, 송금하다

She wired money to her family overseas to help with their medical expenses.

그녀는 해외에 있는 가족에게 의료 비용 지원을 위해 돈을 송금했다.

1295 **witness** [wítnis]

(명) 목격자 (동) 목격하다

She witnessed a beautiful sunset over the ocean during her vacation.

그녀는 휴가 중에 바다 위에서 아름다운 일몰을 목격했다.

1296 **worship** [wə́ːrʃip]

(명) 예배, 숭배 (동) 예배하다, 숭배하다

They gathered every Sunday morning to worship at the local church.

그들은 지역 교회에서 예배하기 위해 매주 일요일 아침에 모였다.

1297 **worth** [wəːrθ]

(명) 가치, 값어치 (형) ~의 가치가 있는

The antique vase was appraised at a worth of several thousand dollars.

그 고미술품 꽃병의 가치는 몇 천 달러로 평가되었다.

1298 **wonder** [wʌndər]

(명) 경탄, 경이 (동) 궁금해하다

My son wondered what life would be like on another planet.

내 아들은 다른 행성에서의 삶이 어떨지 궁금해 했다.

1299 **wound** [wuːnd]

(명) 상처, 부상 (동) 상처를 입히다

He suffered a deep wound on his leg from the accident.

그는 사고로 다리에 깊은 상처를 입었다.

1300 **wreck** [rek]

(명) 난파, 조난, 잔해 (동) 난파시키다, 조난시키다

There were still survivors in the wreck of the crashed plane.

추락한 비행기의 잔해 속에는 아직 생존자들이 있었다.

DAY 26 REVIEW & LEVEL-UP TEST

■ 괄호 안에 알맞은 단어를 고르시오.

01 Airplanes are used to [treat / transport] passengers over long distances quickly.

02 She fell for his [trick / trigger] and ended up losing a significant amount of money.

03 Citizens are encouraged to exercise their right to [voyage / vote] in the upcoming election.

■ 다음 빈칸에 문맥상 적절한 단어를 고르시오.

• swallow	• stamp	• tense

04 The post office issued a commemorative ________ to honor the famous scientist.

05 Children found it difficult to ________ because of the bitter taste of the medicine.

06 The atmosphere in the room became ________ as they waited for the results.

■ 다음 빈칸에 적절한 뜻을 쓰시오.

07 The workers decided to go on strike to protest against unfair labor practices.

노동자들은 불공정한 노동 관행에 반발하여 ________을 결정했다.

08 Please switch the TV to channel 3 to watch the news.

뉴스를 보기 위해 TV를 3번 채널로 ________ 주세요.

09 Be careful not to tear the wrapping paper when opening the gift.

선물을 여는 동안 포장지를 ________ 않도록 주의하세요.

[해석 ☞ 네이버 카페 '진가영 영어 연구소'에서 확인]

정답

01 transport	02 trick	03 vote	04 stamp	05 swallow
06 tense	07 파업	08 전환해	09 찢지	

DAY 27 PREVIEW & DIAGNOSIS TEST

01 in conjunction with ____________
02 in place of ____________
03 pervasive ____________
04 persuasive ____________
05 disastrous ____________
06 reputable ____________
07 empirical ____________
08 carry on ____________
09 passionate ____________
10 conspicuous ____________
11 passive ____________
12 inside out ____________
13 tentative ____________
14 compose ____________
15 publicize ____________
16 discern ____________
17 request ____________
18 disclose ____________
19 stand out ____________
20 overwhelmed ____________
21 depressed ____________
22 optimistic ____________
23 eligible ____________
24 complementary ____________
25 innovative ____________
26 let down ____________
27 indigenous ____________
28 contingent on(upon) ____________
29 from time to time ____________
30 in no time ____________
31 pleasant ____________
32 confirm ____________
33 clothes ____________
34 ongoing ____________
35 sensitive ____________
36 put up with ____________
37 revise ____________
38 affect ____________
39 take over ____________
40 take on ____________
41 take off ____________
42 take after ____________
43 enticing ____________
44 enhanced ____________
45 thrifty ____________
46 futile ____________
47 seize hold of ____________
48 unprecedented ____________
49 mediocre ____________
50 aloof ____________

[정답 ☞ 네이버 카페 '진가영 영어 연구소'에서 확인] 

1301 **in conjunction with**

~와 함께

This coupon cannot be used in conjunction with other coupons.
이 쿠폰은 다른 쿠폰과 함께 사용할 수 없다.
유 in combination with, along with

1302 **in place of**

~ 대신에

You can use milk in place of cream in this recipe.
이 요리법에서는 크림 대신에 우유를 써도 된다.
유 instead (of)

1303 **pervasive**
[pərvéisiv]

형 만연한, 어디에나 있는

This unconscious bias and racism is pervasive in our society.
이런 무의식적인 편견과 인종차별이 우리 사회에 만연해 있다.
유 widespread, prevalent, prevailing, ubiquitous, omnipresent

1304 **persuasive**
[pərswéisiv]

형 설득력 있는

I think a salesman must have a very persuasive way of talking.
난 판매원은 설득력 있는 대화술이 있어야 한다고 생각한다.
유 convincing, compelling, cogent

1305 **disastrous**
[dizǽstrəs]

형 비참한, 처참한

There was no hope of escape from her disastrous marriage.
그녀가 비참한 결혼 생활에서 벗어날 희망이 없었다.
유 terrible, tragic, devastating, calamitous, catastrophic

1306 **reputable**
[répjətəbəl]

형 평판이 좋은, 존경할 만한

Reputable hospitals are popular in the area.
평판이 좋은 병원은 그 지역에서 인기가 많다.
유 존경할 만한 respectable
cf refutable 논박할 수 있는

1307 **empirical**
[impírikəl]

형 경험적인, 실증적인

The study is based on empirical data.
그 연구는 실증적 자료에 기초하고 있다.

1308 **carry on**

계속하다

Carry on with your work while I'm away.
내가 없는 동안 일을 계속 하세요.
유 keep on, go on, continue

회독 □□□□□

1309 **passionate**
[pǽʃənit]

형 열정적인, 열렬한

He's also really passionate about the work.
그는 정말로 그 일에 열정적이다.
유 enthusiastic, eager, ardent, zealous, fervent

1310 **conspicuous**
[kənspíkjuəs]

형 눈에 잘 띄는, 뚜렷한

The advertisements were all posted in a conspicuous place.
그 광고는 모두 눈에 잘 띄는 곳에 붙여져 있었다.
유 obvious, clear, evident, apparent, noticeable, outstanding, salient, striking, remarkable, manifest

1311 **passive**
[pǽsiv]

형 수동적인, 소극적인

He played a passive role in the relationship without trying to change anything.
그는 어떤 것도 바꾸려고 하지 않은 채 그 관계에서 수동적인 역할을 했다.
유 inactive 반 active 활동적인

1312 **inside out**

뒤집어서, 안팎으로, 철저하게, 속속들이

Her teacher knows this place inside out.
그녀의 선생님이 이곳을 속속들이 알고 있어.
유 철저하게 thoroughly, completely, totally

1313 **tentative**
[ˈtentətɪv]

형 잠정적인, 시험적인, 망설이는

I have made tentative plans to take a trip to Seattle in July.
나는 7월에 시애틀 여행을 하기로 잠정적인 계획을 세워 놓았다.
유 잠정적인 provisional
시험적인 experimental

1314 **compose**
[kəmpóuz]

동 구성하다

Ten men compose the committee.
열 명의 남자들이 그 위원회를 구성하고 있다.
유 comprise, constitute, make up

1315 **publicize**
[pʌ́bləsàiz]

동 알리다, 광고하다

They flew to Europe to publicize the plight of the refugees.
그들은 난민들의 곤경을 널리 알리기 위해 유럽으로 날아갔다.
유 announce, broadcast, advertise, inform, notify

1316 **discern** [disə́ːr]

㊐ 식별하다, 분별하다, 알아보다, 인식하다

No one can discern the difference between the two.
아무도 둘의 차이점을 식별할 수가 없다.
유 식별하다, 분별하다 distinguish, differentiate, discriminate
알아보다, 인식하다 perceive, detect, make out

1317 **request** [rikwést]

명 요청, 신청, 요구 동 요청하다, 신청하다

He politely declined their request to join the committee.
그는 위원회에 참여하라는 그들의 요청을 공손하게 거절했다.

1318 **disclose** [disklóuz]

동 밝히다, 드러내다

She refused to disclose any details about the incident.
그녀는 그 사건에 대한 어떤 세부 사항도 밝히기를 거부했다.

1319 **stand out**

빼어나다, 눈에 띄다, 튀어나오다

Ms. West, the winner of the silver in the women's 1,500 m event, stood out through the race.
여자 1,500미터 경기에서 은메달을 딴 West씨는 경주 내내 눈에 띄었다.
유 be impressive

1320 **overwhelmed** [òuvərhwélm]

형 압도된

I was overwhelmed by the sheer quantity of information available.
나는 이용할 수 있는 정보의 양적 방대함에 압도되었다.
cf 압도적인 overwhelming

1321 **depressed** [diprést]

형 침체된, 낙담한

The more she thought about it, the more depressed she became.
그녀는 그것에 대해 생각을 할수록 점점 더 낙담하게 되었다.
유 dismal, despondent, dejected, discouraged

1322 **optimistic** [ɑ̀ptəmístik]

형 낙관적인

He was always optimistic and affected everyone he met in a positive way.
그는 항상 낙관적이었고 만나는 사람 모두에게 긍정적인 영향을 주었다.
유 sanguine 반 pessimistic 비관적인

회독 □□□□□

1323 **eligible** [élidʒəbl]

㉿ 적격의, 적임의

The student is eligible for the scholarship.
그 학생은 장학금을 받을 자격이 있다.

1324 **complementary** [kàmpləméntəri]

㉿ 상호 보완적인

The school's approach must be complementary to that of the parents.
학교의 접근법이 학부모들의 접근법과 상호 보완적이어야 한다.
유 reciprocal, interdependent

1325 **innovative** [ínouvèitiv]

㉿ 혁신적인

It is really exciting to be the first to try out new and innovative technology.
새롭고 혁신적인 기술을 맨 처음으로 시도해 본다는 것은 정말로 신나는 일이다.

1326 **let down**

실망시키다

He promised he wouldn't let his team down during the match.
그는 그 경기 중에 팀에 실망시키지 않겠다고 약속했다.
유 disappoint, discourage

1327 **indigenous** [indídʒənəs]

㉿ 원산의, 토착의

The indigenous medical traditions in the area make extensive use of plants.
그 지역의 토착 의학 전통은 식물을 다방면에 걸쳐 이용한다.
유 native, aboriginal
cf ingenious 독창적인

1328 **contingent on (upon)**

~여하에 달린

His success is contingent on his perseverance.
그의 성공은 인내 여부에 달려 있다.
유 dependent on

1329 **from time to time**

때때로, 가끔

She has to work at weekends from time to time.
그녀는 가끔 주말에 일을 해야 한다.
유 occasionally, sometimes, at times, now and then, once in a while

1330 **in no time**

즉시, 당장

The kids will be leaving home in no time.
아이들은 당장 집을 떠날 것이다.
유 at once, immediately, instantly

1331 **pleasant**
['pleznt]

형 즐거운, 기분이 좋은

It was pleasant to be alone again.
다시 혼자가 되니 즐거웠다.
유 pleasing, pleasurable, enjoyable, agreeable, delightful

1332 **confirm**
[kənfə́:rm]

동 확인하다, 확증하다

Please write to confirm your reservation.
서면으로 예약을 확인해 주세요.
유 corroborate, validate, verify, affirm

1333 **clothes**
[klouz]

명 옷, 의복

She packed her clothes for the weekend trip.
그녀는 주말 여행을 위해 옷을 싸다.
유 clothing, costume, dress, outfit, attire, apparel, garment

1334 **ongoing**
[a'ngouiŋ]

형 계속 진행 중인

Research into the behavioural patterns of abyssal fish is ongoing.
심해어의 행동 패턴에 대한 연구가 계속 진행 중이다.
유 continuing, in progress

1335 **sensitive**
[sénsətiv]

형 민감한, 섬세한

This is a sensitive topic, so be careful.
이것은 민감한 주제이니, 조심하세요.
cf sensory 감각의, 지각의

1336 **put up with**

동 참다, 견디다

At this company, we will not put up with such behavior.
이 회사에서, 우리는 그런 행동을 참지 않을 것이다.
유 tolerate, endure, bear, stand

회독 □□□□□

1337 **revise** [riváiz]

㊍ 개정하다, 정정[교정, 수정]하다

We wanted to revise our last order.
우리는 최근 주문 내용을 수정하고 싶었다.
유 바꾸다 change, alter, adjust, adapt, amend

1338 **affect** [əfékt]

㊍ 영향을 주다, 작용하다, 감염시키다

The new law will affect the local businesses.
새로운 법은 지역 사업에 영향을 미칠 것이다.

1339 **take over**

인수하다, 인계받다, 떠맡다

I'm going to take over his former position.
나는 그의 이전 직책을 인계받으려고 한다.
유 assume

1340 **take on**

떠맡다, 고용하다, 띠다

I can't take on any more work at the moment.
나는 지금 더 많은 일을 떠맡을 수 없다.
유 assume, undertake

1341 **take off**

이륙하다, 벗다, 쉬다, 빼다

The plane couldn't take off because of the heavy fog.
심한 안개로 비행기가 이륙할 수 없었다.

1342 **take after**

~을 닮다, ~을 쫓아가다[쫓아오다]

I take after mother more than father.
나는 아버지보다 어머니를 더 닮았다.
유 닮다 resemble

1343 **enticing** [intáisiŋ]

㊌ 유혹적인, 마음을 끄는

International cuisine would not be complete without its enticing selection of desserts.
국제적인 요리는 유혹적인 디저트 메뉴 없이 완성되지 않을 것이다.
유 attractive, seductive, tempting, alluring, appealing, fascinating

1344 **enhanced**
[inhǽnst]

㉻ 높인, 강화한

The government's ability to control the sea is being enhanced.
정부의 해상 통제 능력이 강화되고 있다.

1345 **thrifty**
[θrífti]

㉻ 절약[검약]하는

His thrifty habits helped him save enough to buy a new car.
그의 절약하는 습관 덕분에 새 차를 사는 데 충분한 금액을 모았다.
유 frugal, economical

1346 **futile**
[fjú:tl]

㉻ 헛된, 소용없는, 쓸모없는

Their efforts to revive him were futile.
그를 소생시키려는 그들의 노력은 소용이 없었다.
유 fruitless, useless, worthless, pointless, vain, sterile, of no use

1347 **seize hold of**

~을 붙잡다, 잡다

She seized hold of my hand.
그녀가 내 손을 붙잡았다.

1348 **unprecedented**
[ənpre'side,ntid]

㉻ 전례 없는, 비길 데 없는

We are now witnessing an unprecedented increase in violent crime.
지금 우리는 전례 없는 폭력 범죄의 증가를 목격하고 있다.
유 unsurpassed, unparalleled

1349 **mediocre**
[mì:dióukər]

㉻ 보통의, 평범한

Her school records are mediocre.
그녀의 학교 성적은 보통이다.
유 ordinary, common, commonplace, average

1350 **aloof**
[əlú:f]

㉻ 냉담한, 무관심한

She acts aloof toward people because she is very shy.
그녀는 수줍음을 많이 타기 때문에 사람들에게 냉담한 태도를 취한다.
유 apathetic, callous, indifferent, uninterested, nonchalant

DAY 27 REVIEW & LEVEL-UP TEST

■ 괄호 안에 알맞은 단어를 고르시오.

01 Her [disastrous / persuasive] arguments convinced the board to approve the new project.

02 The restaurant is known for its [tentative / reputable] service and excellent food.

03 He remained [thrifty / aloof] during the meeting, not engaging in the discussion.

■ 다음 빈칸에 문맥상 적절한 단어를 고르시오.

• futile	• let down	• in place of

04 They hired a temporary worker ________ the employee who was on leave.

05 The team's poor performance in the final match ________ their fans.

06 When the event was abruptly canceled, months of efforts for the event became ________.

■ 다음 빈칸에 적절한 뜻을 쓰시오.

07 The influence of social media is <u>pervasive</u> in modern society.
소셜 미디어의 영향력은 현대 사회에서 ________ 있다.

08 It was a <u>pleasant</u> surprise to receive a handwritten letter from him.
그에게서 손으로 쓴 편지를 받아 ________.

09 The engineer needs to <u>revise</u> the design to improve its efficiency.
그 엔지니어는 효율성을 높이기 위해 설계를 ________ 한다.

[해석 ☞ 네이버 카페 '진가영 영어 연구소'에서 확인] 

01 persuasive	**02** reputable	**03** aloof	**04** in place of	**05** let down
06 futile	**07** 만연해	**08** 기분이 좋았다	**09** 수정해야	

DAY 28 PREVIEW & DIAGNOSIS TEST

01 unpretentious
02 get on
03 hit upon
04 meticulous
05 punctually
06 hesitant
07 periodically
08 brush up on
09 pore over
10 standard
11 discard
12 chronological
13 aggravate
14 meditate
15 facilitate
16 lenient
17 honest
18 take down
19 review
20 pose
21 debatable
22 reconcilable
23 augmentative
24 contradictory
25 make up
26 make over
27 make out
28 make up for
29 regardless of
30 with regard to
31 to the detriment of
32 detriment
33 exclusive
34 impatient
35 reserved
36 dominate
37 insolvent
38 distracted
39 tranquility
40 extinction
41 depression
42 caution
43 fix
44 complication
45 call for
46 pick up
47 turn down
48 apprehend
49 encompass
50 insulate

[정답 ☞ 네이버 카페 '진가영 영어 연구소'에서 확인]

회독 □□□□□

1351 **unpretentious** [ə,nprite'nʃəs]

ⓗ 가식 없는, 잘난 체하지 않는

In common repute, he is unpretentious.
사람들이 평하기로는, 그는 잘난 체 하지 않는다.
유 modest, unassuming 반 pretentious 과시적인

1352 **get on**

~에 타다

He quickly got on the bus before it left.
그는 버스가 떠나기 전에 재빨리 탔다.

1353 **hit upon**

~을 (우연히) 생각해내다

He hit upon the perfect title for her new novel.
그는 그녀의 새 소설의 완벽한 제목을 생각해 냈다.
유 discover

1354 **meticulous** [mətíkjələs]

ⓗ 신중한, 세심한, 꼼꼼한

She is considered a meticulous person.
그녀는 세심한 사람으로 간주된다.
유 careful, fastidious, thorough, scrupulous, punctilious

1355 **punctually** [pʌŋktʃuəli]

ⓟ 시간대로, 정각에

The meeting began punctually at 10.
회의는 10시 정각에 시작되었다.
유 on time

1356 **hesitant** [hézətənt]

ⓗ 주저하는, 망설이는, 머뭇거리는

She's hesitant about signing the contract.
그녀는 그 계약서에 서명하기를 망설이고 있다.
유 reluctant, indecisive, in two minds

1357 **periodically** [pìəriádikəli]

ⓟ 정기[주기]적으로

These factories are periodically inspected by government officials.
이들 공장은 정부 공무원이 정기적으로 시찰한다.

1358 **brush up on**

~을 복습하다

He should brush up on his legal knowledge.
그는 그의 법적 지식을 복습해야 한다.
유 review, go over

1359 **pore over**

~을 자세히 보다, ~을 조사하다

I was told to let Jim pore over computer printouts.
나는 Jim이 컴퓨터 인쇄물을 자세히 보도록 하라는 말을 들었다.

유 examine, inspect, investigate, scrutinize, go over, look into, delve into, probe into

1360 **standard**
[stǽndərd]

명 기준, 수준 형 일반적인, 보통의

The company adheres to strict quality standards for its products.
그 회사는 제품에 엄격한 품질 기준을 준수한다.

1361 **discard**
[diskɑ́ːrd]

동 버리다, 폐기하다

Discard any foods that have come into contact with flood waters.
홍수로 인한 물에 접촉한 음식은 어떤 것이라도 폐기하십시오.

유 abandon, relinquish, dispose of, dispense with, do away with, throw away, get rid of

1362 **chronological**
[kra,nəla'dʒikəl]

명 연대순의, 발생[시간] 순서대로 된

The events in the history book are presented in chronological order.
역사 책에서 사건들은 연대순으로 제시됩니다.

1363 **aggravate**
[ǽgrəvèit]

동 악화시키다, 화나게 하다

Military intervention will only aggravate the conflict even further.
군사적 개입은 그 갈등을 훨씬 더 악화시킬 뿐이다.

유 exasperate, exacerbate
악화시키다 worsen, make worse

1364 **meditate**
[médətèit]

동 명상하다, 숙고하다

Meditate your way to less stress and better grades.
스트레스를 덜 받고 더 나은 점수를 받기 위해서 명상을 해라.

유 contemplate, ponder

1365 **facilitate**
[fəsílətèit]

동 가능하게[용이하게] 하다, 촉진[조장]하다

The new trade agreement should facilitate more rapid economic growth.
새로운 무역 협정은 더 빠른 경제 성장을 가능하게 할 것이다.

유 expedite, accelerate, precipitate

회독 □□□□□

1366 **lenient**
[lí:niənt]

[형] 관대한

The judge was far too lenient with him.
판사가 그에게 너무 관대했다.
[유] generous, merciful, magnanimous

1367 **honest**
[ɑ́nist]

[형] 정직한, 솔직한

She always gives honest opinions about everything.
그녀는 항상 모든 것에 대해 솔직한 의견을 준다.

1368 **take down**

내리다, 무너뜨리다, 적어 두다

Take down the list of medicines now.
이제 약 목록을 받아 적으세요.
[유] 적어 두다 jot down, put down, note down, write down

1369 **review**
[rivjú:]

[동] 재검토하다, 복습하다

The president reviewed the project he'd suggested.
사장은 그가 제안했던 프로젝트를 재검토했다.
[유] 복습하다 brush up on

1370 **pose**
[pouz]

[명] 자세 [동] (문제 등을) 제기하다

She posed for a photograph with her family at the beach.
그녀는 해변에서 가족과 함께 사진을 찍기 위해 자세를 취했다.
[유] 제기하다 raise, bring up

1371 **debatable**
[dɪ'beɪtəbl]

[형] 논란[논쟁]의 여지가 있는

It is debatable whether nuclear weapons actually prevent war.
핵무기가 실제로 전쟁을 막을 것인지에 대해서는 논란의 여지가 있다.
[유] controversial, arguable

1372 **reconcilable**
[rékənsàiləbl]

[형] 화해[조정]할 수 있는, 조화[일치]시킬 수 있는

I presume that those answers are reconcilable.
내가 추측컨데 그 대답들은 조정할 수 있다.
[유] compatible, consistent, congruous, congruent

1373 **augmentative** [ɔːgméntətiv]

형 증가[확대]하는

The team implemented augmentative techniques to enhance productivity.
팀은 생산성을 향상시키기 위해 증가 기술을 도입했다.

1374 **contradictory** [kɑ̀ntrədíktəri]

형 모순되는

The advice I received was often contradictory.
내가 받는 충고는 흔히 모순적이었다.
유 conflicting, incompatible

1375 **make up**

화장하다, 꾸며내다, 구성하다, 화해하다

When children quarrel, they soon make up.
아이들은 싸움하면, 곧 화해한다.

1376 **make over**

~을 양도하다, ~을 고치다

He made over the property to his eldest son.
그는 재산을 장남에게 양도했다.

1377 **make out**

~을 이해하다, ~을 알아보다

I could just make out a figure in the darkness.
난 어둠 속에서 어떤 형체가 있다는 것만 간신히 알아볼 수 있었다.

1378 **make up for**

보상하다, 벌충[만회]하다

She tried to make up for her shabby treatment of him.
그녀는 그를 부당하게 대한 것을 보상해 주려고 했다.
유 compensate for, reimburse

1379 **regardless of**

~에 상관없이

Everyone has the right to good medical care regardless of their ability to pay.
모든 사람은 치료비 지불 능력에 상관없이 좋은 치료를 받을 권리가 있다.
유 irrespective of, without regard to

회독 □□□□□

1380 **with regard to**

~에 관하여

Don't worry about it with regard to its cost.
그것의 가격에 관해서는 걱정하지 마라.
유 regarding, concerning, when it comes to, with respect to, as to, as for, in terms of

1381 **on behalf of**

~을 대신하여, ~을 대표하여

On behalf of the department I would like to thank you all.
부서를 대표하여 여러분 모두에게 감사를 드리고 싶습니다.

1382 **detriment**
[détrəmənt]

명 상해, 손상, 손해

He wants to live long without detriment to his health.
그는 자신의 건강을 손상하지 않고 오래 살고 싶어한다.

1383 **exclusive**
[iksklúːsiv]

형 독점적인, 배타적인

Students have complained about the exclusive rooms.
학생들은 독점적인 특별실에 대해 불평했다.

1384 **impatient**
[impéiʃənt]

형 참을성 없는, 조급한

As time went on he grew more and more impatient.
시간이 흐를수록 그는 더욱 더 조급해졌다.

1385 **reserved**
[rɪ'zɜːrvd]

형 내성적인, 과묵한, 보류된, 예약된

She's quiet and reserved, not a demonstrative person.
그 여자는 조용하고 내성적인 사람이지, 감정을 드러내는 사람이 아니다.
유 과묵한 uncommunicative, mute, taciturn, reticent

1386 **dominate**
[dάmənèit]

동 지배하다, 통치하다

In the future, the Oriental style of design will dominate the world.
미래에는 동양적인 스타일의 디자인이 세계를 지배할 것이다.
유 govern, control

1387 **insolvent** [insάlvənt]

㉻ 파산한

The company has been declared insolvent.
그 회사는 파산 선고를 받았다.
유 broke, bankrupt

1388 **distracted** [dɪ'stræktɪd]

㉻ (정신이) 산만해진, 마음이 산란한

It's easy to be distracted and let your attention wander.
신경이 흐트러져 주의력이 산만해지기가 쉽다.
유 distraction 주의산만, 오락

1389 **tranquility** ['træŋkwɪləti]

㉧ 고요, 평온

You can add refinement and tranquility to your residence.
여러분의 주택에 우아함과 평온함을 더 할 수 있을 것입니다.

1390 **extinction** [ɪk'stɪŋkʃn]

㉧ 멸종, 소화(消火), 소등

The society was set up to preserve endangered species from extinction.
그 협회는 멸종 위기에 처한 종들이 멸종되지 않도록 보호하기 위해 결성되었다.
유 멸종 extermination, annihilation

1391 **depression** [dipréʃən]

㉧ 우울함, 불경기

Many unemployed people experience feelings of isolation and depression.
많은 실업자들이 고립감과 우울증을 겪는다.
유 불경기 recession, stagnation

1392 **caution** [kɔ́:ʃən]

㉧ 경고, 조심, 주의 ㉯ ~에게 경고하다, 주의를 주다

The situation is dangerous and the UN is urging caution.
상황이 위험하여 유엔이 강력히 주의를 권고하고 있다.
유 경고 warning

1393 **fix** [fiks]

㉧ 해결책 ㉯ 고정하다, 수리하다

To fix his car, he needs a new gadget.
차를 수리하려면 그는 새로운 부품이 필요하다.
유 수리하다 mend, repair, remedy, patch up, put right

회독 □□□□□

1394 **complication** [kὰmpləkéiʃən]

명 문제, 합병증

Permanent blindness can be a complication of fungal infections.
영구적인 실명은 곰팡이 감염의 합병증일 수 있다.

1395 **call for**

요청하다, 요구하다

A police officer saw a robbery happening and called for back-up.
한 경관이 강도를 목격하고 지원을 요청했다.
유 require, request, demand

1396 **pick up**

다시 시작하다, 회복하다, 정리하다[치우다], 집다, 사다, 알게 되다, 태워주다, 체포하다

The monorail has stopped to pick up passengers.
모노레일이 승객들을 태우려고 정차했다.

1397 **turn down**

거절하다, (소리 · 온도 등을) 낮추다

The purpose of this letter is to turn down an invitation.
이 편지의 목적은 초대를 거절하기 위한 것이다.
유 거절하다 reject, refuse, decline

1398 **apprehend** [æprihénd]

동 이해하다, 체포하다, 염려하다

Its aesthetic significance seems to be very difficult to apprehend.
그것의 미적 의미는 이해하기 매우 어려워 보인다.

1399 **encompass** [inkʌ́mpəs]

동 포함하다, 에워싸다

Our financial support should encompass the whole sector.
우리의 재정 지원은 모든 영역을 포함해야만 한다.
유 포함하다 include, involve
에워싸다 surround, enclose

1400 **insulate** [ínsəlèit]

동 절연[단열, 방음]하다, 분리[격리]하다

I insulated a wire with a rubber tube.
나는 전선을 고무 피복으로 절연하였다.
유 분리[격리]하다 isolate, seclude, separate, segregate

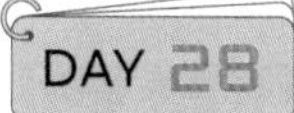

DAY 28 REVIEW & LEVEL-UP TEST

■ 괄호 안에 알맞은 단어를 고르시오.

01 He acts [augmentative / unpretentious] despite his high status.

02 She decided to [dominate / discard] the old clothes she no longer wore.

03 He sought therapy to cope with his [extinction / depression] after experiencing a series of setbacks.

■ 다음 빈칸에 문맥상 적절한 단어를 고르시오.

• distracted	• impatient	• brush up on

04 I need to ________ my French before my trip to Paris.

05 He grew ________ as the deadline approached.

06 She couldn't focus on her work because she was too ________ by the noisy construction outside.

■ 다음 빈칸에 적절한 뜻을 쓰시오.

07 He kept meticulous records of all his expenses.
그는 모든 지출에 대해 ________ 기록을 남겼다.

08 The effectiveness of this new drug is debatable among medical experts.
이 새로운 약의 효과에 대해서는 의학 전문가들 사이에서 ________.

09 The politician's promises before the election were contradictory to his actions after taking office.
선거 전에 정치인의 약속들은 그가 취임한 후의 행동과 ________.

[해석 ☞ 네이버 카페 '진가영 영어 연구소'에서 확인]

정답

01 unpretentious **02** discard **03** depression **04** brush up on **05** impatient
06 distracted **07** 꼼꼼하게 **08** 논란의 여지가 있다 **09** 모순되었다

DAY 28

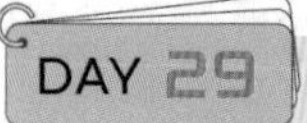

DAY 29 PREVIEW & DIAGNOSIS TEST

01 recyclable ____________
02 alleviate ____________
03 complement ____________
04 boast ____________
05 ban ____________
06 look after ____________
07 imitate ____________
08 exclude ____________
09 excavate ____________
10 pack ____________
11 erase ____________
12 sheer ____________
13 scary ____________
14 occasional ____________
15 manageable ____________
16 stabilize ____________
17 dump ____________
18 paramount ____________
19 particular ____________
20 confer ____________
21 ambitious ____________
22 intimidate ____________
23 deceptive ____________
24 make do with ____________
25 susceptible ____________
26 overlap ____________
27 equivalent ____________
28 associative ____________
29 turn into ____________
30 give up ____________
31 serve as ____________
32 depend on(upon) ____________
33 rule out ____________
34 trace ____________
35 equate ____________
36 provoke ____________
37 needy ____________
38 whole ____________
39 pacify ____________
40 tempt ____________
41 obsolete ____________
42 prevalent ____________
43 competent ____________
44 nimble ____________
45 distinctive ____________
46 impressive ____________
47 recessive ____________
48 offensive ____________
49 proficient ____________
50 sobriety ____________

[정답 ☞ 네이버 카페 '진가영 영어 연구소'에서 확인]

1401 **recyclable** [riːˈsaɪkləbl]

㉻ 재활용할 수 있는

One solution is to use paper bags because they are recyclable.
한 가지 해결책은 종이 가방을 사용하는 것인데 종이 가방은 재활용이 가능하기 때문이다.

1402 **alleviate** [əlíːvièit]

㉮ 완화시키다, 경감하다

A number of measures were taken to alleviate the problem.
그 문제를 완화하기 위해 많은 조치가 취해졌다.
유 reduce, ease, relieve, soothe, allay, assuage, pacify, placate, mitigate, mollify

1403 **complement** [kάmpləmənt]

㉮ 보완하다, 보충하다

The administration, legislation, and judicature systems complement one another.
행정, 입법, 사법 시스템은 서로를 보완한다.
유 supplement

1404 **boast** [boust]

㉮ 뽐내다, 자랑하다

She likes to boast about her achievements at work.
그녀는 직장에서의 성과를 자랑하기를 좋아한다.

1405 **ban** [bæn]

㉻ 금지 ㉮ 금(지)하다

The school banned students from using their phones during class.
학교는 학생들에게 수업 중 핸드폰 사용을 금지했다.

1406 **look after**

~을 돌보다, 보살피다

She is engaged as a nursemaid to look after the children.
그녀는 아이들을 돌보는 보모로 일한다.
유 take care of

1407 **imitate** [ímitèit]

㉮ 모방하다, 흉내 내다

No computer can imitate the complex functions of the human brain.
어떤 컴퓨터도 인간 두뇌의 복잡한 기능을 모방할 수 없다.
유 copy, mimic, emulate

1408 **exclude** [iksklúːd]

㉮ 제외하다, 배제하다

We cannot exclude the possibility of a recurrence of terrorist attacks.
우리는 또 다른 테러의 가능성을 배제할 수 없다.
유 preclude, rule out, factor out

회독 □□□□□

1409 **excavate**
[ékskəvèit]

㊍ 파다, 발굴하다

It takes a long time to excavate a wall painting.
벽화 한 점을 발굴하는 데는 많은 시간이 걸린다.
유 exhume, unearth, burrow, dig up, dig out

1410 **pack**
[pæk]

㊍ (짐을) 싸다, 포장하다

I told him fair and square to pack his bags.
나는 그에게 바로 대놓고 짐을 싸라고 했다.
반 unpack (꾸러미 · 짐을) 풀다

1411 **erase**
[iréis]

㊍ 지우다

She tried to erase the memory of that evening.
그녀는 그날 저녁의 기억을 지워 버리려고 애썼다.
유 delete, remove, obliterate, efface, expunge, eliminate, wipe out, cross out, scratch out

1412 **sheer**
[ʃiər]

㊎ 순전한, 순수한, 완전한

It was her sheer persistence that wore them down in the end.
결국 그들이 무너진 것은 그녀의 순전한 고집 때문이었다.
유 utter, pure, downright

1413 **scary**
[skɛ́əri]

㊎ 무서운, 겁많은

He told me a scary story last night.
그는 어젯밤 나에게 무서운 이야기를 했다.

1414 **occasional**
[əkéiʒənəl]

㊎ 가끔의, 때때로의

We all need an occasional escape from our boring routines.
우리는 모두 이따금씩 지루한 일과로부터의 탈출이 필요하다.

1415 **manageable**
[mǽnidʒəbl]

㊎ 관리할 수 있는

With proper planning, the project deadlines are manageable.
적절한 계획을 통해 프로젝트의 마감 기한을 관리할 수 있다.

1416 **stabilize**
[stéibəlàiz]

동 안정[고정]시키다

The government intervened to stabilize the won.
원화를 안정시키려고 정부가 개입했다.

1417 **dump**
[dʌmp]

명 폐기장 동 버리다

I decided to dump my old living room furniture.
오래된 거실 가구를 버리기로 결정했다.

1418 **paramount**
[pǽrəmàunt]

형 가장 중요한, 최고의

The paramount duty of the physician is to do no harm.
내과 의사의 가장 중요한 의무는 아무런 손해를 입히지 않는 것이다.
유 chief, supreme, prime, principal, foremost

1419 **particular**
[pərtíkjulər]

형 특정한, 특별한

She has a particular interest in ancient history.
그녀는 고대 역사에 특별한 관심을 가지고 있다.

1420 **confer**
[kənfə́ːr]

동 상의하다, 수여하다

He conferred with his lawyer before signing the contract.
그는 계약서에 서명하기 전에 변호사와 상의했다.

1421 **ambitious**
[æm'bɪʃəs]

형 대망을 품은, 야심[야망]을 가진

They were very ambitious for their children.
그들은 자녀들에 대해서 야심이 컸다.

1422 **intimidate**
[intímədèit]

동 겁을 주다, 위협하다

People with power should not intimidate weak people.
권력을 가진 사람들은 약자를 위협해서는 안 된다.
유 scare, threaten, browbeat, daunt, menace
cf intimate 친밀한, 사적인, 개인적인

회독 □□□□□

1423 **deceptive** [diséptiv]

㊌ 속이는, 기만적인, 현혹하는

Appearances can be deceptive, so be careful.
겉모습은 속일 수 있으니 조심하세요.

1424 **make do with**

~으로 임시변통하다, 때우다

I usually make do with bread and milk for breakfast.
나는 아침을 보통 빵과 우유로 때운다.
유 manage with

1425 **susceptible** [səséptəbəl]

㊌ 민감한, ~에 취약한

Some of these plants are more susceptible to frost damage than others.
이들 식물 중 일부는 다른 것들보다 서리 피해에 더 민감하다.
유 vulnerable, weak

1426 **overlap** ['əʊvəlæp]

㊍ 겹치다, 포개다

The shingles overlapped beautifully.
지붕 판자가 아름답게 겹쳐져 있었다.

1427 **equivalent** [ikwívələnt]

㊎ 대응물, 상당 어구 ㊌ 동등한, 상응하는

These two diamonds are equivalent in value.
이 두 개의 다이아몬드는 동등한 값어치를 지니고 있다.
유 대응물 counterpart

1428 **associative** [əsóuʃièitiv]

㊌ 연합의, 조합하는

The associative movement had now touched thousands of hearts in this country.
연합 운동은 이제 이 나라의 수천 명의 마음을 감동시켰다.

1429 **turn into**

~로 바뀌다[되다, 변하다]

But this behavior can turn into a bad habit.
하지만 이런 행동은 나쁜 습관으로 바뀔 수 있다.
유 convert into, transform into

1430 **give up**

포기하다, 그만두다

Hypnosis helped me give up smoking.
최면술이 내가 담배를 포기하는 것을 도와주었다.
유 abandon, renounce, relinquish, forgo

1431 **serve as**

~의 역할을 하다

His experience abroad served as a valuable asset.
그의 해외에서의 경험은 귀중한 자산으로서의 역할을 했다.

1432 **depend on (upon)**

~에 의존하다

Children greatly depend on their parents.
아이들은 부모에게 대단히 의존한다.
유 rely on, count on, hinge on, lean on, rest on, fall back on, turn to, look to, resort to

1433 **rule out**

제외시키다, 배제하다

There are some diseases your doctor will rule out before making a diagnosis.
당신의 의사가 진단을 내리기 전에 제외시킬 일부 질병들이 있다.
유 exclude, preclude, factor out

1434 **trace** [treis]

동 따라가다, 추적하다

Our efforts to trace him turned up nothing.
그를 추적하려는 우리의 노력은 아무것도 찾아 내지 못했다.
유 track down

1435 **equate** [ikwéit]

동 동일시하다

Some people equate education with exam success.
일부 사람들은 교육을 시험을 잘 치는 것과 동일시한다.

1436 **provoke** [prəvóuk]

동 화나게 하다, 유발하다, 선동하다

Dairy products may provoke allergic reactions in some people.
유제품은 일부 사람들에게 알레르기 반응을 유발할지도 모른다.
유 화나게 하다 irritate, infuriate, incense, enrage

회독 □□□□□

1437 **needy** [ní:di]

㉻ (경제적으로) 어려운, 궁핍한

His heart moved him to help the needy.
동정심에 이끌려 궁핍한 사람들을 도왔다.

유 poor, penniless, destitute, deprived, impoverished, indigent, impecunious

1438 **whole** [houl]

명 전체 ㉻ 전체의, 모든

She ate the whole pizza by herself.
그녀는 혼자서 피자 전체를 다 먹었다.

1439 **pacify** [pǽsəfài]

㉿ 달래다, 진정시키다

It was difficult for the police to pacify the angry crowd.
경찰이 성난 군중을 진정시키기란 힘든 일이었다.

유 allay, appease, assuage, calm (down), conciliate, soothe, placate, mollify, tranquilize

1440 **tempt** [tempt]

㉿ 유혹하다, 유도하다

The smell of freshly baked cookies tempted me to have one before dinner.
막 구운 쿠키의 향기가 저녁 전에 하나 먹게 유혹했다.

1441 **obsolete** [ˌɑ:bsəˈli:t]

㉻ 구식의, 쇠퇴한, 쓸모없는

With technological changes many traditional skills have become obsolete.
과학 기술 변화로 인해 많은 전통적 기능들이 쓸모가 없어 졌다.

유 outdated, outmoded, old-fashioned, out of fashion, out of date

1442 **prevalent** [prévələnt]

㉻ 널리 퍼져 있는, 유행하는

The use of smartphones is prevalent among teenagers.
스마트폰 사용은 청소년들 사이에서 널리 퍼져 있다.

유 widespread, pervasive, prevailing, ubiquitous, omnipresent

1443 **competent** [kɑ́mpətənt]

㉻ 유능한, 적임의

I heard that the new employee is competent in financial analysis.
그 신입 사원이 재무 분석에 유능하다고 들었다.

유 유능한 able, capable, proficient, adept, adroit, skilled, skillful
적임의 qualified, eligible

1444 **nimble**
['nɪmbl]

㉻ 빠른, 민첩한, 영리한

She played the guitar with nimble fingers.
그녀는 빠른 손놀림으로 기타를 연주한다.
유 빠른 speedy, quick

1445 **distinctive**
[dɪ'stɪŋktɪv]

㉻ 독특한, 특색이 있는

Some people have distinctive characteristics.
어떤 사람들은 독특한 성격을 가졌다.
유 characteristic

1446 **impressive**
[imprésiv]

㉻ 인상적인, 인상 깊은

The architecture of the ancient cathedral was very impressive.
고대 대성당의 건축은 아주 인상적이었다.

1447 **recessive**
[rɪ'sesɪv]

㉻ 열성(劣性)의, 퇴행[역행]의

While the dry type is recessive and found among Native American and Asian people.
반면 건조한 타입은 열성이고 북미 원주민(인디언)과 아시아인 중에서 발견된다.

1448 **offensive**
[əfénsiv]

㉻ 모욕적인, 불쾌한, 공격적인

His comments were considered highly offensive by many people.
그의 발언은 많은 사람들에게 매우 모욕적으로 여겨졌다.

1449 **proficient**
[prəfíʃənt]

㉻ 능숙한, 숙달된

There are many students in our class who are proficient in several languages.
우리 반에는 몇 개 국어에 능숙한 학생들이 많이 있다.
유 skilled, skillful, deft, adept, adroit, dexterous, capable, competent

1450 **sobriety**
[sə'braɪəti]

㉹ 취하지 않은 상태, 진지함, 금주

The solemnity of the occasion filled us with sobriety.
그 사건의 중대함이 우리를 진지하게 만들었다.
유 금주 temperance 진지함 seriousness

DAY 29 REVIEW & LEVEL-UP TEST

■ 괄호 안에 알맞은 단어를 고르시오.

01 Deep breathing exercises can help [alleviate / complement] stress and promote relaxation.

02 The team worked tirelessly to [excavate / exclude] the buried treasure hidden beneath the ancient ruins.

03 Make sure to separate [recyclable / associative] materials from the regular trash.

■ 다음 빈칸에 문맥상 적절한 단어를 고르시오.

• scary	• look after	• give up

04 The babysitter was hired to ________ the children while their parents went out for dinner.

05 Walking alone in the dark forest at night can be a ________ experience.

06 She decided to ________ smoking for the sake of her health.

■ 다음 빈칸에 적절한 뜻을 쓰시오.

07 She couldn't help but <u>boast</u> about her daughter's success.

그녀는 딸의 성공을 ________ 않을 수 없었다.

08 International efforts are needed to <u>stabilize</u> the political situation in the region.

지역의 정치 상황을 ________ 위해 국제적인 노력이 필요하다.

09 Safety is the <u>paramount</u> factor in all workplaces.

모든 직장에서 안전이 ________ 요소이다.

[해석 ☞ 네이버 카페 '진가영 영어 연구소'에서 확인] 

정답

01 alleviate **02** excavate **03** recyclable **04** look after **05** scary
06 give up **07** 자랑하지 **08** 안정시키기 **09** 가장 중요한

DAY 30

PREVIEW & DIAGNOSIS TEST

01 concern ______
02 drop by ______
03 abide by ______
04 fill up ______
05 in no way ______
06 view ______
07 anonymity ______
08 hospitality ______
09 disrespect ______
10 for good ______
11 respectful ______
12 profitability ______
13 predictability ______
14 feasibility ______
15 pain ______
16 antidote ______
17 cut back ______
18 keep up ______
19 hold back ______
20 stand for ______
21 stand up for ______
22 quarrel ______
23 pejorative ______
24 extrovert ______
25 redundant ______
26 cheerful ______
27 volunteer ______
28 curtail ______
29 inquiry ______
30 commotion ______
31 assert ______
32 spread ______
33 pompous ______
34 genuine ______
35 disparate ______
36 faulty ______
37 imperative ______
38 reasonable ______
39 various ______
40 nocturnal ______
41 eternal ______
42 humility ______
43 inextricably ______
44 transparent ______
45 memorable ______
46 servile ______
47 gregarious ______
48 avert ______
49 evoke ______
50 beneficial ______

[정답 ☞ 네이버 카페 '진가영 영어 연구소'에서 확인]

회독 □□□□□

1451 **concern**
[kənsə́ːrn]

명 관계, 관심, 걱정, 우려 동 관련된 것이다, ~를 걱정스럽게 만들다

The President's health was giving serious cause for concern.
대통령의 건강이 심각한 우려 요인이 되고 있었다.
cf be concerned with ~와 관련되어 있다,
be concerned about ~에 관해 걱정하다

1452 **drop by**

(잠깐) 들르다

I was supposed to drop by there the next day.
나는 다음날 그곳에 들르도록 되어 있었다.
유 stop by, come by, swing by

1453 **abide by**

준수하다, 지키다

You'll have to abide by the rules of the club.
당신은 클럽의 규칙을 지켜야 할 것이다.
유 accept, obey, observe, stick to, cling to, adhere to, conform to, comply with

1454 **fill up**

가득 채우다

I fill up the tank with gasoline about once a week.
나는 일주일에 한 번 정도씩 기름 탱크를 가득 채운다.
유 top up, replenish

1455 **in no way**

결코[조금도] ~ 않다

Transit expenses can in no way be negligible.
교통비도 결코 무시할 수 없다.

1456 **view**
[vjuː]

명 보기, 관점, 견해 동 보다, 간주하다

This view is irreconcilable with common sense.
이런 견해는 일반 상식과 양립하지 않는다.

1457 **anonymity**
[ӕnəníməti]

명 익명(성), 무명

He agreed to give an interview on condition of anonymity.
그는 익명을 조건으로 인터뷰에 응했다.
유 namelessness

1458 **hospitality**
[hὰspətǽləti]

명 환대, 후한 대접

We experienced the full measure of their hospitality.
우리는 그들의 환대를 충분히 받았다.

1459 **disrespect**
[dìsrispékt]

명 무례, 결례, 경멸

It is unacceptable to show disrespect towards elders in our culture.
우리 문화에서 어른들에게 무례를 보이는 것은 받아들일 수 없다.
유 경멸 contempt, disregard, disdain

1460 **for good**

영원히

The injury him out of footballry may keep for good.
그 부상은 그를 영원히 축구를 못 하게 할지도 모른다.
유 permanently, everlastingly, endlessly, eternally, forever

1461 **respectful**
[rispéktfəl]

공손한, 경의를 표하는

The students showed a respectful attitude during the ceremony.
학생들은 행사 중에 예의 바른 태도를 보였다.
cf respectable 존경할 만한, 훌륭한

1462 **profitability**
[|prɑ:fitəbl]

명 수익성

Thus, it shows that Korea's profitability stands highest currently.
그러므로, 한국의 수익성이 현재 가장 높다는 것을 보여주고 있습니다.

1463 **predictability**
[pridìktəbíləti]

명 예측 가능성

The issue of predictability is important.
예측 가능성의 사안은 중요하다.

1464 **feasibility**
[fi:zəbíliti]

명 (실행) 가능성

I doubt the feasibility of the plan.
나는 그 계획의 실행 가능성이 의심스럽다.

1465 **pain**
[pein]

명 아픔, 고통

I took an aspirin and the pain gradually subsided.
내가 아스피린을 한 알 먹었더니 고통이 서서히 가라앉았다.
유 suffering

회독 □□□□□

1466 **antidote** [ǽntidòut]

명 해독제, 해결책

The scientist discovered an antidote for the new strain of the virus.
과학자는 새로운 바이러스 변종에 대한 해독제를 발견했다.

1467 **cut back**

축소하다, 삭감하다

The state had to cut back on the university budget.
주(州) 정부는 대학 예산을 삭감해야 했다.
유 lower, reduce, decrease, diminish, lessen, shorten, curtail

1468 **keep up**

계속하다, 유지하다

She was unable to keep up the pretence that she loved him.
그녀는 계속 그를 사랑하는 척 할 수가 없었다.
유 keep up with ~에 뒤지지 않다

1469 **hold back**

저지하다, 억제하다, 참다

Quite a few people were unable to hold back their laughter.
상당히 많은 사람들이 웃음을 참을 수가 없었다.
유 restrain, curb

1470 **stand for**

~을 지지하다, ~을 나타내다, ~을 상징하다

The crown stands for royal dignity.
왕관은 왕의 위엄의 상징이다.
유 나타내다 represent
상징하다 symbolize

1471 **stand up for**

~을 지지하다, 옹호하다

You must stand up for your rights.
당신은 반드시 당신의 권리를 옹호해야 한다.
유 defend, support

1472 **quarrel** [kwɔ́:rəl]

명 말다툼, 언쟁 동 싸우다, 언쟁하다

They had a quarrel, but they're friends again now.
그들은 말다툼했지만 이제 다시 친구가 되었다.

1473 **pejorative**
[pidʒɔ́ːrətiv]

㉻ 경멸적인

There is nothing pejorative about that phrase.
그 문구에 경멸적인 의미는 없다.
유 derogatory, contemptuous

1474 **extrovert**
[ékstrouvə̀ːrt]

명 외향적인 사람 ㉻ 외향적인

He was an extrovert and always hung out with people.
그는 외향적이고 항상 사람들과 어울렸다.
반 introvert 내향적인, 내향적인 사람

1475 **redundant**
[ridʌ́ndənt]

㉻ 여분의, 과다한, 장황한, 불필요한

That's why I'm always looking for redundant farmsteads.
그것이 내가 항상 여분의 농장을 찾는 이유이다.
유 여분의, 과다한 surplus, superfluous, extra

1476 **cheerful**
[tʃíərfəl]

㉻ 기분 좋은, 쾌활한, 명랑한

He made a weak attempt to look cheerful.
그가 명랑한 척해 보이려고 약간 애를 썼다.
유 happy, merry, bright, glad, lively, joyful, exuberant, elated

1477 **volunteer**
[vɑ̀ləntíər]

명 지원자 동 자진하여 하다

We managed to scrape together eight volunteers.
우리는 어렵게 8명의 지원자를 모았다.

1478 **curtail**
[kəːrtéil]

동 줄이다, 축소하다, 삭감하다

She curtailed her social media usage.
그녀는 소셜 미디어 사용을 줄였다.
유 reduce, decrease, diminish, lessen, shorten, cut back

1479 **inquiry**
[inkwáiəri]

명 질문, 연구, 조사

I submitted an inquiry to the customer service department regarding my order status.
나는 주문 상태에 관한 문의를 고객 서비스 부서에 제출했다.

회독 □□□□□

1480 **commotion** [kəmóuʃən]

명 동요, 소란, 소동, 혼란

I heard a commotion and went to see what was happening.
나는 소란스러운 소리를 듣고 무슨 일인가 하고 나가 보았다.
유 chaos, confusion, disorder, turmoil, upheaval, uproar

1481 **assert** [əsə́:rt]

동 주장하다

He asserted his innocence.
그는 자기의 결백을 강력히 주장했다.

1482 **spread** [spred]

동 펼치다[펴다], 퍼뜨리다

Ga-yeoung spread the map out on the floor.
가영이가 지도를 바닥에다 펼쳤다.

1483 **pompous** [pάmpəs]

형 거만한, 젠체하는

He thought the pompous colleague was like a pain in the neck.
그는 그 거만한 동료가 마치 골칫거리 같다고 생각했다.
유 arrogant, haughty, condescending, pretentious, patronizing, presumptuous, supercilious

1484 **genuine** [dʒénjuin]

형 진짜의, 진품의, 진실한

They were trying to palm the table off as a genuine antique.
그들은 그 탁자를 진짜 골동품이라고 속이려 했다.
유 authentic, real

1485 **disparate** [díspərit, dispǽ-]

형 다른, 이질적인

The group consisted of disparate individuals with unique skills.
그 그룹은 독특한 기술을 가진 서로 다른 개인들로 구성되어 있었다.
유 different, dissimilar, unlike, heterogeneous

1486 **faulty** [fɔ́:lti]

형 결점[결함]이 있는, 불완전한

Faulty goods should be returned to the manufacturers.
결함이 있는 제품은 제조사로 반송해야 한다.
유 defective, damaged, flawed

1487 **imperative**
[impérətiv]

[형] 필수적인, 긴급한

Punctuality is imperative in your new job.
당신의 새 직장은 시간 엄수가 필수적이다.
[유] 필수적인 essential, crucial, critical, vital, indispensable
긴급한 urgent, pressing

1488 **reasonable**
[ríːzənəbəl]

[형] 합리적인, 타당한, 사리분별이 있는

He made us a reasonable offer for the car.
그가 우리에게 그 차에 대해 합리적인 제안을 했다.
[유] sensible, rational, logical

1489 **various**
[vɛ́əriəs]

[형] 다양한, 여러 가지의

He has collected stamps from various countries over the years.
그는 몇 년 동안 여러 가지의 우표를 수집해 왔다.

1490 **nocturnal**
[naktə́ːrnl]

[형] 밤의, 야행성의

Nocturnal animals sleep by day and hunt by night.
야행성 동물은 낮에 자고 밤에 사냥을 한다.

1491 **eternal**
[itə́ːrnəl]

[형] 영원한, 끊임없는

Even the richest man cannot buy eternal youth.
아무리 돈이 많아도 영원한 젊음은 살 수 없다.
[유] lasting, everlasting, enduring, permanent, perennial, perpetual

1492 **humility**
[hjuːˈmɪləti]

[명] 겸손

He needs the humility to accept that their way may be better.
그에게는 그들의 방식이 더 나을 수도 있다는 것을 받아들이는 겸손이 필요하다.
[유] modesty

1493 **inextricably**
[ˌɪnɪkˈstrɪkəbli]

[부] 불가분하게, 뗄 수 없게

Europe's foreign policy is inextricably linked with that of the US.
유럽의 외교 정책은 미국의 그것과 불가분한 관계를 갖는다.
[유] inseparably

회독 □□□□□

1494 **transparent**
[trænspéərənt]

형 투명한, 명료한

The insect's wings are almost transparent.
그 곤충의 날개는 거의 투명하다.
유 투명한 diaphanous, pellucid

1495 **memorable**
[mémərəbəl]

형 기억할 만한, 현저한, 잊을 수 없는

Her speech was memorable for its polemic rather than its substance.
그녀의 연설은 그 내용보다는 논쟁술로 더 기억할 만했다.
유 unforgettable

1496 **servile**
[sə́:rvil]

형 비굴한, 굽실거리는, 아부하는

The servile spirit still remains a part of them.
비굴한 정신은 그들의 일부로 여전히 남아 있다.
유 아부하는 obsequious, fawning

1497 **gregarious**
[grigéəriəs]

형 사교적인, 집단을 좋아하는

He has an outgoing and gregarious personality.
그는 외향적이고 사교적인 성격이다.
유 sociable

1498 **avert**
[əvə́:rt]

동 피하다, 막다, (눈 · 얼굴 등을) 돌리다

His attempt to avert suspicion was successful.
의심을 피하려는 그의 시도가 성공했다.
유 avoid, prevent, preclude, head off, ward off, stave off

1499 **evoke**
[ivóuk]

동 환기시키다, 불러일으키다, 떠올리게 하다

The music evoked memories of her school days.
그 음악은 그녀의 학창 시절의 추억을 불러일으켰다.
유 bring to mind, call to mind

1500 **beneficial**
[bènəfíʃəl]

형 유익한, 이익이 되는

Sunshine and moisture are beneficial to plants.
햇빛과 습기는 식물에 유익하다.
유 helpful, useful, advantageous, favourable, profitable, wholesome, of use, of benefit

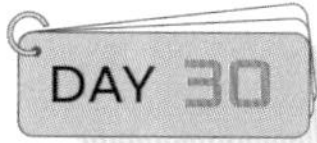

DAY 30 REVIEW & LEVEL-UP TEST

■ 괄호 안에 알맞은 단어를 고르시오.

01 The company's [predictability / profitability] increased significantly after implementing cost-cutting measures.

02 The doctor prescribed medication to alleviate the patient's chronic [pain / quarrel].

03 Avoid using [extrovert / pejorative] terms that perpetuate stereotypes and prejudice.

■ 다음 빈칸에 문맥상 적절한 단어를 고르시오.

• commotion	• anonymity	• genuine

04 The whistleblower requested ________ to protect their identity from retaliation.

05 The loud ________ outside woke up the entire neighborhood in the middle of the night.

06 The painting was authenticated as a ________ Picasso by art experts.

■ 다음 빈칸에 적절한 뜻을 쓰시오.

07 Due to financial difficulties, the company decided to cut back on employee benefits.
재정적 어려움으로 인해 회사는 직원 혜택을 ________ 결정했다.

08 The professor asserted that the theory had been thoroughly researched and proven.
교수는 그 이론이 철저히 연구되고 입증되었다고 ________.

09 Despite his success, he maintained a sense of humility and treated everyone with respect.
그는 성공에도 불구하고 ________을 유지하며 모든 사람을 존중했다.

[해석 ☞ 네이버 카페 '진가영 영어 연구소'에서 확인] 

DAY 30

정답

01 profitability	02 pain	03 pejorative	04 anonymity	05 commotion
06 genuine	07 축소하기로	08 주장했다	09 겸손	

DAY 31 PREVIEW & DIAGNOSIS TEST

01	rebellious	______	26	appease	______
02	sporadic	______	27	include	______
03	prodigal	______	28	communal	______
04	unstable	______	29	enlighten	______
05	motivation	______	30	recite	______
06	paucity	______	31	deforestation	______
07	solitary	______	32	comfort	______
08	antipathy	______	33	acclaim	______
09	dormant	______	34	voracious	______
10	alternative	______	35	industrious	______
11	order	______	36	competition	______
12	sacrifice	______	37	traffic	______
13	depict	______	38	merger	______
14	vulnerable	______	39	inspection	______
15	perceptible	______	40	considerable	______
16	persuade	______	41	solid	______
17	conduct	______	42	diffident	______
18	acknowledge	______	43	willing	______
19	squander	______	44	desirable	______
20	pond	______	45	bankrupt	______
21	reject	______	46	assimilate	______
22	notorious	______	47	bestow	______
23	obey	______	48	decipher	______
24	codify	______	49	curb	______
25	disparage	______	50	abstain	______

[정답 ☞ 네이버 카페 '진가영 영어 연구소'에서 확인]

1501 **rebellious**
[ribéljəs]

㊞ 반항적인, 반역하는

She has a hard time dealing with her rebellious teenage daughter.
그녀는 반항적인 십대의 딸을 다루는 데 애를 먹고 있다.
유 defiant, disobedient, resistant

1502 **sporadic**
[spərǽdik]

㊞ 산발적인, 때때로 일어나는

Sporadic gunfire continued throughout the night.
산발적인 총성이 밤새도록 이어졌다.
유 intermittent, scattered, occasional, irregular

1503 **prodigal**
[prάdigəl]

㊞ 낭비하는, 방탕한

Is it true that he has been prodigal with company funds?
그가 회사 자금을 낭비했다는 것이 사실이에요?
유 wasteful, lavish, extravagant, spendthrift

1504 **unstable**
[ʌn'steɪbl]

㊞ 불안정한, 변하기 쉬운

Despotocracy rose and public welfare became unstable.
폭군 통치가 일어나고 민생이 불안정해졌다.
유 불안정한 unsteady, precarious
변하기 쉬운 volatile, changeable, capricious, erratic, fickle

1505 **motivation**
[mòutəvéiʃən]

㊔ 자극, 동기부여

His poor grades are because of his lack of motivation.
그의 형편없는 점수는 동기부여의 결여 때문이다.

1506 **paucity**
[pɔ́:səti]

㊔ 결핍, 부족

There is a paucity of information on the ingredients of many cosmetics.
각종 화장품에 들어가는 원료에 관해서는 정보가 극히 부족하다.
유 lack, shortage, dearth, scarcity, deficiency

1507 **solitary**
[sάlitèri]

㊞ 혼자의, 고독한, 외로운

Adult male striped skunks are solitary during the summer.
다 자란 수컷 줄무늬스컹크들은 여름 동안 홀로 지낸다.
유 lone, lonely

1508 **antipathy**
[æntípəθi]

㊔ 반감, 싫어함

He felt a strong antipathy towards her new coworker.
그는 새로운 동료에게 강한 반감을 느꼈다.

회독 □□□□□

1509 **dormant**
[dɔ́ːrmənt]

ⓗ 잠자는, 활동하지 않고 있는

Observers say the volcano appears to be dormant.
관측자들에 따르면 화산이 활동하지 않는 것 같다고 한다.

유 잠자는 asleep
활동하지 않고 있는 inactive, inert

1510 **alternative**
[ɔːltə́ːrnəti]

ⓜ 대안, 양자택일

The only practicable alternative is to postpone the meeting.
실행 가능한 유일한 대안은 회의를 연기하는 것이다.

1511 **order**
[ɔ́ːrdər]

ⓜ 순서, 정리, 명령, 주문, 질서 ⓢ 정리하다, 명령하다, 주문하다

He gave the order to abandon ship.
그는 배를 포기하고 떠나라는 명령을 내렸다.

1512 **sacrifice**
[sǽkrəfàis]

ⓢ 희생하다

It's not easy to sacrifice oneself for others.
타인을 위해 자신을 희생하는 것은 쉽지 않다.

1513 **depict**
[dipíkt]

ⓢ 묘사하다, 그리다

The novel vividly depicts life in a bustling city during the 1920s.
이 소설은 1920년대의 번화한 도시 생활을 생생하게 묘사한다.

1514 **vulnerable**
[vʌ́lnərəbəl]

ⓗ 상처 입기 쉬운, 취약한

Young children are particularly vulnerable to food poisoning.
어린 아이들은 특히 식중독에 취약하다.

유 weak, susceptible

1515 **perceptible**
[pərséptəbəl]

ⓗ 감지[인지]할 수 있는

Infrared light is not perceptible to human eyes.
적외선은 사람 눈에는 감지되지 않는다.

1516 **persuade** [pərswéid]

㊀ 설득하다, 납득시키다

He successfully persuaded his boss to approve the project budget.
그는 성공적으로 상사를 설득하여 프로젝트 예산을 승인받았다.

1517 **conduct** [kάndʌkt]

㊂ 행동, 수행 ㊀ 지휘하다, 행동하다, 실시하다

He was accused of conduct unbecoming to an officer.
그는 장교에게 부적절한 행동을 했다고 비난을 받았다.

1518 **acknowledge** [æknάlidʒ]

㊀ 인정하다, 감사하다

She was quick to acknowledge her mistake and apologize.
그녀는 자신의 실수를 빨리 인정하고 사과했다.

1519 **squander** [skwάndər]

㊀ 낭비[허비]하다, 함부로 쓰다

Don't squander your money on useless things.
쓸데없는 데에 돈을 낭비하지 마라.
유 waste, fritter away

1520 **fond** [fand]

㊁ 좋아하는, 애정을 느끼는

The child is very fond of chocolate ice cream.
그 아이는 초콜릿 아이스크림을 매우 좋아한다.

1521 **reject** [ridʒékt]

㊀ 거부하다, 거절하다

They decided to reject the proposal due to budget constraints.
예산 제한으로 인해 그들은 제안을 거절하기로 결정했다.

1522 **notorious** [noutɔ́:riəs]

㊁ 악명 높은

The bar has become notorious as a meeting-place for drug dealers.
그 술집은 마약 판매상들의 합류 지점으로 악명 높게 되었다.
유 infamous 반 famous, well-known, celebrated, renowned

회독 □□□□□

1523 **obey**
[oubéi]

[동] 따르다, 복종하다

Drivers must obey traffic signals to ensure safety on the roads.
운전자들은 도로 안전을 위해 교통 신호를 따라야 한다.

1524 **codify**
[kάdəfài]

[동] 성문화하다

It is the first civil law which is codified.
이것은 성문화된 최초의 민법이다.

1525 **disparage**
[dispǽridʒ]

[동] 폄하하다, 얕보다, 헐뜯다

I don't mean to disparage your achievements.
당신의 업적을 폄하할 뜻은 없다.
[유] belittle, depreciate, put down, make light of

1526 **appease**
[əpíːz]

[동] 달래다, 진정시키다

The new law was designed to appease the concerns of farmers.
새로운 법은 농부들의 불안감을 달래주기 위한 것이었다.
[유] allay, assuage, calm (down), conciliate, soothe, placate, pacify, mollify, tranquilize

1527 **include**
[inklúːd]

[동] 포함하다, 포함시키다

The report includes the research findings.
보고서에는 연구 결과가 포함되어 있다.

1528 **communal**
[kəmjúːnəl]

[형] 공공의, 공동의

As a student he tried communal living for a few years.
그는 학생일 때 몇 년 동안 공동생활을 해 보았다.
[유] shared

1529 **enlighten**
[enláitn]

[동] 계몽하다, 가르치다, 이해시키다[깨우치다]

The documentary aims to enlighten the public on environmental issues.
그 다큐멘터리는 환경 문제에 대해 대중을 깨우치는 것을 목표로 한다.
[유] educate, instruct

1530 **recite** [risáit]

㊐ 암송[낭독]하다

Each child had to recite a poem to the class.
아이들 각자가 학급 학생들 앞에서 시를 낭독해야 했다.

1531 **deforestation** [diːfɔːristéiʃən]

㊔ 삼림 벌채, 산림 전용

Deforestation is a major cause of habitat loss for many species.
산림 파괴는 많은 종들의 서식지 손실의 주요 원인이다.

1532 **comfort** [kʌ́mfərt]

㊔ 위로, 위안 ㊐ 위로하다, 위안하다

If it's any comfort to you, I'm in the same situation.
이 말을 들으면 좀 위로가 될지 모르겠는데 나도 같은 상황에 처해 있어.
유 위로, 위안 consolation

1533 **acclaim** [əkléim]

㊐ 갈채[환호]하다, 칭송하다

The audience acclaimed the performance with a standing ovation.
관객들은 기립 박수로 공연에 갈채를 보냈다.

1534 **voracious** [vɔːréiʃəs]

㊕ 게걸스러운, 몹시 탐하는

He has a voracious appetite.
그는 게걸스러운 식욕을 지녔다.

1535 **industrious** [indʌ́striəs]

㊕ 근면한, 부지런한

Being industrious is key to achieving your goals.
부지런함은 목표를 달성하는 데 중요하다.
유 hardworking, diligent

1536 **competition** [kàmpətíʃən]

㊔ 경쟁, 경기

Competition is getting hotter day by day.
경쟁이 날이 갈수록 치열해지고 있다.

회독 □□□□□

1537 **traffic** [trǽfik]

명 교통, 차량

She was late for work due to unexpected traffic delays.
예상치 못한 교통 지연 때문에 그녀는 출근이 늦어졌다.

1538 **merger** [mə́ːrdʒər]

명 합동, 합병

Two banks underwent a merger and combined into one huge operation.
두 은행은 합병을 거쳐, 하나의 거대한 기업으로 통합되었다.
유 amalgamation, coalition

1539 **inspection** [inspékʃən]

명 점검, 조사

Engineers carried out a thorough inspection of the track.
기술자들이 그 선로를 철저히 점검했다.

1540 **considerable** [kənsídərəbl]

형 상당한, 많은

There was considerable interest in the new product.
신제품에 상당한 관심이 있었다.
cf considerate 사려 깊은

1541 **solid** [sάlid]

형 단단한, 고체의, 확실한

The planet Jupiter may have no solid surface at all.
목성에는 단단한 표면이 전혀 없을 수도 있다.
유 단단한 firm, hard

1542 **diffident** [dífidənt]

형 자신이 없는, 내성적인, 소심한

Before the scandal broke, he was a diffident loner.
스캔들이 터지기 전에, 그는 소심한 외톨이였다.
유 shy, timid, reserved

1543 **willing** [wíliŋ]

형 기꺼이 하는, 자발적인

The neighbours are always willing to lend a hand.
이웃사람들은 항상 기꺼이 도움을 주려고 한다.
유 inclined, disposed

1544 **desirable**
[dizáiərəbl]

㉻ 바람직한, 호감이 가는

A quiet neighborhood is desirable for families.
조용한 동네는 가족들에게 바람직하다.
cf desirous 바라는, 원하는

1545 **bankrupt**
[bǽŋkrʌpt]

㉻ 파산한

The bankrupt retailer closed all its stores across the country.
파산한 소매업체는 전국의 모든 매장을 폐쇄했다.

1546 **assimilate**
[əsíməlèit]

㉧ 동화되다, 완전히 이해하다[소화하다]

Immigrants have been successfully assimilated into the community.
이민자들이 공동체 내에 성공적으로 동화되어 왔다.

1547 **bestow**
[bistóu]

㉧ 수여[부여]하다, 주다

The government agreed to bestow them with full authority.
정부는 그들에게 모든 권한을 부여하는 데 동의했다.

1548 **decipher**
[disáifər]

㉧ 판독[해독]하다

I could only decipher a few words from the document.
그 문서에서 겨우 몇 글자만 해독할 수 있었다.
유 decode

1549 **curb**
[kəːrb]

㉧ 억제[제한]하다

Federal policy is changing to curb the proliferation of nuclear weapons.
연방 정부 정책은 핵무기 확산을 억제하는 쪽으로 바뀌고 있다.
유 limit, control, check, restrain, restrict, suppress, inhibit, hinder

1550 **abstain**
[æbstéin, əbstéin]

㉧ 삼가다, 절제하다, 기권하다

She abstained from eating sweets to improve her health.
그녀는 건강을 개선하기 위해 단 음식을 먹지 않기로 했다.

DAY 31 REVIEW & LEVEL-UP TEST

■ 괄호 안에 알맞은 단어를 고르시오.

01 There is a [motivation / paucity] of evidence to support the theory, making it difficult to validate.

02 The elderly are more [notorious / vulnerable] to severe complications from COVID-19.

03 Time is too precious to [squander / codify] on trivial matters.

■ 다음 빈칸에 문맥상 적절한 단어를 고르시오.

• unstable	• prodigal	• disparage

04 She lived a ________ lifestyle, spending money lavishly on unnecessary luxuries.

05 The political situation in the region remains ________ due to ongoing conflicts.

06 It's not appropriate to ________ someone's beliefs just because they differ from your own.

■ 다음 빈칸에 적절한 뜻을 쓰시오.

07 As a teenager, he went through a rebellious period of challenging all the rules.

십대 때, 그는 모든 규칙에 도전하는 ________ 시기를 겪었다.

08 She led a solitary life, rarely interacting with her neighbors.

그녀는 이웃들과 거의 교류하지 않고 ________ 삶을 살았다.

09 She felt a strong antipathy towards her new coworker.

그녀는 새로 온 동료에게 강한 ________을 느꼈다.

[해석 ☞ 네이버 카페 '진가영 영어 연구소'에서 확인] 

정답

01 paucity **02** vulnerable **03** squander **04** prodigal **05** unstable
06 disparage **07** 반항적인 **08** 고독한 **09** 반감

PREVIEW & DIAGNOSIS TEST

01 jealousy ____________

02 down-to-earth ____________

03 distinct ____________

04 profitable ____________

05 urge ____________

06 utility ____________

07 exacerbate ____________

08 linger ____________

09 proscribe ____________

10 critical ____________

11 supplement ____________

12 reform ____________

13 extensive ____________

14 negligible ____________

15 visible ____________

16 instant ____________

17 refund ____________

18 portable ____________

19 intelligent ____________

20 adequate ____________

21 afflict ____________

22 arrogant ____________

23 delegate ____________

24 uphold ____________

25 refute ____________

26 unanimous ____________

27 synonymous ____________

28 predicament ____________

29 complacence ____________

30 renounce ____________

31 nurture ____________

32 bizarre ____________

33 intrepid ____________

34 oblivious ____________

35 sedentary ____________

36 auspicious ____________

37 reiterate ____________

38 fade ____________

39 deviation ____________

40 disinterest ____________

41 degrade ____________

42 dull ____________

43 durable ____________

44 ingenuous ____________

45 appeal ____________

46 compliment ____________

47 scrutinize ____________

48 court ____________

49 approval ____________

50 neutralization ____________

[정답 ☞ 네이버 카페 '진가영 영어 연구소'에서 확인]

회독 □□□□□

1551 **jealousy**
[dʒéləsi]

명 질투, 시샘

The conversation got into the murky waters of jealousy and relationships.
대화가 질투와 애정 관계라는 비밀스러운 영역으로 접어들었다.
유 envy

1552 **down-to-earth**

형 실제적인, 현실적인

The financial manager gave down-to-earth advice to his client.
그 재무 관리자는 그의 고객에게 현실적인 조언을 해주었다.
유 practical, pragmatic

1553 **distinct**
[distíŋkt]

형 뚜렷한, 명백한

Manhattan is divided into distinct neighborhoods.
맨해튼은 구역들이 뚜렷하게 나뉘어져 있다.
유 clear, obvious, conspicuous, apparent, evident, manifest, plain, palpable

1554 **profitable**
[prάfitəbəl]

형 수익성이 있는, 이득이 되는

It is usually more profitable to sell direct to the public.
대개 사람들에게 직접 파는 것이 더 수익성이 좋다.
유 lucrative

1555 **urge**
[əːrdʒ]

명 충동, 욕구 동 재촉하다, 촉구하다

I had an uncontrollable urge to laugh.
나는 웃고 싶은 충동을 참을 수가 없었다.
유 욕구 craving

1556 **utility**
[juːtíləti]

명 유용, 유익

The new software's utility makes it essential for our daily operations.
새로운 소프트웨어의 유용성은 우리의 일상적인 업무에 필수적이다.
유 usefulness

1557 **exacerbate**
[igzǽsərbèit]

동 악화시키다, 화나게 하다

It would just exacerbate the situation.
그것은 상황을 단지 악화시킬 것이다.
유 exasperate, aggravate
악화시키다 worsen, make worse

1558 **linger**
[líŋgər]

동 남다, 꾸물거리다

Perhaps the event will linger long in our memory.
그 사건은 오래도록 우리의 기억에 남을 것이다.
유 남다 remain, stay

1559 **proscribe** [prouskráib]

㊍ 금지하다, 배척하다

he feels it necessary to proscribe it entirely, out of the blue.
그는 갑자기 그것을 완전히 금지하는 것이 필요하다고 느낀다.
유 금지하다 prohibit, forbid, ban, bar, embargo, veto

1560 **critical** [krítikəl]

㊎ 중요한, 비판적인

Constructive criticism is critical for improvement.
개선을 위해 건설적 비평은 중요하다.
유 중요한 crucial, vital, essential, important

1561 **supplement** [sʌ́pləmənt]

㊔ 보충[추가]물 ㊍ 보충하다, 추가하다

The goal is to supplement the income of the airport.
그 목적은 공항의 수입을 보충하는 데 있다.
cf supply 공급하다, 지급하다

1562 **reform** [rifɔ́:rm]

㊔ 개혁[개선] ㊍ 개혁하다, 개선하다

He has promised to reform.
그는 개선을 하겠다고 약속했다.
유 개선하다 improve, ameliorate, make better

1563 **extensive** [ɪk'stensɪv]

㊎ 넓은, 광범위한

He conducted extensive research on the topic before writing his thesis.
그는 학위 논문을 쓰기 전 주제에 대해 광범위한 연구를 수행했다.

1564 **negligible** [néglidʒəbəl]

㊎ 무시해도 될 정도의, 사소한, 하찮은

The difference in experience between the two players is negligible.
두 선수의 경험 차이는 무시해도 될 정도이다.
유 insignificant, unimportant, inconsequential, minor, petty, trivial, trifling

1565 **visible** [vízəbəl]

㊎ (눈에) 보이는, 가시적인

The stars were clearly visible in the dark night sky.
별들이 어두운 밤하늘에서 분명히 보였다.
유 perceptible, perceivable

회독 □□□□□

1566 **instant**
[ínstənt]

형 즉각적인

The microwave provides instant heat for warming up leftovers.
전자레인지는 남은 음식을 데우기 위한 즉각적인 열을 제공한다.

1567 **refund**
[ríːfʌnd]

명 환불 동 환불하다, 상환하다

Ask for a refund if the goods are faulty.
상품에 흠이 있으면 환불을 요청하세요.
유 상환하다 repay

1568 **portable**
[pɔ́ːrtəbəl]

형 휴대용의, 간편한

Portable emergency lights are installed at every subway station.
휴대용 비상조명등이 모든 지하철역에 설치되어 있다.
유 movable, mobile, handy

1569 **intelligent**
[intélədʒənt]

형 총명한, 지능이 있는

He has a highly intelligent mind and excels in complex puzzles.
그는 매우 총명한 두뇌를 가지고 있으며 복잡한 퍼즐에서 뛰어나다.

1570 **adequate**
[ǽdikwət]

형 충분한, 적절한

The company provided adequate training for all new employees.
그 회사는 모든 신입 직원들에게 충분한 교육을 제공했다.

1571 **afflict**
[əflíkt]

동 괴롭히다, 시달리게 하다

Poverty afflicts many communities around the world.
가난은 세계 곳곳의 많은 사회를 괴롭힌다.

1572 **arrogant**
[ǽrəgənt]

형 거만한

I hate his arrogant attitude towards his classmates.
나는 그가 친구를 대하는 거만한 태도가 싫다.
유 haughty, pompous, patronizing, condescending, supercilious

1573 **delegate** [déligit]

[명] 대표, 사절 [동] 위임하다, 대표로 파견하다

The president can delegate authority to the vice president in emergency.
대통령은 비상시 부통령에게 권한을 위임할 수 있다.
[유] 대표 representative

1574 **uphold** [ʌphóuld]

[동] 유지시키다[옹호하다], 지지하다

We have a duty to uphold the law.
우리는 그 법을 유지할 의무가 있다.
[유] support, buttress, hold up, prop up

1575 **refute** [rifjúːt]

[동] 논박[반박]하다

The scientist presented evidence to refute.
과학자는 반박할 증거를 제시했다.
[유] rebut, disprove

1576 **unanimous** [juːnǽnəməs]

[형] 만장일치의, 합의의

The decision was not unanimous.
그 결정은 만장일치가 아니었다.
[유] in full accord

1577 **synonymous** [sinάnəməs]

[형] 동의어의, 같은 뜻의

Honesty is not synonymous with truth.
솔직함은 사실과 같은 뜻이 아니다.
[유] equivalent in meaning

1578 **predicament** [pridíkəmənt]

[명] 곤경, 궁지

It is obvious that they are in predicament.
그들이 곤경에 처해 있는 것은 분명하다.
[유] difficulty, dilemma, adversity, plight, quandary

1579 **complacence** [kəmpléisəns]

[명] 자기만족, 안주

The coach warned the team against complacence after their recent victory.
감독은 최근 승리 후 팀에게 안주하지 말라고 경고했다.

회독 □□□□□

1580 **renounce** [rináuns]

㊍ 버리다, 포기하다

He showed how much he loves this country by renouncing his citizenship.
그는 시민권을 포기함으로써 그가 얼마나 이 나라를 사랑하는 지를 보여줬다.
유 abandon, abdicate, relinquish, forgo, waive, give up

1581 **nurture** [nə́ːrtʃər]

㊍ 양육하다, 양성하다

The Smiths nurture their children in a loving environment.
스미스 부부는 자녀들을 사랑의 환경에서 양육한다.
유 raise, bring up

1582 **bizarre** [bizɑ́ːr]

㊎ 이상한, 기괴한

The movie had a bizarre development in the final scene.
그 영화는 마지막 장면에서 이상한 전개를 보였다.
유 odd, strange, weird, peculiar, uncanny, eccentric, eerie

1583 **intrepid** [intrépəd]

㊎ 용기 있는, 두려움을 모르는

He has always been the most intrepid explorer.
그는 언제나 가장 용기 있는 탐험가였다.
유 brave, bold, courageous, daring, fearless, audacious, valiant, gallant, plucky

1584 **oblivious** [əblíviəs]

㊎ 의식하지 못하는, 잘 잊어버리는

She was oblivious to the person secretly filming her.
그녀는 몰래 자신을 촬영하고 있는 사람을 의식하지 못했다.
유 unaware, unconscious, ignorant

1585 **sedentary** [sédəntèri]

㊎ 앉아 있는, 활발하지 않은

Most of us lead terribly sedentary lives.
우리 대부분은 너무나 심하게 앉아 있는 생활을 한다.
유 inactive, still, stationary

1586 **auspicious** [ɔːspíʃəs]

㊎ 길조의, 상서로운

White elephants are regarded auspicious in Buddhism.
불교에서 흰 코끼리는 상서로운 동물로 여겨진다.
유 favourable(favorable), promising, propitious

1587 **reiterate** [riːítərèit]

㊂ 반복하다, 되풀이하다

The government reiterated its refusal to compromise with terrorists.
정부는 테러리스트들과의 협상 거부를 반복했다.
유 recapitulate, repeat, restate, iterate

1588 **fade** [feid]

㊂ 바래다, 희미해지다, 사라지다

His voice gradually faded as he walked away from us.
그가 우리로부터 멀어지면서 그의 목소리가 점점 사라졌다.

1589 **deviation** [dìːviéiʃən]

㊉ 일탈, 탈선

Drug consumption is a deviation from commonly accepted norms.
약물 복용은 일반적으로 통용되는 규범에서 벗어난 일탈이다.
유 divergence, digression

1590 **disinterest** [disíntərist]

㊉ 무관심, 사심이 없음

The disinterest of young voters in the election was concerning for the politicians.
젊은 유권자들의 선거에 대한 무관심은 정치인들에게 걱정이었다.

1591 **degrade** [digréid]

㊂ 비하하다, 저하시키다

The effectiveness of the drug can degrade over time.
약물의 효과는 시간이 지나면 저하될 수 있다.

1592 **dull** [dʌl]

㊌ 따분한, 둔한 ㊂ 둔해지다, 약해지다

The lecture was so dull that half the audience fell asleep.
강의가 너무 따분해서 관객의 절반이 잠들었다.

1593 **durable** [djúərəbl]

㊌ 내구성이 있는, 오래가는, 튼튼한

Investing in durable furniture is a wise choice for long-term use.
내구성 있는 가구에 투자하는 것은 장기간 사용하는 데 현명한 선택이다.

회독 □□□□□

1594 **ingenuous**
[indʒénjuːəs]

(형) 순진한, 천진한

Straightforward people tend to be ingenuous.
직설적인 사람은 순진한 경향이 있다.
(유) naive, innocent

1595 **appeal**
[əpíːl]

(명) 항소, 매력 (동) 항소하다, 관심을 끌다

The defendant's lawyer filed an appeal against the court's decision.
피고인의 변호사가 법원 판결에 대해 항소를 제기했다.

1596 **compliment**
[kάmpləmənt]

(동) 칭찬하다, 증정하다

The doctor gave a compliment to the longanimous patient.
의사가 인내심 있는 환자를 칭찬했다.
(유) 칭찬하다 praise

1597 **scrutinize**
[skrúːtənàiz]

(동) 면밀히 조사하다, 세심히 살피다

He scrutinized the new employee's resume closely.
그는 신입 사원의 이력서를 세심히 살펴봤다.
(유) examine, inspect, go over, pore over, look into, delve into, probe into

1598 **court**
[kɔːrt]

(명) 법정, (테니스 등을 하는) 코트 (동) 구애하다

His sentence was overturned by the appeal court.
그에 대한 판결은 항소 법정에서 뒤집혔다.

1599 **approval**
[əprúːvəl]

(명) 인정, 승인, 찬성

She signified her approval with a smile.
그녀는 미소로 찬성을 나타냈다.
(유) 승인 sanction

1600 **neutralization**
[njùː-trəlizéiʃən]

(명) 중립화, 무효화

It takes a lot of effort to realize carbon neutralization.
탄소 중립화를 실현하기 위해서는 많은 노력이 필요하다.
(cf) neutralize 중립화하다, 무효로 하다

DAY 32 REVIEW & LEVEL-UP TEST

■ 괄호 안에 알맞은 단어를 고르시오.

01 The tower is [visible / ingenuous] from almost anywhere in the city.

02 This new laptop is lightweight and highly [arrogant / portable].

03 It's difficult to [refute / nurture] such a well-supported argument.

■ 다음 빈칸에 문맥상 적절한 단어를 고르시오.

• predicament	• bizarre	• refund

04 She requested a ________ after receiving the damaged item.

05 She asked her friends for advice to help her get out of the ________ she was in.

06 It was ________ to see snow in the middle of summer.

■ 다음 빈칸에 적절한 뜻을 쓰시오.

07 The doctor urged her patient to quit smoking for the sake of his health.
의사는 환자에게 그의 건강을 위해 흡연을 그만두라고 ________.

08 The law proscribes the use of fireworks within city limits due to safety concerns.
법은 안전 문제로 인해 도시 내에서 폭죽 사용을 ________.

09 The jury's verdict was unanimous, declaring the defendant not guilty.
배심원단의 평결은 ________ 피고인을 무죄로 선언했다.

[해석 ☞ 네이버 카페 '진가영 영어 연구소'에서 확인]

정답

01 visible	02 portable	03 refute	04 refund	05 predicament
06 bizarre	07 재촉했다	08 금지한다	09 만장일치로	

DAY 33

PREVIEW & DIAGNOSIS TEST

01 sanction ______
02 arbitrary ______
03 obscure ______
04 plagiarize ______
05 compromise ______
06 fancy ______
07 versatile ______
08 volatile ______
09 ambiguous ______
10 economical ______
11 minimum ______
12 nebulous ______
13 compelling ______
14 literate ______
15 widow ______
16 pretense ______
17 strange ______
18 defensive ______
19 threshold ______
20 disguise ______
21 repeal ______
22 neutralize ______
23 divulge ______
24 appetite ______
25 differentiate ______
26 grown ______
27 obstinate ______
28 minute ______
29 incessant ______
30 upright ______
31 subsequent ______
32 stable ______
33 allude ______
34 embody ______
35 production ______
36 deduction ______
37 response ______
38 blunt ______
39 bound ______
40 marvelous ______
41 reconcile ______
42 extend ______
43 innocuous ______
44 ambivalent ______
45 close ______
46 see off ______
47 crucial ______
48 perpetual ______
49 conscientious ______
50 interrogate ______

[정답 ☞ 네이버 카페 '진가영 영어 연구소'에서 확인] 

1601 **sanction** [sǽŋkʃən]

명 승인, 제재 동 승인하다, 제재하다

These changes will require the sanction of the court.
이들 변경은 법원의 승인을 필요로 한다.
유 승인 approval

1602 **arbitrary** [ɑ́:rbitrèri]

형 임의적인, 제멋대로인

He makes unpredictable, arbitrary decisions.
그는 예측할 수 없는, 임의적인 결정을 한다.
유 unplanned, random, haphazard

1603 **obscure** [əbskjúər]

형 모호한, 이해하기 어려운, 무명의

The origin of the word remains obscure.
그 단어의 기원은 여전히 모호하다.
유 모호한 indistinct, vague, nebulous, blurred
무명의 unknown

1604 **plagiarize** [pléidʒiəràiz]

동 표절하다

In college, students who plagiarize will probably fail their class.
대학에서는 표절을 하는 학생들은 아마도 그 과목에서 낙제할 것이다.

1605 **compromise** [kάmprəmàiz]

명 타협, 화해, 양보

동 타협하다, 굽히다[양보하다], ~을 위태롭게 하다

They reached a compromise after hours of negotiation.
그들은 몇 시간의 협상 끝에 타협에 도달했다.
cf promise 약속, 약속하다

1606 **fancy** [fǽnsi]

명 공상, 상상 동 생각[상상]하다

She fancied that she heard screams.
그녀는 비명소리가 들린다고 생각했다.

1607 **versatile** [və́:rsətl]

형 다재다능한, 다방면의

He attempts to play various roles in movies since he is a versatile actor.
그는 다재다능한 배우라서 영화에서 다양한 역할을 하려고 시도한다.
유 multifaceted, many-sided, all-purpose, all-round

1608 **volatile** [vάlətil]

형 변덕스러운, 불안한, 휘발성의

The volatile situation made it hard for them to decide which direction they should go.
변덕스러운 상황이 그들이 가야 할 방향을 결정하길 어렵게 만들었다.
유 변덕스러운 capricious, whimsical, fickle, changeable
불안한 unstable, unsettled, unsteady

회독 □□□□□

1609 **ambiguous**
[æmbígjuəs]

형 모호한, 애매한, 불분명한

This part is somewhat ambiguous in law.
이 부분은 법적으로 다소 애매하다.
유 unclear, obscure, vague, equivocal, ambivalent, nebulous

1610 **economical**
[èkənɑ́mikəl, ìːkənɑ́mikəl]

형 경제적인, 절약하는

She is very economical with her expenses.
그녀는 자신의 지출을 매우 절약한다.
cf economic 경제의, 경제학의

1611 **minimum**
[mínəməm]

형 최소의, 최저의

The class needs a minimum of six students to continue.
그 강의가 계속되려면 최소 6명의 학생이 필요하다.
유 minimal

1612 **nebulous**
[nébjələs]

형 흐릿한, 모호한, 애매한

What he said was too nebulous to understand.
그의 말은 너무 모호해서 이해할 수 없었다.
유 unclear, obscure, vague, equivocal, ambivalent, ambiguous

1613 **compelling**
[kəmpéliŋ]

형 강제적인, 설득력 있는

There is no compelling reason to believe him.
그를 믿을 만한 설득력 있는 이유가 없다.

1614 **literate**
[lítərət]

형 글을 읽고 쓸 줄 아는, 교양 있는, 박식한

She is highly literate and enjoys reading complex novels.
그녀는 매우 글을 잘 읽고 복잡한 소설을 즐겨 읽는다.
cf literacy (글을) 읽고 쓰는 능력

1615 **widow**
[wídou]

명 미망인, 과부

The widow struggled to adjust to life without her husband.
그 과부는 남편 없는 삶에 적응하는 데 어려움을 겪었다.

1616 **pretense**
[prí:tens]

명 가식, 구실, 핑계

She called him under the pretense of needing help with her homework.
그녀는 숙제를 도와달라는 구실로 그에게 전화했다.

1617 **strange**
[streindʒ]

형 낯선, 이상한

She had a strange feeling that someone was watching her.
그녀는 누군가가 자신을 쳐다보고 있다는 이상한 느낌이 들었다.

1618 **defensive**
[difénsiv]

형 방어의, 방어적인

Their questions about the money put her on the defensive.
그들이 그 돈에 대해 물어보자 그녀는 방어적인 태도를 취했다.
유 protective

1619 **threshold**
[θréʃhould]

형 문지방, 문턱, 한계점

She stood hesitating on the threshold.
그녀는 문지방에서 머뭇거리며 서 있었다.

1620 **disguise**
[disgáiz]

명 변장, 가장 동 변장하다, 위장하다

The robber wore a ski mask as a disguise.
그 강도는 스키 마스크를 쓰고 변장하고 있었다.
유 camouflage

1621 **repeal**
[ripí:l]

동 무효로 하다, 폐지하다, 취소하다, 철회하다

We're campaigning for a repeal of the abortion laws.
우리는 낙태법을 폐지하기 위해 운동을 펼치고 있다.
유 cancel, abolish, abrogate, annul, nullify, invalidate, revoke, rescind

1622 **neutralize**
[njú:trəlàiz]

동 중립화하다, 무효화하다

They also said diplomacy can neutralize a nuclear threat.
그들은 또한 외교가 핵 위협을 무효화시킬 수 있다고 말했다.

회독 □□□□□

1623 **divulge**

동 (비밀을) 말하다, 누설하다

She refused to divulge the reason why she left her school.
그녀는 왜 학교를 떠났는지 이유를 누설하기를 거부했다.
유 expose, reveal, disclose, uncover, betray, let on

1624 **appetite** [ǽpətàit]

명 식욕, 욕구

The restaurant's diverse menu caters to various appetites.
그 레스토랑의 다양한 메뉴는 다양한 식욕을 충족시킨다.

1625 **differentiate** [dìfərénʃièit]

동 구별짓다, 식별하다

We should know how to differentiate good from bad.
우리는 선과 악을 구별할 줄 알아야 한다.
유 distinguish, discriminate

1626 **grown** [groun]

형 다 큰, 성인이 된

It's pathetic that grown men have to resort to violence like this.
다 큰 남자들이 이런 폭력에 의지해야 한다는 것이 한심하다.

1627 **obstinate** [ɑ́bstənət]

형 고집 센, 완고한

If he insists upon being obstinate, ewe will have to settle this in court.
그가 계속 고집을 부린다면, 우리는 이 문제를 법정에서 해결해야 할 것이다.
유 inflexible, persistent, tenacious, stubborn, headstrong

1628 **minute** [mínit]

명 분, 잠깐 형 미세한, 사소한

The teacher gave us one minute to answer each question.
선생님은 각 문제에 대해 1분의 시간을 주었다.

1629 **upright** [ʌ́pràit]

형 똑바른, 수직의, 정직한

An upright posture is important for a healthy back.
건강한 등을 위해서는 똑바른 자세가 중요하다.

1630 **conscious**
[kάnʃəs]

㉠ 의식하고 있는, 자각하고 있는

Health-conscious consumers want more information about the food they buy.
건강을 의식하는 소비자들은 자신들이 사는 식품에 대해 더 많은 정보를 원한다.
유 aware

1631 **subsequent**
[sʌ́bsikwənt]

㉠ 그 다음의, 이후의

All the events subsequent to the storm were recorded.
폭풍 이후에 일어난 일들은 모두 기록되었다.
유 following, ensuing, succeeding, successive

1632 **stable**
[stéibl]

명 마구간 ㉠ 안정된, 차분한

Horses need a stable environment to stay healthy and happy.
말들은 건강하고 행복하게 지내기 위해 안정된 환경이 필요하다.

1633 **allude**
[əlú:d]

동 암시하다, 시사하다, 언급하다

His behavior alludes to something important to us.
그의 행동이 우리에게 중요한 무엇인가를 암시한다.

1634 **embody**
[imbάdi]

동 구체화하다, 구현하다

His actions embody the values he believes in.
그의 행동은 그가 믿는 가치를 구체화한다.

1635 **production**
[prədʌ́kʃən]

명 생산, 제작, 제조

It was a new production technique aimed at minimizing wastage.
그것은 낭비를 최소화하기 위한 새로운 생산기법이었다.
유 manufacture

1636 **deduction**
[didʌ́kʃən]

명 공제, 추론, 연역

I down-loaded the credit card receipt for income deduction from the Internet.
인터넷에서 신용카드 소득 공제 사용확인서를 다운받았다.

회독 □□□□□

1637 **response**
[rispάns]

명 반응, 대답

His speech called forth an angry response.
그의 연설은 성난 반응을 불러일으켰다.

1638 **blunt**
[blʌnt]

형 무딘, 무뚝뚝한, 직설적인

The knife had a blunt edge and couldn't cut through the tough meat.
그 칼은 날이 무딘 상태였고, 튼튼한 고기를 자를 수 없었다.

1639 **bound**
[baund]

형 ~할 가능성이 큰, ~할 의무가 있는, ~행의

With his talent and dedication, he is bound to succeed.
그의 재능과 헌신으로 인해 그는 반드시 성공할 가능성이 크다.

1640 **marvelous**
[mά:rvələs]

형 놀라운, 믿을 수 없는

The bridge is a marvelous work of engineering and construction.
그 다리는 공학과 건축이 만들어낸 놀라운 작품이다.
유 믿을 수 없는 incredible

1641 **reconcile**
[rékənsàil]

동 화해시키다, 중재[조정]하다, 조화[일치]시키다

The workers will soon become reconciled with their employer.
노동자들은 곧 고용주와 화해하게 될 것이다.
유 settle, conciliate, reunite, harmonize

1642 **extend**
[iksténd]

동 연장하다, 확장하다

I decided to extend my vacation for another week.
휴가를 한 주 더 연장하기로 결정했다.

1643 **innocuous**
[inάkju:əs]

형 악의 없는, 무해한

Some mushrooms look innocuous but are in fact poisonous.
어떤 버섯들은 해가 없어 보이지만 실제로는 독성이 있다.
유 harmless

1644 **ambivalent**
[æmbívələnt]

㉠ 반대 감정이 양립하는, 양면가치의

She seems to feel ambivalent about her new job.
그녀는 자신의 새 직장에 대해 반대 감정이 양립하는 것을 느끼는 것 같다.
유 equivocal

1645 **close**
[klous]

㉠ 가까운, 친한 ㉯ 닫다, 마치다 ㉮ 가까이, 밀접하게

The two buildings are close together.
그 두 건물은 서로 가까이 있다.
유 친한 intimate

1646 **see off**

배웅하다

I've just been to the airport to see off a friend who was leaving for Europe.
나는 유럽으로 떠나는 친구를 배웅하기 위해 막 공항에 다녀왔다.

1647 **crucial**
[krúːʃəl]

㉠ 결정적인, 중대한

Parents play a crucial role in preparing their child for school.
아이의 학교생활 준비에는 부모가 결정적인 역할을 한다.
유 important, pivotal, critical, essential, key, major, momentous, consequential

1648 **perpetual**
[pərpétʃuəl]

㉠ 영구적인, 끊임없는

My mom suffers from hearing perpetual noises.
우리 엄마는 끊임없는 소음 때문에 고통을 겪는다.
유 continuous, constant, permanent, perennial, persistent, incessant, endless, eternal, lasting, everlasting

1649 **conscientious**
[kὰnʃiénʃəs]

㉠ 양심적인, 성실한

His reputation as a conscientious judge makes people trust him.
양심적인 재판관이라는 그의 명성은 사람들이 그를 신뢰하게 만든다.
유 양심적인 scrupulous

1650 **interrogate**
[intérəgèit]

㉯ 질문하다, 심문하다

The policeman interrogated him about the purpose of his journey.
경찰관은 그에게 여행 목적에 대해서 심문했다.
유 question

DAY 33 REVIEW & LEVEL-UP TEST

■ 괄호 안에 알맞은 단어를 고르시오.

01 They reached a [compromise / fancy] after hours of negotiation.

02 The government decided to [irritate / repeal] the outdated law.

03 The sponge can [extend / absorb] a large amount of water quickly.

■ 다음 빈칸에 문맥상 적절한 단어를 고르시오.

• interrogate	• plagiarize	• divulge

04 She was accused of trying to ________ parts of her thesis from online sources.

05 She promised not to ________ his secret to anyone.

06 The officer was trained to ________ witnesses to uncover the truth.

■ 다음 빈칸에 적절한 뜻을 쓰시오.

07 You need a minimum of three years of experience to apply for this job.
이 직업에 지원하려면 ________ 3년의 경력이 필요하다.

08 She went to the party in disguise so no one would recognize her.
그녀는 아무도 자신을 알아보지 못하게 ________ 파티에 갔다.

09 In his speech, the politician alluded to the challenges facing the nation.
그 정치인은 연설에서 국가가 직면한 도전 과제에 ________.

[해석 ☞ 네이버 카페 '진가영 영어 연구소'에서 확인] 

정답

01 compromise **02** repeal **03** absorb **04** plagiarize **05** divulge
06 interrogate **07** 최소 **08** 변장하고 **09** 언급했다

DAY 34

PREVIEW & DIAGNOSIS TEST

01 nullify ______
02 fabricate ______
03 take ~ for granted ______
04 carry out ______
05 cope with ______
06 in spite of ______
07 at odds with ______
08 precarious ______
09 gullible ______
10 legitimate ______
11 satisfied ______
12 classify ______
13 dignify ______
14 come into operation ______
15 suspected ______
16 suspend ______
17 devour ______
18 sanitary ______
19 precedented ______
20 discreet ______
21 break down ______
22 settle down ______
23 dilapidated ______
24 go through ______
25 greedy ______
26 altruistic ______
27 weary ______
28 skeptical ______
29 explict ______
30 gutless ______
31 delicate ______
32 successive ______
33 novel ______
34 cover ______
35 cast ______
36 charge ______
37 claim ______
38 erode ______
39 exhort ______
40 challenging ______
41 depressive ______
42 demanding ______
43 conciliatory ______
44 compassionate ______
45 stubborn ______
46 deadlock ______
47 approximation ______
48 receipt ______
49 abnormally ______
50 loud ______

[정답 ☞ 네이버 카페 '진가영 영어 연구소'에서 확인]

회독 □□□□□

1651 **nullify**
[nʌ́ləfài]

동 취소하다, 무효화하다

An unhealthy diet will nullify the effects of training.
건강하지 못한 식습관은 훈련 효과를 무효로 만든다.
유 annul, repeal, rescind, revoke, invalidate, negate

1652 **fabricate**
[fǽbrikèit]

동 조립하다, 조작하다, 꾸며내다, 위조하다

The witness's statement to the police was fabricated.
경찰에게 한 목격자의 진술은 조작된 것이었다.
유 조작하다, 꾸며내다 concoct, make up
위조하다 fake, forge, falsify

1653 **take ~ for granted**

~을 당연하게 여기다

Often we take for granted the many household items we use every day.
종종 우리는 매일 사용하는 가사 용품들을 당연하게 여긴다.

1654 **carry out**

수행하다, 실행하다

They will carry out the experiment at a depth of 25 feet.
그들은 수심 25피트에서 실험을 실행할 것이다.
유 conduct

1655 **cope with**

~에 대처하다, 다루다

They may have to widen the road to cope with the increase in traffic.
그들이 늘어나는 교통량에 대처하기 위해 도로를 넓혀야 할지도 모른다.
유 deal with

1656 **in spite of**

~에도 불구하고

They are firm friends in spite of temperamental differences.
그들은 기질적인 차이들에도 불구하고 흔들림 없는 친구 사이이다.
유 despite

1657 **at odds with**

~와 불화하여

Are you still at odds with him?
아직 그와 사이가 안 좋아?
유 in discord with

1658 **precarious**
[prikɛ́əriəs]

형 불안정한, 위험한

He lived in a precarious neighborhood where crime rates were high.
그는 범죄 발생률이 높은 위험한 동네에 살았다.
유 unsafe

1659 **gullible**
[gʌ́ləbl]

잘 속는, 속기 쉬운

The salesman took advantage of the gullible customer.
그 판매원은 잘 속는 고객을 이용했다.

1660 **legitimate**
[lidʒítəmit]

㉻ 합법적인, 정당한 ㉧ 합법[정당]화하다

Fee-paid mail would be electronically tagged as legitimate.
요금을 지불한 메일은 합법적인 전자 택을 부착하게 된다.
유 합법적인 legal, lawful

1661 **satisfied**
[sǽtisfàid]

㉻ 만족한

She professed herself satisfied with the progress so far.
그녀는 지금까지의 진행에 만족한다고 공언했다.
유 gratified, content, contented, complacent

1662 **classify**
[klǽsəfài]

㉧ 분류하다, 구분하다

It is important to cite sources when writing research papers.
연구 논문을 쓸 때 출처를 인용하는 것이 중요하다.

1663 **dignify**
[dígnəfài]

㉧ 위엄을 갖추다, 위엄있게 하다

The general's side-whiskered face made him look dignified.
장군의 긴 구레나룻이 있는 얼굴은 그를 위엄 있어 보이게 했다.

1664 **come into operation**

작동[가동]하기 시작하다

The new rules come into operation from next week.
그 새 규칙들은 다음주부터 시작된다.

1665 **suspected**
[səspéktid]

㉻ 의심나는, 의심쩍은

They requested tests to confirm the suspected case of food poisoning.
그들은 의심되는 식중독 사례를 확인하기 위해 검사를 요청했다.

회독 □□□□□

1666 **suspend**
[səspénd]

ⓢ 매달다, 정지하다, 연기하다

The restaurant was ordered to suspend its business for one month.
그 식당은 한 달간 영업 정지 명령을 받았다.
유 연기하다 delay, postpone, defer, shelve, put off, hold off, hold over

1667 **devour**
[diváuər]

ⓢ 게걸스럽게 먹다

The creatures devour dead, infected tissue.
그 생물들은 죽은, 감염된 조직을 게걸스럽게 먹는다.

1668 **sanitary**
[sǽnətèri]

ⓗ 위생의, 위생적인, 깨끗한

It's important to use sanitary practices when handling food.
음식을 다룰 때 위생적인 관행을 사용하는 것이 중요하다.
유 hygienic

1669 **precedented**
[présədèntid]

ⓗ 선례가 있는

The clause is well precedented in utility legislation.
그 조항은 공익사업 제정법에 좋은 선례가 된다.

1670 **discreet**
[diskríːt]

ⓗ 신중한, 분별 있는

The man made a discreet inquiry about the job opening.
그 남자는 그 일자리 공석에 대해 신중하게 문의했다.
유 신중한 careful, circumspect, cautious, wary

1671 **break down**

고장나다, 부수다

Work came to a halt when the machine broke down.
기계가 고장나서 작업이 중단되었다.

1672 **settle down**

정착하다, ~을 진정시키다

He settled down in the suburbs after his retirement.
그는 은퇴 후 교외에 정착했다.

1673 **dilapidated**
[dilǽpədèitid]

형 황폐한, 허물어진, 낡아빠진

We have to reform the dilapidated education system before it's too late.
우리는 너무 늦기 전에 황폐화된 교육 제도를 개혁해야 한다.
유 run down, ruined

1674 **go through**

겪다, 경험하다, 살펴보다, 조사하다

Most teenagers go through a period of rebelling.
대부분의 십대들이 반항기를 겪는다.

1675 **greedy**
[grí:di]

형 탐욕스러운, 욕심 많은

He stared at the diamonds with greedy eyes.
그는 탐욕스러운 눈으로 그 다이아몬드들을 뚫어져라 쳐다보았다.
유 avaricious

1676 **altruistic**
[æ̀ltru:ístik]

형 이타적인

Her motives for donating the money are altruistic.
돈을 기증하는 그녀의 동기는 이타적이다.
유 unselfish

1677 **weary**
[wíəri]

형 몹시 지친, 피곤한, 싫증난

Students soon grow weary of listening to a parade of historical facts.
학생들은 이어지는 역사적 사실들을 듣는 것에 금방 싫증을 낸다.
유 지친, 피곤한 tired, exhausted, drained
cf wary 조심성 있는, 주의깊은, 신중한

1678 **skeptical**
[sképtikəl]

형 의심 많은, 회의적인

But the analysts are skeptical about the effectiveness of the plan.
하지만 전문가들은 그 계획의 실효성에 대해 회의적이다.
유 의심 많은 doubtful, dubious

1679 **explicit**
[iksplísit]

형 분명한, 솔직한, 명백한

The teacher provided explicit examples to illustrate the difficult concept.
선생님은 어려운 개념을 설명하기 위해 명백한 예시를 제공했다.
반 implicit 암시된, 내포된

회독 □□□□□

1680 **gutless**
[gʌ́tlis]

형 용기가 없는, 배짱 없는

He was weak and gutless
그는 약하고 용기가 없었다.

1681 **delicate**
[délikət]

형 연약한, 섬세한, 정교한

The eye is one of the most delicate organs of the body.
눈은 신체에서 가장 연약한 기관 중 하나이다.

1682 **successive**
[səksésiv]

형 연속적인, 계속적인

The company has had three successive quarters of growth.
그 회사는 성장하는 연속적인 세 분기를 보냈다.
cf successful 성공한, 성공적인

1683 **novel**
[nάvəl]

명 소설 형 새로운, 참신한

The novel ecosystems have no natural analogs.
새로운 생태계는 자연 유사체가 없다.

1684 **cover**
[kʌ́vər]

형 덮다, 가리다, 숨기다, 감추다, 보도하다

I tried to cover up my past and push it away.
난 내 과거를 숨기고 없애려고 노력했다.

1685 **cast**
[kæst]

명 출연자들 동 던지다

They cast priceless treasures into the Nile.
그들은 대단히 귀중한 그 보물들을 나일강 속으로 던졌다.
유 throw, toss, pitch, hurl, fling

1686 **charge**
[ʧa:rdʒ]

동 청구하다, 비난하다, 책임을 맡기다, 충전하다

He charged a relatively modest fee.
그는 비교적 비싸지 않은 수수료를 청구했다.

1687 **claim**
[kleim]

명 주장 동 주장하다, (목숨을) 앗아가다
Bystanders claim they were manhandled by security guards.
옆에서 지켜보던 사람들은 경비원들이 자기들을 거칠게 밀쳤다고 주장한다.

1688 **erode**
[ɪ'roʊd]

동 침식[풍화]시키다[되다], 약화시키다[되다]
Winds can erode, deposit and transport soil.
바람은 흙을 침식시키고, 침전시키고 옮길 수 있다.
유 wear away, wear down

1689 **exhort**
[igzɔ́:rt]

동 권하다, 권고[훈계]하다
She exhorted her students to study hard for the upcoming exams.
그녀는 학생들에게 다가오는 시험을 위해 열심히 공부하도록 권했다.
유 권고[훈계]하다 admonish, advise

1690 **challenging**
[ʧǽlindʒiŋ]

형 도전적인
Teenagers prefer more challenging jobs.
십대들은 보다 도전적인 직업을 선호한다.

1691 **depressive**
[diprésiv]

형 우울증의, 우울한
He struggled to cope with daily tasks due to his depressive illness.
그는 우울증 질환으로 인해 일상적인 업무를 처리하는 데 어려움을 겪었다.

1692 **demanding**
[dimǽndiŋ]

형 지나친 요구를 하는, 힘든
The kidnappers are demanding a ransom of $1 million.
납치범들이 100만 달러의 몸값을 요구하고 있다.

1693 **conciliatory**
[kənsíliətɔ̀:ri]

형 달래는, 회유하는
I talked to the crying child in a conciliatory tone.
나는 우는 아이에게 달래는 어투로 말을 걸었다.
유 placatory, appeasing

회독 □□□□□

1694 **compassionate**
[kəmpǽʃənit]

㉻ 동정하는, 인정 많은

The doctor's compassionate demeanor comforted the worried patient.
의사의 인정 많은 태도가 걱정하는 환자를 안심시켰다.
유 sympathetic

1695 **stubborn**
[stʌ́bərn]

㉻ 고집 센, 완고한

He was too stubborn to admit that he was wrong.
그는 너무 완고해서 자기 잘못을 인정하지 않았다.
유 inflexible, persistent, obstinate, tenacious, headstrong

1696 **deadlock**
[de'dla,k]

㉹ 교착 상태, 막다름

They reached a deadlock in the debate.
그들은 토론에서 교착 상태에 도달했다.

1697 **approximation**
[əprɑ̀ksəméiʃən]

㉹ 근사치, 근사

The data was just a rough approximation.
그 데이터는 단지 대략의 근사치이다.

1698 **receipt**
[risíːt]

㉹ 영수증, 증서

He checked the receipt to verify the total amount.
그는 총액을 확인하기 위해 영수증을 확인했다.

1699 **abnormally**
[æbnɔ́ːrməli]

㉺ 이상하게, 비정상적으로

He is abnormally obsessed with exercise due to his nosemaphobia.
그는 질병 공포증 때문에 운동에 비정상적으로 집착한다.

1700 **loud**
[laʊd]

㉻ 시끄러운

Loud rock music assaulted our ears.
시끄러운 록 음악이 우리 귀를 괴롭혔다.
유 noisy, clamorous, vociferous

DAY 34 REVIEW & LEVEL-UP TEST

■ 괄호 안에 알맞은 단어를 고르시오.

01 A technical error in the voting process could [dignify / nullify] the election results.

02 The [greedy / precedented] child refused to share his toys with his younger brother.

03 The customer was not [satisfied / sanitary] with the service and requested a refund.

■ 다음 빈칸에 문맥상 적절한 단어를 고르시오.

• weary	• dilapidated	• loud

04 The once grand mansion now stood in a ________ state, neglected for years.

05 The soldiers were ________ after weeks of marching through rugged terrain.

06 Please turn down the TV; it's too ________ for me to concentrate.

■ 다음 빈칸에 적절한 뜻을 쓰시오.

07 Despite the recent disruptions, life is slowly returning to normal.
최근의 혼란에도 불구하고, 생활은 천천히 ________으로 돌아가고 있다.

08 The car broke down on the highway, so we had to call for assistance.
차가 고속도로에서 ________ 우리는 도움을 요청해야 했다.

09 The constant rain eroded the coastline over time.
지속적인 비가 시간이 지남에 따라 해안선을 ________.

[해석 ☞ 네이버 카페 '진가영 영어 연구소'에서 확인]

정답

01 nullify	02 greedy	03 satisfied	04 dilapidated	05 weary
06 loud	07 정상	08 고장나서	09 침식시켰다	

DAY 35 PREVIEW & DIAGNOSIS TEST

01 interference ____________
02 decline ____________
03 leave out ____________
04 come up with ____________
05 wane ____________
06 impair ____________
07 impromptu ____________
08 luxurious ____________
09 advocate ____________
10 fluctuate ____________
11 duplicate ____________
12 favorable ____________
13 mild ____________
14 obsessed with ____________
15 frivolous ____________
16 headquarters ____________
17 enduring ____________
18 disgraceful ____________
19 detain ____________
20 compare ____________
21 attribute ____________
22 catch up with ____________
23 keep up with ____________
24 asymmetrical ____________
25 omnivorous ____________
26 immutable ____________
27 provisional ____________
28 drastic ____________
29 irresponsible ____________
30 prestigious ____________
31 impudent ____________
32 curious ____________
33 criticize ____________
34 captivate ____________
35 steer clear of ____________
36 take up ____________
37 impeccable ____________
38 scrupulous ____________
39 replenish ____________
40 withstand ____________
41 delusion ____________
42 decay ____________
43 tenacious ____________
44 crack ____________
45 argument ____________
46 bitter ____________
47 disperse ____________
48 diminution ____________
49 put off ____________
50 weigh down ____________

[정답 ☞ 네이버 카페 '진가영 영어 연구소'에서 확인] 

1701 **interference** [ìntərfíərəns]

[명] 간섭, 참견

They resent foreign interference in the internal affairs of their country.
그들은 자기 국가의 내정에 외국이 간섭하는 것을 불쾌해 하고 있다.

1702 **decline** [dikláin]

[동] 감소하다, 거절하다

The company reported a small decline in its profits.
그 회사는 수익이 약간 감소했다고 보고했다.

1703 **leave out**

~을 빼다, 생략하다

When filling out this application, be sure not to leave out any information.
지원서를 작성할 때 어떤 항목도 빠지지 않도록 확인해 주세요.
[유] exclude, omit

1704 **come up with**

~을 생각해내다, 제시하다

You should use your imagination to come up with a good idea.
좋은 아이디어를 생각해내려면 상상력을 이용해야 한다.

1705 **wane** [wein]

[동] 약해지다, 줄어들다

His enthusiasm for the project began to wane after several setbacks.
몇 가지 좌절 후 그의 프로젝트에 대한 열정이 줄어들기 시작했다.

1706 **impair** [impέər]

[동] 손상시키다, 악화시키다

These disorders impair your sense of reality.
이 장애들은 당신의 현실적 감각을 손상시킨다.
[유] harm, damage, undermine, worsen, make worse

1707 **impromptu** [imprάmptjuː]

[형] 즉흥적인, 즉석의

She gave an impromptu violin performance at people's request.
그녀는 사람들의 요청에 즉석에서 바이올린을 연주했다.
[유] spontaneous, improvised, unrehearsed, unprepared, unscripted, on the spot

1708 **luxurious** [lʌgʒúəriəs]

[형] 사치스러운, 호화로운

The woman was adorned with many luxurious jewels.
그 여자는 많은 사치스러운 보석으로 치장했다.
[유] opulent, affluent, lavish, deluxe, extravagant, sumptuous

회독 □□□□□

1709 **advocate** [ǽdvəkit]

명 지지자, 옹호자 동 지지하다, 옹호하다

The group does not advocate the use of violence.
그 단체는 폭력 사용을 지지하지 않는다.

1710 **fluctuate** [flʌ́ktʃuèit]

동 변동하다, 오르내리다

Vegetable prices fluctuate according to the season.
채소 가격은 계절에 따라 변동한다.
유 sway

1711 **duplicate** [djúːpləkit]

명 복사, 사본 형 복사의, 사본의 동 복사[복제]하다

I'll make a duplicate of his letter and send it to you.
내가 그의 편지를 복사해서 너에게 보내줄게.
유 복사[복제]하다 copy, replicate, reproduce

1712 **favorable** [féivərəbəl]

형 호의적인, 유리한

I await your favorable reply.
귀하의 호의적인 회신을 기다립니다.

1713 **mild** [maild]

형 가벼운, 온화한

She received a mild reproof from the teacher.
그녀는 선생님으로부터 가벼운 꾸지람을 들었다.
유 온화한 gentle, temperate, amiable

1714 **obsessed with**

~에 사로잡힌

He is obsessed with the idea of emigrating to Canada.
그는 캐나다로 이민가려는 생각에 사로잡혀 있다.

1715 **frivolous** [frívələs]

형 우스운, 경솔한, 하찮은

A frivolous attitude won't help you in this profession.
경솔한 태도는 이 직업에는 도움이 되지 않는다.
유 flippant, facetious, superficial, shallow

1716 **headquarters** [he'dkwɔ,rtərz]

㉮ 본부, 본사

The company's headquarters are located in New York City.
그 회사의 본사는 뉴욕에 위치해 있다.

1717 **enduring** [indjúəriŋ]

㉻ 지속적인, 영속하는, 참을성 있는

Cities are not only the oldest of institutions, they're the most enduring.
도시는 가장 오래된 제도일 뿐 아니라 가장 오래 지속된 제도이다.
유 persistent, permanent, perpetual, perennial, eternal, lasting, everlasting, continuous, continual, ceaseless, unceasing, incessant

1718 **disgraceful** [disgréisfəl]

㉻ 수치스러운, 불명예스러운

His behaviour was absolutely disgraceful.
그의 행동은 정말 수치스러웠다.
유 shameful

1719 **detain** [ditéin]

㉯ 구금하다, 억류하다

The police detained the suspect to question him about the theft.
경찰은 절도 혐의를 심문하기 위해 용의자를 구금했다.

1720 **compare** [kəmpέər]

㉯ 비교하다

This house is not compared to the previous one.
이 집은 이전 집과 비교되지 않는다.

1721 **attribute** [ətríbjuːt]

㉮ 속성, 특질 ㉯ ~탓으로 하다

They attribute the increase in the infant death rate to environmental pollution.
그들은 유아 사망률의 증가를 환경오염 탓으로 돌린다.
유 속성 property, feature, characteristic, trait

1722 **catch up with**

~을 따라잡다

He quickened his pace to catch up with them.
그는 그들을 따라잡기 위해 걸음을 빨리 했다.

회독 □□□□□

1723 **keep up with**

(정보에 대해) 알게 되다, ~을 따르다, ~에 뒤지지 않다, ~와 연락하고 지내다

She is trying to keep up with the younger generation.
그녀는 젊은 세대에 뒤지지 않으려고 애쓰고 있다.
유 keep abreast of

1724 **asymmetrical** [èisimétrik]

형 균형이 잡히지 않은, 비대칭의

Her face is asymmetrical.
그녀의 얼굴은 비대칭이다.

1725 **omnivorous** [ɑmnívərəs]

형 무엇이나 먹는, 잡식성의

Ferrets are omnivorous, so they'll eat just about any type of food.
족제비는 잡식성이므로 거의 모든 종류의 음식을 먹는다.
cf carnivorous 육식성의, 식충성의
cf herbivorous 초식의

1726 **immutable** [imjúːtəbəl]

형 불변의

Some people regard grammar as an immutable set of rules that must be obeyed.
어떤 사람들은 문법을 반드시 지켜야 할 불변의 규칙으로 여긴다.
유 unchanging, unchangeable, unalterable

1727 **provisional** [prəvíʒənəl]

형 임시의, 일시적인, 잠정적인

You need a provisional driving licence for a light quadricycle.
2인승 경자동차를 운전하기 위해서는 임시 운전면허증이 필요하다.
유 temporary, interim

1728 **drastic** [drǽstik]

형 급격한, 격렬한

Teens go through drastic physical and psychological changes.
십 대에는 신체적, 정신적으로 급격한 변화를 겪는다.
유 radical

1729 **irresponsible** [ìrispɑ́nsəbəl]

형 무책임한

His irresponsible attitude made me angry.
그의 무책임한 태도가 나를 화나게 했다.
유 reckless, careless

1730 **prestigious** [prestídʒiəs]

㉬ 명성 있는

A number of prestigious persons dined in hall.
많은 명성 있는 사람이 그 파티에 참석했다.

1731 **impudent** [ímpjədənt]

㉬ 무례한, 버릇없는

It was impudent of him to say so.
그렇게 말하다니 그가 무례했다.
유 rude, impolite, impertinent, insolent, ill-mannered, disrespectful, discourteous

1732 **curious** [kjúəriəs]

㉬ 호기심 있는

He is such a curious boy, always asking questions.
그는 아주 호기심이 많은 애라서 늘 질문을 한다.

1733 **criticize** [krítisàiz]

㉯ 비평하다, 비난하다

We were taught how to criticize poems.
우리는 시를 비평하는 법을 배웠다.
유 censure, denounce, condemn, find fault with

1734 **captivate** [kǽptəvèit]

㉯ 매혹하다, 사로잡다

Visitors were captivated by the authenticity of the street.
방문객들은 이 거리의 실제적인 모습에 매혹되었다.
유 enthrall, fascinate, charm

1735 **steer clear of**

~을 피하다

Most snakes move at night and steer clear of urban areas.
대부분 뱀들은 야간에 이동하고 도시지역은 피한다.
유 avoid, avert, evade, shun, eschew, dodge, head off, ward off, stave off

1736 **take up**

(시간, 공간을) 차지하다

How much disk space will it take up?
그것이 디스크 공간을 얼마나 차지할까?
유 occupy

회독 □□□□□

1737 **impeccable**
[impékəbəl]

형 완벽한, 무결점의

Their impeccable sales strategy resulted in their business success.
그들의 완벽한 영업 전략이 사업을 성공으로 이끌었다.
유 faultless, flawless, unblemished, immaculate

1738 **scrupulous**
[skrú:pjələs]

형 양심적인, 꼼꼼한

He was scrupulous in all his business dealings.
그는 사업상의 모든 거래에 있어서 양심적이었다.
유 양심적인 conscientious
꼼꼼한 meticulous, punctilious, fastidious

1739 **replenish**
[ripléniʃ]

동 다시 채우다, 보충하다

The waitress continued to replenish the glasses with water.
그 웨이트리스가 물잔에 물을 계속 채워 주었다.
유 fill up again, top up

1740 **withstand**
[wiðstǽnd]

동 저항하다, 견뎌[이겨]내다

The aircraft is designed to withstand turbulent conditions.
그 항공기는 난기류를 만나도 잘 견디도록 설계되어 있다
유 resist, stand up to

1741 **delusion**
[dilú:ʒən]

명 망상, 착각

The Truman Show delusion is named after the famous movie, The Truman Show.
트루먼 쇼 망상증은 유명한 영화 트루먼 쇼의 이름을 따서 지은 것이다.

1742 **decay**
[dɪ'keɪ]

동 썩다, 부패하다, 부패시키다

The fruit is injected with chemicals to reduce decay.
과일이 썩는 것을 줄이기 위해 과일에 화학약품이 주입된다.
cf decadence 타락, 퇴폐

1743 **tenacious**
[tənéiʃəs]

동 고집 센, 완고한

Her tenacious spirit helped her overcome many obstacles.
그녀의 끈질긴 정신은 그녀가 많은 장애물을 극복하는 데 도움을 주었다.

1744 **crack**
[kræk]

[동] 갈라지다, 깨지다

Copper is highly malleable and won't crack when hammered or stamped.
구리는 탄성이 강하며 망치질을 하거나 찍었을 때 깨지지 않는다.

1745 **argument**
[ɑ:rgjumənt]

[명] 논쟁, 언쟁, 논의

She got into an argument with the teacher.
그녀가 그 교사와 논쟁을 벌이게 되었다.
[유] polemic, debate, dispute, contention

1746 **bitter**
[bítər]

[형] 쓴, 신랄한

Black coffee leaves a bitter taste in the mouth.
블랙커피를 마시면 입에 쓴 맛이 남는다.

1747 **disperse**
[dispə́:rs]

[동] 흩트리다, 퍼트리다

After hearing the explosion, the crowd started to disperse.
폭발 소리를 듣자마자 군중이 흩어지기 시작했다.
[유] diffuse, disseminate, spread

1748 **diminution**
[dìmənjú:ʃən]

[명] 축소, 감소

There was a slight diminution in the stock's value.
주식의 가치에 약간의 감소가 있었다.
[유] diminish 줄어들다

1749 **put off**

미루다, 연기하다

We've had to put off our wedding until September.
우리는 결혼을 9월까지 미뤄야 했다.
[유] delay, postpone, defer, shelve, suspend, hold off, hold over

1750 **weigh down**

짓누르다, 무겁게 누르다

His responsibilities really weigh down on him.
책임감이 정말 그를 짓누르고 있다.
[유] burden

DAY 35 REVIEW & LEVEL-UP TEST

■ 괄호 안에 알맞은 단어를 고르시오.

01 Prices of stocks in the market often [fluctuate / duplicate] based on economic news.

02 She experienced only [luxurious / mild] symptoms after catching a cold.

03 It's [irresponsible / prestigious] to drive under the influence of alcohol.

■ 다음 빈칸에 문맥상 적절한 단어를 고르시오.

• impeccable	• put off	• keep up with

04 I try to read the news every day to ________ current events.

05 The actor delivered an ________ performance, capturing the essence of the character perfectly.

06 They had to ________ the meeting because the key speaker was unable to attend.

■ 다음 빈칸에 적절한 뜻을 쓰시오.

07 He <u>compared</u> the two job offers carefully before making a decision.
그는 결정을 내리기 전에 두 개의 취업 제안을 신중하게 ________.

08 She was <u>detained</u> at the airport due to an issue with her visa.
그녀는 비자 문제로 인해 공항에서 ________.

09 She was reprimanded for her <u>impudent</u> behavior towards the teacher.
그녀는 선생님에 대한 ________ 행동으로 비난을 받았다.

[해석 ☞ 네이버 카페 '진가영 영어 연구소'에서 확인] 

정답

01 fluctuate **02** mild **03** irresponsible **04** keep up with **05** impeccable
06 put off **07** 비교했다 **08** 구금되었다 **09** 무례한

DAY 36 PREVIEW & DIAGNOSIS TEST

01	somnolent	26	stave off
02	rough	27	recent
03	husky	28	unequivocal
04	revamp	29	tangible
05	restrain	30	commend
06	consequential	31	enroll / enrol
07	yield	32	at odds
08	abhor	33	insipid
09	embezzle	34	influence
10	flatter	35	rescind
11	recession	36	refurbish
12	acquiesce	37	furtive
13	favor	38	laconic
14	pledge	39	immaculate
15	bureaucratic	40	molecule
16	priceless	41	redress
17	spurious	42	predisposition
18	dissimulate	43	resentment
19	stagnant	44	gratitude
20	progressive	45	miserable
21	comprehensible	46	purposeful
22	rotate	47	feasible
23	emulate	48	disciplinary
24	shore up	49	scholarly
25	assess	50	universal

[정답 ☞ 네이버 카페 '진가영 영어 연구소'에서 확인]

1751 **somnolent** [sάmnələnt]

㉱ 졸린, 졸리게 하는

Because of his somnolent voice students find it difficult to concentrate in his classes.
그의 졸리는 목소리 때문에 학생들은 그의 수업에 집중하기가 어렵다고 생각한다.
유 drowsy, sleepy, dozy

1752 **rough** [rʌf]

㉱ 거친, 울퉁불퉁한, 사나운

The road was rough and full of potholes.
도로는 울퉁불퉁하고 움푹 패인 곳들이 가득했다.
유 violent, turbulent

1753 **husky** [hʌ́ski]

㉱ 목소리가 쉰, 허스키한

She whispered in a slightly husky voice.
그녀는 약간 허스키한 목소리로 속삭였다.
유 hoarse

1754 **revamp** [riːvǽmp]

㉯ 개조[개정]하다, 개편하다

The company must revamp its internal structure.
그 회사는 내부 구조를 개편해야 한다.
유 renovate

1755 **restrain** [ristréin]

㉯ 억제하다, 제지하다

The government is taking steps to restrain inflation.
정부에서 인플레이션을 억제하기 위한 조치를 밟고 있다.
유 curb, check, prevent, prohibit

1756 **consequential** [kὰnsikwénʃəl]

㉱ 결과로서 일어나는, 중대한

The report discusses a number of consequential matters that are yet to be decided.
그 보고서에서는 아직 결정되지 않은 몇 가지 중대한 문제를 논의하고 있다.

1757 **yield** [jiːld]

㉢ 산출(량), 수확(량) ㉯ 산출하다, 양보하다, 항복하다

I hope this year's crop yield will be the highest.
나는 올해의 농작물 수확량이 가장 최고이길 바란다.

1758 **abhor** [æbhɔ́ːr]

㉯ 몹시 싫어하다, 혐오하다

They abhor all forms of racism.
그들은 모든 종류의 인종 차별주의를 혐오한다.
유 detest, loathe, hate

1759 **embezzle** [embézəl]

㉮ 횡령하다

He is not the type to embezzle money.
그는 돈을 횡령할 사람이 아니다.
유 peculate

1760 **flatter** [flǽtər]

㉮ 아첨하다

She doesn't want to flatter people to gain their trust.
그녀는 사람들의 신용을 얻기 위해 아첨하는 것은 원치 않는다.
유 play up to, make up to, butter up

1761 **recession** [riséʃən]

㉰ 물러남, 후퇴, 불경기

The country was mired in recession.
그 나라는 불경기의 수렁에 빠져 있었다.
유 불경기 depression

1762 **acquiesce** [æ̀kwiés]

㉮ 묵인하다, 따르다, (소극적으로) 동의하다

We cannot for long acquiesce in an occupation of a town by an army.
우리는 군대의 마을 점령을 오랫동안 묵인할 수 없다.
유 accept, consent

1763 **favor** [féivər]

㉰ 호의, 친절 ㉮ 호의를 보이다, 찬성하다

The majority of people in the province are in favor of devolution.
그 지방 사람들 대다수가 양도에 찬성한다.

1764 **pledge** [pledʒ]

㉮ 맹세하다, 서약하다

We all had to pledge allegiance to the flag.
우리는 모두 국기에 대한 맹세를 해야 했다.
유 vow, swear

1765 **bureaucratic** [bjùərəkrǽtik]

㉱ 관료의, 관료주의적인

Navigating through bureaucratic channels can be frustrating for small businesses.
소기업들에게는 관료주의적인 절차를 통과하는 것이 짜증날 수 있다.

1766 **priceless**
[práislis]

(형) 값을 매길 수 없는, 대단히 귀중한

The intrinsic value of her diamond is priceless.
그녀의 다이아몬드의 본질적인 가치는 값을 매길 수 없다.
유 valuable, invaluable, precious

1767 **spurious**
[spjúəriəs]

(형) 가짜의, 위조의

He created the entirely spurious impression that the company was thriving.
그는 회사가 번창하고 있다는 완전히 거짓된 인상을 만들었다.
유 fake, false, forged, fraudulent, fabricated, counterfeit, bogus

1768 **dissimulate**
[disímjəlèit]

(동) 감추다, 숨기다, 위장하다

He has a habitual capacity to overclaim and dissimulate.
그는 과장하고 숨기는 습관적인 능력이 있다.

1769 **stagnant**
[stǽgnənt]

(형) 불경기의, 침체된, 활기가 없는

In the 1970s, business investment in this country was stagnant.
1970년대 이 나라에 사업투자는 침체되어 있었다.
유 dormant, sedentary, sluggish, listless, static, lethargic

1770 **progressive**
[prəgrésiv]

(형) 진보적인, 전진하는

The new president supports progressive education.
새 대통령은 진보적인 교육을 지지한다.

1771 **comprehensible**
[kàmprihénsəbəl]

(형) 이해할 수 있는

The example sentences of the dictionary are simple and comprehensible.
이 사전의 용례는 간결하고 이해하기 쉽다.
유 intelligible, understandable

1772 **rotate**
[ˈroʊteɪt]

(동) 회전하다, 교대로 하다, 자전하다, 윤작하다

The car wheels rotated quickly.
자동차 바퀴가 빠르게 회전했다.

1773 **emulate** [émjulèit]

[동] 모방하다, 경쟁하다, 겨루다

Children emulate their parents' behavior.
아이들은 부모의 행동을 모방한다.
[유] 모방하다 copy, imitate, mimic

1774 **shore up**

강화하다

She's just trying to shore up her self-esteem.
그녀는 단지 자부심을 강화하려 하고 있다.
[유] strengthen, reinforce, consolidate, solidify, intensify, bolster, beef up

1775 **assess** [əsés]

[동] 평가하다

It is difficult to assess the full extent of the damage.
전체적인 손상 규모를 평가하기는 어렵다.
[유] evaluate, estimate, appraise

1776 **stave off**

피하다, 막다

White blood cells stave off infection and disease.
백혈구는 감염과 질병을 막아 준다.
[유] avoid, avert, evade, shun, eschew, dodge, head off, ward off, steer clear of

1777 **recent** [rí:snt]

[형] 최근의

She published a paper on her recent research findings.
그녀는 최근 연구 결과에 대해 논문을 발표했다.

1778 **unequivocal** [ə,nikwi'vəkəl]

[형] 모호하지 않은, 명백한

That seems to be clear and unequivocal.
그것은 분명하고 명백한 것 같다.
[유] unambiguous, clear, explicit

1779 **tangible** [tǽndʒəbəl]

[형] 실체적인, 유형의

They need far-reaching and tangible help.
그들은 방대하고 실체적인 도움이 필요하다.
[유] concrete, palpable, substantive

회독 □□□□□

1780 **commend**
[kəménd]

[동] 칭찬하다, 추천하다

The mayor commended the volunteers for their dedication.
시장은 자원봉사자들의 헌신을 칭찬했다.
[유] 칭찬하다 praise, compliment, extol, laud, eulogize

1781 **ingenuity**
[ìndʒənjúːəti]

[명] 기발한 재주, 독창성

Some historic painters, so called geniuses, thrived on their own ingenuity.
소위 천재라고 불리는 몇몇 역사적인 화가들은 그들 자신만의 독창성들을 가지고 있었다.
[유] creativity, originality

1782 **enroll / enrol**
[inróul]

[동] 등록하다, 입학하다, 입대하다

She decided to enroll in a cooking class.
그녀는 요리 수업에 등록하기로 결정했다.

1783 **insipid**
[insípid]

[형] 맛[풍미]이 없는, 재미없는

After an hour of insipid conversation, I left.
한 시간 동안 재미없는 대화를 나누다가 나는 떠났다.
[유] 맛[풍미]이 없는 flavourless
재미없는 dull

1784 **influence**
[ínfluəns]

[명] 영향 [동] ~에 영향을 미치다

Her parents had a significant influence on her career choice.
그녀의 부모님은 그녀의 진로 선택에 큰 영향을 미쳤다.

1785 **rescind**
[risínd]

[동] 폐지하다, 취소하다

The governor has said we're going to rescind the contract.
주지사는 우리는 계약을 취소할 것이라고 말했다.
[유] cancel, annul, repeal, revoke, nullify

1786 **refurbish**
[riːfə́ːrbiʃ]

[동] 새로 꾸미다, 개장하다

We have to refurbish our company image.
우리는 회사의 이미지를 새로 꾸며야 한다.
[유] revamp, renovate

1787 **furtive** [fə́ːrtiv]

형 비밀스러운, 은밀한

They had a furtive conversation.
그들은 비밀스러운 대화를 나눴다.

유 secret, covert, clandestine, surreptitious

1788 **laconic** [ləkάnik]

형 간결한

His laconic speech was clear enough to convey his point of view.
그의 간결한 연설은 그의 관점을 전달하기에 충분히 명확했다.

유 concise, terse, succinct

1789 **immaculate** [imǽkjəlit]

형 결점 없는, 완전한

He gave an immaculate performance as the aging hero.
그는 늙어가는 주인공으로서 완벽한 연기를 보여 주었다.

유 faultless, flawless, spotless, unblemished, impeccable

1790 **molecule** [mάləkjùːl]

명 분자

A molecule is the smallest unit of a chemical compound.
분자는 화합물의 가장 작은 단위이다.

1791 **redress** [ríːdres]

동 바로잡다, 시정하다, 보상하다

We should redress the balance in this Budget.
우리는 이 예산에서 균형을 바로잡아야 한다.

1792 **predisposition** [ˌpriːdɪspəˈzɪʃn]

명 성향, 경향

She showed a predisposition to panic.
그녀는 패닉에 빠지기 쉬운 경향을 보여주었다.

1793 **resentment** [rɪˈzentmənt]

명 분함, 억울함, 분개

She could not conceal the deep resentment she felt at the way she had been treated.
그녀는 자신이 받은 대우에 대해 느낀 깊은 분노를 감출 수가 없었다.

유 anger, rage, indignation

회독 □□□□□

1794 **gratitude**
[|grætɪtu:d]

명 감사

He smiled at them with gratitude.
그가 감사하며 그들에게 웃어 보였다.
유 gratefulness, thankfulness

1795 **miserable**
[mízərəbəl]

형 비참한, 불행한

The family endured a miserable existence in a cramped apartment.
그 가족은 비좁은 아파트에서 비참한 생활을 견디고 있었다.
유 unhappy

1796 **purposeful**
[pə́:rpəsfəl]

형 목적이 있는, 의도적인, 단호한, 결단력 있는

Purposeful work is an important part of the regime for young offenders.
목적의식을 갖고 하는 근로는 젊은 범죄자들 관리 체제에서 중요한 부분이다.
유 단호한, 결단력 있는 determined, resolute, resolved

1797 **feasible**
[fí:zəbəl]

형 실행 가능한, 가능한

This plan seems feasible.
이 계획은 실행 가능해 보인다.
유 practical, viable

1798 **disciplinary**
[dísəplənèri]

형 훈육의, 징계의

The company will be taking disciplinary action against him.
회사가 그에 대해 징계 조치를 취할 것이다.
유 penal

1799 **scholarly**
[skɑ́lərli]

형 학자의, 학구적인

Both his parents are from scholarly families.
그는 친가와 외가가 모두 학자 집안이다.
유 academic

1800 **universal**
[jù:nəvə́:rsəl]

형 보편적인, 일반적인, 전 세계의

Such problems are a universal feature of old age.
그런 문제들은 노령의 일반적인 특징이다.
유 일반적인 general
전 세계의 global, worldwide, international

REVIEW & LEVEL-UP TEST

■ 괄호 안에 알맞은 단어를 고르시오.

01 The police had to [pledge / restrain] the suspect to prevent them from escaping.

02 The soup was so [laconic / insipid] that I couldn't bring myself to finish it.

03 The government decided to [rescind / commend] the controversial law after widespread protests.

■ 다음 빈칸에 문맥상 적절한 단어를 고르시오.

• unequivocal	• gratitude	• recession

04 The global _________ of 2008 caused widespread economic turmoil and job losses.

05 She gave an _________ answer to the question, leaving no room for doubt.

06 She expressed her _________ to everyone who supported her during difficult times.

■ 다음 빈칸에 적절한 뜻을 쓰시오.

07 He was convicted of embezzling company funds.

그는 회사 공금을 _________ 것으로 유죄 선고를 받았다.

08 It was hard for him to dissimulate his nervousness during the interview.

그는 면접 중에 긴장을 _________ 어려웠다.

09 The doctor will assess your condition before deciding on the best treatment plan.

의사는 최적의 치료 계획을 결정하기 전에 당신의 상태를 _________ 것이다.

[해석 ☞ 네이버 카페 '진가영 영어 연구소'에서 확인]

정답

01 restrain **02** insipid **03** rescind **04** recession **05** unequivocal
06 gratitude **07** 횡령한 **08** 감추기가 **09** 평가할

DAY 37 PREVIEW & DIAGNOSIS TEST

01 barter ______
02 discrimination ______
03 withdrawal ______
04 collapse ______
05 invasion ______
06 surrender ______
07 curse ______
08 exemplary ______
09 digress ______
10 nightmare ______
11 esteem ______
12 mitigate ______
13 liable ______
14 auditory ______
15 indispensable ______
16 reckless ______
17 resilience ______
18 supernatural ______
19 harmonious ______
20 command ______
21 stray ______
22 amenable ______
23 vociferous ______
24 perishable ______
25 innate ______
26 distress ______
27 exorbitant ______
28 veto ______
29 come off ______
30 turn off ______
31 levy ______
32 abrogate ______
33 preclude ______
34 bargain ______
35 beat ______
36 stock ______
37 arduous ______
38 pertinent ______
39 dissipate ______
40 conserve ______
41 secure ______
42 ferment ______
43 attainment ______
44 delinquency ______
45 scribble ______
46 turn out ______
47 turn to ______
48 turn over ______
49 proliferation ______
50 recede ______

[정답 ☞ 네이버 카페 '진가영 영어 연구소'에서 확인] 

1801 **barter** [bɑ́:rtər]

㉯ 물물 교환하다

In ancient times, people would barter items instead of using money.
고대에는 사람들이 돈을 사용하는 대신 물물 교환하곤 했다.

1802 **discrimination** [dɪˌskrɪmɪˈneɪʃn]

㉮ 구별, 차별

The government will legislate against discrimination in the workplace.
정부가 일터에서의 차별을 금하는 법률을 제정할 것이다.
유 구별 distinction, differentiation

1803 **withdrawal** [wiðdrɔ́:əl]

㉮ 철회, 인출, 취소

The newspaper published a withdrawal the next day.
그 신문에서 그 다음날 취소 기사를 실었다.
유 retreat

1804 **collapse** [kəlǽps]

㉮ 붕괴, 무너짐 ㉯ 붕괴되다, 무너지다

She looked ready to collapse at any minute.
그녀는 금방이라도 무너질 것 같았다.

1805 **invasion** [invéiʒən]

㉮ 침략[침입], (권리 등의) 침해, 침범

Farmers are struggling to cope with an invasion of slugs.
농부들이 민달팽이 침입에 맞서 싸우느라 고전하고 있다.
유 (권리 등의) 침해, 침범 violation, infringement, breach

1806 **surrender** [səréndər]

㉮ 항복[굴복] ㉯ 항복[굴복]하다, (권리 등을) 포기하다

The rebel soldiers were forced to surrender.
반란군들은 어쩔 수 없이 항복해야 했다.
유 항복[굴복]하다 give in, succumb
(권리 등을) 포기하다 relinquish

1807 **curse** [kɜ:rs]

㉮ 욕(설), 악담, 저주

Winning the first prize on the Lotto can be a blessing and a curse.
로또 1등 당첨은 축복이자 저주가 될 수 있다.

1808 **exemplary** [igzémpləri]

㉱ 모범적인, 훌륭한

Her behaviour was exemplary.
그녀의 행동은 모범적이었다.

회독 □□□□□

1809 **digress**
[daigrés]

동 벗어나다, 탈선하다

We must be careful not to digress from the topic.
우리는 주제를 벗어나지 않도록 주의해야 한다.
유 deviate, stray

1810 **nightmare**
[náitmεər]

명 악몽

She had a terrifying nightmare last night.
어젯밤 그녀는 무서운 악몽을 꾸었다.

1811 **esteem**
[istí:m]

명 존경 동 존경[존중]하다

She is held in high esteem by her colleagues.
그녀는 동료들의 많은 존경을 받고 있다.
유 respect

1812 **mitigate**
[mítəgèit]

동 완화시키다, 경감하다

It was launched to mitigate the global ecological crisis.
그것은 세계적인 생태 위기를 완화하기 위해 출범했다.
유 alleviate, allay, assuage, appease, ease, calm, pacify, palliate, placate, soothe, mollify, relieve

1813 **liable**
['laɪəbl]

형 ~할 것 같은, 하기 쉬운

We're all liable to make mistakes when we're tired.
우리는 모두 피곤하면 실수를 하기가 쉽다.
유 prone

1814 **auditory**
[ɔ́:ditɔ̀:ri]

형 귀의, 청각의

She has excellent auditory skills.
그녀는 뛰어난 청각 능력을 가지고 있다.

1815 **indispensable**
[indispénsəbəl]

형 없어서는 안 될, 필수적인

She made herself indispensable to the department.
그녀는 자기가 그 부서에 없어서는 안 될 사람이 되도록 했다.
유 crucial, essential, requisite

1816 **reckless**
[réklisnis]

형 분별없는, 무모한

He had always been reckless with money.
그는 돈에 대해서는 항상 무모했었다.
유 careless, thoughtless, heedless, incautious, inattentive

1817 **resilience**
[rizíljəns]

명 탄성, 회복력

A person with a growth mindset has more resilience.
성장의 사고방식을 가진 사람이 더 회복 탄력성이 있다.

1818 **supernatural**
[sùːpərnǽtʃərəl]

형 초자연적인, 불가사의한

The church is the site of a number of supernatural manifestations.
그 교회는 몇 건의 불가사의한 현상이 나타난 현장이다.
유 paranormal

1819 **harmonious**
[hɑːrmóuniəs]

형 조화된, 사이 좋은

The room was painted in harmonious colors.
그 방은 색이 조화롭게 칠해졌다.
유 congruous, compatible

1820 **command**
[kə'mænd]

명 명령 동 명령하다, 지휘하다

You must obey the captain's commands.
자넨 선장의 명령에 복종해야 해.

1821 **stray**
[strei]

형 길 잃은 동 길을 잃다

Finally, the shepherd found the stray lamb.
마침내 목동은 길 잃은 양을 찾았다.
유 길을 잃다 lose one's way

1822 **amenable**
[əmíːnəbl]

형 순종적인, 유순한

I always try to follow my parents' wishes and be an amenable child.
나는 늘 부모님의 바람을 따르고 유순한 아이가 되고자 노력한다.
유 submissive, compliant, obedient, pliant, pliable, flexible, docile

회독 □□□□□

1823 **vociferous**
[vousífərəs]

[형] 큰소리로 외치는, 시끄러운
He was a vociferous opponent of the government.
그는 시끄러운 정부 반대자였다.
[유] noisy, loud, raucous

1824 **perishable**
[périʃəbl]

[형] 썩기 쉬운, 부패하기 쉬운
Those perishable items must go into the refrigerator first.
썩기 쉬운 것들이 냉장고에 먼저 들어가야 한다.
[cf] perish 죽다, 소멸되다

1825 **innate**
[inéit]

[형] 타고난, 선천적인
She has an innate sense of music.
그녀는 음악에 타고난 감각이 있다.
[유] natural, congenital, inherited, intrinsic

1826 **distress**
[distrés]

[명] 고통, 고민 [동] 고통스럽게 하다
She was obviously in distress after the attack.
그녀는 그 공격이 있은 후 분명히 고통스러워하고 있었다.
[유] 고통 pain, agony, torment, torture, suffering, anguish

1827 **exorbitant**
[igzɔ́:rbətənt]

[형] 엄청난, 터무니없는
The bill for dinner was exorbitant.
저녁 식사 계산서가 터무니없었다.
[유] preposterous

1828 **veto**
[ví:tou]

[명] 거부권 [동] 거부하다
The president used his veto to block the bill.
대통령은 법안을 막기 위해 거부권을 행사했다.

1829 **come off**

성공하다, 이루어지다
Did the trip to Rome ever come off?
로마로의 여행이 과연 이루어지기는 했나요?

1830 **turn off**

(전기 · 가스 · 수도 등을) 끄다

He turned off the light.
그는 불을 껐다.

1831 **levy**
[lévi]

동 (세금 등을) 부과[징수]하다

The government will levy a tax on sugar.
정부는 설탕에 세금을 부과할 것이다.
유 impose

1832 **abrogate**
[ǽbrəgèit]

동 폐지하다[철폐하다]

Congress must abrogate the new tax law.
의회는 새로운 조세 법안을 폐지해야 한다.
유 revoke, repeal, rescind

1833 **preclude**
[priklúːd]

동 막다, 방지하다, 제외하다

Financial difficulties precluded him from going on the trip.
금융적인 어려움이 그의 여행 계획을 막았다.
유 막다 prevent
제외하다 exclude

1834 **bargain**
[bɑ́ːrgən]

명 싸게 산 물건, 흥정 동 협상[흥정]하다

The car was a bargain at that price.
그 가격이면 그 차는 싼 것이었다.

1835 **beat**
[biːt]

동 이기다, 치다, 두드리다

He beat me at chess.
그가 체스에서 나를 이겼다.

1836 **stock**
[stak]

명 주식, 재고, 저장

Grocery stores are running out of stock due to increased demand.
수요 증가로 인해 식료품 점의 재고가 부족하다.
cf livestock 가축

회독 □□□□□

1837 **arduous**
[ɑ́:rdʒuəs]

[형] 힘든, 고된

The work was arduous.
그 일은 몹시 힘들었다.
[유] difficult, demanding, laborious, strenuous

1838 **pertinent**
[pə́:rtənənt]

[형] 적절한, 관련 있는

I think it is wise to follow his pertinent advice.
나는 그의 적절한 조언을 따르는 것이 현명하다고 생각한다.
[유] relevant, related, appropriate, proper, germane, to the point

1839 **dissipate**
[dísəpèit]

[동] 흩뜨리다, 낭비하다, 흩어져 사라지다

His anxiety dissipated gradually.
그의 불안감은 점점 사라졌다.
[유] 흩뜨리다 scatter
낭비하다 squander
흩어져 사라지다 disappear, vanish

1840 **conserve**
[kənsə́:rv]

[동] 보존[유지]하다, 보호하다

It is important to conserve energy.
에너지를 보존하는 것이 중요하다.

1841 **secure**
[sikjúər]

[형] 안전한 [동] 얻어 내다, 획득[확보]하다, 안전하게 하다

The future of the company looks secure.
그 회사의 미래는 안전한 것 같다.

1842 **ferment**
[fə́:rment]

[동] 발효시키다, 발효하다 [명] 효모, 동요

The dough needs to ferment overnight to rise properly.
반죽은 제대로 부풀기 위해 하룻밤 동안 발효할 필요가 있다.

1843 **attainment**
[ətéinmənt]

[명] 도달, 달성

The attainment of his ambitions was still a dream.
그의 야망을 달성하는 것은 아직도 꿈에 지나지 않았다.
[유] procurement

1844 **delinquency**
[dilíŋkwənsi]

명 직무 태만, 의무 불이행, 비행, 과실, 범죄

Juvenile delinquency goes on increasing.
청소년 범죄가 늘어가고 있다.
유 범죄 crime, offense, misdeed, wrongdoing

1845 **scribble**
['skrɪbl]

동 갈겨쓰다

He scribbled on a piece of paper to jot down the address quickly.
그는 그 주소를 빠르게 적기 위해 종이에 갈겨썼다.
유 scrawl

1846 **turn out**

밝혀지다, 나타나다

The rumors could very well turn out to be true.
소문이 사실로 밝혀질 수도 있다.

1847 **turn to**

~에 의지하다

She has nobody she can turn to.
그녀는 의지할 수 있는 사람이 아무도 없다.
유 depend on, rely on, count on, hinge on, lean on, rest on, fall back on, look to, resort to

1848 **turn over**

~을 뒤집다, ~을 숙고하다

The car skidded on the icy road and turned over.
그 차가 빙판길에 미끄러져 뒤집혔다.

1849 **proliferation**
[prəlìfəréiʃən]

명 확산, 증식

North Korea was required to confess to covert nuclear proliferation.
북한은 은밀한 핵 확산에 대해 시인하라고 요구받았다.
유 spread, diffusion, expansion, multiplication

1850 **recede**
[rɪ'siːd]

(서서히) 물러나다[멀어지다], 약해지다, 희미해지다

The sound of the truck receded into the distance.
트럭 소리는 차츰 멀어져 갔다.

DAY 37 REVIEW & LEVEL-UP TEST

■ 괄호 안에 알맞은 단어를 고르시오.

01 She made a [reckless / harmonious] decision without considering the consequences.

02 It's important to focus on [pertinent / arduous] information when writing a research paper.

03 It's important to [turn off / come off] the water while brushing your teeth to save water.

■ 다음 빈칸에 문맥상 적절한 단어를 고르시오.

• levy	• perishable	• indispensable

04 Water is ________ to all forms of life.

05 Milk is a ________ item that needs to be refrigerated.

06 Farmers are protesting against the ________ on agricultural products.

■ 다음 빈칸에 적절한 뜻을 쓰시오.

07 Racial <u>discrimination</u> in hiring practices is illegal and unethical.
채용 관행에서의 인종 ________은 불법적이고 윤리적으로 문제가 된다.

08 Her <u>innate</u> sense of direction meant she rarely got lost.
그녀의 ________ 방향 감각 덕분에 그녀는 거의 길을 잃지 않았다.

09 The grocery store is out of <u>stock</u> due to high demand this week.
이번 주 수요가 많아서 식품점의 ________가 부족하다.

[해석 ☞ 네이버 카페 '진가영 영어 연구소'에서 확인] 

정답

01 reckless **02** pertinent **03** turn off **04** indispensable **05** perishable
06 levy **07** 차별 **08** 타고난 **09** 재고

DAY 38 PREVIEW & DIAGNOSIS TEST

01 acquire ______________

02 rudimentary ______________

03 dilute ______________

04 state ______________

05 belligerent ______________

06 contentious ______________

07 sympathy ______________

08 exploit ______________

09 frankly ______________

10 punitive ______________

11 sagacious ______________

12 inert ______________

13 fragile ______________

14 allure ______________

15 exceptional ______________

16 consent ______________

17 irrational ______________

18 discrepancy ______________

19 give in ______________

20 put aside ______________

21 implant ______________

22 eradicate ______________

23 eliminate ______________

24 displace ______________

25 abolish ______________

26 avidity ______________

27 immoral ______________

28 affluent ______________

29 destitute ______________

30 amiable ______________

31 endorse ______________

32 diminish ______________

33 officer ______________

34 recurrent ______________

35 reckon ______________

36 unjustified ______________

37 irregular ______________

38 seamlessly ______________

39 concrete ______________

40 dramatically ______________

41 energetically ______________

42 selfish ______________

43 ubiquitous ______________

44 hypocritical ______________

45 impertinent ______________

46 precipitate ______________

47 pull out ______________

48 put out ______________

49 get away ______________

50 momentary ______________

[정답 ☞ 네이버 카페 '진가영 영어 연구소'에서 확인]

회독 □□□□□

1851 **acquire** [əkwáiər]

㉯ 습득하다, 취득하다

It is essential to acquire skills to live in a technosociety.
기술 사회에서 살아가기 위해 기술을 습득하는 것은 필수적이다.
유 obtain, attain

1852 **rudimentary** [rù:dəméntəri]

㉱ 기본의, 초보의

They were given only rudimentary training in the job.
그들은 그 직장에서 가장 기본적인 훈련만 받았다.
유 basic, elementary, introductory, primary, fundamental

1853 **dilute** [dilú:t]

㉯ 희석시키다, 약화시키다

Dilute this detergent three to one before use.
이 세제는 3 대 1의 비율로 희석해서 사용하세요.
유 water down, weaken

1854 **state** [steit]

㉰ 국가, 상태, 주 ㉯ 말하다, 진술하다

The company is in a financially stable state this quarter.
그 회사는 이 분기에 재정적으로 안정된 상태에 있다.

1855 **belligerent** [bəlídʒərənt]

㉱ 적대적인, 호전적인

Your belligerent attitude is often the cause for your lack of popularity.
네 적대적인 태도가 네가 인기 없는 원인일 때가 종종 있다.
유 bellicose, hostile, aggressive, antagonistic, contentious, warlike, inimical

1856 **contentious** [kənténʃəs]

㉱ 논쟁[토론]을 좋아하는, 논쟁[이론]을 불러일으키는

It's currently a very contentious issue.
그것은 현재 굉장히 논쟁을 일으키는 안건이다.
유 controversial, disputable, debatable, disputed, contended

1857 **sympathy** [símpəθi]

㉰ 동정, 연민, 공감

There was no personal sympathy between them.
그들 사이에는 개인적인 공감이 없었다.
유 동정, 연민 compassion

1858 **exploit** [éksplɔit]

㉯ 이용하다, 개발하다, 착취하다

We should exploit our own coal resources because the price of oil has surged.
석유값이 급등했기 때문에 우리의 석탄 자원을 이용해야 한다.
유 use, utilize, make use of, take advantage of

1859 **frankly**
[frǽŋkli]

[부] 솔직히

She told me frankly that she didn't like my cooking.
그녀는 솔직히 내 요리를 좋아하지 않는다고 말했다.

1860 **punitive**
[pjúːnətiv]

[형] 처벌의, 형벌의

The company takes punitive measures if rules are violated.
그 회사는 규칙을 어기면 처벌적 조치를 취한다.
[유] penal, disciplinary

1861 **sagacious**
[səgéiʃəs]

[형] 총명한, 현명한

Her sagacious decision saved the company from bankruptcy.
그녀의 현명한 결정이 회사를 파산에서 구했다.
[유] wise, clever, intelligent, sensible, judicious

1862 **inert**
[inə́ːrt]

[형] 비활성, 둔한

I'm trying to render it inert.
나는 그것을 비활성 상태로 만들기 위해 노력 중이다.
[유] listless, indolent, torpid, lethargic, lazy

1863 **fragile**
[frǽdʒəl]

[형] 깨지기 쉬운, 약한

Glass is fragile, so we must be careful when handling it.
유리는 깨지기 쉬우니 다룰 때 조심해야 한다.
[유] breakable, delicate, brittle, frail, feeble

1864 **allure**
[ə'lʊr]

[동] 유혹[매혹]하다, 꾀어내다

People think it is bad to allure others with money.
사람들은 돈으로 다른 사람들을 유혹하는 것은 나쁘다고 생각한다.
[유] attract, lure, entice, tempt, charm

1865 **exceptional**
[iksépʃənli]

[형] 예외적인, 특출한

This deadline will be extended only in exceptional circumstances.
이 기한은 오직 극히 예외적인 상황에서만 연장될 것이다.
[유] unusual

회독 □□□□□

1866 **consent** [kənsént]

㉑ 동의, 일치 ㉕ 동의하다, 승낙하다

She showed her consent by nodding to me.
그녀는 끄덕여 내게 동의를 표시했다.

1867 **irrational** [iræʃənl]

㉑ 불합리한, 분별없는

He made an irrational decision.
그는 불합리한 결정을 내렸다.

1868 **discrepancy** [diskrépənsi]

㉑ 불일치, 모순

There is some discrepancy between the two accounts.
두 설명 사이에는 약간의 모순이 있다.
유 inconsistency

1869 **give in**

~에 항복하다, ~에 굴복하다

We must not give in to threats.
위협에 굴복해서는 안 된다.
유 surrender, yield, capitulate

1870 **put aside**

~을 제쳐두다, ~을 따로 떼어 놓다[두다]

I put aside half an hour every day to write my diary.
나는 매일 반 시간을 일기 쓰는 시간으로 따로 떼어 둔다.

1871 **implant** [implǽnt]

㉕ 심다, 주입하다, 불어넣다

The government tried to implant loyalty in its citizens.
정부는 국민에게 애국심을 심어주려고 시도했다.
유 주입하다 inject, instill

1872 **eradicate** [irǽdəkèit]

㉕ 근절하다, 박멸하다

We are determined to eradicate racism from our sport.
우리는 우리 스포츠에서 인종차별주의를 반드시 근절할 것이다.
유 eliminate, exterminate, annihilate, obliterate, extinguish, wipe out, stamp out, root out, weed out

1873 **eliminate** [ilímənèit]

동 없애다, 제거하다

The goal is to eliminate poverty and hunger in our community.
목표는 우리 지역의 빈곤과 굶주림을 없애는 것이다.

1874 **displace** [displéis]

동 대신하다, 대체하다

Technological advances displace low-efficiency production methods.
기술 발전은 저효율 생산 방법을 대체한다.

1875 **abolish** [əbάliʃ]

동 (법률·제도·조직을) 폐지하다

The government plans to abolish the tax.
정부는 그 세금을 폐지할 계획이다.

1876 **avidity** [əvídəti]

명 (열렬한) 욕망, 갈망, 탐욕

He have a strong avidity for money.
그는 돈을 향한 강한 탐욕을 가지고 있다.
유 voracity

1877 **immoral** [imɔ́:rəl]

명 부도덕한

The politician faced criticism for his immoral actions while in office.
그 정치인은 재임 중에 저지른 부도덕적인 행동들로 비판을 받았다.
유 wicked, unscrupulous, unprincipled, corrupt

1878 **affluent** [ǽfluənt]

형 풍부한, 유복한

The society we are living in now is quite affluent.
우리가 살고 있는 사회는 풍족하다.
유 prosperous, wealthy, rich, opulent, well-off, well to do, made of money

1879 **destitute** [déstətjù:t]

형 빈곤한, 결핍된

When he died, his family was left completely destitute.
그가 죽었을 때 그의 가족은 철저한 결핍 속에 내버려지게 되었다.
유 poor, needy, penniless, impoverished, indigent, impecunious

회독 □□□□□

1880 **amiable**
[éimiəbəl]

㉻ 상냥한, 우호적인

She is amiable and gets along with everyone.
그녀는 사냥하여 모두와 잘 지낸다.
유 friendly, amicable, affable, agreeable, genial, cordial, hospitable

1881 **endorse**
[indɔ́:rs]

㉺ 승인하다

I wholeheartedly endorse his remarks.
나는 진심으로 그의 발언을 지지한다.

1882 **diminish**
[dimíniʃ]

㉺ 줄어들다, 약해지다

The company's profits began to diminish after the economic downturn.
경제 침체 이후 그 회사의 이익은 줄어들기 시작했다.

1883 **officer**
[ɔ́:fisər]

㉹ 장교, 공무원, 담당자

She spoke to the admissions officer at the university.
그녀는 대학의 입학 담당자와 이야기했다.

1884 **recurrent**
[rikə́:rənt]

㉻ 재발하는, 되풀이되는

She is struggling against recurrent cancer.
그녀는 재발한 암에 맞서 싸우고 있다.
유 되풀이되는 repeated, recurring, repetitive, reiterative

1885 **reckon**
[rékən]

㉺ 간주하다, 여기다, 생각하다, 계산하다

I reckon him the best swimmer in my class.
그가 반에서 제일 헤엄을 잘 친다고 생각한다.
유 간주하다, 여기다 regard, consider
계산하다 calculate, compute

1886 **unjustified**
[ʌndʒʌstəfàid]

㉻ 정당하지 않은, 근거 없는

The criticism was wholly unjustified.
그 비판은 전혀 정당하지 못했다.

1887 **irregular**
[irégjələr]

ⓗ 불규칙한, 고르지 못한

The heartbeat was feeble and irregular.
심장 박동 소리가 아주 약하고 불규칙했다.
유 고르지 못한 uneven

1888 **seamlessly**
[síːmlisli]

ⓑ 끊어짐 없이, 균일하게

The movie seamlessly connected various scenes.
그 영화는 다양한 장면들을 끊어짐 없이 연결했다.
유 smoothly

1889 **concrete**
[kankríːtli]

ⓗ 구체적인, 실제적인

It is easier to think in concrete terms rather than in the abstract.
생각은 추상적으로 하는 것보다 구체적으로 하는 것이 더 쉽다.
유 material, real, physical, tangible, palpable

1890 **dramatically**
[drəmǽtikəli]

ⓑ 극적으로

His quality of life has improved dramatically since the operation.
수술 후에 그의 삶의 질이 극적으로 개선되었다.

1891 **energetically**
[ènərdʒétikəli]

ⓑ 정력적으로, 힘차게

The volunteers worked energetically.
자원 봉사자들은 힘차게 일했다.

1892 **selfish**
[sélfiʃli]

ⓗ 이기적인

It was selfish of him to leave all the work to you.
그가 그 모든 일을 네게 맡긴 것은 이기적이었어.
유 egocentric, self-centered, self-interested

1893 **ubiquitous**
[juːbíkwətəs]

ⓗ 도처에 있는, 어디에나 존재하는

Garlic, sesame, chili powder and chili paste are ubiquitous.
마늘, 참깨, 고춧가루, 고추장은 어디에든 들어간다.
유 omnipresent, pervasive, prevailing, prevalent, widespread, rampant, rife

회독 □□□□□

1894 **hypocritical**
[hìpəkrítikəl]

㉻ 위선의, 위선적인

Others assert that the government's decision is hypocritical.
다른 이들은 정부의 결정이 위선적이라고도 말한다.

1895 **impertinent**
[ɪm|pɜːrtnənt]

㉻ 무례한, 적절하지 않은, 관계없는

Would it be impertinent to ask why you're leaving?
왜 떠나시는지 여쭤 보면 무례한 일이 될까요?
유 무례한 rude, insolent, impolite, impudent
적절하지 않은, 관계없는 irrelevant, beside the point, out of place

1896 **precipitate**
[prisípətèit]

㉿ 촉발시키다, 촉진하다

This kind of behavior will precipitate his ruin.
그러한 행동이 그의 파멸을 촉진시킬 것이다.
유 촉발시키다 bring on, spark off

1897 **pull out**

옆으로 빠져나가다[나오다]

He may pull out of it.
그는 그것을 잘 빠져 나갈지도 모른다.

1898 **put out**

~을 내놓다, 불을 끄다

The cattle were put out to pasture.
그 소들은 목초지에 내놓여져 있었다.

1899 **get away**

벗어나다, 도망치다

She wanted to get away from the drudgery of their everyday lives.
그녀는 일상생활의 고역스런 일에서 벗어나고 싶었다.

1900 **momentary**
[móumәntèri]

㉻ 순간적인, 잠깐[찰나]의

There was a momentary pause before he continued speaking.
그는 말을 이어가기 전 잠시 멈췄다.
cf momentous 중요한, 중대한

DAY 38 REVIEW & LEVEL-UP TEST

■ 괄호 안에 알맞은 단어를 고르시오.

01 The judge imposed [fragile / punitive] measures against the company for violating environmental regulations.

02 The [consent / discrepancy] in their testimonies raised doubts about their reliability as witnesses.

03 His abstract ideas became more [concrete / hypocritical] after discussing them with his colleagues.

■ 다음 빈칸에 문맥상 적절한 단어를 고르시오.

• impertinent	• immoral	• inert

04 The _________ volcano had not erupted in over a century.

05 She asked _________ questions about his personal life, which made him uncomfortable.

06 Theft is universally condemned as _________ behavior in every society.

■ 다음 빈칸에 적절한 뜻을 쓰시오.

07 Efforts to eradicate malaria have been ongoing for decades.
말라리아를 _________ 위한 노력이 수십 년간 계속되어 왔다.

08 She greeted us with an amiable smile as we entered the room.
그녀는 우리가 방에 들어오자마자 _________ 미소로 인사했다.

09 Coffee shops are ubiquitous in urban areas.
도시 지역에서는 커피숍이 _________.

[해석 ☞ 네이버 카페 '진가영 영어 연구소'에서 확인]

정답

01 punitive **02** discrepancy **03** concrete **04** inert **05** impertinent
06 immoral **07** 근절하기 **08** 상냥한 **09** 어디에나 있다

PREVIEW & DIAGNOSIS TEST

01 erroneous ______________
02 indistinguishable ______________
03 statistic ______________
04 petrol ______________
05 impetus ______________
06 obstruction ______________
07 hurdle ______________
08 repercussion ______________
09 incentive ______________
10 modernization ______________
11 break off ______________
12 do away with ______________
13 visual ______________
14 latent ______________
15 robust ______________
16 superficial ______________
17 evaporate ______________
18 decompose ______________
19 alienate ______________
20 sanitize ______________
21 at one's discretion ______________
22 whim ______________
23 contend ______________
24 obtain ______________
25 liberate ______________
26 infantile ______________
27 discourteous ______________
28 creative ______________
29 moisture ______________
30 trivial ______________
31 heed ______________
32 discuss ______________
33 annoy ______________
34 benign ______________
35 vigilant ______________
36 censure ______________
37 endue ______________
38 collude ______________
39 exchange ______________
40 brittle ______________
41 generate ______________
42 porcedure ______________
43 occupation ______________
44 validate ______________
45 imprudent ______________
46 alteration ______________
47 embargo ______________
48 reticent ______________
49 vibrate ______________
50 dissolution ______________

[정답 ☞ 네이버 카페 '진가영 영어 연구소'에서 확인]

1901 **erroneous**
[iróuniəs]

형 잘못된, 틀린

Erroneous information can cause serious problems.
잘못된 정보는 심각한 문제들을 일으킬 수 있다.
유 incorrect

1902 **indistinguishable**
[ìndistíŋgwiʃəbl]

형 구분할 수 없는

The male of the species is almost indistinguishable from the female.
그 종의 수컷은 암컷과 거의 구분이 안 된다.

1903 **statistics**
[stətístiks]

명 통계학, 통계 자료

Statistics show a decline in unemployment rates this quarter.
통계 자료는 이번 분기 실업률의 감소를 보여준다.

1904 **petrol**
[pétrəl]

명 휘발유, 가솔린

Petrol is used as a fuel for many vehicles.
휘발유는 많은 차량의 연료로 사용된다.

1905 **impetus**
[ímpətəs]

명 자극, 추동력

His articles provided the main impetus for change.
그의 글은 변화에 주된 추동력을 제공했다.
유 motivation

1906 **obstruction**
[əbstrʌ́kʃən]

명 방해, 방해물, 장애물

He was arrested for obstruction of a police officer in the execution of his duty.
그는 업무 수행 중인 경찰관을 방해한 혐의로 체포되었다.

1907 **hurdle**
[hə́:rdl]

명 허들, 장애물

His horse fell as it jumped the last hurdle.
그의 말이 마지막 허들을 뛰어넘다가 넘어졌다.
유 impediment

1908 **repercussion**
[rì:pərkʌ́ʃən]

명 영향, (소리의) 반향, (빛의) 반사

Bossanova rhythm had a great repercussion on other musical forms of Brazil like samba.
보사노바 리듬은 삼바와 같은 브라질의 다른 음악 형태에 커다란 영향을 주었다.

회독 □□□□□

1909 **incentive**
[inséntiv]

명 자극, 유인, 동기, 장려책

He hasn't much incentive to work hard.
그에게는 열심히 일을 하게 하는 동기가 별로 없다.

1910 **modernization**
[mὰdərnizéiʃən]

명 현대화, 근대화

All attempts at modernization were stamped on by senior officials.
현대화하려는 모든 시도는 고위 공무원들에 의해 짓밟혔다.

1911 **break off**

~을 중단하다

Britain threatened to break off diplomatic relations.
영국이 외교 관계를 중단하겠다고 위협했다.

1912 **do away with**

~을 버리다, ~을 없애다

I don't wear the baffies anymore, but I can't do away with my shoes.
나는 그 낡고 닳은 슬리퍼를 더는 신지 않지만 내 신발을 버릴 수 없다.

1913 **visual**
[víʒuəl]

명 시각 자료 형 시각의, 눈에 보이는

The visual effects in the movie were stunning.
그 영화의 시각 효과는 놀라웠다.

1914 **latent**
[léitənt]

형 잠재하는, 숨어있는

These children have a huge reserve of latent talent.
이 아이들은 잠재된 재능을 엄청나게 많이 지니고 있다.
유 hidden

1915 **robust**
[roubʌ́st]

형 튼튼한, 건강한

They built a robust fence.
그들은 튼튼한 울타리를 지었다.

1916 **superficial** [sù:pərfíʃəl]

형 표면상의, 피상적인

He claims that a lot of journalism is meretricious and superficial.
그는 많은 언론이 저속하며 피상적이라고 주장한다.

1917 **evaporate** [ivǽpərèit]

동 사라지다, 증발하다

When a climate heats up, oceans evaporate.
기후가 더워지면, 해양은 증발한다.

1918 **decompose** [dì:kəmpóuz]

동 분해하다, 부패하다

As the waste materials decompose, they produce methane gas.
그 폐기물들이 분해되면서 메탄가스를 방출한다.
유 부패하다 decay, rot

1919 **alienate** [éiljənèit]

동 ~을 멀리하다, 소원하게 하다

Talented children may feel alienated from the others in their class.
재능이 뛰어난 아이들은 학급의 다른 아이들로부터 소외감을 느낄 수도 있다.

1920 **sanitize** [sǽnətàiz]

동 ~을 위생적으로 하다

Use a germ-killing towelette to sanitize the cart handle.
카트 손잡이의 위생 처리를 위해 살균 냅킨을 사용해라.
유 sterilize, disinfect

1921 **at one's discretion**

~의 재량에 따라

There is no service charge and tipping is at your discretion.
봉사료는 따로 없고 팁은 재량에 따라 주면 된다.
유 at one's own free will

1922 **whim** [hwim]

명 변덕, 일시적 기분

She hires and fires people at whim.
그녀는 일시적 기분에 따라 사람들을 고용하고 해고한다.
유 caprice

회독 □□□□□

1923 **contend**
[kənténd]

㊐ 주장하다, 다투다

He contends that he is innocent.
그는 자신이 결백하다고 주장한다.

1924 **obtain**
[əbtéin]

㊐ 얻다, 획득하다

It took him years of hard work to obtain his medical degree.
의학 학위를 얻기 위해 그에게는 몇 년 동안의 노력이 필요했다.

1925 **liberate**
[líbərèit]

㊐ 해방하다, 자유롭게 하다

They said they sent troops in to liberate the country from a dictator.
그들은 그 나라를 독재자에게서 해방시키기 위해 군대를 파견했다고 말했다.
유 free, set free, release, extricate, emancipate

1926 **infantile**
[ínfəntàil]

㊎ 어린애 같은, 유치한

I thought her nice but rather infantile.
나는 그녀가 멋지지만 꽤 유치하다고 생각했다.
유 childish, immature

1927 **discourteous**
[diskə́:rtiəs]

㊎ 무례한, 버릇없는

I apologized to you for being discourteous.
무례했던 것에 대해 사과했다.
유 presumptuous, obtrusive, insolent, impolite, rude, impudent

1928 **creative**
[kriéitiv]

㊎ 창조적인, 창의적인, 독창적인

The artist painted a creative masterpiece.
그 예술가는 창의적인 걸작을 그렸다.
유 original, ingenious, inventive

1929 **moisture**
[mɔ́istʃər]

㊔ 수분, 습기

Excessive moisture can lead to mold growth.
과도한 수분은 곰팡이 성장을 유도할 수 있다.

1930 **trivial** [tríviəl]

형 사소한, 하찮은

They spent the afternoon discussing trivial matters.
그들은 오후를 사소한 문제들에 대해 토론하는 데 보냈다.

1931 **heed** [hiːd]

동 ~에 주의하다, 유념하다

The accident happened since nobody paid heed to the warning signs.
그 사고는 아무도 경고 표시에 주의를 기울이지 않아 일어났다.
유 pay attention to, take notice of

1932 **discuss** [diskʌ́s]

동 토론하다, 논의하다

We'll discuss it over lunch.
우리는 점심을 먹으면서 그것을 논의할 것이다.
유 debate

1933 **annoy** [ənɔ́i]

동 짜증나게 하다, 귀찮게 하다

The noise at the construction site began to annoy the residents.
공사장의 소음이 주민들을 짜증나게 하기 시작했다.

1934 **benign** [bɪ'naɪn]

형 친절한, 상냥한, 온화한

Her benign smile warmed the hearts of the nervous soldiers.
그녀의 친절한 미소가 긴장한 군인들의 마음을 따뜻하게 했다.
유 kind, amiable, agreeable

1935 **vigilant** [vídʒələnt]

형 방심하지 않는, 조심성 있는

He warned web users to be vigilant during the Christmas holidays.
그는 크리스마스 휴가 중에 웹사용자들에게 조심하라고 경고했다.
유 careful, cautious, heedful, alert, aware, attentive, watchful, wary, circumspect

1936 **censure** [sénʃər]

동 비난하다, 책망하다

He became the focus of a public censure.
그는 대중들의 비난의 대상이 되었다.
유 criticize, condemn, blame, denounce, rebuke, reprimand, reproach, scold

회독 □□□□□

1937 **endue**
[indjúː]

동 (능력을) 부여하다, 주다

Endue him with grace, fill him with strength, enlighten his heart.
그에게 품격을 부여하고, 강하게 하며, 굳은 마음을 갖게 하라.
유 endow

1938 **collude**
[kəlúːd]

동 공모하다, 결탁하다

Several people colluded in the murder.
그 살인에는 여러 사람들이 공모했다.
유 conspire, plot, scheme

1939 **exchange**
[ikstʃéindʒ]

명 교환, 언쟁 동 교환하다

They decided to exchange gifts during the holiday party.
그들은 연말 파티에서 선물을 교환하기로 결정했다.

1940 **brittle**
[brítl]

형 깨지기 쉬운

Thin glasses are brittle.
얇은 유리는 깨지기 쉽다.
유 breakable, fragile, frail

1941 **generate**
[dʒénərèit]

동 발생시키다, 만들어 내다

Solar devices on the roof generate electricity for the house.
지붕에 있는 태양광 장치는 집을 위한 전기를 생산한다.

1942 **procedure**
[prəsíːdʒər]

명 절차, 과정, 방법

She completed the procedure to obtain her driver's license.
그녀는 운전 면허증을 받기 위한 절차를 완료했다.

1943 **occupation**
[ὰkjupéiʃən]

명 직업, 점령, 점거

Please state your name, age and occupation below.
아래에 성명, 연령, 직업을 기입하세요.

1944 **validate** [vǽlədèit]

[동] 유효하게 하다, 입증하다, 확인하다

Could you validate my parking ticket?
주차권 좀 확인해 주시겠어요?
[반] invalidate 무효로 하다

1945 **imprudent** [ɪmˈpruːdnt]

[형] 경솔한, 조심성이 없는

His imprudent remark exacerbated the situation.
그의 경솔한 발언은 문제를 더 악화시켰다.

1946 **alteration** [ɔ̀ːltəréiʃən]

[명] 변경, 개조

The house needed extensive alteration when we moved in.
우리가 이사갔을 때 그 집은 대대적인 개조가 필요했다.

1947 **embargo** [ɪmˈbɑːrgoʊ]

[명] 통상 금지(령), 금지, 제한, 억제

They lifted the embargo on exporting weapons.
그들은 무기 수출 금지령을 해제하였다.

1948 **reticent** [rétəsənt]

[형] 말이 없는, 과묵한

She was shy and reticent.
그녀는 수줍음이 많고 말이 없었다.
[유] reserved, taciturn, uncommunicative

1949 **vibrate** [vaɪ|breɪt]

[동] 흔들리다, 진동하다

The leaves continued to vibrate in the breeze.
나뭇잎이 미풍에 계속 흔들렸다.
[유] shake, tremble, quiver

1950 **dissolution** [disəlúːʃən]

[명] 해산, 분리, 용해

The dissolution of the band made their fans sad.
그 밴드의 해산은 그들의 팬을 슬프게 만들었다.

DAY 39 REVIEW & LEVEL-UP TEST

■ 괄호 안에 알맞은 단어를 고르시오.

01 Bacteria help to [decompose / liberate] organic matter into nutrients in the soil.

02 His arrogant behavior managed to [sanitize / alienate] even his closest colleagues.

03 The board of directors will [vibrate / discuss] the budget proposal at their next session.

■ 다음 빈칸에 문맥상 적절한 단어를 고르시오.

• evaporate	• break off	• discourteous

04 The climbers had to ________ their ascent due to worsening weather conditions.

05 The water in the shallow pond will quickly ________ in the heat of the summer sun.

06 It's ________ to interrupt someone while they're speaking.

■ 다음 빈칸에 적절한 뜻을 쓰시오.

07 The company invested heavily in <u>modernization</u> to improve production efficiency.

그 회사는 생산 효율을 개선하기 위해 ________에 크게 투자했다.

08 Drivers need to remain <u>vigilant</u> at all times to avoid accidents on the highway.

운전자들은 고속도로에서 사고를 피하기 위해 항상 ________ 할 필요가 있다.

09 The students <u>colluded</u> to cheat on the exam by sharing answers beforehand.

학생들은 시험에서 사전에 답안을 공유하여 부정행위를 ________.

[해석 ☞ 네이버 카페 '진가영 영어 연구소'에서 확인]

정답

01 decompose	02 alienate	03 discuss	04 break off	05 evaporate
06 discourteous	07 현대화	08 조심해야	09 공모했다	

DAY 40 PREVIEW & DIAGNOSIS TEST

01 disintegration	______	26 underlying	______
02 disruption	______	27 enigma	______
03 timid	______	28 venom	______
04 adaptable	______	29 trepidation	______
05 credible	______	30 attentive	______
06 exquisite	______	31 modest	______
07 disinterested	______	32 costly	______
08 reciprocate	______	33 abortion	______
09 persecution	______	34 harassment	______
10 perspiration	______	35 genocide	______
11 proximate	______	36 inverted	______
12 cordial	______	37 delay	______
13 naughty	______	38 fluctuation	______
14 nomadic	______	39 objective	______
15 stained	______	40 precocious	______
16 suffocate	______	41 melancholy	______
17 benevolent	______	42 replicate	______
18 calmness	______	43 contrive	______
19 premise	______	44 fortify	______
20 prohibition	______	45 universe	______
21 partiality	______	46 chop	______
22 transcribe	______	47 founder	______
23 count in	______	48 damage	______
24 sit in for	______	49 yardstick	______
25 live up to	______	50 inadvertent	______

[정답 ☞ 네이버 카페 '진가영 영어 연구소'에서 확인]

회독 □□□□□

1951 **disintegration**
[disìntəgréiʃən]

명 분해, 분열, 붕괴

The country experienced social disintegration due to civil war.
이 나라는 내전으로 인해 사회적인 붕괴를 경험했다.

1952 **disruption**
[disrʌpʃən]

명 분열, 중단

Small misunderstandings lead to serious disruption.
작은 오해들이 심각한 분열로 이어진다.

1953 **timid**
[tímid]

형 소심한, 용기가 없는

The timid child clung to their parent's side.
겁많은 아이는 부모님 옆에 붙어 있었다.

1954 **adaptable**
[ədǽptəbl]

형 적응할 수 있는, 융통성 있는

Tomorrow's workers will have to be more adaptable.
미래의 노동자들은 더 적응을 잘 해야 할 것이다.

1955 **credible**
[krédəbəl]

형 믿을 만한, 신뢰할 수 있는

Community service is seen as the only credible alternative to imprisonment.
사회봉사가 수감을 대체할, 유일하게 신뢰할 수 있는 대안으로 보인다.
cf 잘 속는 credulous, gullible

1956 **exquisite**
[ikskwízit]

형 매우 아름다운, 정교한

We admired her exquisite handiwork.
우리는 그녀의 정교한 작품에 감탄했다.

1957 **disinterested**
[disíntəristid]

형 사심 없는, 객관적인

Her advice appeared to be disinterested.
그녀의 충고는 사심이 없는 것 같았다.
유 impartial, objective, unbiased

1958 **reciprocate**
[risíprəkèit]

동 교환하다, 보답하다

I would like to reciprocate your kindness.
당신의 친절에 보답하고 싶다.

1959 **persecution**
[pə̀ːrsikjúːʃən]

[명] 박해, 학대, 괴롭힘

Historically, many racial and religious groups have faced persecution.
역사적으로 많은 인종과 종교 집단들이 박해를 받았다.

1960 **perspiration**
[pə̀ːrspəréiʃən]

[명] 땀, 노력

On hot days, the skin becomes wet with perspiration.
더운 날씨에는 피부가 땀으로 젖는다.
[유] 땀 sweat

1961 **proximate**
[prάksəmit]

[형] 가장 가까운, 근사한

The most proximate planet from Earth is Venus.
지구에서 가장 가까운 행성은 금성이다.
[유] 근사한 approximate

1962 **cordial**
['kɔːrdʒəl]

[형] 따뜻한, 다정한, 마음에서 우러난

Relations between the two leaders are said to be cordial.
두 지도자 사이의 관계는 진심에서 우러나온 관계라고들 한다.

1963 **naughty**
['nɔːti]

[형] 장난꾸러기의, 버릇없는, 말을 듣지 않는

The naughty student kept disrupting the class.
그 장난꾸러기 학생은 계속해서 수업을 방해했다.

1964 **nomadic**
[noumǽdik]

[형] 유목의, 방랑의

The nomadic life of a foreign correspondent was reported during the special program.
한 외국 통신원의 유목 생활이 특별 프로그램에서 보도되었다.
[유] wandering

1965 **stained**
[stéind]

[형] 얼룩이 묻은, 얼룩진

My dress was stained.
내 드레스에 얼룩이 묻어 있었다.

회독 □□□□□

1966 **suffocate**
[sʌ́fəkèit]

[동] 질식시키다

A lot of sea saliva can suffocate marine life.
해양 점액이 많아지면 해양 생물을 질식시킬 수 있다.
[유] smother, stifle, choke

1967 **benevolent**
[bənévələnt]

[형] 자비로운, 인정 많은, 인자한

He is well-known as a benevolent person to everyone in the town.
그는 이 마을에 있는 모든 사람들에게 인정 많은 사람으로 유명하다.
[유] beneficent, charitable

1968 **calmness**
[kɑ́:mnis]

[명] 침착, 냉정

Calmness is one of his most pleasing traits.
침착함은 그의 가장 호감 가는 특징 중 하나이다.
[유] 침착 composure

1969 **premise**
[prémis]

[명] 전제

We cannot accept your premise on that occasion.
그러한 경우의 전제는 우리가 받아들일 수 없다.
[유] postulation

1970 **prohibition**
[pròuhəbíʃən]

[명] 금지

There is a prohibition on smoking in the aircraft.
기내에서는 흡연이 금지되어 있다.
[유] ban, bar

1971 **partiality**
[pɑ̀:rʃiǽləti]

[명] 편애, 편파

The partiality of parents for their own children is often indefensible.
부모의 자기 아이들에 대한 편애는 변호할 여지가 없는 경우가 많다.

1972 **transcribe**
[trænskráib]

[동] 기록하다, 옮겨쓰다, 복사하다

Clerks transcribe everything that is said in court.
서기들이 법정에서 진술되는 모든 내용을 기록한다.

1973 **count in**

(어떤 활동에) ~를 포함시키다

My personal opinions do not count in this.
제 개인적인 의견은 여기에 포함하지 않는다.
반 count out (어떤 활동에서) ~를 빼다

1974 **sit in for**

~을 대신하다

I can sit in for him if you like.
너가 좋다면 내가 그를 대신할게.
유 replace

1975 **live up to**

~에 부응하다

The event did not live up to expectations.
그 행사는 기대에 부응하지 못했다.

1976 **underlying**
[ʌndərlàiiŋ]

형 근본적인, 기초가 되는

The underlying trend of inflation is still upwards.
근본적인 인플레이션 추세가 아직도 상승 국면에 있다.
유 fundamental, basic

1977 **enigma**
[inígmə]

명 수수께끼, 불가사의한 것

For more than half a century, the actress remained an enigma.
반세기 이상 동안 그 여배우는 수수께끼로 남았다.
유 mystery, puzzle, riddle

1978 **venom**
['venəm]

명 독, 독성

The venom of a king cobra is not the most lethal.
킹 코브라의 독은 뱀 중 가장 치명적인 것은 아니다.

1979 **trepidation**
[trèpədéiʃən]

명 전율, 두려움, 공포

Almost everyone looks at turning 50 with some trepidation.
거의 모든 사람은 50세가 되면 약간의 두려움을 느낀다.
유 두려움 fear

회독 □□□□□

1980 **attentive**
[əténtiv]

[형] 주의 깊은, 조심성 있는

Every student in class was attentive to what the teacher said.
교실에 있는 모든 학생들이 선생님의 말씀에 주의를 기울였다.
[유] careful, watchful, cautious, heedful, alert, aware, vigilant, wary, circumspect

1981 **modest**
[mάdist]

[형] 보통의, 겸손한

He was known for his modest demeanor despite his wealth.
그는 부유함에도 불구하고 겸손한 태도로 잘 알려져 있었다.

1982 **costly**
[kɔ́:stli]

[형] 값비싼, 비용이 많이 드는

Ignoring routine maintenance can lead to costly repairs later on.
정기 점검을 무시하면 나중에 비용이 많이 드는 수리가 필요할 수 있다.
[유] expensive

1983 **abortion**
[ə'bɔ:rʃn]

[명] 낙태, 유산

They are totally opposed to abortion.
그들은 낙태에 전적으로 반대한다.
[유] miscarriage, feticide, termination

1984 **harassment**
[hərǽsmənt]

[명] 괴롭힘, 희롱

Sexual harassment includes behavior that causes sexual humiliation.
성적인 희롱에는 성적 수치심을 유발하는 행동도 포함된다.

1985 **genocide**
[dʒénəsàid]

[명] 집단[대량] 학살

He may even face trial for genocide.
그는 대량 학살 때문에 법정에까지 서게 될 것이다.
[유] slaughter, massacre, carnage

1986 **inverted**
[invə́:rtid]

[형] 역의, 반대의

What seems right to someone may seem inverted to another.
누군가에게 올바르게 보이는 것은, 또 다른 누군가에겐 반대로 보일 수도 있다.

1987 **delay**
[diléi]

명 미룸, 연기, 지연, 지체 동 미루다, 연기하다

The delay was due to human error.
그 지연은 사람의 실수 때문이었다.
유 연기하다 postpone, defer, put off, hold over, lay over, suspend, shelve

1988 **fluctuation**
[flʌktʃuéiʃən]

명 변동, 동요

He hardly understands business cycles, much less economic fluctuation.
그는 경제적 변동은 말할 것도 없고 경기 순환도 이해하지 못한다.
유 동요 vacillation

1989 **objective**
[əbdʒéktiv]

명 목적, 목표 형 목적의, 객관적인

Winning is not the prime objective in this sport.
이 스포츠에서는 이기는 것이 주된 목적이 아니다.
반 subjective 주관적인

1990 **precocious**
[prikóuʃəs]

형 조숙한, 어른스러운

I was enchanted by your precocious, adult intelligence.
나는 당신의 조숙하고 어른다운 지성에 매료되었다.

1991 **melancholy**
[mélənkɑ̀li]

형 우울한, 서글픈

A mood of melancholy descended on us.
우울한 기분이 우리를 엄습했다.
유 gloomy, mournful, depressed

1992 **replicate**
[répləkit]

동 복사하다, 복제하다

Chromosomes replicate before cells divide and multiply.
염색체는 세포가 분열 증식되기 전에 복제된다.
유 copy, reproduce, duplicate

1993 **contrive**
[kən'traɪv]

동 고안하다, 설계하다

We must contrive a way to deal with the problem.
우리는 어떻게 해서든지 그 문제를 처리할 방법을 고안해야 한다.
유 devise, invent

회독 □□□□□

1994 **fortify** [fɔ́:rtəfài]

Ⓢ 강화하다, 요새화하다

The company decided to fortify its security measures.

그 회사는 보안 조치를 강화하기로 했다.

유 strengthen, bolster, consolidate, solidify, reinforce, intensify, beef up, shore up

1995 **universe** [jú:nəvə̀:rs]

명 우주, 세계

There are billions of galaxies in the observable universe.

관측 가능한 우주에는 수십억 개의 은하가 있다.

1996 **chop** [tʃɑ:p]

동 (잘게) 자르다

I can chop up the lettuce quickly.

나는 상추를 빠른 속도로 잘게 자를 수 있다.

1997 **founder** [ˈfaʊndə(r)]

명 창립자, 설립자 동 (배가) 침수하여 침몰하다

The founders of the school emphasized the importance of education.

그 학교의 창립자들은 교육의 중요성을 강조했다.

1998 **damage** [ˈdæmɪdʒ]

동 피해[손상]을 주다, 손상시키다 명 손상, 피해

Oil pollution could damage the fragile ecology of the coral reefs.

기름 오염은 산호초의 연약한 생태계를 손상시킬 수가 있다.

1999 **yardstick** [jaˈrdstiˌk]

명 기준, 척도

We use customer satisfaction as a yardstick for success.

우리는 고객 만족도를 성공의 기준으로 사용한다.

2000 **inadvertent** [inədvə́:rtnt]

형 고의가 아닌, 우연한, 부주의한

It was an inadvertent mistake to step on his foot.

그의 발을 밟은 것은 우연한 사고였다.

유 우연한 accidental, incidental, unplanned, unintentional

DAY 40 REVIEW & LEVEL-UP TEST

■ 괄호 안에 알맞은 단어를 고르시오.

01 [Stained / Nomadic] lifestyles often involve frequent relocation based on seasonal changes.

02 Exercise and proper nutrition are essential to [chop / fortify] the body's immune system.

03 He accidentally dropped his phone, causing [damage / genocide] to the screen.

■ 다음 빈칸에 문맥상 적절한 단어를 고르시오.

• credible	• perspiration	• enigma

04 The witness provided ________ evidence that supported the defendant's innocence.

05 The intense heat caused heavy ________ among the workers.

06 The meaning of the ancient inscription remains an ________, despite years of study by scholars.

■ 다음 빈칸에 적절한 뜻을 쓰시오.

07 The naughty student was often criticized for bullying his teacher.
________ 학생은 그의 선생님을 괴롭히는 것에 대해 종종 비난을 받았다.

08 The court reporter transcribed every word spoken during the trial for the official record.
법원 속기사는 공식 기록을 위해 재판 과정에서 말한 모든 말을 그대로 ________.

09 The environmental cleanup after the oil spill was costly.
기름 유출 후 환경 정화 작업은 ________ 들었다.

[해석 ☞ 네이버 카페 '진가영 영어 연구소'에서 확인]

DAY 40

정답

01 Nomadic **02** fortify **03** damage **04** credible **05** perspiration
06 enigma **07** 버릇없는 **08** 기록했다 **09** 비용이 많이

Part

03

공무원 실무 어휘

Part **03** 공무원 실무 어휘

PREVIEW & DIAGNOSIS TEST

01 Ministry of Economy and Finance ______________

02 Ministry of Foreign Affairs ______________

03 ambassador ______________

04 embassy ______________

05 diplomat ______________

06 deduct ______________

07 expand ______________

08 tax-free ______________

09 income ______________

10 mortgage ______________

11 payment ______________

12 pension ______________

13 fiscal ______________

14 coordination ______________

15 duty-free ______________

16 implementation ______________

17 tax revenue ______________

18 oversee ______________

19 institution ______________

20 crowd funding ______________

21 international ______________

22 strengthen ______________

23 treaty ______________

24 advanced ______________

25 monetary ______________

26 negotiation ______________

27 prolong ______________

28 tariff ______________

29 infrastructure ______________

30 scope ______________

31 sovereignty ______________

32 alliance ______________

33 soft power ______________

34 deflation ______________

35 inflation ______________

36 subsidy ______________

[정답 ☞ 네이버 카페 '진가영 영어 연구소'에서 확인]

2001 **Ministry of Economy and Finance**

명 기획재정부

Officials from the Ministry of Economy and Finance met to discuss tax reforms.
기획재정부 관료들은 세제 개혁에 대해 논의하기 위해 만났다.
cf ministry 부, 부처

2002 **Ministry of Foreign Affairs**

명 외교부

The Ministry of Foreign Affairs issued a statement on international relations.
외교부는 국제 관계에 관한 성명을 발표했다.

2003 **ambassador** [æmbǽsədər]

명 대사, 사절

She was appointed as the new ambassador to France.
그녀는 프랑스 대사로 임명되었다.

2004 **embassy** [émbəsi]

명 대사관, 사절단

They visited the embassy to apply for their travel visas.
그들은 여행 비자를 신청하기 위해 대사관을 방문했다.

2005 **diplomat** [dípləmæt]

명 외교관

As a skilled diplomat, she handled the sensitive negotiations with great tact.
능숙한 외교관으로서 그녀는 민감한 협상을 매우 신중하게 처리했다.

2006 **deduct** [didʌkt]

동 공제하다, 감하다

You can deduct certain expenses from your taxable income.
특정 비용은 과세 소득에서 공제할 수 있다.

2007 **expand** [ikspǽnd]

동 확대[확장, 팽창]되다

The company plans to expand its operations into new international markets.
그 회사는 새로운 국제 시장으로 사업을 확장할 계획이다.

2008 **tax-free** [tǽksfriː]

형 비과세의, 면세의

Many tourists take advantage of the tax-free shopping at the airport.
많은 관광객이 공항에서의 면세 쇼핑을 이용한다.

회독 □□□□□

2009 **income** [ínkʌm]

㉠ 소득, 수입

Her income has increased significantly since she started her new job.
그녀는 새 직장을 시작한 이후로 소득이 크게 증가했다.

2010 **mortgage** [mɔ́ːrgidʒ]

㉠ (담보) 대출[융자]금 ㉣ 저당 잡히다

He had to mortgage his house to pay his legal costs.
그는 소송 비용을 지불하기 위해 집을 저당 잡혀야 했다.

2011 **payment** [péimənt]

㉠ 지불, 지급, 납입

She set up automatic payment to ensure her bills are paid on time.
그녀는 청구서가 제때 지불되도록 자동 결제를 설정했다.

2012 **pension** [pénʃən]

㉠ 연금, 생활 보조금, 수당

After retiring, he began to receive his pension payments monthly.
퇴직 후, 그는 매월 연금 지급을 받기 시작했다.

2013 **fiscal** [fískəl]

㉡ 국가 재정의, 국고의, 재정상의

The government is preparing its fiscal budget for the upcoming year.
정부는 다가오는 해의 국가 재정 예산을 준비하고 있다.

2014 **coordination** [kouɔ̀ːrdənéiʃən]

㉠ 조정, 일치, 합동, 조화, 조직(화)

They improved coordination to streamline the project workflow.
그들은 프로젝트 작업 흐름을 간소화하기 위해 조정을 개선했다.

2015 **duty-free**

㉡ 면세의, 관세가 없는

They sell perfumes and cosmetics at duty-free prices.
그들은 면세 가격에 향수와 화장품을 판매한다.

2016 **implementation**
[ìmpləməntéiʃən]

㊔ 시행, 이행

Effective implementation of the plan requires careful planning and coordination.
계획의 효과적인 시행은 신중한 계획과 조정이 필요하다.

2017 **tax revenue**

㊔ 세수입, 세입

The government increased tax revenue by raising income taxes.
정부는 소득세 인상으로 세수를 증가시켰다.

2018 **oversee**
[ou'vərsi]

㊕ 감독하다, 단속하다, 내려다 보다

A team of inspectors was assigned to oversee the quality control of the products.
제품의 품질 관리를 감독하기 위해 검사팀이 배정되었다.

2019 **institution**
[ìnstətjúːʃən]

㊔ 기관, 단체, 제도

The government plans to invest in institutions that provide support for the elderly.
정부는 노인들을 지원하는 기관에 투자할 계획이다.

2020 **crowd funding**

㊔ 크라우드 펀딩(웹이나 모바일 네트워크 등을 통해 다수의 개인으로부터 자금을 모으는 행위)

Crowdfunding can support small business startups.
크라우드 펀딩은 소규모 창업을 지원할 수 있다.

2021 **international**
[ìntərnǽʃənəl]

㊚ 국제적인

The company is expanding its operations to enter the international market.
그 회사는 국제 시장에 진입하기 위해 사업을 확장하고 있다.

2022 **strengthen**
[stréŋkθən]

㊕ 강화하다, 증강하다

We need to strengthen our security measures.
우리는 보안 조치를 강화할 필요가 있다.

회독 □□□□□

2023 **treaty**
[tríːti]

명 조약
The treaty established new trade regulations.
그 조약은 새로운 무역 규정을 세웠다.

2024 **advanced**
[ædvǽnst]

형 선진의, 고급의
Advanced nations no longer practice this.
선진국가들은 더 이상 이 방법을 쓰지 않는다.

2025 **monetary**
[mɑ́nətèri]

형 통화의, 화폐의
The country's monetary system is being reformed to stabilize the economy.
그 나라의 통화 시스템은 경제 안정을 위해 개혁되고 있다.

2026 **negotiation**
[nigòuʃiéiʃən]

명 협상, 교섭
They began the negotiation with the hope of securing a deal.
그들은 거래를 확보하기 위해 협상을 시작했다.

2027 **prolong**
[prəlɔ́ːŋ, prəlɑ́ŋ]

동 연장하다, 연장시키다
They decided to prolong the meeting by an hour.
그들은 회의를 한 시간 연장하기로 결정했다.

2028 **tariff**
[tǽrif]

명 관세, 세율 동 ~에 관세를 매기다[부과하다]
Tariffs are used to protect domestic industries.
관세는 국내 산업을 보호하기 위해 사용된다.

2029 **infrastructure**
[infrəstrə'ktʃər]

명 사회[공공] 기반 시설
Poor infrastructure hampers economic growth.
열악한 사회 기반 시설이 경제 성장을 방해한다.

2030 **scope**
[skoup]

명 기회, 범위 동 샅샅이 살피다

They are expanding the scope of their research.
그들은 연구 범위를 확장하고 있다.

2031 **sovereignty**
[sάvərənti]

명 주권, 통치권

National sovereignty is the ability of a state to govern itself independently.
국가 주권은 국가가 독립적으로 자신을 다스릴 수 있는 능력이다.

2032 **alliance**
[əláiəns]

명 동맹, 연합

The company entered into an alliance with a tech firm.
그 회사는 기술 회사와 동맹을 맺었다.

2033 **soft power**

명 소프트 파워(정보과학이나 문화 예술 등이 행사하는 영향력)

Cultural exchanges enhance a nation's soft power.
문화 교류는 국가의 소프트 파워를 강화한다.

2034 **deflation**
[difléiʃən]

명 디플레이션, 통화 수축, 물가 하락

The central bank implemented measures to combat deflation.
중앙은행은 디플레이션에 대처하기 위한 조치를 시행했다.

2035 **inflation**
[infléiʃən]

명 인플레이션, 통화 팽창, 물가 상승률

Inflation affects the value of currency over time.
인플레이션은 시간이 지남에 따라 통화 가치를 영향을 미친다.

2036 **subsidy**
[sʌbsədi]

명 (국가의) 보조금, 장려금

Farmers receive subsidies to offset the costs of agricultural equipment.
농민들은 농업 장비 비용을 상쇄하기 위한 보조금을 받는다.

DAY 41 REVIEW & LEVEL-UP TEST

■ 괄호 안에 알맞은 단어를 고르시오.

01 The [embassy / ambassador] met with the president to discuss the new trade agreement.

02 You can [expand / deduct] your charitable donations from your taxable income.

03 Unnecessary delays could [prolong / unify] the construction project by several months.

■ 다음 빈칸에 문맥상 적절한 단어를 고르시오.

• pension	• oversee	• strengthen

04 Regular exercise can help ________ your muscles and improve overall health.

05 The committee was established to ________ the distribution of funds for community projects.

06 He receives a monthly ________ after retiring from his long career in the military.

■ 다음 빈칸에 적절한 뜻을 쓰시오.

07 As a diplomat, she specialized in international law and negotiations.
________으로서, 그녀는 국제법과 협상에 특화되어 있었다.

08 The organization provides monetary assistance to low-income families.
그 기관은 저소득 가정에 ________ 지원을 제공한다.

09 The country's sovereignty is recognized by international law.
그 나라의 ________은 국제법에서 인정받고 있다.

[해석 ☞ 네이버 카페 '진가영 영어 연구소'에서 확인] 

정답

01 ambassador	**02** deduct	**03** prolong	**04** strengthen	**05** oversee
06 pension	**07** 외교관	**08** 통화적	**09** 주권	

PREVIEW & DIAGNOSIS TEST

01 surplus ____________
02 exposition ____________
03 summit meeting ____________
04 peninsula ____________
05 statement ____________
06 Ministry of National Defense ____________
07 Ministry of Unification ____________
08 military ____________
09 deterrence ____________
10 proactive ____________
11 network ____________
12 countermeasure ____________
13 convene ____________
14 battlefield ____________
15 surveillance ____________
16 complicity ____________
17 havoc ____________
18 patrol ____________
19 fidelity ____________
20 triumph ____________
21 navy ____________
22 air force ____________
23 army ____________
24 shell ____________
25 armed ____________
26 invincible ____________
27 arms ____________
28 radar ____________
29 infringe ____________
30 salvage ____________
31 detector ____________
32 offset ____________
33 rebel ____________
34 mankind ____________
35 aerial ____________
36 humanitarian ____________

[정답 ☞ 네이버 카페 '진가영 영어 연구소'에서 확인]

회독 □□□□□

2037 **surplus** [sə́ːrplʌs]

㊔ 과잉, 여분, 흑자

A surplus of agricultural goods led to lower prices.
농산물 과잉 공급으로 인해 가격이 하락했다.

2038 **exposition** [èkspəzíʃən]

㊔ 박람회, 전시회

The exposition will showcase the latest in sustainable design.
그 전시회는 지속 가능한 디자인의 최신 동향을 선보일 것이다.

2039 **summit meeting**

㊔ 정상 회담

The summit meeting was focused on climate change and sustainability.
정상 회담은 기후 변화와 지속 가능성에 집중했다.

2040 **peninsula** [pənínsjulə]

㊔ 반도

The peninsula is famous for its beautiful coastline.
그 반도는 아름다운 해안으로 유명하다.

2041 **statement** [stéitmənt]

㊔ 성명, 진술, 서술

Her statement clarified the details of the agreement.
그녀의 성명이 계약의 세부 사항을 명확히 했다.

2042 **Ministry of National Defense**

㊔ 국방부

The Ministry of National Defense is planning to upgrade the military equipment.
국방부는 군 장비를 업그레이드할 계획이다.

2043 **Ministry of Unification**

㊔ 통일부

Officials from the Ministry of Unification met to discuss family reunifications.
통일부 관료들이 가족 상봉에 대해 논의하기 위해 만났다.

2044 **military** [mílitèri]

㊔ 군대 ㊕ 군사의

The military announced plans to modernize its fleet of aircraft.
군은 항공기 함대를 현대화할 계획을 발표했다.

2045 **deterrence**
[ditə́ːrəns]

[명] 제지, 저지
Mutual defense treaties serve as a form of regional war deterrence.
상호 방위 조약은 지역 전쟁 억제의 한 형태로 작용한다.

2046 **proactive**
[prou'æ'ktiv]

[형] 상황을 앞서서 주도하는, 주도적인
A proactive strategy was essential to prevent the crisis.
위기를 방지하기 위해 주도적인 전략이 필수적이었다.

2047 **network**
[nétwə̀ːrk]

[명] 망, 통신망, 네트워크
The cybersecurity team monitors the network for any suspicious activity.
사이버 보안 팀은 네트워크에서 수상한 활동을 감시한다.

2048 **countermeasure**
[káuntərmèʒər]

[명] 대책, 보호 조치
The countermeasure proved unnecessary.
그 대책은 불필요하다는 것이 입증되었다.

2049 **convene**
[kənvíːn]

[동] 소집하다, 회합하다
We need to convene a meeting to discuss the project.
우리는 프로젝트를 논의하기 위해 회의를 소집할 필요가 있다.

2050 **battlefield**
[bæ'təlfild]

[명] 싸움터, 전장
The soldiers marched onto the battlefield.
군인들이 전장으로 행진했다.

2051 **surveillance**
[sərvéiləns]

[명] 감시, 감독
Surveillance cameras were installed in key locations for security.
보안을 위해 주요 위치에 감시 카메라가 설치되었다.

회독 □□□□□

2052 **complicity** [kəmplísəti]

명 공모, 연루, 공범

He was arrested for his complicity in the crime.
그는 범죄에 연루된 혐의로 체포되었다.

2053 **havoc** [hǽvək]

명 대파괴, 큰 혼란

The computer virus caused havoc in the office.
컴퓨터 바이러스가 사무실에 혼란을 초래했다.

2054 **patrol** [pətróul]

명 순찰, 순시 동 순찰[순시, 순회]하다

The border patrol is responsible for preventing illegal crossings.
국경 순찰대는 불법 월경을 방지하는 책임이 있다.

2055 **fidelity** [fidéləti]

명 충실함, 신의

The artist's fidelity to detail is remarkable.
그 예술가의 세부 사항에 대한 충실함은 놀랍다.

2056 **triumph** [tráiəmf]

명 승리, 대성공

The nation rejoiced in the triumph of its athletes at the Olympics.
그 나라는 올림픽에서 선수들의 승리에 환호했다.

2057 **navy** [néivi]

명 해군

The navy launched a new ship to enhance its fleet.
해군은 함대를 강화하기 위해 새로운 함정을 출항시켰다.

2058 **air force**

명 공군

She trained rigorously to become a pilot in the air force.
그녀는 공군 조종사가 되기 위해 철저히 훈련했다.

2059 **army** [ɑ́:rmi]

명 육군, 군대

He enlisted in the army to protect his country.
그는 자신의 나라를 보호하기 위해 군대에 입대했다.

2060 **shell** [ʃel]

명 껍질, 껍데기, 포탄

The tank fired several shells at the enemy position.
탱크는 적의 위치에 여러 발의 포탄을 발사했다.

2061 **armed** [a:rmd]

형 무장한, 무기[총]를 가진

Armed security personnel are deployed at critical infrastructure sites.
무장 보안 요원이 중요 인프라 시설에 배치된다.

2062 **invincible** [invínsəbl]

형 무적의, 이길 수 없는

The team played with an invincible spirit, winning every match.
그 팀은 무적의 정신으로 경기를 했고, 모든 경기를 승리로 이끌었다.

2063 **arms** [a:rmz]

명 무기

The treaty aims to reduce the proliferation of nuclear arms.
그 조약은 핵무기 확산을 줄이는 것을 목표로 한다.

2064 **radar** [réida:r]

명 레이더, 전파 탐지기

Radar technology is crucial for air traffic control.
레이더 기술은 항공 교통 통제에 중요하다.

2065 **infringe** [infríndʒ]

동 위반하다, 침해하다, 제한하다

Their actions infringed on our rights.
그들의 행동이 우리의 권리를 침해했다.

회독 □□□□□

2066 **salvage** [sǽlvidʒ]

명 구조, 인양 동 구조하다

Efforts were made to salvage the shipwreck.
그 배의 난파선 구조를 위한 노력이 이루어졌다.
cf savage 야만적인, 미개한

2067 **detector** [ditéktər]

명 탐지기

The metal detector at the airport ensures passenger safety.
공항의 금속 탐지기는 금승객 안전을 보장한다.

2068 **offset** [ɔ́ːfsèt]

동 상쇄하다, 벌충하다

The project aims to offset its costs by finding alternative funding sources.
이 프로젝트는 대체 자금원을 찾아 비용을 상쇄하는 것을 목표로 한다.

2069 **rebel** [rıbél]

명 반역자, 반란 동 반항하다, 저항하다

The soldiers decided to rebel against the harsh rule.
군인들은 가혹한 통치에 반항하기로 결정했다.

2070 **mankind** [mæ'nkai'nd]

명 인류, 인간, 사람들

Science has advanced significantly, benefiting all of mankind.
과학은 크게 발전하여 인류 모두에게 혜택을 주었다.

2071 **aerial** [ɛ́əriəl]

형 공중의, 대기의, 항공기에 의한

The aerial bombardment targeted enemy supply lines.
공중 폭격은 적의 보급선을 겨냥했다.

2072 **humanitarian** [hjuːmænitɛ́əriən]

형 인도주의적인

His humanitarian work earned him international acclaim.
그의 인도주의적 작업은 그에게 국제적인 찬사를 받게 했다.

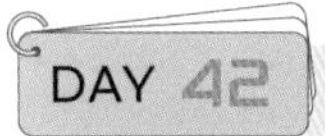

DAY 42 REVIEW & LEVEL-UP TEST

■ 괄호 안에 알맞은 단어를 고르시오.

01 The presence of police patrols acts as a [deterrence / network] to crime in the neighborhood.

02 The factory produced a [surplus / exposition] of goods.

03 Copying the software would [infringe / salvage] on copyright laws.

■ 다음 빈칸에 문맥상 적절한 단어를 고르시오.

• triumph	• complicity	• invincible

04 He is currently suspected as an ________ in the murder case.

05 She felt a sense of ________ when she finally completed her first marathon.

06 He believed himself to be ________ after winning the championship three years in a row.

■ 다음 빈칸에 적절한 뜻을 쓰시오.

07 The committee convened an emergency meeting to respond to the recent crisis.
위원회는 최근 위기 대응을 위해 긴급 회의를 ________.

08 The city installed new cameras for better surveillance of public areas.
그 도시는 공공장소의 더 나은 ________를 위해 새로운 카메라를 설치했다.

09 The organization provides humanitarian aid to refugees.
그 단체는 난민들에게 ________ 지원을 제공한다.

[해석 ☞ 네이버 카페 '진가영 영어 연구소'에서 확인]

정답

01 deterrence	02 surplus	03 infringe	04 complicity	05 triumph
06 invincible	07 소집했다	08 감시	09 인도주의적	

DAY 43 PREVIEW & DIAGNOSIS TEST

01 deteriorate ____________
02 defector ____________
03 settlement ____________
04 standardize ____________
05 invigorate ____________
06 tension ____________
07 normalize ____________
08 denuclearization ____________
09 security ____________
10 Ministry of Justice ____________
11 civil complaint ____________
12 wrongdoing ____________
13 execution ____________
14 clause ____________
15 verdict ____________
16 prevention ____________
17 compliance ____________
18 amendment ____________
19 petition ____________
20 defendant ____________
21 plaintiff ____________
22 bondage ____________
23 prisoner ____________
24 perjury ____________
25 juvenile ____________
26 probation ____________
27 parole ____________
28 offender ____________
29 constituiton ____________
30 supervision ____________
31 violate ____________
32 counselor ____________
33 legislation ____________
34 confidential ____________
35 unreasonable ____________
36 disposal ____________

[정답 ☞ 네이버 카페 '진가영 영어 연구소'에서 확인]

2073 **deterioration**

[ditíəriərèit]

㊍ 악화되다, 더 나빠지다

The patient's condition began to deteriorate rapidly.
환자의 상태가 빠르게 악화되기 시작했다.

2074 **defector**

[diféktər]

㊐ 탈주자, 망명자

The defector sought asylum in a neighboring country.
탈주자는 이웃 나라에 망명을 요청했다.

2075 **settlement**

[sétlmənt]

㊐ 정착, 합의, 해결

The treaty brought a peaceful settlement to the conflict.
조약은 갈등에 평화로운 해결을 가져왔다.

2076 **standardize**

[stǽndərdàiz]

㊍ 표준화하다, 획일화하다

The company aims to standardize its production processes.
회사는 생산 과정을 표준화하는 것을 목표로 하고 있다.

2077 **invigorate**

[invígərèit]

㊍ 기운나게 하다, 활성화하다

The new policies aim to invigorate the economy.
새로운 정책은 경제를 활성화하는 것을 목표로 한다.

2078 **tension**

[ténʃən]

㊐ 긴장, 갈등 ㊍ 팽팽하게 하다

They worked to ease the tension in the area.
그들은 지역의 긴장을 완화하기 위해 노력했다.

2079 **normalize**

[nɔ́ːrməlàiz]

㊍ 정상화하다

She wants to normalize remote work.
그녀는 재택 근무를 정상화하고 싶어한다.

2080 **denuclearization**

[diːnjùːkliərəzéiʃən]

㊐ 비핵화

Denuclearization is key to lasting peace.
비핵화는 지속 가능한 평화의 핵심이다.

회독 □□□□□

2081 **security**
[sikjúərəti]

명 안보, 보안

The new policy enhances national security.
새로운 정책은 국가 안보를 강화한다.

2082 **Ministry of Justice**

명 법무부

The Ministry of Justice is working on criminal justice reform.
법무부는 형사 사법 개혁을 추진하고 있다.

2083 **civil complaint**

명 민원

The addressee filed a civil complaint due to this problem.
이 문제로 인해 수취인이 민원을 제기했다.

2084 **wrongdoing**
[rɔ'ŋduiŋ]

명 범법[부정] 행위, 비행

The investigation uncovered widespread wrongdoing.
조사는 광범위한 부정 행위를 밝혀냈다.

2085 **execution**
[èksikjú:ʃən]

명 처형, 사형, 실행, 수행

The company streamlined its execution process.
회사는 실행 과정을 간소화했다.

2086 **clause**
[klɔ:z]

명 절, 조항, 조목

The lease agreement has a termination clause.
임대 계약서에는 해지 조항이 있다.

2087 **verdict**
[və́:rdikt]

명 평결, 판결, 결정

They awaited the verdict with bated breath.
그들은 숨죽여 평결을 기다렸다.

2088 **prevention**
[privénʃən]

명 예방, 방지

Public awareness is key to crime prevention.
범죄 예방의 핵심은 공공 인식이다.

2089 **compliance**
[kəmpláiəns]

명 준수, 따름

The company ensures compliance with regulations.
회사는 규정 준수를 보장한다.

2090 **amendment**
[əméndmənt]

명 개정, 수정

The amendment was made to clarify the policy.
정책을 명확히 하기 위해 개정이 이루어졌다.

2091 **petition**
[pətíʃən]

명 청원(서), 탄원(서) 동 청원[탄원]하다

She submitted a petition to the court for a review.
그녀는 검토를 요청하는 청원서를 법원에 제출했다.

2092 **defendant**
[diféndənt]

명 피고(인)

The defendant pleaded not guilty to the charges.
피고는 혐의에 대해 무죄를 주장했다.

2093 **plaintiff**
[pléintif]

명 원고, 고소인

The plaintiff filed a lawsuit against the company.
원고는 회사에 소송을 제기했다.

2094 **bondage**
[bándidʒ]

명 구속, 결박

She sought freedom from the bondage of her past.
그녀는 과거의 구속에서 자유를 찾으려 했다.

회독 □□□□□

2095 **prisoner**
[prízənər]

ⓜ 재소자, 죄수, 포로

The prisoner was granted parole after serving ten years.
그 죄수는 10년 복역 후 가석방을 허가받았다.

2096 **perjury**
[pə́:rdʒəri]

ⓜ 위증(죄)

The court fined him for committing perjury.
법원은 그에게 위증죄를 저질렀다고 벌금을 부과했다.

2097 **juvenile**
[dʒú:vənl]

ⓜ 청소년 ⓗ 청소년의

Juvenile crime rates have been decreasing.
청소년 범죄율이 감소하고 있다.

2098 **probation**
[proubéiʃən]

ⓜ 보호 관찰, 집행 유예, 근신

She is serving a two-year probation period.
그녀는 2년간의 보호 관찰 기간을 받고 있다.

2099 **parole**
[pəróul]

ⓜ 가석방 ⓓ 가석방하다

His parole application is up for review next week.
그의 가석방 신청은 다음주에 검토된다.

2100 **offender**
[əféndər]

ⓜ 범죄자, 나쁜 짓을 하는 사람

The offender was sentenced to five years in prison.
범죄자는 5년의 징역을 선고받았다.

2101 **constitution**
[kɑ̀nstətjú:ʃən]

ⓜ 헌법, 체질, 구성

The constitution guarantees equality before the law for all citizens.
모든 시민들에게 법 앞에서의 평등을 헌법이 보장한다.

2102 **supervision**
[sùːpərvíʒən]

명 관리, 감독, 감시

She was released from prison with strict supervision conditions.
그녀는 엄격한 감독 조건 하에 감옥에서 석방되었다.

2103 **violate**
[váiəlèit]

동 위반하다, 침해하다

Their actions violated the terms of the treaty.
그들의 행동은 그 조약 조건을 위반했다.

2104 **counselor**
[káunsələr]

명 상담원, 조언자, 변호사

The counselor offered support to troubled students.
상담원은 고민하는 학생들에게 지원을 제공했다.

2105 **legislation**
[lèdʒisléiʃən]

명 법률의 제정, 입법 행위

The debate over gun control legislation continues in Congress.
총기 통제 입법 행위에 대한 논쟁이 의회에서 계속된다.

2106 **confidential**
[kànfədénʃəl]

형 비밀의, 기밀의

The meeting discussed confidential matters.
회의는 기밀 사항에 대해 논의했다.

2107 **unreasonable**
[ənri'znəbəl]

형 불합리한, 부당한, 지나친

The company rejected the unreasonable deadline.
회사는 불합리한 마감 기한을 거부했다.

2108 **disposal**
[dispóuzəl]

명 처리, 처분

The company is considering the disposal of its non-profitable assets.
그 회사는 수익을 내지 못하는 자산의 처분을 고려하고 있다.

DAY 43 REVIEW & LEVEL-UP TEST

■ 괄호 안에 알맞은 단어를 고르시오.

01 The whistleblower exposed the environmental [wrongdoing / settlement] of the manufacturing plant.

02 The protesters claimed that the new policy would [violate / invigorate] their rights.

03 Regular exercise is key to disease [clause / prevention].

■ 다음 빈칸에 문맥상 적절한 단어를 고르시오.

• counselor	• petition	• perjury

04 The online ______ gathered thousands of signatures in support of animal rights.

05 He was charged with ______ after lying in court.

06 She works as a school ________, helping students with their problems.

■ 다음 빈칸에 적절한 뜻을 쓰시오.

07 It took several weeks for the city to <u>normalize</u> following the natural disaster.

자연 재해 후 도시가 __________ 데 몇 주가 걸렸다.

08 Please keep this document <u>confidential</u> until we announce the merger.

합병을 발표할 때까지 이 문서는 __________ 유지해 주세요.

09 Negotiations broke down due to the other party's <u>unreasonable</u> demands.

상대방의 __________ 요구로 인해 협상이 실패했다.

[해석 ☞ 네이버 카페 '진가영 영어 연구소'에서 확인] 

정답

01 wrongdoing **02** violate **03** prevention **04** petition **05** perjury
06 counselor **07** 정상화하는 **08** 비밀로 **09** 불합리한

PREVIEW & DIAGNOSIS TEST

01 rectify ______

02 appraisal ______

03 Ministry of the Interior and Safety ______

04 Ministry of Trade, Industry and Energy ______

05 minister ______

06 administration ______

07 public ______

08 municipal ______

09 mayor ______

10 autonomous ______

11 empower ______

12 sustainable ______

13 disadvantaged ______

14 policy ______

15 participation ______

16 corruption ______

17 trustworthy ______

18 bribery ______

19 organization ______

20 accountable ______

21 initiative ______

22 pivotal ______

23 industrial ______

24 competitiveness ______

25 greenhouse gas ______

26 supply chain ______

27 investment ______

28 Gross Domestic Product(GDP) ______

29 Free Trade Agreement(FTA) ______

30 Ministry of Education ______

31 Ministry of Science and ICT ______

32 consolidate ______

33 narrow down ______

34 regional ______

35 entrust ______

36 upper ______

[정답 ☞ 네이버 카페 '진가영 영어 연구소'에서 확인]

회독 □□□□□

2109 **rectify**
[réktəfài]

[동] 바로잡다, 수정하다

He promised to rectify the mistake as soon as possible.
그는 실수를 최대한 빨리 바로잡겠다고 약속했다.

2110 **appraisal**
[əpréizəl]

[명] 평가, 판단

He received a positive performance appraisal from his supervisor.
그는 상사로부터 긍정적인 업무 평가를 받았다.

2111 **Ministry of the Interior and Safety**

[명] 행정안전부

The Ministry of the Interior and Safety manages national disaster response.
행정안전부는 국가 재난 대응을 관리한다.

2112 **Ministry of Trade, Industry and Energy**

[명] 산업통상자원부

The Ministry of Trade, Industry, and Energy supervises trade agreements.
산업통상자원부는 무역 협정을 감독한다.

2113 **minister**
[mínəstər]

[명] 장관, 목사

The minister emphasized the importance of innovation in industry.
장관은 산업에서 혁신의 중요성을 강조했다.

2114 **administration**
[ədmìnistréiʃən]

[명] 행정(부), 관리, 집행

The administration prioritizes healthcare accessibility for all.
행정부는 모두를 위한 의료 접근성을 우선시한다.

2115 **public**
[pʌblik]

[명] 대중, 사람들 [형] 대중의, 공공의

Public transportation is essential for reducing traffic congestion.
대중교통은 교통 체증을 줄이는 데 필수적이다.

2116 **municipal**
[mjuːnísəpəl]

[형] 지방 자치제의, 시의

The municipal government implemented new recycling initiatives.
시의회가 새로운 재활용 계획을 실행했다.

2117 **mayor** [méiər]

명 시장, 단체장

The mayor was re-elected for a second term.
시장은 두 번째 임기로 재선되었습니다.

2118 **autonomous** [ɔːtάnəməs]

형 자주적인, 자치의

Many universities aim to become more autonomous in their governance.
많은 대학들이 그들의 운영에 있어서 더 자주적으로 되기를 목표로 하고 있다.

2119 **empower** [impáuər]

동 권한을 주다, 자율권을 주다

The new policy aims to empower local communities.
새로운 정책은 지역 사회에 자율권을 주는 것을 목표로 한다.

2120 **sustainable** [səstéinəbl]

형 지속 가능한, 유지 가능한

They promote sustainable farming.
그들은 지속 가능한 농업을 촉진한다.

2121 **disadvantaged** [dìsədvǽntidʒd]

형 사회적으로 혜택을 받지 못한

Support for disadvantaged communities is crucial.
사회적으로 혜택받지 못한 지역 사회에 대한 지원은 중요하다.

2122 **policy** [pάləsi]

명 정책, 방침

The new policy reduces taxes.
새로운 정책은 세금을 줄인다.

2123 **participation** [paːrtìsəpéiʃən]

명 참여, 참가

His participation increased team morale.
그의 참여가 팀 사기를 높였다.

회독 □□□□□

2124 **corruption**
[kərʌpʃən]

명 부패, 타락, 오염

Corruption undermines economic growth.
부패는 경제 성장을 저해한다.

2125 **trustworthy**
[trə'stwər,ði]

형 신뢰할 수 있는

They need a trustworthy source of information.
그들은 신뢰할 수 있는 정보 출처가 필요하다.

2126 **bribery**
[bráibəri]

명 뇌물 수수

He was arrested for bribery.
그는 뇌물 수수 혐의로 체포되었다.

2127 **organization**
[ɔ̀rgən-izéiʃən]

명 구조, 조직, 단체, 기구

The organization is hosting a charity event.
그 단체는 자선 행사를 개최하고 있다.

2128 **accountable**
[əkáuntəbl]

형 책임이 있는

Leaders must be accountable to the public.
지도자들은 대중에게 책임을 져야 한다.

2129 **initiative**
[iníʃiətiv]

명 계획, 진취성, 주도권

The company launched an initiative to reduce waste.
그 회사는 쓰레기 감소를 위한 계획을 시작했다.

2130 **pivotal**
[pívətl]

형 중심이 되는, 중요한

Internet plays a pivotal role, even in the TV industry.
인터넷은 TV 산업에도 중요한 역할을 한다.

2131 **industrial**
[indʌstriəl]

㉿ 산업의, 공업의

The city has many industrial parks.
그 도시는 많은 산업 단지를 가지고 있다..

2132 **competitiveness**
[kəmpétətivnis]

명 경쟁력

Innovation is key to maintaining competitiveness.
혁신은 경쟁력을 유지하는 핵심 요소이다.

2133 **greenhouse gas**

명 온실 가스

The agreement aims to limit greenhouse gas output.
그 협정은 온실 가스 배출을 제한하는 것을 목표로 한다.

2134 **supply chain**

명 공급망

The company improved its supply chain efficiency.
그 회사는 공급망 효율성을 개선했다.

2135 **investment**
[invéstmənt]

명 투자(금)

He made a smart investment in real estate.
그는 부동산에 현명한 투자를 했다.

2136 **Gross Domestic Product(GDP)**

명 국내총생산

The country's GDP grew by 3% last year.
그 나라의 국내총생산은 지난해 3% 성장했다.

2137 **Free Trade Agreement (FTA)**

명 자유무역협정

The FTA aims to reduce tariffs and boost trade.
자유무역협정은 관세를 줄이고 무역을 촉진하는 것을 목표로 한다.

회독 □□□□□

2138 **Ministry of Education**

명 교육부

The Ministry of Education sets school policies.
교육부는 학교 정책을 설정한다.

2139 **Ministry of Science and ICT**

명 과학기술정보통신부

The Ministry of Science and ICT supports tech innovation.
과학기술정보통신부는 기술 혁신을 지원한다.

2140 **consolidate** [kənsάlədèit]

동 통합하다, 공고히 하다

The company plans to consolidate its operations.
그 회사는 운영을 통합할 계획이다.

2141 **narrow down**

동 좁히다, 줄이다

We need to narrow down our list of candidates.
우리는 후보 목록을 좁혀야 한다.

2142 **regional** [ríːdʒənl]

형 지방의, 지역의

The company focuses on regional markets.
그 회사는 지역 시장에 집중하고 있다.

2143 **entrust** [intrʌst]

동 맡기다, 위임하다

They entrusted the team with the critical task.
그들은 그 팀에게 중요한 업무를 맡겼다.

2144 **upper** [ʌpər]

형 위쪽의, 상부의, 상급의

He is an upper-class businessman.
그는 상류층 사업가이다.

REVIEW & LEVEL-UP TEST

■ 괄호 안에 알맞은 단어를 고르시오.

01 The new government [policy / corruption] aims to reduce carbon emissions by 30% over the next decade.

02 He is known for being a [industrial / trustworthy] friend who always keeps his promises.

03 The company conducted an annual performance [bribery / appraisal] for all employees.

■ 다음 빈칸에 문맥상 적절한 단어를 고르시오.

• mayor	• corruption	• participation

04 Efforts to eradicate ________ require government reform.

05 Active ________ in class discussions enhances learning for all students.

06 Residents gathered at City Hall to voice their concerns to the _____.

■ 다음 빈칸에 적절한 뜻을 쓰시오.

07 The municipal elections are scheduled to take place next month.
________ 선거는 다음 달에 예정되어 있다.

08 The company is committed to adopting sustainable practices to reduce its carbon footprint.
그 회사는 탄소 발자국을 줄이기 위해 ________ 실천 방안을 채택하기로 했다.

09 The company is working to rectify the error in the latest software update.
회사는 최신 소프트웨어 업데이트에서 발생한 오류를 ________ 있다.

[해석 ☞ 네이버 카페 '진가영 영어 연구소'에서 확인]

정답

01 policy 02 trustworthy 03 appraisal 04 corruption 05 participation
06 mayor 07 지방 자치제의 08 지속 가능한 09 수정하고

DAY 45 PREVIEW & DIAGNOSIS TEST

01 intermittent ____________

02 transcript ____________

03 bachelor ____________

04 doctor ____________

05 kindergarten ____________

06 savvy ____________

07 prowess ____________

08 elementary ____________

09 periodical ____________

10 puberty ____________

11 childhood ____________

12 breakthrough ____________

13 catalyst ____________

14 courseware ____________

15 sprout ____________

16 tailor ____________

17 statistical ____________

18 hereditary ____________

19 metaverse ____________

20 revision ____________

21 liquid ____________

22 consultative ____________

23 fallacy ____________

24 classification ____________

25 homogeneous ____________

26 mammal ____________

27 amphibian ____________

28 reptile ____________

29 Artificial Intelligence(AI) ____________

30 Ministry of Land, Infrastructure, and Transport ____________

31 public institution ____________

32 innovation ____________

33 sightseeing ____________

34 residence ____________

35 mobility ____________

36 convenience ____________

[정답 ☞ 네이버 카페 '진가영 영어 연구소'에서 확인] 

2145 **intermittent**
[ìntərmítnt]

[형] 간헐적인, 간간이 일어나는

The rain was intermittent throughout the day.
비가 하루 종일 간헐적으로 내렸다.

2146 **transcript**
[trǽnskript]

[명] (학생의) 성적 증명서, 사본

She requested a transcript of her academic records.
그녀는 학업 성적 증명서를 요청했다.

2147 **bachelor**
[bǽtʃələr]

[명] 학사 (학위), 미혼 남자

He earned a bachelor's degree in engineering.
그는 공학 학사를 취득했다.

2148 **doctor**
[dɑ́ktər]

[명] 박사 (학위), 의사

I obtained a doctor's degree last year.
나는 작년에 박사 학위를 취득했다.

2149 **kindergarten**
[kíndərgɑ̀:rtn]

[명] 유치원, 유아원

She works as a teacher in a kindergarten.
그녀는 유치원 교사로 일한다.

2150 **savvy**
[sǽvi]

[명] 요령, 상식 [형] 요령[상식] 있는

I think he's more savvy than that.
내 생각엔 그는 그것보다 훨씬 더 요령이 있다.

2151 **prowess**
[práuis]

[명] 기량, 솜씨

She has great writing prowess.
그녀는 글쓰기 기량은 뛰어나다.

2152 **elementary**
[èləméntəri]

[형] 초급의, 초등의, 기본적인

She teaches elementary school children.
그녀는 초등학교 아이들을 가르친다.

회독 □□□□□

2153 **periodical**
[pìəriάdikəl]

명 정기 간행물(특히 학술지) 형 정기 간행의
She subscribes to a periodical about science fiction.
그녀는 과학 소설에 관한 정기 간행물을 구독한다.

2154 **puberty**
[pjú:bərti]

명 사춘기
Puberty typically begins between ages 9 and 14.
사춘기는 일반적으로 9세에서 14세 사이에 시작한다.

2155 **childhood**
[ʧáildhùd]

명 어린 시절, 유년기
Childhood is a critical period for cognitive development.
어린 시절은 인지 발달에 중요한 시기이다.

2156 **breakthrough**
[brei'kθru:]

명 돌파구, 획기적 발전
The scientist made a breakthrough in cancer research.
과학자는 암 연구에서 획기적인 발전을 이뤘다.

2157 **catalyst**
[kǽtəlist]

명 촉매, 기폭제
Innovation often serves as a catalyst for progress.
혁신은 종종 발전의 촉매제가 된다.

2158 **courseware**
[kɔ́:rswεər]

명 (어떤 과목을 가르치기 위한) 교육용 프로그램
She created custom courseware for the online training program.
그녀는 온라인 교육 프로그램을 위해 맞춤형 강의 자료를 만들었다.

2159 **sprout**
[spraut]

동 생기다, 나타나다, 싹이 나다, 자라기 시작하다
Ideas started to sprout during the discussion.
토론 중에 아이디어들이 생기기 시작했다.

2160 **tailor**
[téilər]

명 재단사 동 맞추다, 조정하다

He tailored his presentation to suit the audience's interests.
그는 청중의 관심사에 맞게 프레젠테이션을 조정했다.

2161 **statistical**
[stətístikəl]

형 통계의, 통계적인

Statistical evidence supports the hypothesis.
통계적 증거가 그 가설을 뒷받침한다.

2162 **hereditary**
[hərédətèri]

형 유전적인, 세습되는

The disease is hereditary, passed down through generations.
그 병은 유전적이며 세대를 통해 전해진다.

2163 **metaverse**
[m'etəv,əːrs]

명 사이버 공간, 가상공간

Virtual concerts in the metaverse are becoming more popular.
가상 공간에서 열리는 가상 콘서트가 점점 더 인기를 끌고 있다.

2164 **revision**
[rivíʒən]

명 수정[정정] 사항, 검토, 변경

he made several revisions to her essay before submitting it.
그녀는 에세이를 제출하기 전에 여러 차례 수정했다.

2165 **liquid**
[líkwid]

명 액체 형 액체의, 액상의

The water slowly turned into a liquid state as the ice melted.
얼음이 녹을 때 물이 천천히 액체 상태로 변했다.

2166 **consultative**
[kənsʌltətiv]

형 고문[자문]의, 상담의

The company adopted a consultative approach to decision-making.
그 회사는 의사결정에 상담적인 방식을 채택했다.

회독 □□□□□

2167 **fallacy**
[fǽləsi]

명 오류, 틀린 생각

The argument was based on a logical fallacy.
그 논쟁은 논리적인 오류에 기반하고 있었다.

2168 **classification**
[klæsəfikéiʃən]

명 분류, 유형, 범주

Library books follow a classification system.
도서관 책들은 분류 체계를 따른다.

2169 **homogeneous**
[hòumədʒíːniəs]

형 동종의, 동질의

Some governments want a homogeneous national identity.
일부 정부들은 동질적인 국민의 정체성을 원한다.

2170 **mammal**
[mǽməl]

명 포유동물

The whale is the largest mammal on Earth.
고래는 지구상에서 가장 큰 포유 동물이다.

2171 **amphibian**
[æmfíbiən]

명 양서류

Amphibians lay eggs in water.
양서류는 물 속에 알을 낳는다.

2172 **reptile**
[réptil]

명 파충류

The snake is a reptile that slithers on the ground.
뱀은 땅 위를 기어 다니는 파충류이다.

2173 **Artificial Intelligence(AI)**

명 인공 지능

AI technology is advancing rapidly.
AI 기술이 급속히 발전하고 있다.

2174 **Ministry of Land, Infrastructure, and Transport**

명 국토교통부

The Ministry of Land, Infrastructure, and Transport oversees transportation policies.
국토교통부는 교통 정책을 감독한다.

2175 **public institution**

명 공공 기관

Funding for public institutions often comes from government budgets.
공공 기관의 자금은 주로 정부 예산에서 나온다.

2176 **innovation** [ìnəvéiʃən]

명 혁신, 쇄신

Technological innovation has transformed the way we live and work.
기술 혁신은 우리가 살고 일하는 방식을 변화시켰다.

2177 **sightseeing** [sáitsìːiŋ]

명 관광

She enjoys sightseeing in natural parks to admire the beauty of nature.
그녀는 자연 공원에서 자연의 아름다움을 감상하기 위해 관광을 즐긴다.

2178 **residence** [rézədəns]

명 주택, 거주지

His residence is located in the heart of the city.
그의 거주지는 도시의 중심에 위치해 있다.

2179 **mobility** [moubíləti]

명 이동성, 기동성, 유동성

The smartphone revolutionized personal mobility.
스마트폰은 개인 이동성을 혁신했다.

2180 **convenience** [kənvíːnjəns]

명 편의, 편리, 편의 시설

Online shopping offers convenience and accessibility.
온라인 쇼핑은 편리함과 접근성을 제공한다.

REVIEW & LEVEL-UP TEST

■ 괄호 안에 알맞은 단어를 고르시오.

01 [Puberty / Liquid] brings about significant changes in both boys and girls.

02 The [tailor / fallacy] of hasty generalization often leads to incorrect assumptions.

03 She subscribes to a scientific [prowess / periodical] that publishes research articles monthly.

■ 다음 빈칸에 문맥상 적절한 단어를 고르시오.

• statistical	• breakthrough	• hereditary

04 The ________ in AI technology allowed for more accurate language translation.

05 The researchers conducted a ________ analysis of the survey results to identify trends.

06 Some diseases are caused by ________ factors passed down through generations.

■ 다음 빈칸에 적절한 뜻을 쓰시오.

07 The author completed the final <u>revision</u> of his manuscript.
저자는 최종 원고 ________ 작업을 마쳤다.

08 The frog is a common <u>amphibian</u> found near freshwater habitats.
개구리는 물가에 서식하는 흔한 ________이다.

09 The president's official <u>residence</u> is located in the capital city.
대통령의 공식 ________는 수도에 위치해 있다.

[해석 ☞ 네이버 카페 '진가영 영어 연구소'에서 확인]

정답

01 Puberty **02** fallacy **03** periodical **04** breakthrough **05** statistical
06 hereditary **07** 수정 **08** 양서류 **09** 거주지

DAY 46 PREVIEW & DIAGNOSIS TEST

01 commercialize ________

02 construction ________

03 comfortable ________

04 facilitation ________

05 self-sufficiency ________

06 grocery ________

07 riverside ________

08 coastal ________

09 inland ________

10 ecosystem ________

11 direction ________

12 architecture ________

13 housing ________

14 propel ________

15 aviation ________

16 railway ________

17 trait ________

18 rejuvenate ________

19 village ________

20 disseminate ________

21 green space ________

22 municipality ________

23 geared ________

24 eligible ________

25 rental ________

26 real estate ________

27 fraudulent ________

28 overseas ________

29 natural resource ________

30 connectivity ________

31 Ministry of Culture, Sports and Tourism ________

32 accommodation ________

33 voucher ________

34 powerhouse ________

35 feast ________

36 ancestor ________

[정답 ☞ 네이버 카페 '진가영 영어 연구소'에서 확인]

회독 □□□□□

2181 **commercialize** [kəmə́ːrʃəlàiz]

㊐ 상업화하다, 영리화하다

The new product will be commercialized next year.
새 제품은 내년에 상품화될 것이다.

2182 **construction** [kənstrʌkʃən]

㊔ 건설, 공사, 건축물

Construction on the new bridge will begin next month.
새 다리의 건설은 다음 달에 시작된다.

2183 **comfortable** [kʌmfərtəbl]

㊕ 편안한, 쾌적한

The bed was comfortable and provided a good night's sleep.
침대는 편안했고 푹신한 밤잠을 제공했다.

2184 **facilitation** [fəsìlitéiʃən]

㊔ 편리화, 간이화, 촉진, 조장

Facilitation of trade agreements boosted global commerce.
무역 협정의 촉진이 세계 상거래를 촉진했다.

2185 **self-sufficiency** [sèlfsəfíʃənsi]

㊔ 자급자족

Their goal is self-sufficiency in food production.
그들의 목표는 식량 생산의 자급자족이다.

2186 **grocery** [gróusəri]

㊔ 식료 잡화점

She went to the grocery store to buy ingredients for dinner.
그녀는 저녁 식사 재료를 사기 위해 식료 잡화점에 갔다.

2187 **riverside** [rívərsàid]

㊔ 강가, 강변

They enjoyed a picnic by the riverside on a sunny day.
그들은 화창한 날에 강가에서 소풍을 즐겼다.

2188 **coastal** [kóustəl]

㊕ 해안의, 연안의

The coastal region is famous for its seafood cuisine.
연안 지역은 해산물 요리로 유명하다.

2189 **inland**
[ínlənd]

㉻ 내륙의, 국내의, 내륙에 있는
Inland areas have distinct climates from coastal regions.
내륙 지역은 연안 지역과는 다른 기후를 가지고 있다.

2190 **ecosystem**
[i'kousistəm]

㉮ 생태계
Pollution threatens the delicate balance of the marine ecosystem.
오염이 해양 생태계의 미묘한 균형을 위협한다.

2191 **direction**
[dirékʃən, dairékʃən]

㉮ 방향, 위치
We need to choose a direction for our future project.
우리는 앞으로의 프로젝트를 위한 방향을 선택해야 한다.

2192 **architecture**
[ɑ́:rkɪtèktʃər]

㉮ 건축학[술], 건축 양식
The architecture of the cathedral is breathtaking.
대성당의 건축물은 숨막히는 아름다움이다.

2193 **housing**
[háuziŋ]

㉮ 집, 주택 (공급)
Affordable housing is a pressing issue in many urban areas.
저렴한 주택은 많은 도시 지역에서 시급한 문제이다.

2194 **propel**
[prəpél]

㉯ 추진하다, 나아가게 하다
The government propels large-scale projects.
정부는 대규모 프로젝트를 추진한다.

2195 **aviation**
[èiviéiʃən]

㉮ 항공(술), 비행
Aviation seeks eco-friendly fuel alternatives.
항공 산업은 친환경 연료 대안을 탐구한다.

회독 □□□□□

2196 **railway**
[rei'lwei]

[명] 철로, 철길, 선로

The new railway line will connect major cities in the region.
새로운 철도 노선은 지역의 주요 도시를 연결할 것이다.

2197 **trait**
[treit, trei]

[명] 특성, 특징

Loyalty is a commendable trait in relationships.
충성은 관계에서 칭찬받을만한 특성이다.

2198 **rejuvenate**
[ridʒúːvənèit]

[동] 활기를 되찾게 하다

Exercise helps rejuvenate both body and mind.
운동은 몸과 마음을 모두 활기를 되찾는 데 도움이 된다.

2199 **village**
[vílidʒ]

[명] (시골) 마을, 촌락, 마을 사람들

The village celebrated its annual harvest festival.
그 마을은 매년 가을 축제를 열었다.

2200 **disseminate**
[disémənèit]

[동] 퍼뜨리다, 전파하다

Teachers disseminate knowledge to their students.
선생님들은 학생들에게 지식을 전파한다.

2201 **green space**

[명] 녹지 공간

Parks provide essential green space in urban areas.
공원은 도시 지역에서 필수적인 녹지 공간을 제공한다.

2202 **municipality**
[mjuːnìsəpǽləti]

[명] 지방 자치제

The municipality is responsible for local services.
지방 자치 단체는 지역 서비스를 담당한다.

2203 **geared**
[gi:rd]

㉻ 설계된, 구성된, 기어가 달린

The program is geared to improve employee productivity.
이 프로그램은 직원 생산성을 향상시키기 위해 설계되었다.

2204 **eligible**
[élidʒəbl]

㉻ 적임의, 적당한, ~할 자격이 있는

You must meet certain criteria to be eligible for the scholarship.
장학금을 받기 위해 일정한 자격 기준을 충족해야 한다.

2205 **rental**
[réntl]

㉹ 사용료, 임대료, 임대, 임차

They found a suitable rental apartment near the city center.
그들은 도심 근처에 적합한 임대 아파트를 찾았다.

2206 **real estate**
[rí:əlestèit]

㉹ 부동산

Real estate prices in the area have been steadily rising.
그 지역의 부동산 가격은 꾸준히 상승해 왔다.

2207 **fraudulent**
[frɔ́:dʒulənt]

㉻ 사기를 치는

They uncovered fraudulent activity in the company's finances.
그들은 회사 재무에서의 사기 행위를 발견했다.

2208 **overseas**
[ou'vərsi'z]

㉻ 해외의, 외국의

The company expanded its operations overseas.
그 회사는 해외에서 사업을 확장했다.

2209 **natural resource**

㉹ 천연자원

Renewable energy sources rely on natural resources.
재생 가능한 에너지 원천은 천연자원에 의존한다.

회독 □□□□□

2210 **connectivity**
[kɑ̀nektívəti]

명 연결(성)

High-speed internet enhances connectivity in rural areas.
고속 인터넷은 시골 지역의 연결성을 향상시킨다.

2211 **Ministry of Culture, Sports and Tourism**

명 문화체육관광부

The Ministry of Culture, Sports, and Tourism supports artistic endeavors.
문화체육관광부는 예술 활동을 지원한다.

2212 **accommodation**
[əkɑ̀mədéiʃən]

명 숙소, 거처, 숙박

Accommodation is included in the travel package.
숙박은 여행 패키지에 포함되어 있다.

2213 **voucher**
[váuʧər]

명 상품권, 할인권

She redeemed her voucher for a free movie ticket.
그녀는 영화 티켓 무료 상품권을 사용했다.

2214 **powerhouse**
[pau'ərhaus]

명 발전소, 원동력, 실세 집단

It is a powerhouse for economic growth in the region.
그것은 그 지역 경제 성장의 원동력이다.

2215 **feast**
[fiːst]

명 연회, 잔치, 축제일 동 포식하다

The family gathered for a festive feast during the holidays.
가족들은 휴일 동안 축제 분위기의 연회를 위해 모였다.

2216 **ancestor**
[ǽnsestər]

명 조상, 선조

Our traditions are rooted in the wisdom of our ancestors.
우리의 전통은 우리 선조들의 지혜에 뿌리를 둔다.

DAY 46 REVIEW & LEVEL-UP TEST

■ 괄호 안에 알맞은 단어를 고르시오.

01 The couch in the living room is very [inland / comfortable], perfect for relaxing after a long day.

02 The path along the [riverside / self-sufficiency] is popular for morning walks.

03 [Voucher / Aviation] technology has revolutionized global travel.

■ 다음 빈칸에 문맥상 적절한 단어를 고르시오.

• disseminate	• coastal	• grocery

04 I need to stop by the ________ store on my way home to pick up some milk and bread.

05 ________ erosion is a serious environmental issue that threatens many seaside communities.

06 Teachers use various methods to ________ knowledge effectively to their students.

■ 다음 빈칸에 적절한 뜻을 쓰시오.

07 He travels overseas frequently for business meetings with clients.
그는 고객들과의 비즈니스 회의를 위해 자주 ________ 이동한다.

08 Urbanization often leads to disruptions in natural ecosystems.
도시화는 종종 자연 ________의 교란을 일으킨다.

09 In many cultures, honoring ancestors is an important tradition.
많은 문화에서는 ________를 존경하는 것이 중요한 전통이다.

[해석 ☞ 네이버 카페 '진가영 영어 연구소'에서 확인]

정답

01 comfortable **02** riverside **03** Aviation **04** grocery **05** Coastal
06 disseminate **07** 해외로 **08** 생태계 **09** 선조

DAY 47 PREVIEW & DIAGNOSIS TEST

01 descendant ______________
02 masterpiece ______________
03 vacation ______________
04 broaden ______________
05 penetrate ______________
06 emigrate ______________
07 handicraft ______________
08 museum ______________
09 library ______________
10 isolation ______________
11 inherit ______________
12 assistance ______________
13 on-site ______________
14 preferential ______________
15 humanity ______________
16 fairness ______________
17 loneliness ______________
18 superstition ______________
19 preemptive ______________
20 convergence ______________
21 disability ______________
22 attachment ______________
23 showcase ______________
24 promotional ______________
25 journalist ______________
26 abroad ______________
27 palace ______________
28 fortress ______________
29 paralympics ______________
30 imbue ______________
31 landmark ______________
32 Ministry of Agriculture, Food and Rural Affairs ______________
33 Ministry of Oceans and Fisheries ______________
34 spatial ______________
35 companion ______________
36 farmer ______________

[정답 ☞ 네이버 카페 '진가영 영어 연구소'에서 확인]

2217 **descendant**
[diséndənt]

㊐ 자손, 후손, 후예

Many families keep records of their descendants for generations.
많은 가족들이 몇 세대에 걸친 자손들의 기록을 유지한다.

2218 **masterpiece**
[mæ'stərpis]

㊐ 걸작, 명작

The artist's latest painting is considered a masterpiece.
그 예술가의 최신 작품은 걸작으로 여겨진다.

2219 **vacation**
[veikéiʃən, vəikéiʃən]

㊐ 방학, 휴가

They went on vacation to a tropical island.
그들은 열대 섬으로 휴가를 다녀왔다.

2220 **broaden**
[brɔ́:dn]

㊍ 넓히다, 넓어지다, 퍼지다

Traveling can broaden one's perspective on different cultures.
여행은 다른 문화에 대한 시각을 넓힐 수 있다.

2221 **penetrate**
[pénətrèit]

㊍ 관통하다, 뚫고 들어가다, 침투하다

The company aims to penetrate new markets with its products.
그 회사는 제품으로 새로운 시장에 침투하고자 한다.

2222 **emigrate**
[émigrèit]

㊍ 이민을 가다, 이주하다

His family emigrated from Europe to America in the early 20th century.
그의 가족은 20세기 초에 유럽에서 미국으로 이민을 갔다.

2223 **handicraft**
[hǽndikræft]

㊐ 수공예(품), 손재주

She enjoys making handicrafts in her spare time.
그녀는 여가 시간에 손으로 만드는 수공예를 즐긴다.

2224 **museum**
[mju:zí:əm]

㊐ 박물관, 미술관

The museum exhibits artifacts from ancient civilizations.
박물관은 고대 문명의 유물을 전시한다.

회독 □□□□□

2225 **library** [láibrèri]

㉿ 도서관, 서재

The library is a place for quiet study and research.
도서관은 조용한 공부와 연구를 위한 장소이다.

2226 **isolation** [àisəléiʃən]

㉿ 고립, 분리, 격리

Social isolation can have negative effects on mental health.
사회적 고립은 정신 건강에 부정적인 영향을 미칠 수 있다.

2227 **inherit** [inhérit]

㉲ 상속받다, 물려받다

Children often inherit traits from their parents.
아이들은 종종 부모로부터 특성을 물려받는다.

2228 **assistance** [əsístəns]

㉿ 도움, 원조, 지원

Can I get some assistance?
도움을 받을 수 있을까요?

2229 **on-site**

㉻ 현장의, 현지의

We need an on-site inspection.
현장 점검이 필요하다.

2230 **preferential** [prèfərénʃəl]

㉻ 우선권[특혜]을 주는

We offer preferential treatment to loyal customers.
우리는 충성 고객에게 우선권을 주는 서비스를 제공헌다.

2231 **humanity** [hjuːmǽnəti]

㉿ 인류, 인문학, 인간성

She studied humanities at university.
그녀는 대학에서 인문학을 전공했다.

2232 **fairness** [fɛ́ərnis]

명 공정, 공평

Fairness is essential in decision-making.
결정 과정에서 공정함이 중요하다.

2233 **loneliness** [lóunlinis]

명 외로움, 고독

Loneliness can affect mental health.
외로움은 정신 건강에 영향을 줄 수 있다.

2234 **superstition** [sù:pərstíʃən]

명 미신

Superstition often influences people's decisions.
미신은 종종 사람들의 결정에 영향을 미친다.

2235 **preemptive** [priémptiv]

형 선제의, 선점적인

The company took preemptive action to avoid the crisis.
회사는 위기를 피하기 위해 선제 조치를 취했다.

2236 **convergence** [kənvə́:rdʒəns]

명 융합, 수렴, 집중

Experts are studying the convergence of different economic trends.
전문가들은 다양한 경제 동향의 융합을 연구하고 있다.

2237 **disability** [dìsəbíləti]

명 (신체적·정신적) 장애

She advocates for the rights of people with disabilities.
그녀는 장애인들의 권리를 지지한다.

2238 **attachment** [ətǽtʃmənt]

명 애착, 믿음, 지지

He has a strong attachment to his childhood home.
그는 어린 시절 집에 대한 강한 애착을 가지고 있다.

회독 □□□□□

2239 **showcase**
[ʃou'keis]

명 공개 행사, 진열장 동 전시하다

The event will showcase local artists' work.
그 행사는 지역 예술가들의 작품을 전시할 것이다.

2240 **promotional**
[prəmóuʃənl]

형 홍보의, 판촉의

They launched a promotional campaign for the new product.
그들은 새로운 제품을 위한 판촉 캠페인을 시작했다.

2241 **journalist**
[dʒə́ːrnəlist]

명 저널리스트, 기자

The journalist reported live from the scene.
기자는 현장에서 생중계로 보도했다.

2242 **abroad**
[əbrɔ́ːd]

형 해외에, 해외로

They are planning to travel abroad this summer.
그들은 이번 여름에 해외 여행 계획을 세우고 있다.

2243 **palace**
[pǽlis]

명 궁전, 왕실, 대저택

They visited the ancient palace during their trip.
그들은 여행 중에 고대 궁전을 방문했다.

2244 **fortress**
[fɔ́ːrtris]

명 성벽, 요새

The fortress was built to defend against invaders.
그 요새는 침입자들로부터 방어하기 위해 지어졌다.

2245 **paralympics**
[pærəlímpiks]

명 페럴림픽, 장애인 올림픽

She won a gold medal at the Paralympics.
그녀는 패럴림픽에서 금메달을 땄다.

2246 **imbue**
[imbjúː]

Ⓢ 가득 채우다, 고취하다, 불어넣다

The novel is imbued with themes of love and loss.
그 소설은 사랑과 상실의 주제로 가득 차 있었다.

2247 **landmark**
[lǽndmὰːrk]

명 주요 지형지물, 역사적인 건물[장소]

The Eiffel Tower is a famous landmark in Paris.
에펠탑은 파리의 유명한 역사적인 건물이다.

2248 **Ministry of Agriculture, Food and Rural Affairs**

명 농림축산식품부

The Ministry of Agriculture, Food and Rural Affairs supports rural projects.
농림축산식품부가 농촌 프로젝트를 지원한다.

2249 **Ministry of Oceans and Fisheries**

명 해양수산부

The Ministry of Oceans and Fisheries promotes sustainable fishing.
해양수산부는 지속 가능한 어업을 장려한다.

2250 **spatial**
[spéiʃəl]

형 공간의, 공간적인

She has a strong spatial awareness.
그녀는 뛰어난 공간 지각 능력을 가지고 있다.

2251 **companion**
[kəmpǽnjən]

명 동반자, 동행, 친구

He considers his best friend his closest companion.
그는 그의 가장 친한 친구를 가장 가까운 동반자로 생각한다.

2252 **farmer**
[fάːrmər]

명 농부, 농장주

The farmer grows organic vegetables.
농부는 유기농 채소를 재배한다.

DAY 47 REVIEW & LEVEL-UP TEST

■ 괄호 안에 알맞은 단어를 고르시오.

01 Leonardo da Vinci's "Mona Lisa" is considered a [masterpiece / vacation] of Renaissance art.

02 The family's decision to [penetrate / emigrate] was motivated by political instability and concerns for their safety.

03 Children often [inherit / imbue] certain physical traits from their parents, such as eye color or height.

■ 다음 빈칸에 문맥상 적절한 단어를 고르시오.

• abroad	• loneliness	• museum

04 Visitors were amazed by the collection of rare manuscripts at the national ________.

05 Elderly people living alone often struggle with feelings of ________.

06 The company expanded its operations ________ to tap into new markets.

■ 다음 빈칸에 적절한 뜻을 쓰시오.

07 Long periods of <u>isolation</u> can have negative effects on mental health.
긴 기간의 ________은 정신 건강에 부정적인 영향을 미칠 수 있다.

08 The construction manager oversees the <u>on-site</u> progress of the new office building.
건설 관리자는 새로운 사무실 건물의 ________ 진행 상황을 감독한다.

09 Infants form strong <u>attachments</u> to their primary caregivers.
유아들은 주 보호자에게 강한 ________을 형성한다.

[해석 ☞ 네이버 카페 '진가영 영어 연구소'에서 확인] 

정답

01 masterpiece	02 emigrate	03 inherit	04 museum	05 loneliness
06 abroad	07 고립	08 현장의	09 애착	

DAY 48 PREVIEW & DIAGNOSIS TEST

01 fisherman ______________

02 carbon ______________

03 emission ______________

04 neutral ______________

05 reclaim ______________

06 livestock ______________

07 irrigate ______________

08 machinery ______________

09 quarantine ______________

10 veterinarian ______________

11 fruitful ______________

12 productivity ______________

13 seasonal ______________

14 reservoir ______________

15 bilateral ______________

16 influential ______________

17 diversification ______________

18 fertilizer ______________

19 livelihood ______________

20 seafood ______________

21 radiation ______________

22 maritime ______________

23 vessel ______________

24 compensation ______________

25 eco-friendly ______________

26 navigation ______________

27 tonnage ______________

28 aquaculture ______________

29 water temperature ______________

30 fishery ______________

31 fine particle ______________

32 biodiversity ______________

33 debris ______________

34 pollutant ______________

35 Ministry of Environment ______________

36 Ministry of Health and Welfare ______________

[정답 ☞ 네이버 카페 '진가영 영어 연구소'에서 확인]

회독 □□□□□

2253 **fisherman** [fíʃərmən]

명 어부

The fisherman repaired his nets after the storm.
어부는 폭풍 후 그물망을 수리했다.

2254 **carbon** [kɑ́:rbən]

명 탄소

The factory reduced its carbon emissions by 20%.
공장은 탄소 배출을 20% 줄였다.

2255 **emission** [imíʃən]

명 배출(물), 배기가스

Emission standards are set to protect air quality.
배출 기준은 대기 질을 보호하기 위해 설정되었다.

2256 **neutral** [njú:trəl]

형 중립의, 중립적인

She remained neutral during the debate.
그녀는 토론 중에 중립을 지켰다.

2257 **reclaim** [rikléim]

동 매립하다, 개간하다, 되찾다

They plan to reclaim the abandoned land for farming.
그들은 버려진 땅을 농업용으로 개간할 계획이다.

2258 **livestock** [láivstɑ:k]

명 가축

The farm has a variety of livestock, including cows and sheep.
농장에는 소와 양을 포함한 다양한 가축이 있다.

2259 **irrigate** [írəgèit]

동 관개하다, 물을 대다

Farmers use sprinklers to irrigate their fields.
농부들은 밭을 관개하기 위해 스프링클러를 사용한다.

2260 **machinery** [məʃí:nəri]

명 기계, 조직

He wore protective gear while operating heavy machinery.
그는 무거운 기계를 작동할 때 보호 장비를 착용했다.

2261 **quarantine** [kwɔ́ːrəntìːn]

㉬ 격리, 검역 ㉯ 격리하다

The travelers were placed in quarantine for 14 days.
여행자들은 14일 동안 격리되었다.

2262 **veterinarian** [vètərənέəriən]

㉬ 수의사

The veterinarian examined the sick dog.
수의사가 아픈 개를 검사했다.

2263 **fruitful** [frúːtfəl]

㉭ 생산적인, 유익한, 수확이 많이 나는

The meeting was very fruitful, with many ideas shared.
회의는 많은 아이디어가 공유되어 매우 유익했다.

2264 **productivity** [pròudʌktívəti]

㉬ 생산성

Improving workplace conditions can boost productivity.
직장 환경을 개선하면 생산성이 향상될 수 있다.

2265 **seasonal** [síːzənl]

㉭ 계절적인, 계절에 따라 다른

She enjoys seasonal activities like skiing in winter.
그녀는 겨울에 스키와 같은 계절 활동을 즐긴다.

2266 **reservoir** [rézərvwὰːr]

㉬ 저수지, 급수장, 비축, 저장

The reservoir supplies water to the entire city.
저수지는 도시 전체에 물을 공급한다.

2267 **bilateral** [bailǽtərəl]

㉭ 쌍방의, 양쪽의

The two countries signed a bilateral trade agreement.
두 나라는 양자 무역 협정을 체결했다.

회독 □□□□□

2268 **influential** [influénʃəl]
㉠ 영향력 있는, 영향력이 큰
She is an influential leader in the tech industry.
그녀는 기술 산업에서 영향력 있는 리더이다.

2269 **diversification** [divə̀:rsəfikéiʃən]
㉡ 다양성, 다각화, 변형, 분산
Diversification of crops can improve soil health.
작물의 다양화는 토양 건강을 개선할 수 있다.

2270 **fertilizer** [fə́:rtəlàizər]
㉡ 비료
Farmers use organic fertilizer to enhance soil quality.
농부들은 토양 품질을 향상시키기 위해 유기 비료를 사용한다.

2271 **livelihood** [láivlihùd]
㉡ 생계 (수단)
Education is crucial for improving people's livelihoods.
교육은 사람들의 생계를 개선하는 데 중요하다.

2272 **seafood** [si:fu:d]
㉡ 해산물
The restaurant is known for its fresh seafood dishes.
그 식당은 신선한 해산물 요리로 유명하다.

2273 **radiation** [rèidiéiʃən]
㉡ 방사선, 복사
The scientist measured the radiation levels near the site.
과학자는 그 현장 근처의 방사선 수치를 측정했다.

2274 **maritime** [mǽrətàim]
㉠ 바다의, 해양의, 해안의
They are investing in maritime infrastructure to boost trade.
그들은 무역을 촉진하기 위해 해양 인프라에 투자하고 있다.

2275 **vessel**
[vésəl]

명 선박, 배, 그릇
The vessel sailed smoothly across the ocean.
그 선박은 바다를 따라 순조롭게 항해했다.

2276 **compensation**
[kàmpənséiʃən]

명 보상, 이득
She filed a claim for compensation after the accident.
그녀는 사고 후 보상을 청구했다.

2277 **eco-friendly**

형 친환경적인
She prefers eco-friendly products to protect the environment.
그녀는 환경 보호를 위해 친환경 제품을 선호한다.

2278 **navigation**
[nævəgéiʃən]

명 항해, 운항, 조종
The derelict craft was a menace to navigation.
버려진 선박은 항해의 방해 요인이었다.

2279 **tonnage**
[tʌnidʒ]

명 (선박의) 용적 톤수, 적재량
The new regulations limit the tonnage of cargo ships entering the harbor.
새 규정은 항구에 들어오는 화물선의 톤수 제한을 두고 있다.

2280 **aquaculture**
[ækwəkʌltʃər]

명 양식(업)
Aquaculture is growing rapidly to meet the demand for seafood.
양식업은 해산물 수요를 충족하기 위해 빠르게 성장하고 있다.

2281 **water temperature**

명 수온
Changes in water temperature can affect marine life.
수온의 변화는 해양 생물에 영향을 줄 수 있다.

회독 □□□□□

2282 **fishery** [fíʃəri]	ⓜ 어업, 수산업 The fishery has been experiencing a decline in catch rates. 그 어업은 어획량 감소를 경험하고 있다.
2283 **fine particle**	ⓜ 미립자 Exposure to fine particles can lead to respiratory problems. 미립자에 노출되면 호흡기 문제가 발생할 수 있다.
2284 **biodiversity** [baioudaivəːrsəti]	ⓜ 생물의 다양성 Conserving forests is crucial for maintaining biodiversity. 숲을 보존하는 것은 생물 다양성을 유지하는 데 중요하다.
2285 **debris** [dəbríː]	ⓜ 잔해, 쓰레기 The storm left a trail of debris across the neighborhood. 폭풍은 동네 곳곳에 잔해를 남겼다.
2286 **pollutant** [pəlúːtənt]	ⓜ 오염 물질, 오염원 Vehicles are a major source of air pollutants in urban areas. 차량은 도시 지역의 대기 오염 물질 주요 원인이다.
2287 **Ministry of Environment**	ⓜ 환경부 The Ministry of Environment announced new policies. 환경부가 새로운 정책을 발표했다.
2288 **Ministry of Health and Welfare**	ⓜ 보건복지부 The Ministry of Health and Welfare recommended vaccination. 보건복지부에서 예방접종을 권장했다.

DAY 48 REVIEW & LEVEL-UP TEST

■ 괄호 안에 알맞은 단어를 고르시오.

01 Vehicle [carbon / fisherman] emissions contribute to air pollution.

02 [Livestock / Machinery] such as cows and pigs are raised for meat production.

03 Farmers use [vessel / fertilizer] to enhance crop growth and yield.

■ 다음 빈칸에 문맥상 적절한 단어를 고르시오.

• quarantine	• compensation	• veterinarian

04 The hospital implemented a strict ________ policy to prevent the spread of contagious diseases among patients.

05 The ________ examined the dog to determine the cause of its persistent cough.

06 The insurance policy provides ________ for damages caused by natural disasters.

■ 다음 빈칸에 적절한 뜻을 쓰시오.

07 During the dry season, it is crucial to irrigate the farmland to prevent crop failure.
건기 동안에는 농작물의 실패를 막기 위해 농경지에 ________ 것이 중요하다.

08 The reservoir serves as a habitat for various aquatic species.
________는 다양한 수생 생물들의 서식지로 기능한다.

09 After the explosion, firefighters searched through the debris for survivors.
폭발 이후 소방관들은 생존자를 찾기 위해 ________ 속을 수색했다.

[해석 ☞ 네이버 카페 '진가영 영어 연구소'에서 확인]

정답

01 carbon **02** Livestock **03** fertilizer **04** quarantine **05** veterinarian
06 compensation **07** 물을 대는 **08** 저수지 **09** 잔해

DAY 48

PREVIEW & DIAGNOSIS TEST

01 insurance ________________

02 diagnose ________________

03 adoption ________________

04 permit ________________

05 benchmark ________________

06 allocation ________________

07 adaptive ________________

08 waste ________________

09 hydrogen ________________

10 pollution ________________

11 yellow sand ________________

12 purifier ________________

13 concentrated ________________

14 incise ________________

15 optical ________________

16 numb ________________

17 deaf ________________

18 transfusion ________________

19 elderly ________________

20 treatment ________________

21 rehabilitate ________________

22 wellness ________________

23 subsidize ________________

24 bruise ________________

25 famine ________________

26 lethargy ________________

27 infectious ________________

28 sanitation ________________

29 maternal ________________

30 paternal ________________

31 low-income ________________

32 longevity ________________

33 demographics ________________

34 mortality ________________

35 cancer ________________

36 cardiovascular ________________

[정답 ☞ 네이버 카페 '진가영 영어 연구소'에서 확인]

2289 **insurance**
[inʃúərəns]

㉧ 보험, 보험금

You can make a claim on your insurance policy.
당신은 보험 약관에 따라 청구를 할 수 있다.

2290 **diagnose**
[dáiəgnòus]

㉦ 진단하다

They diagnose patients with advanced technology.
그들은 첨단 기술로 환자들을 진단한다.

2291 **adoption**
[ədάpʃən]

㉧ 입양, 채택

Adoption agencies facilitate the adoption process.
입양 기관들은 입양 과정을 촉진한다.

2292 **permit**
[pərmít]

㉦ 허용하다, 허락하다, 가능하게 하다

Small talk is not permitted in the library.
도서관에서는 잡담이 허용되지 않는다.

2293 **benchmark**
[béntʃmὰ:rk]

㉧ 기준, 지수

They use industry benchmarks to evaluate performance.
그들은 산업 기준을 사용하여 성과를 평가한다.

2294 **allocation**
[æləkéiʃən]

㉧ 할당, 분배, 배급

The government announced the allocation of funds for education.
정부가 교육을 위한 자금 할당을 발표했다.

2295 **adaptive**
[ədǽptiv]

㉭ 조정의, 적응할 수 있는

Adaptive learning techniques personalize education.
적응형 학습 기법은 교육을 개인화한다.

2296 **waste**
[weist]

㉧ 낭비, 쓰레기, 폐기물 ㉦ 낭비하다

Reduce waste by recycling.
재활용으로 폐기물을 줄여라.

회독 □□□□□

2297 **hydrogen**
[háidrədʒən]

㊔ 수소

Hydrogen is the most abundant element in the universe.
수소는 우주에서 가장 풍부한 원소이다.

2298 **pollution**
[pəlúːʃən]

㊔ 오염, 공해

Pollution poses serious threats to public health.
공해는 대중 건강에 심각한 위협을 제시한다.

2299 **yellow sand**

㊔ 황사

Yellow sand causes respiratory illnesses.
황사는 호흡기 질환을 일으킨다.

2300 **purifier**
[pjúərəfàiər]

㊔ 정화 장치

The water purifier removes impurities, making the water safe to drink.
물 정화 장치는 불순물을 제거하여 물을 마실 수 있게 만든다.

2301 **concentrated**
[kάnsəntrèitid]

㊎ 농축된, 집중된

The cleaning solution is highly concentrated, so use it sparingly.
청소용액은 매우 농축되어 있으므로 아껴서 사용해라.

2302 **incise**
[insáiz]

㊕ 절개하다, 새기다, 조각하다

Surgeons incise the skin before performing surgery.
수술을 하기 전에 외과 의사는 피부를 절개한다.

2303 **optical**
[άptikəl]

㊎ 시력의, 시각적인

Optical effects mesmerize viewers in the artwork.
예술작품에서 시각적인 효과가 관객을 매료시킨다.

2304 **numb**
[nʌm]

㉠ 감각이 없는, 마비된

After the accident, her fingers felt numb.
사고 후에 그녀의 손가락은 마비된 듯했다.

2305 **deaf**
[def]

㉠ 귀가 먹은, 청각 장애가 있는

Hearing aids help many deaf individuals hear better.
보청기는 많은 청각 장애인이 더 잘 들을 수 있게 도와준다.

2306 **transfusion**
[trænsfjúːʒən]

㉡ 수혈, 주입

The patient received a blood transfusion during surgery.
환자는 수술 중에 수혈을 받았다.

2307 **elderly**
[éldərli]

㉡ 어르신들 ㉠ 연세가 드신

The elderly population is increasing globally.
노인 인구가 전 세계적으로 증가하고 있다.

2308 **treatment**
[tríːtmənt]

㉡ 치료, 처치, 대우, 처리

Early treatment is crucial for a successful recovery.
초기 치료는 성공적인 회복에 중요하다.

2309 **rehabilitate**
[rìːhəbílətèit]

㉢ 재활치료를 하다, 회복시키다

The center specializes in rehabilitating patients with spinal cord injuries.
이 센터는 척수 손상 환자를 재활하는 것을 전문으로 한다.

2310 **wellness**
[wélnis]

㉡ 건강

Mental wellness is just as important as physical health.
정신적 건강은 신체적 건강만큼 중요하다.

회독 □□□□□

2311 **subsidize**
[sʌbsədàiz]

㊍ 보조금을 주다, 원조하다

The company subsidizes transportation costs for its employees.
그 회사는 직원들의 교통 비용을 보조한다.

2312 **bruise**
[bruːz]

㊔ 타박상 ㊍ 타박상을 입히다

He got a bruise from the collision accident.
그는 그 충돌 사고로 타박상을 입었다.

2313 **famine**
[fǽmin]

㊔ 기근

The famine resulted from a prolonged drought in the region.
그 기근은 그 지역의 장기간의 가뭄으로 인해 발생했다.

2314 **lethargy**
[léθərdʒi]

㊔ 무기력

The medication she took caused lethargy as a side effect.
그녀가 복용한 약은 부작용으로 무기력함을 유발했다.

2315 **infectious**
[infékʃəs]

㊕ 전염성의, 전염되는

Infectious diseases are transmitted through the air.
전염성 질병은 공기를 통해 전파된다.

2316 **sanitation**
[sænitéiʃən]

㊔ 공중위생, 위생 시설

Sanitation is essential for maintaining public health.
위생은 공중 보건을 유지하는 데 필수적이다.

2317 **maternal**
[mətə́ːrnl]

㊕ 어머니의, 모성의, 모계의

Maternal instincts guide mothers in caring for their infants.
모성 본능은 어머니들이 아이들을 돌보는 데 도움이 된다.

2318 **paternal**
[pətə́ːrnl]

㉠ 아버지의, 부계의

His paternal instincts kicked in when he saw his child in danger.
그의 아버지적 본능이 자식이 위험에 처했을 때 발현되었다.

2319 **low-income**
[lóuínkʌm]

㉠ 저소득의

Low-income families often struggle to afford basic necessities.
저소득 가정은 종종 기본 필수품을 구입하는 데 어려움을 겪는다.

2320 **longevity**
[landʒévəti]

㉡ 장수, 수명

Regular exercise is correlated with longevity.
규칙적인 운동은 장수와 관련이 있다.

2321 **demographics**
[dèməgrǽfiks]

㉡ 인구 통계 (자료)

Demographics play a crucial role in shaping public policy decisions.
인구 통계는 공공 정책 결정을 형성하는 데 중요한 역할을 한다.

2322 **mortality**
[mɔːrtǽləti]

㉡ 사망자 수, 사망률

Mortality rates have declined with advancements in medical care.
의료 서비스 발전으로 인한 사망률이 감소했다.

2323 **cancer**
[kǽnsər]

㉡ 암

Cancer is a leading cause of death worldwide.
암은 전 세계적으로 주요한 사망 원인 중 하나이다.

2324 **cardiovascular**
[kɑ̀ːrdiəvǽskjulər]

㉠ 심혈관의

Smoking is a major risk factor for developing cardiovascular diseases.
흡연은 심혈관 질환 발병의 주요 위험 요소이다.

DAY 49 REVIEW & LEVEL-UP TEST

■ 괄호 안에 알맞은 단어를 고르시오.

01 Health [insurance / adoption] helps cover the cost of medical treatments and hospital stays.

02 Persistent [lethargy / longevity] prompted her to seek medical advice.

03 The university offers a program to [bruise / subsidize] tuition fees for students from low-income families..

■ 다음 빈칸에 문맥상 적절한 단어를 고르시오.

• pollution	• permit	• adaptive

04 The company's _______ strategies helped it survive during the economic downturn.

05 Air _______ from factories is a major concern in urban areas.

06 The teacher does not _____ students to use their phones during class.

■ 다음 빈칸에 적절한 뜻을 쓰시오.

07 The mortality rate in the region has decreased significantly.
그 지역의 _________은 크게 감소했다.

08 The company set a new benchmark for customer service excellence.
그 회사는 고객 서비스 우수성을 위한 새로운 ____을 세웠다.

09 International cooperation is essential in addressing global issues such as famines and food insecurity.
국제적 협력은 ____과 식량 불안정성과 같은 글로벌 문제를 해결하는 데 중요하다.

[해석 ☞ 네이버 카페 '진가영 영어 연구소'에서 확인] 

정답

01 insurance	**02** lethargy	**03** subsidize	**04** adaptive	**05** pollution
06 permit	**07** 사망률	**08** 기준	**09** 기근	

DAY 50 PREVIEW & DIAGNOSIS TEST

01 Ministry of SMEs and Startups ______

02 Ministry of Employment and Labor ______

03 employment ______

04 manufacture ______

05 smuggle ______

06 monopoly ______

07 regulation ______

08 structural ______

09 entrepreneur ______

10 small and medium enterprise ______

11 endeavor ______

12 act on ______

13 pecuniary ______

14 procurement ______

15 outsource ______

16 formulate ______

17 solvency ______

18 hallmark ______

19 laborious ______

20 vendor ______

21 merchandise ______

22 certification ______

23 overhaul ______

24 shortage ______

25 affiliated ______

26 human capital ______

27 fare ______

28 laboratory ______

29 occupation ______

30 unemployed ______

31 placement ______

32 job-seeker ______

33 recommendation ______

34 vocational ______

35 qualification ______

36 reinforcement ______

[정답 ☞ 네이버 카페 '진가영 영어 연구소'에서 확인]

회독 □□□□□

2325 **Ministry of SMEs and Startups**

㉺ 중소벤처기업부

The Ministry of SMEs and Startups supports startups.
중소벤처기업부는 스타트업을 지원한다.

2326 **Ministry of Employment and Labor**

㉺ 고용노동부

The Ministry of Employment and Labor manages labor policies.
고용노동부는 노동 정책을 관리한다.

2327 **employment** [implɔ́imənt]

㉺ 직장, 고용, 취업

Employment opportunities vary depending on economic conditions.
경제 상황에 따라 고용 기회는 다양하다.

2328 **manufacture** [mænjufǽktʃər]

㉺ 제조, 제품 ㉮ 제조하다, 생산하다

The factory manufactures toys.
공장은 장난감을 생산한다.

2329 **smuggle** [smʌgl]

㉮ 밀수하다, 밀반입하다

Customs officers intercepted the smuggled goods.
세관관들은 밀수된 물품을 검거했다.

2330 **monopoly** [mənɑ́pəli]

㉺ 독점, 전매

The company gained a monopoly in the market.
회사가 시장에서 독점을 확보했다.

2331 **regulation** [règjuléiʃən]

㉺ 규정, 규제, 단속

Strict regulations govern the use of hazardous materials.
위험 물질의 사용은 엄격한 규정에 따라 관리된다.

2332 **structural** [strʌktʃərəl]

㉻ 구조상의, 구조적인

Engineers analyzed the structural integrity of the bridge.
기술자들은 다리의 구조적 튼튼함을 분석했다.

2333 **entrepreneur** [ɑ̀:ntrəprənə́:r]

명 기업가, 사업가

The entrepreneur launched a successful tech startup.
그 기업가는 성공적인 기술 스타트업을 시작했다.

2334 **small and medium enterprise**

명 중소기업

Small and medium enterprises are in financial trouble.
중소기업은 재정난에 처했다.

2335 **endeavor** [indévər]

명 노력, 시도 동 노력하다, 시도하다

She made every endeavor to succeed in her career.
그녀는 자신의 경력에서 성공하기 위해 모든 노력을 다 했다.

2336 **act on**

동 ~에 따라 행동하다, 영향을 주다

Governments must act on climate change urgently.
정부는 기후 변화에 즉각적으로 따라 행동해야 한다.

2337 **pecuniary** [pikjú:nièri]

형 금전상의, 재정상의

He faced pecuniary troubles after losing his job.
그는 일자리를 잃은 후 금전상의 문제에 직면했다.

2338 **procurement** [proukjúərmənt]

명 조달, 입수

The procurement department manages purchasing activities.
조달 부서는 구매 활동을 관리한다.

2339 **outsource** [àutsɔ́:rs]

동 외부 제작하다, 외주를 주다

Outsourcing IT support saved the company both time and money.
IT 지원을 외주를 줌으로써 회사는 시간과 비용을 모두 절약했다.

회독 □□□□□

2340 **formulate** [fɔ́ːrmjulèit]

㊍ 만들어 내다, 표현하다, 진술하다

The answer is to formulate a flexible policy.
해답은 융통성 있는 정책을 만드는 것이다.

2341 **solvency** [sɑ́lvənsi]

㊎ 지불[상환] 능력

Personal financial habits directly impact individual solvency.
개인 재정 습관은 직접 개인의 지불 능력에 영향을 미친다.

2342 **hallmark** [haːlmaːrk]

㊎ 품질 보증 마크, 특징

Innovation has become a hallmark of their brand.
혁신은 그들 브랜드의 특징이 되었다.

2343 **laborious** [ləbɔ́ːriəs]

㊋ 힘든, 곤란한

Writing a novel can be a laborious process.
소설 쓰기는 힘든 과정일 수 있다.

2344 **vendor** [véndər]

㊎ 행상인, 노점상, 판매 회사

The vendor supplied fresh produce to the local market.
그 노점상은 지역 시장에 신선한 농산물을 공급했다.

2345 **merchandise** [mɔ́ːrʧəndàiz]

㊎ 상품, 물품 ㊍ 판매하다

Our store doesn't sell high-priced merchandise.
저희 매장은 고가의 상품은 판매하지 않는다.

2346 **certification** [sɔ̀ːrtəfikéiʃən]

㊎ 증명, 증명서 교부

This certificate guarantees you to work as a lawyer.
이 증명서는 변호사로서 일을 할 것을 보증한다.

2347 **overhaul**
[ou'vərhɔ:l]

[명] 점검, 정비 [동] 점검하다, 정비하다

The mechanic will overhaul the car's engine.
정비공이 차의 엔진을 점검할 것이다.

2348 **shortage**
[ʃɔ́:rtidʒ]

[명] 부족, 결핍

There is a shortage of medical supplies in the hospital.
병원에서 의료 용품이 부족하다.

2349 **affiliated**
[əfílièitid]

[형] 소속된, 연계된

The university is affiliated with several research institutions.
그 대학은 여러 연구 기관과 연계되어 있다.

2350 **human capital**

[명] 인적 자본

Investing in education and training enhances human capital.
교육과 훈련에 투자하는 것은 인적 자본을 강화한다.

2351 **fare**
[fɛər]

[명] 요금, 승객

The train fare to the city center is quite affordable.
도심까지의 기차 요금은 꽤 저렴하다.

2352 **laboratory**
[lǽbərətɔ̀:ri]

[명] 실험실, 연구소

After work, he does biological research in the laboratory.
퇴근 후 그는 실험실에서 생물 연구를 한다.

2353 **occupation**
[ɑ̀kjupéiʃən]

[명] 직업, 점령

His occupation as a firefighter requires courage and quick thinking.
소방관으로서의 그의 직업은 용기와 빠른 사고를 요구한다.

회독 □□□□□

2354 **unemployed**
[ə,nemplɔi'd]

[형] 실직한, 실업자인

Unemployed individuals often face financial hardships.
실직자들은 종종 재정적 어려움에 직면한다.

2355 **placement**
[pléismənt]

[명] 직업소개, 설치, 배치

The placement of the furniture in the room made it feel more spacious.
방 안의 가구 배치는 방을 더 넓게 느껴지게 했다.

2356 **job-seeker**
[dʒάbsiːkər]

[명] 구직자

Jobseekers search for employment opportunities online.
구직자들은 온라인을 통해 취업 기회를 찾는다.

2357 **recommendation**
[rèkəməndéiʃən]

[명] 권고, 추천, 추천장[서]

The professor wrote a recommendation letter for the student.
교수는 학생에게 추천서를 써 줬다.

2358 **vocational**
[voukéiʃənl]

[형] 직업과 관련된, 직업상의

She decided to pursue vocational education instead of attending university.
그녀는 대학에 다니는 대신 직업 교육을 받기로 했다.

2359 **qualification**
[kwὰləfikéiʃən]

[명] 자격, 자질

She has the necessary qualifications to apply for the management position.
그녀는 관리직에 지원하기 위한 필요한 자격을 갖추고 있다.

2360 **reinforcement**
[rìːinfɔ́ːrsmənt]

[명] 강화, 증원

The reinforcement of security measures at the airport is essential.
공항의 보안 조치의 강화는 필수적이다.

REVIEW & LEVEL-UP TEST

■ 괄호 안에 알맞은 단어를 고르시오.

01 The government's [employment / regulation] policies aim to reduce joblessness across the nation.

02 He was caught trying to [smuggle / overhaul] drugs across the border.

03 The government imposed regulations to prevent [fare / monopoly] practices that could harm consumers.

■ 다음 빈칸에 문맥상 적절한 단어를 고르시오.

• reinforcement	• unemployed	• shortage

04 Many people became ________ during the economic downturn caused by the pandemic.

05 The company faced a ________ of raw materials, delaying the production schedule.

06 The ___________ of security measures was necessary.

■ 다음 빈칸에 적절한 뜻을 쓰시오.

07 I followed my friend's recommendation and read the book.
친구의 ________을 따라 그 책을 읽었다.

08 Doctors sent the patient's tissue samples to the laboratory for further testing.
의사들은 환자의 조직 샘플을 추가 검사하기 위해 ________로 보냈다.

09 The contract included a pecuniary penalty clause for late delivery of the goods.
계약에는 상품의 지연 발송에 대한 ________ 벌금 조항이 포함되어 있었다.

DAY 50

[해석 ☞ 네이버 카페 '진가영 영어 연구소'에서 확인]

정답

01 employment 02 smuggle 03 monopoly 04 unemployed 05 shortage
06 reinforcement 07 추천 08 실험실 09 금전적

New Trend
단기합격 길라잡이

진가영 영어
단기합격 VOCA

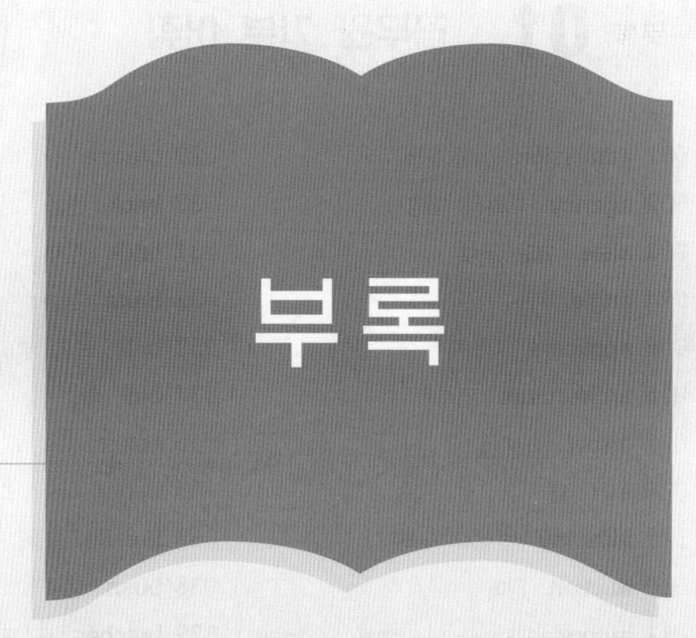
부록

부록 01 공무원 기본 어휘

001 **admission** 입장, 인정
002 **agency** 대리점, 대행사
003 **aisle** 복도, 통로
004 **angle** 각도
005 **applicant** 지원자
006 **architecture** 건축학
007 **arrow** 화살
008 **ash** 재
009 **attorney** 변호사, 대리인
010 **auction** 경매
011 **author** 저자
012 **autobiography** 자서전
013 **automobile** 자동차
014 **barn** 곳간, 헛간, 외양간
015 **bay** 만(灣)
016 **beard** 수염
017 **beast** 짐승
018 **beer** 맥주
019 **behalf** 지지, 이익
020 **behavior / behaviour** 행동
021 **berry** 베리(딸기류의 열매)
022 **bible** 성경
023 **bin** 쓰레기통
024 **biology** 생물학
025 **bishop** 주교
026 **bit** 약간, 조금, 작은 조각
027 **blanket** 담요
028 **breast** 유방, 가슴
029 **breeze** 산들바람
030 **brick** 벽돌
031 **bride** 신부
032 **brute** 짐승
033 **bulk** 크기, 부피
034 **bull** 황소
035 **bullet** 총알
036 **bunch** 묶음, 다발
037 **bundle** 묶음, 꾸러미
038 **bush** 덤불
039 **butcher** 도살자
040 **cab** 택시
041 **cabin** 객실, 선실
042 **cable** 전선, 케이블
043 **cancer** 암
044 **canvas** 캔버스, 화포
045 **cape** 망토
046 **caption** 캡션(사진 삽화 등에 붙인 설명)
047 **cathedral** 대성당
048 **cattle** (집합적) 소
049 **cave** 동굴
050 **ceiling** 천장
051 **cell** 세포, 감방, 건전지
052 **century** 100년
053 **chamber** 방
054 **characteristic** 특징
055 **cheek** 볼, 뺨
056 **chef** 요리사

057 **chemistry** 화학
058 **chest** 가슴
059 **chill** 냉기, 한기
060 **chin** 턱
061 **chip** 조각, 토막
062 **chorus** 후렴, 합창단
063 **cigarette** 담배
064 **circumstance** 상황
065 **citizen** 시민
066 **clause** [문법] 절(節)
067 **clay** 점토
068 **client** 고객
069 **cliff** 절벽
070 **clinic** 진료, 치료소
071 **clue** 단서
072 **coal** 석탄
073 **coast** 연안, 해안
074 **collar** 옷의 깃, 칼라
075 **column** 기둥, 세로단
076 **communist** 공산주의자
077 **continent** 대륙
078 **cord** 끈, 밧줄
079 **corn** 곡식
080 **corridor** 복도, 통로
081 **costume** 의상, 복장
082 **cottage** 작은 집, 오두막
083 **couch** 긴 의자, 소파
084 **cowboy** 카우보이
085 **creek** 개울, 시내
086 **crew** 승무원, 팀, 무리
087 **cricket** 크리켓, 귀뚜라미
088 **criticism** 비평, 비난
089 **crop** 작물
090 **cruise** 유람선 여행
091 **crystal** 결정체, 크리스털
092 **cupboard** 찬장, 벽장
093 **curriculum** 교육 과정
094 **curry** 카레
095 **curve** 곡선, 커브
096 **dam** 댐
097 **darling** 여보, 자기
098 **database** 데이터베이스
099 **dawn** 새벽, 여명
100 **deal** 거래, 합의
101 **debt** 빚
102 **decade** 10년
103 **decision** 결정, 판단
104 **deck** 갑판
105 **democrat** 민주주의자
106 **demon** 악령, 악마
107 **desert** 사막
108 **destiny** 운명
109 **devil** 악마
110 **diabetes** 당뇨병
111 **disadvantage** 단점
112 **discount** 할인

113 **dot** 점
114 **dozen** 다스(12개짜리 한 묶음), 십여 개
115 **drawer** 서랍
116 **drug** 약물, 마약
117 **duty** 의무
118 **effort** 수고, 노력
119 **emotion** 감정
120 **empire** 제국
121 **enemy** 적
122 **envelope** 봉투
123 **episode** 사건, 에피소드
124 **era** 시대
125 **eve** 전날
126 **expert** 전문가
127 **eyebrow** 눈썹
128 **fabric** 직물, 천
129 **fare** 요금
130 **fate** 운명
131 **fee** 요금
132 **ferry** 페리, 연락선
133 **fiber / fibre** 섬유, 섬유질
134 **fist** 주먹
135 **flesh** 살, 고기
136 **flight** 여행, 비행
137 **forehead** 이마
138 **format** 구성 방식
139 **forum** 포럼, 토론회
140 **fountain** 분수
141 **frame** 액자, 틀
142 **frost** 서리
143 **fur** 털, 모피
144 **furniture** 가구
145 **gang** 갱, 패거리
146 **gap** 틈, 공백
147 **garage** 차고, 주차장
148 **gasoline** 휘발유
149 **gear** 기어
150 **genre** 장르
151 **geography** 지리학
152 **geology** 지질학
153 **goat** 염소
154 **grain** 곡물
155 **graphic** 그래픽
156 **grocery** 식료품 잡화점
157 **guardian** 수호자, 후견인
158 **guest** 손님
159 **gulf** 만
160 **gun** 총
161 **gymnasium / gym** 체육관
162 **half** 절반
163 **hall** 현관, 홀
164 **hammer** 망치
165 **hazard** 위험
166 **health** 건강
167 **heel** 발뒤꿈치
168 **height** 높이, 키

169 **hell** 지옥
170 **highway** 고속도로
171 **hip** 엉덩이, 둔부
172 **hole** 구멍, 구덩이
173 **hook** 갈고리
174 **horn** 뿔
175 **hut** 오두막
176 **hypothesis** 가설, 추측
177 **index** 색인, 지수
178 **inn** 여관, 주막
179 **insect** 곤충
180 **institute** 기관, 협회
181 **iron** 철, 쇠
182 **island** 섬
183 **item** 항목, 물품
184 **jail** 감옥
185 **jar** 병
186 **jaw** 턱
187 **jet** 제트기, 분출
188 **journal** 저널, 학술지
189 **journey** 여행
190 **kit** 장비(용구)세트
191 **knee** 무릎
192 **knight** 기사
193 **label** 꼬리표
194 **labor / labour** 노동
195 **laboratory / lab** 실험실
196 **ladder** 사다리
197 **lamb** 어린 양
198 **lamp** 램프, 등
199 **lane** 길, 도로
200 **language** 언어
201 **lap** 한 바퀴, 무릎
202 **laundry** 세탁, 세탁물
203 **lawn** 잔디밭
204 **lawyer** 변호사
205 **layer** 층, 단계
206 **leather** 가죽
207 **legend** 전설
208 **level** 정도, 단계
209 **lid** 뚜껑
210 **log** 일지, 기록, 통나무
211 **loss** 분실, 손실
212 **lounge** 라운지, 휴게실
213 **lump** 혹, 덩어리
214 **machine** 기계
215 **magazine** 잡지
216 **magnet** 자석
217 **meal** 식사
218 **mechanic** 정비공
219 **metal** 금속
220 **microphone** 마이크
221 **microwave** 전자레인지, 마이크로파
222 **mill** 방앗간, 제분소
223 **miracle** 기적
224 **missile** 미사일

225 **mode** 방식, 유형
226 **moment** 잠시, 순간
227 **monster** 괴물
228 **mood** 기분
229 **mud** 진흙
230 **muscle** 근육
231 **mushroom** 버섯
232 **nanny** 유모, 보모
233 **needle** 바늘
234 **neighbor / neighbour** 이웃
235 **nephew** 조카
236 **nest** 둥지
237 **net** 그물, 망
238 **noise** 소리, 잡음
239 **nonsense** 말도 안 되는 생각[소리]
240 **notion** 개념, 관념
241 **nun** 수녀
242 **nut** 견과, 너트
243 **oak** 오크 나무
244 **olive** 올리브
245 **option** 선택, 옵션
246 **orchestra** 오케스트라, 관현악단
247 **organ** 장기
248 **origin** 기원, 출신
249 **ounce** 온스(약 28.35 그램)
250 **pace** 걸음걸이, 속도
251 **packet** 소포, 다발, 묶음
252 **pad** 패드, 보호대
253 **palm** 손바닥, 야자나무
254 **pan** 냄비, 팬
255 **panel** 패널, 판
256 **passenger** 승객
257 **passport** 여권
258 **patch** 헝겊 조각, 안대, 반창고
259 **path** 길, 통로
260 **pattern** 무늬, 모양
261 **peasant** 소작농
262 **pepper** 후추
263 **person** 사람
264 **pet** 애완동물
265 **petrol** 휘발유
266 **philosophy** 철학
267 **photograph** 사진
268 **phrase** 구, 구절
269 **physics** 물리학
270 **piece** 조각
271 **pill** 알약
272 **pine** 소나무
273 **plate** 접시, 판
274 **poem** 시
275 **poet** 시인
276 **pole** 막대기, 기둥, 극
277 **policy** 정책
278 **politics** 정치
279 **pond** 연못
280 **pool** 웅덩이

281 **pope** 교황
282 **pork** 돼지고기
283 **port** 항구, 항만
284 **position** 위치, 자리
285 **poster** 포스터
286 **pot** 냄비, 솥
287 **powder** 가루, 분말
288 **pride** 자부심, 자존심
289 **priest** 성직자, 사제
290 **professor** 교수
291 **profile** 옆얼굴, 윤곽, 개요
292 **protein** 단백질
293 **psychology** 심리학
294 **pub** 술집
295 **questionnaire** 설문지
296 **rail** 난간, 철도
297 **rat** 쥐
298 **recipe** 요리법
299 **refrigerator** 냉장고
300 **region** 지방, 지역
301 **religion** 종교
302 **rhythm** 리듬
303 **rice** 쌀
304 **rod** 막대, 지팡이
305 **role** 역할
306 **root** 뿌리, 근본
307 **rope** 밧줄
308 **route** 길, 노선, 경로
309 **row** 줄, 열
310 **rubber** 고무
311 **rumor / rumour** 소문
312 **sack** 부대, 자루
313 **salon** 응접실, 살롱
314 **satellite** 위성
315 **scandal** 스캔들, 추문
316 **scene** 장면, 현장
317 **scope** 여지, 범위, 시야
318 **screen** 화면, 스크린
319 **sculpture** 조각품, 조각
320 **seed** 씨앗
321 **self** 모습, 자아
322 **series** 연속, 시리즈
323 **sex** 성, 성별
324 **shadow** 그림자
325 **sheep** 양
326 **sheet** 시트, 커버
327 **shelf** 선반, 책꽂이
328 **shore** 해안, 기슭
329 **shoulder** 어깨
330 **silk** 비단, 명주실
331 **site** 위치, 장소
332 **situation** 상황, 환경
333 **skill** 기술
334 **slave** 노예
335 **slice** 조각
336 **slope** 경사지, 비탈

337 **snake** 뱀
338 **soap** 비누
339 **society** 사회, 집단
340 **sociology** 사회학
341 **software** 소프트웨어
342 **soil** 토양, 흙
343 **soldier** 군인, 병사
344 **soul** 영혼
345 **spectrum** 스펙트럼, 빛띠
346 **speech** 연설, 담화
347 **spouse** 배우자
348 **stairs** 계단
349 **station** 정거장, 역
350 **statue** 조각상
351 **steel** 강철
352 **stem** 줄기
353 **stock** 재고, 저장품
354 **stomach** 위, 복부
355 **storm** 폭풍
356 **stove** 난로
357 **straw** 지푸라기, 빨대
358 **stripe** 줄무늬
359 **submarine** 잠수함
360 **suite** 한 벌, 한 조, 스위트룸
361 **sympathy** 동정, 연민
362 **symphony** 교향곡, 심포니
363 **system** 체제, 시스템
364 **tag** 꼬리표
365 **tale** 이야기
366 **tattoo** 문신
367 **tax** 세금
368 **tea** 홍차, 티
369 **telegraph** 전신, 전보
370 **temperature** 온도
371 **temple** 신전, 절
372 **terminal** 터미널, 종점
373 **terrace** 테라스
374 **theater / theatre** 극장
375 **thief** 도둑, 절도범
376 **thread** 실, 맥락, 가닥
377 **throat** 목구멍
378 **thumb** 엄지손가락
379 **tide** 조수, 밀물과 썰물
380 **timber** 목재, 수목
381 **tin** 주석
382 **tip** 끝부분, 정보, 팁
383 **tire / tyre** 타이어
384 **title** 제목
385 **tobacco** 담배
386 **toe** 발가락
387 **toilet** 화장실, 변기
388 **tone** 어조, 말투, 논조
389 **tongue** 혀
390 **tool** 연장, 도구
391 **traffic** 교통, 차량
392 **trap** 덫, 함정

393 **tray** 쟁반
394 **trend** 동향, 추세
395 **trophy** 트로피
396 **trunk** 나무 줄기, 큰 가방
397 **truth** 사실, 진상
398 **tube** 관, 튜브
399 **tunnel** 터널, 굴
400 **turnover** 전환, 뒤집힘, 매출액
401 **tutor** 가정교사, 개인교사
402 **twin** 쌍둥이
403 **university** 대학
404 **vacation** 휴가, 방학
405 **valley** 계곡, 골짜기
406 **van** 밴, 승합차
407 **verse** 운문, 시, 절
408 **version** 버전, 설명
409 **vessel** 선박, 그릇
410 **veteran** 전문가, 베테랑
411 **veterinarian** 수의사
412 **victory** 승리
413 **village** 마을
414 **vocabulary** 어휘
415 **vocation** 천직, 소명
416 **volume** 용량, 양
417 **wagon** 짐마차, 수레
418 **warehouse** 창고
419 **warrior** 전사
420 **wealth** 부, 부유함
421 **weed** 잡초
422 **whale** 고래
423 **wheat** 밀
424 **wheel** 바퀴
425 **wing** 날개
426 **wool** 양모(양털)
427 **zone** 지역, 구역
428 **acquire** 얻다, 습득하다
429 **advertise / advertize** 광고하다
430 **amuse** 즐겁게 하다, 재미있게 하다
431 **assess** 평가하다
432 **astonish** 깜짝 놀라게 하다
433 **bloom** 꽃피다
434 **brew** 양조하다
435 **chew** 씹다
436 **chop** 썰다, 삭감하다
437 **cite** 인용하다
438 **combine** 결합하다
439 **compel** 강요하다, 강제하다
440 **compose** 구성하다, 작곡하다
441 **conceive** 상상하다, 생각해 내다
442 **conserve** 보존하다, 유지하다
443 **constrain** 강요하다, 제한하다
444 **create** 창조하다
445 **creep** 살금살금 움직이다
446 **criticize / criticise** 비난하다, 비평하다
447 **curl** 곱슬곱슬하게 하다
448 **degrade** 지위를 낮추다, 저하시키다

449 **depend** 의지하다, 의존하다
450 **dine** 식사를 하다
451 **disappear** 사라지다
452 **discover** 발견하다
453 **enroll / enrol** 등록하다
454 **entitle** 제목을 붙이다, 자격을 주다
455 **equate** 동일시하다
456 **excite** 흥분하게 만들다
457 **expand** 확대하다, 확장하다
458 **expect** 기대하다, 예상하다
459 **extend** 늘리다, 연장하다
460 **fade** 바래다, 희미해지다
461 **follow** 따라가다
462 **forgive** 용서하다
463 **grab** 붙잡다, 움켜쥐다
464 **hear** 듣다
465 **innovate** 혁신하다
466 **inspect** 점검하다, 사찰하다
467 **insure** 보험에 가입하다
468 **let** 허용하다, 허락하다, 시키다
469 **lose** 잃어버리다, 잃다
470 **permit** 허용하다, 허락하다
471 **pop** 펑 튀다, 갑자기 움직이다
472 **pray** 기도하다
473 **propose** 제안하다, 의도하다
474 **provide** 공급하다
475 **punch** 주먹으로 치다, 구멍을 뚫다
476 **quit** 그만두다
477 **react** 반응하다
478 **reject** 거부하다
479 **reside** 거주하다
480 **resign** 사직하다
481 **restrain** 저지하다, 억누르다
482 **retain** 유지하다, 보유하다
483 **retire** 은퇴하다
484 **reverse** 뒤바꾸다, 반전시키다
485 **sew** 바느질하다
486 **shall** ~일 것이다
487 **shine** 빛나다
488 **shut** 닫다, 덮다, 감다
489 **slip** 미끄러지다, 빠져 나가다
490 **sneak** 살금살금 움직이다, 몰래 움직이다
491 **succeed** 성공하다
492 **tick** 째깍째깍거리다
493 **would** ~일 것이다, ~하겠다
494 **able** 할 수 있는
495 **adequate** 적절한, 충분한
496 **asleep** 잠든
497 **available** 이용 가능한
498 **average** 평균의
499 **bitter** 맛이 쓴
500 **chief** 우두머리의, 주된
501 **credible** 믿을 만한
502 **divine** 신성한, 훌륭한
503 **dull** 따분한

504 **electric** 전기의
505 **electronic** 전자의
506 **enormous** 거대한, 막대한
507 **equal** 동일한, 동등한
508 **ethnic** 민족의
509 **evil** 사악한
510 **excellent** 훌륭한, 탁월한
511 **exclusive** 배타적인, 독점적인
512 **expensive** 비싼
513 **explicit** 분명한, 명쾌한
514 **general** 일반적인, 보통의
515 **gentle** 온화한
516 **genuine** 진짜의, 진실한
517 **global** 세계적인
518 **grand** 웅장한
519 **holy** 신성한
520 **huge** 거대한, 엄청난
521 **ill** 아픈, 나쁜, 유해한
522 **internal** 내부의
523 **international** 국제적인
524 **liberal** 자유주의의
525 **loud** 시끄러운
526 **main** 주요한, 주된
527 **medical** 의학의
528 **mild** 순한, 온화한
529 **mobile** 움직임이 자유로운, 가동성의
530 **modern** 현대의, 근대의
531 **official** 공식적인
532 **oral** 구두의, 입의
533 **orient** 동양의
534 **outstanding** 뛰어난, 중요한
535 **oversea / overseas** 해외의
536 **perfect** 완벽한
537 **pleasant** 쾌적한, 기분 좋은
538 **polar** 극지의
539 **possible** 가능한
540 **premier** 최고의
541 **proud** 자랑스러운
542 **pure** 순수한, 깨끗한
543 **purple** 자주색의
544 **random** 무작위의
545 **real** 진짜의
546 **romantic** 로맨틱한, 연애의
547 **round** 둥근
548 **royal** 국왕의
549 **sharp** 날카로운, 급격한
550 **simple** 간단한
551 **single** 단 하나의
552 **slight** 약간의, 경미한
553 **slim** 날씬한, 호리호리한
554 **special** 특별한, 특수의
555 **super** 대단한, 굉장히 좋은
556 **sure** 확신하는
557 **sweet** 달콤한
558 **teenage** 십대의
559 **thick** 두꺼운, 굵은

560 **thin** 얇은, 마른
561 **tidy** 깔끔한
562 **tight** 단단한, 빽빽한
563 **tiny** 아주 작은
564 **total** 총, 전체의
565 **upper** 위쪽의, 상부의
566 **upward / upwards**
위쪽을 향한, 상승하는
567 **various** 다양한
568 **vivid** 생생한, 선명한
569 **weak** 약한
570 **wide** 넓은
571 **wild** 야생의
572 **wise** 지혜로운
573 **aboard** 승차하여, 탑승하여
574 **abroad** 해외로, 해외에
575 **altogether** 완전히, 전적으로
576 **apart** 떨어져
577 **aside** 한쪽으로
578 **else** 다른
579 **especially** 특히
580 **etc / et cetera** 기타 등등
581 **eventually** 결국
582 **ever** 지금까지, 언젠가
583 **forth** ~에서 멀리, 앞으로
584 **forward** 앞으로
585 **frankly** 솔직히
586 **furthermore** 더욱이
587 **hardly** 거의 ~ 아니다
588 **hence** 이런 이유로
589 **indeed** 정말로, 사실은
590 **instead** 대신에
591 **likewise** 비슷하게, 또한
592 **maybe** 어쩌면, 아마도
593 **meantime** 그동안, 동시에
594 **meanwhile** 그동안, 한편
595 **moreover** 더욱이
596 **nevertheless** 그럼에도 불구하고
597 **nonetheless** 그렇기는 하지만
598 **nowadays** 요즘에는
599 **nowhere** 어디에도 ~않다(없다)
600 **otherwise** 그렇지 않다면
601 **overhead** 머리 위로, 하늘 높이
602 **overnight** 하룻밤 새
603 **perhaps** 아마도, 어쩌면
604 **probably** 아마도, 어쩌면
605 **quite** 꽤, 상당히
606 **rather** 오히려, 꽤, 다소
607 **somewhat** 다소, 어느 정도
608 **soon** 곧
609 **straight** 똑바로, 곧장
610 **then** 그때, 그 다음에
611 **therefore** 그러므로
612 **thus** 따라서, 그러므로, 이처럼
613 **yet** 아직
614 **although** 비록 ~ 일지라도

615 **though** 비록 ~ 일지라도
616 **unless** ~하지 않는 한
617 **whereas** 반면
618 **whether** ~인지 아닌지, ~이든 아니든
619 **while** ~하는 동안
620 **alongside** 옆에
621 **among** ~에 둘러싸인
622 **beneath** 아래에
623 **beyond** 너머에, 저편에
624 **despite** ~에도 불구하고
625 **except** 제외하고는
626 **per** ~당, ~마다
627 **plus** 더하여, 덧붙여
628 **through** ~을 통해
629 **toward / towards** ~쪽으로, ~을 향하여
630 **upon** ~위에
631 **versus** ~대
632 **via** ~를 통하여, ~를 거쳐
633 **within** ~이내에, ~안에
634 **without** ~없이
635 **nobody** 아무도 ~ 않다
636 **none** 아무도 ~ 않다
637 **billion** 10억
638 **million** 100만
639 **thousand** 1000, 천
640 **aid** 원조, 도움, 돕다
641 **aim** 목표, 조준, 겨누다, 조준하다
642 **appeal** 호소하다, 간청하다, 매력, 호소
643 **award** 상, 수여하다
644 **bang** 쾅 소리, 쾅 하고 치다
645 **bark** 짖다, 나무껍질, 짖는 소리
646 **beam** 빛줄기, 활짝 웃다, 비추다
647 **benefit** 이익, 유익하다
648 **blink** 깜빡거림, (눈을)깜빡거리다
649 **blonde** 금발 머리 여자, 금발의
650 **bounce** 튐, 탄력, 튀다
651 **bow** 절, 인사, 절하다, 숙이다
652 **buzz** 윙윙거림, 웅성거림, 윙윙거리다
653 **cast** 던지다, 출연자들
654 **challenge** 도전, 이의를 제기하다, 도전하다
655 **charm** 매력, 매혹하다
656 **chat** 담소, 수다, 수다를 떨다
657 **clap** 박수, 박수를 치다
658 **coach** 코치, 코치하다, 지도하다
659 **consent** 동의, 허락, 동의하다
660 **contact** 연락, 접촉, 연락하다
661 **cough** 기침, 기침하다
662 **counsel** 조언, 상담, 상담하다, 충고하다
663 **criminal** 범죄자, 범죄의
664 **decrease** 감소, 하락, 줄다, 줄이다
665 **demand** 요구, 요구하다
666 **detail** 세부 사항, 상세히 알리다, 열거하다

667 **direct** 직접, 직접적인, 직행으로, ~로 향하다, 감독하다
668 **dispute** 논란, 분쟁, 반박하다
669 **dive** 다이빙, 잠수, 뛰어들다
670 **divorce** 이혼, 분리, 이혼하다
671 **dust** 먼지, 먼지를 털다
672 **each** 각자, 각각의, 각자의
673 **either** 어느 하나, 어느 하나의, (부정문에서) ~도
674 **escort** 호위, 호위자, 호위하다
675 **experiment** 실험, 실험하다
676 **extra** 추가, 추가의, 추가로
677 **fear** 공포, 두려움, 두려워하다
678 **few** 소수, 적은, 거의 없는
679 **final** 결승전, 마지막의
680 **flame** 불꽃, 활활 타오르다
681 **flash** 섬광, 신호를 보내다, 비추다
682 **flavor / flavour** 맛, 풍미, 맛을 더하다
683 **flow** 흐름, 흐르다
684 **flush** 홍조, 붉어지다, 상기되다
685 **gamble** 도박, 도박을 하다, ~을 걸다
686 **grip** 꽉 잡음, 움켜쥠, 꽉 잡다, 움켜쥐다
687 **harm** 손해, 피해, 해치다, 손상시키다
688 **hug** 포옹, 포옹하다
689 **influence** 영향, 영향력, 영향을 미치다
690 **jog** 조깅, 조깅하다
691 **joke** 농담, 농담하다
692 **knock** 노크(소리), 두드리다, 부딪치다
693 **laugh** 웃음, 웃다
694 **lecture** 강의, 강연, 강의하다
695 **lift** 승강기, 들어올리다
696 **link** 연결, 관련, 유대, 연결하다
697 **list** 목록, 명단, (목록을) 작성하다, 열거하다
698 **lock** 자물쇠, 잠그다
699 **male** 남성,
700 **military** 군대, 군사의
701 **mistake** 실수, 오해하다, 잘못 판단하다
702 **mix** 혼합, 조합, 섞다
703 **neither** ~도, 어느 것도 ~아니다
704 **nod** 끄덕임, 끄덕이다
705 **nor** ~또한 아니다, ~도 그렇다
706 **novel** 소설, 새로운, 참신한
707 **offer** 제의, 제안, 제공하다, 권하다
708 **once** 한 번, 언젠가, ~할 때, ~하자마자
709 **order** 순서, 질서, 명령, 주문, 명령하다, 주문하다
710 **other** 다른, 다른 사람, 다른 것
711 **ought** 의무, 책임, ~해야 한다, ~일 것이다
712 **overlap** 공통 부분, 겹침, 겹치다, 포개다
713 **pain** 통증, 고통, 고통스럽게 하다
714 **pair** 짝, 짝을 짓다
715 **past** 과거, 지나간, 과거의,

716 **pat** 토닥거리기, 토닥거리다
717 **pave** 포장 도로, (도로 등을) 포장하다
718 **peel** 껍질, 껍질을 벗기다
719 **pin** 핀, 꽂다, 고정시키다
720 **plot** 줄거리, 음모, 음모하다
721 **praise** 칭찬, 찬양, 칭찬하다
722 **price** 가격, 대가, 값을 매기다
723 **pull** 끌기, 영향력, 당기다, 끌다
724 **rage** 분노, 격노, 몹시 화를 내다
725 **reach** 거리, 범위, 도달하다
726 **record** 기록, 기록하다, 녹음하다
727 **reply** 대답, 대응, 대답하다, 응하다
728 **report** 보도, 보도하다, 전하다
729 **request** 요구, 요구하다, 요청하다
730 **research** 연구, 조사, 연구하다, 조사하다
731 **ride** 타고 가기, 타다
732 **rub** 문지르기, 비비기, 문지르다, 비비다
733 **sail** 돛, 항해, 항해하다
734 **scratch** 긁힌 자국, 찰과상, 긁다
735 **scream** 비명, 절규, 비명을 지르다, 소리치다
736 **scrub** 문질러 씻기, 문질러 씻다
737 **search** 수색, 검색, 검색하다, 살펴보다
738 **seat** 좌석, 자리, 앉히다, 앉다
739 **secret** 비결, 비밀의
740 **shift** 변화, 이동, 옮기다, 이동하다
741 **shout** 외침, 고함, 소리치다
742 **shower** 샤워, 샤워기, 샤워하다
743 **silver** 은, 은색의
744 **since** ~이후로, ~ 때문에
745 **slide** 하락, 미끄러짐, 미끄러지다, 내려가다
746 **smoke** 연기, 흡연, 연기를 내다, 흡연하다
747 **solo** 독주, 독창, 단독의, 솔로의
748 **spin** 회전, 돌다, 회전하다
749 **step** 걸음, 움직이다
750 **such** 그런 것, 그러한
751 **till** ~까지
752 **spread** 확산, 전파, 펼치다
753 **square** 정사각형, 정사각형의
754 **state** 상태, 말하다, 진술하다
755 **steam** 증기, 스팀, 김을 내뿜다
756 **still** 고요한, 아직, 훨씬, 그런데도
757 **surprise** 놀람, 뜻밖의 일, 놀라게 하다
758 **survey** 조사, 살피다, 조사하다
759 **swing** 흔들기, 변화, 흔들다, 흔들리다
760 **switch** 스위치, 전환되다, 바뀌다
761 **tap** 수도꼭지, 톡톡 두드리다
762 **tear** 눈물, 찢다
763 **trick** 속임수, 속이다

764 **trouble** 골칫거리, 문제, 괴롭히다, 애 먹이다

765 **trouser** 바지의, 돈을 받다, 돈을 벌다

766 **trust** 신뢰, 신임, 신뢰하다

767 **wrap** 포장지, 포장하다

768 **value** 가치, 가치 있게 생각하다

769 **wave** 파도, 흔들다

770 **whip** 채찍, 채찍질하다, 세게 휘젓다

771 **whistle** 호루라기, 휘파람, 휘파람을 불다

772 **wonder** 경탄, 경이, 궁금해하다

773 **yell** 고함, 외침, 소리지르다

774 **stage** 단계, 무대, (공연 등을) 개최하다

775 **drown** 익사하다, 물에 잠기다

부록 02 공무원 기출 고난도 어휘

001 **in comparison with** ~와 비교하여

002 **in case of** ~의 경우에, ~에 대비하여

003 **deceptive** 기만적인, 현혹하는, 속이는

004 **vexed** 화가 난, 곤란한

005 **callous** 냉담한, 무감각한

006 **break into** 침입하다

007 **candid** 솔직한

008 **logical** 타당한, 논리적인

009 **implicit** 암시된, 내포된

010 **vaporous** 수증기 같은, 수증기가 가득한

011 **vapor** 증기, 증발하다

012 **dangerous** 위험한

013 **eventually** 결국, 마침내

014 **cultural** 문화의

015 **pay tribute to** ~에게 경의를 표하다

016 **join** 가입하다, 연결하다

017 **strengthen** 강하게 하다, 강화되다

018 **systematic** 체계적인, 조직적인

019 **let off** (폭탄을) 터뜨리다, (총을) 발사하다, ~를 봐주다

020 **let up** (강도가) 약해지다, 누그러지다

021 **itinerant** 떠돌아다니는, 순회하는

022 **impoverished** 빈곤한, 가난해진

023 **ravenous** 몹시 굶주린

024 **on a par with** ~와 동등한, ~와 동등하게

025 **a far cry from** ~와 거리가 먼

026 **a prelude to** ~의 서막

027 **malefactor** 악인, 범인

028 **dilettante** 딜레탕트, 호사가, 예술 애호가

029 **pariah** 부랑자, (사회에서) 버림받은 사람

030 **demagogue** 선동가, 선동 정치가

031 **through thick and thin** 좋을 때나 나쁠 때나

032 **detest** 몹시 싫어하다

033 **defend** 방어하다, 수비하다

034 **uncanny** 이상한, 묘한, 초자연적인

035 **offensive** 모욕적인, 불쾌한, 공격적인

036 **record** 기록하다, 기록

037 **scratch the surface of** ~을 피상적으로 다루다, (~을) 수박 겉핥기식으로 하다[다루다]

038 **hit the nail on the head** 핵심을 찌르다, 정확히 맞는 말을 하다

039 **follow up on** ~을 끝까지 하다

040 **stick one's nose in** ~에 (쓸데없이) 참견[간섭]하다

041 **hurry** 서두르다, 급히 하다

042 **sniff** 코를 훌쩍이다, 냄새를 맡다 (at)

043 **resign** 사직[사임]하다, 체념하다

044 **provocative** 도발적인, 화나게 하는

045 **suggestive** 암시[시사]하는, ~을 생각나게 하는 (of)

046 **incensed** 몹시 화난, 격분한

047 **unbiased** 선입견 없는, 편파적이지 않은

048 **put upon** ~을 속이다, 학대하다

049 **hurriedly** 다급하게, 허둥지둥

050 **decisively** 결정적으로, 단호히

051 **delightful** 매우 기쁜, 즐거운

052 **at the drop of a hat** 즉시

053 **make up to** ~에게 아첨하다

054 **shun away from** ~로부터 피하다

055 **come down with** (병에) 걸리다

056 **correct** 옳은, 정확한, 정정하다

057 **unerring** 틀림없는, 정확한

058 **unreliable** 믿을[신뢰할] 수 없는

059 **gutless** 배짱(용기) 없는

060 **unscientific** 비과학적인

061 **harshly** 엄격히, 가혹하게

062 **thankfully** 고맙게도, 감사하게, 다행스럽게도

063 **iron out** 해결하다

064 **conceive** 상상하다, 생각하다, 임신하다

065 **complacent** 현실에 안주하는, 자기만족적인, 만족한

066 **scornful** 경멸[멸시]하는

067 **simulate** 흉내 내다, ~인 체하다

068 **death** 죽음, 사망

069 **defeat** 타파, 패배, 패배시키다, 이기다

070 **frustration** 좌절, 불만

071 **at the discretion of** ~의 재량대로

072 **at the mercy of** ~에 좌우되는, ~에 휘둘리는

073 **at loose ends** 일정한 직업 없이

074 **at the expense of** ~을 희생하여, ~을 잃어가며

075 **unwieldy** 다루기 힘든, 부피가 큰

076 **inconclusive** 결론에 이르지 못하는, 결정[확정]적이 아닌

077 **outspoken** 솔직한

078 **wordy** 말이 많은, 장황한

079 **retrospective** 회고[회상]하는, 소급 적용되는

080 **as deep as a well** 이해하기 힘든

081 **persuade** 설득하다

082 **satisfy** 만족시키다, 충족시키다

083 **crop up** 불쑥 나타나다

084 **finish** 끝내다, 완성하다

085 **inverted** 역의, 반대의

086 **decode** 해독하다, 이해하다

087 **gratification** 만족

088 **liveliness** 원기, 활기

089 **efficiency** 효율(성), 능률

090 **fall on** ~에 떨어지다

091 **intrude** 침입하다, 끼어들다, 방해하다

092 **inspect** 점검하다, 조사하다

093 **sanitary** 위생의, 위생적인, 깨끗한

094 **waterproof** 방수의, 방수 처리[가공]를 하다

095 **touch off** ~을 촉발하다, ~을 유발하다

096 **keep in contact with** ~와 접촉을 유지하다, ~와 연락하고 지내다

097 **shun** 피하다

098 **punish** 처벌하다

099 **make a case for** ~에 옹호하는 의견을 내다

100 **object to** ~에 반대하다

101 **dream** 꿈, 몽상

102 **celebrate** 축하

103 **be engrossed in** ~에 몰두하다, ~에 열중하다

104 **apathetic** 냉담한, 무관심한

105 **keep abreast of** (소식이나 정보를) 계속 접하다, ~에 뒤지지 않게 하다

106 **have faith in** ~을 믿다

107 **keep away from** ~을 멀리하다

108 **successful** 성공한, 성공적인

109 **mysterious** 신비한, 이해하기 힘든

110 **get cold feet** 겁이 나다, 무서워하다

111 **sad** 슬픈, 슬픔을 나타내는

112 **humorous** 재미있는, 유머러스한

113 **friendly** 친절한, 상냥한
114 **get rid of** ~을 제거하다
115 **let go of** ~을 놓아주다
116 **break up with** ~와 헤어지다
117 **surrogate** 대리인
118 **sentry** 보초, 감시
119 **predecessor** 전임자
120 **plunder** 약탈[강탈]하다, 빼앗다
121 **keep one's feet on the ground** 현실적이다, 실제적이다
122 **live in a world of one's own** 자기 혼자만의 세계에 틀어박혀 살다
123 **relax** 휴식을 취하다, 편하게 하다, 안심하다
124 **brave** 용감한
125 **on the fence** 애매한 태도를 취하여, 결정하지 못한
126 **anguished** 괴로워하는, 고뇌에 찬
127 **enthusiastic** 열렬한, 열광적인
128 **apprehensive** 걱정하는, 불안한, 이해하는
129 **palatable** 맛이 좋은, 입에 맞는
130 **dissolvable** 분해할 수 있는
131 **potable** 마셔도 되는, 음료로 적합한
132 **disparate** 다른, 이질적인
133 **affirmative** 긍정적인, 확언적인, 단정적인
134 **allusive** 암시적인
135 **do without** ~없이 지내다
136 **put on** ~을 입다, ~을 바르다, 살이 찌다, 무대에 올리다, 가장하다
137 **figure out** 생각해내다, 이해하다, 계산하다
138 **account for** 설명하다, 차지하다
139 **examine** 조사[검토]하다, 진찰하다, 시험하다
140 **accumulate** 모으다, 축적하다

141 made of money 부유한

142 thrifty 절약

143 stingy (특히 돈에 대해) 인색한

144 pushy 지나치게 밀어붙이는, 강요하려 드는

145 timid 소심한, 용기가 없는

146 thrilled 흥분한, 감격한

147 unquenchable 채울 수 없는, 충족시킬 수 없는

148 infallible 절대 틀리지[실수하지] 않는, 잘못이 전혀 없는

149 not dry behind the ears 미숙한, 풋내기의

150 know one's way around ~의 지리에 밝다, ~에 정통하다

151 careful 주의 깊은, 조심성 있는, 세심한

152 loquacious 말이 많은, 수다스러운

153 eloquent 웅변의, 유창한

154 go around 돌아다니다, 골고루 돌아가다

155 go back 돌아가다, 거슬러 올라가다

156 go down 넘어지다, 쓰러지다

157 go into ~에 들어가다, ~하기 시작하다

158 presume 가정[추정]하다

159 look up 올려다보다, 나아지다, (낱말을) 찾아보다

160 look into ~을 조사하다

161 look up to ~을 존경하다

162 extensive 넓은, 광범위한

163 be up to one's eyes in ~에 몰두하다

164 be interested in ~에 관심[흥미]이 있다

165 be prepared for ~에 대비하다

166 be released from ~에서 석방되다, 풀려나다

167 turbulent 사나운, 소란스러운

168 anguish (극심한) 괴로움, 비통

169 **solicitude** 불안, 염려, 의혹
170 **put down** 적어 두다, 진압하다, 내려놓다
171 **take place** 일어나다, 발생하다
172 **take care of** ~을 돌보다, 신경쓰다
173 **give way to** 감정에 무너지다, ~에게 굴복하다
174 **in a big way** 대규모로
175 **convenience** 편의, 편리
176 **get well** 병이 나아지다
177 **treatment** 치료, 처리, 대우
178 **sustainability** 지속 가능성
179 **case** 사례, 경우, 사건
180 **touch** 기운, 기미, 흔적, 약간, 조금, 기법, 만지다, 연락하다, 감동시키다
181 **hold up** ~을 떠받치다, 지지하다, 정체시키다, 강탈하다
182 **stand a chance of** ~의 가능성이 있다
183 **stand by** 대기하다, 지지하다
184 **see eye to eye** 의견이 일치하다
185 **dispute** 논쟁, 논의, 논쟁하다, 논의하다
186 **part** 일부, 부분, 나누다, 분할하다
187 **mandatory** 명령의, 의무적인, 강제적인
188 **suspect** 용의자, 의심하다
189 **uncivilized** 미개한, 야만적인
190 **hover** 맴돌다[머물다], 배회하다
191 **hallucination** 환각, 환영
192 **template** 견본, 본보기
193 **muzzle** 재갈을 물리다, 입막음을 하다, 억압하다
194 **express** 나타내다, 표현하다
195 **casual** 우연한, 부주의한, 평상시의
196 **formal** 격식을 차린, 공식적인, 형식적인

197 **call it a day** 하루 일을 마치다
198 **omnipresent** 편재하는, 어디에나 있는
199 **requisite** 필수품, 필요 조건, 필요한, 없어서 안 될, 필수의
200 **desirable** 바람직한
201 **deplorable** 비참한, 한탄할 만한
202 **inconvenient** 불편한
203 **diurnal** 주행성의(낮 동안에 활동적인)
204 **inanimate** 생명이 없는, 무생물의
205 **ineffective** 효과 없는, 쓸모없는
206 **inconsiderately** 경솔하게, 분별[생각]없이
207 **transient** 일시적인, 순간적인
208 **officious** 쓸데없이 참견하는, 간섭하는
209 **obsequious** 아부하는, 아첨하는
210 **harness** 마구를 채우다, 이용하다
211 **muffle** 감싸다, 덮다, 소리를 죽이다(약하게 하다)
212 **disrespectful** 무례한, 예의 없는
213 **unhelpful** 도움이 되지 않는
214 **forgettable** 잊기 쉬운
215 **delirious** 기뻐 날뛰는, 의식(정신)이 혼미한
216 **perjury** 위증(죄)
217 **pernicious** 치명적인, 해로운
218 **resurgence** 재기, 부활
219 **disappear** 사라지다, 소멸하다
220 **obligation** 의무, 책임
221 **risk** 위험, 모험
222 **commit** 저지르다, 맡기다, 전념하다, 약속하다
223 **expose** 드러내다, 폭로하다, 노출시키다
224 **document** 문서, 서류, 기록하다, 서류로 입증하다

225 **reuse** 다시 이용하다, 재생하다

226 **identical** 똑같은, 동일한, 일치하는

227 **throw** 던지다

228 **dazzling** 눈부신, 현혹적인

229 **seal** 직인, 도장, 봉인하다, 밀봉하다

230 **overrule** 기각하다, 무효로 하다

231 **try** 노력하다, 시도하다, 심리[재판]하다

232 **withstand** 저항하다, 견뎌[이겨]내다

233 **flaw** 결점, 흠, 결함

234 **pitfall** 위험, 함정

235 **come under fire** 비난을 받다

236 **investigate** 조사하다, 연구하다

237 **cramp** (근육의) 경련, 쥐, 속박하다, 구속하다, 막다[방해하다]

238 **circumvent** 피하다, 우회하다, (계략을 써서) 포위하다

239 **reestablish** 재건하다, 복구하다

240 **galvanize** 활기 띠게 하다, 자극하다

241 **corporal** 신체적인

242 **typical** 전형적인, 대표적인

243 **physiological** 생리학의

244 **psychological** 심리적인, 심리학의

245 **divide** 나누다, 가르다

246 **undivided** 분할되지 않은, 완전한, 연속된

247 **efface** 지우다, 삭제하다

248 **construe** 이해

249 **delve into** ~을 (철저하게) 조사하다

250 **corroborate** 확증하다, 입증하다

251 **explicate** 설명

252 **converse** 역의, 반대의, 대화[이야기]를 나누다

253 **emulate** 모방하다, 경쟁하다, 겨루다

254 **afflict** 괴롭히다

255 **substantiate** 입증하다, 실체화하다, 구체화하다

256 **wet behind the ears** 경험이 없는, 미숙한

257 **rookie** 초보자, 신병

258 **misfit** (환경에) 적응하지 못하는 사람

259 **functionary** 공무원, 공공기관의 직원

260 **vengeance** 복수, 앙갚음

261 **indolence** 나태, 게으름

262 **expulsion** 추방, 축출

263 **mundane** 평범한, 일상적인, 세속적인

264 **annoying** 짜증스러운, 성가신

265 **deep** 깊은, 깊게

266 **dissolve** 용해하다, 분해하다, 해산하다

267 **trial** 재판, 시험

268 **bankruptcy** 파산(상태), 파탄

269 **suspicious** 의심스러운, 의심 많은

270 **secretive** 비밀스러운, 분비의

271 **eloquence** 웅변

272 **deployment** 전개, 배치

273 **oppress** 억압하다, 압박하다

274 **critical** 중요한, 비판적인

275 **venturesome** 모험적인, 대담한

276 **resist** 저항하다, 반항하다

277 **understanding** 이해

278 **give over** ~에 넘기다, 양도하다

279 **give off** (냄새, 열, 빛 등을) 내다[발하다]

280 **go off** 자리를 뜨다, 발사되다, 폭발하다, 울리다

281 **go about** ~을 시작하다, 돌아다니다

282 **open up** 열다, 마음을 터놓다

283 **put up** (돈을) 내놓다, 세우다

284 **plight** 역경, 고난

285 **underestimate** 과소평가하다, 경시하다, 얕보다

286 **tardy** 느린, 더딘

287 **gradual** 점진적인, 단계적인, 서서히 하는

288 **coherence** 일관성

289 **helpless** 무력한, 도움이 없는

290 **have pity on** ~을 불쌍히 여기다

291 **get over** 극복하다, 회복하다

292 **irreversible** 되돌릴[철회할] 수 없는

293 **sequel** (책, 영화, 연극 등의) 속편

294 **suggestion** 제안, 암시, 시사

295 **corrective** 수정의, 교정의, 바로잡는

296 **catchall** 잡동사니 주머니, 포괄적인

297 **legacy** 유산, 유물

298 **defense** 방어, 방위, 수비

299 **ardent** 열렬한, 열정적인

300 **destruction** 파괴, 파멸, 절멸

301 **characteristic** 특징, 특질, 특질이 있는, 독특한

302 **boaster** 허풍쟁이, 자랑을 잘하는 사람

303 **prognosticator** 예언자, 점쟁이

304 **swindler** 사기꾼, 협잡꾼

305 **teaser** 괴롭히는 사람

306 **expensive** 값비싼, 비용이 드는

307 **cheap** 싼, 돈이 적게 드는

308 **deliver** 배달하다, 전하다

309 **democracy** 민주주의

310 **patriotism** 애국심

311 **monarchy** 군주제, 군주정치

312 **capitalism** 자본주의

313 **socialism** 사회주의

314 **turn a blind eye to** 못 본 체하다, 외면하다

315 **facetious** 익살스러운, 우스운, 경박한

316 **fanciful** 기발한, 공상적인

317 **bureaucratic** 관료적인

318 **jocular** 우스꽝스러운, 우스운

319 **ignorant** 무지한, 무식한

320 **browbeat** 위협하다

321 **confound** 혼동하다, 당황하게 하다

322 **compound** 혼합물, 화합물, 합성하다

323 **concoct** 꾸며내다, 조작하다

324 **confide** (비밀을) 털어놓다, 신임하다, 신뢰하다

325 **abate** 약화시키다, 완화시키다

326 **pseudonymous** 익명의, 필명의

327 **antonymous** 반의어의

328 **exposition** 설명, 해설, 전시회

329 **sagacity** 현명, 총명

330 **inundate** 감당 못할 정도로 주다[보내다], 침수시키다

331 **blackmail** 갈취(공갈), 협박, 갈취하다, 협박하다

332 **eclectic** 취사선택하는, 절충적인, 다방면에 걸친

333 **placid** 차분한, 잔잔한, 평온한

334 **tally** 부합[일치]하다, 계산하다

335 **deterrent** 제지하는 것, 방해하는

336 **decency** 체면, 품위, 예절

337 **delicacy** 연약함, 섬세함, 신중함
338 **confession** 자백, 고백
339 **confine** 제한하다, 감금하다
340 **confutation** 논박, 반증
341 **ingenious** 기발한, 독창적인
342 **arouse** 불러일으키다, 자아내다
343 **improvement** 개선, 향상
344 **agreement** 동의, 일치, 합의
345 **contain** 포함하다, 억누르다, 억제하다
346 **wind up** 결국 ~ 되다/하다, 마무리 짓다
347 **blow up** 폭발하다, 화내다, 부풀다
348 **use up** 고갈시키다, 다 쓰다
349 **obliterate** 없애다
350 **overhead** 머리 위의, 머리 위에
351 **square** 정사각형, 네모지게 만들다, 똑바로
352 **encouragement** 격려, 장려
353 **imperturbable** 쉽게 동요하지 않는, 차분한
354 **attenuate** 약하게 하다, 희석시키다
355 **manacle** 수갑[족쇄]을 채우다, 속박하다
356 **incapacitate** 무력화하다, 할 수 없게 하다
357 **make fun of** 놀리다
358 **perennial** 지속하는, 영구적인, 다년생의
359 **identification** 신원 확인, 동일시, 식별
360 **idiosyncrasy** 특질, 특징, 특이성
361 **rapport** 친밀한 관계, 친밀
362 **ratify** 비준하다, 재가하다
363 **rate** 속도, 비율, 등급[순위]를 매기다
364 **work up** ~을 불러일으키다, 북돋우다

365 **accommodate** 수용하다, 숙박시키다, 적응시키다

366 **annihilate** 전멸[절멸, 멸종]시키다, 폐지하다

367 **gratify** 기쁘게 하다, 충족시키다

368 **sterile** 불모의, 메마른, 불임의, 살균한

369 **thorough** 철저한, 완전한

370 **inadequate** 불충분한, 부족한, 부적당한

371 **maximum** 최고의, 최대의

372 **save** 구하다, 구조하다, 저축하다, 절약하다

373 **spend** 쓰다, 소비하다, (시간을) 보내다

374 **obligatory** 의무적인, 필수의

375 **clumsy** 어설픈, 서투른

376 **mutable** 변하기 쉬운, 변덕스러운

377 **lacking** ~이 없는[부족한], 결핍된

378 **impending** 임박한, 절박한

379 **upcoming** 다가오는, 곧 있을

380 **incipient** 처음의, 초기의

381 **inexorable** 냉혹한, 가차 없는

382 **congenial** 마음이 맞는, 같은 성질의

383 **salutary** 유익한, 효과가 좋은

384 **further** 발전시키다, 더 멀리, 더 나아가

385 **voracious** 게걸스럽게 먹는

386 **defenseless** 무방비의, 방어할 수 없는

387 **denial** 부정, 부인

388 **verify** 확인하다, 입증하다

389 **diverge** 갈라지다, 벗어나다

390 **deluge** 홍수, 폭우, 쇄도[폭주]하다

391 **decry** 매도하다, 비난하다, 헐뜯다

392 **subdue** 정복하다, 진압하다, 억제하다

393 **retain** 보유하다, 유지하다

394 **juvenile** 청소년의, 소년[소녀]의

395 **indisposed** 마음이 내키지 않는, 기분[몸]이 안 좋은

396 **tattered** 낡은, 누더기가 된

397 **dejected** 낙담한, 기가 죽은

398 **opaque** 불투명한, 불분명한

399 **repellent** 불쾌한, 혐오감을 주는

400 **sanguine** 낙관적인, 자신감이 넘치는

401 **run over** (사람, 동물을) 치다

402 **pull over** 차를 길가에 세우다

403 **look over** ~을 대충 훑어보다, 살펴보다

404 **resurrect** 부활시키다

405 **revere** 존경하다, 숭배하다

406 **ameliorate** 개선하다

407 **preliminary** 예비의, 준비의

408 **conspire** 음모를 꾸미다, 공모하다

409 **collide** 충돌하다, 상충하다

410 **malicious** 악의적인, 적의가 있는

411 **malleable** 두들겨 펼 수 있는, 다루기 쉬운, 유순한

412 **close off** ~을 차단

413 **close down** 폐쇄하다

414 **inferior** 하위의, (보다) 낮은

415 **take ~ into account** ~을 고려하다

416 **take away** 제거하다, 치우다

417 **cut off** 잘라내다, 차단하다, 중단하다

418 **count on** ~에 의지하다, ~을 믿다

419 **in discord with** ~와 불화하여, ~와 일치하지 않은

420 **in accordance with** ~에 따라서

421 **sane** 제정신의, 분별있는, 건전한
422 **get above oneself** 분수를 모르다, 자만하다
423 **get out from under** 영향에서 벗어나다, ~의 아래에서 나오다
424 **take it out on** ~에게 화풀이 하다
425 **take out** 꺼내다, 가지고 나가다
426 **suspensive** 미결정의, 중지하는
427 **make against** 불리하게 작용하다
428 **make up with** ~와 화해하다
429 **make away with** ~을 면하다, 벗어나다
430 **abduct** 납치하다, 유괴하다
431 **carry** 나르다, 운반하다, 휴대하다
432 **oblige** 강요하다, ~하게 하다
433 **unremarkable** 특별할 것 없는, 평범한
434 **distill** 증류하다
435 **break in** 침입하다, 방해하다[끼어들다], 길들이다
436 **disseminate** 퍼트리다, (씨를) 흩뿌리다
437 **dismay** 실망[낙담]시키다
438 **pending** 미결[미정]인, 계류 중인, 임박한
439 **hasty** 성급한, 서두르는
440 **divisible** 나눌 수 있는
441 **sleep on** ~을 하룻밤 자며 생각하다, ~의 결정을 다음 날까지 미루다
442 **take a rest** 쉬다
443 **beef up** 강화하다, 보강하다
444 **dispense with** ~없이 지내다
445 **damp down** ~을 줄이다, ~의 기세를 꺾다
446 **scratch off** ~에서 지우다
447 **blot out** 가리다, (안 좋은 기억, 생각을) 애써 잊다
448 **cater to** ~에 맞추어 주다, ~을 충족시키다

449 **analogous** 유사한

450 **delude** 속이다, 착각하게 하다

451 **defuse** 완화시키다, 진정시키다

452 **despond** 낙담하다

453 **degenerate** 악화되다, 퇴화하다

454 **exhilarate** 기분을 들뜨게 하다, 활력을 주다

455 **out in left field** 이상한, 별난

456 **audacious** 대담한, 무례한, 뻔뻔한

457 **feminine** 여성스러운, 여성의

458 **consume** 소모하다, 먹다, 마시다

459 **threaten** 위협하다

460 **reveal** 드러내다, 폭로하다

461 **protrude** 튀어나오다, 내밀다

462 **attractive** 매력적인, 관심을 끄는

463 **perverse** 비뚤어진, 삐딱한

464 **ostentatious** 잘난 체하는, 과시하는

465 **bellicose** 호전적인, 전투적인

466 **lukewarm** 미지근한, 미온적인

467 **multiple** 배수, 많은, 다수의

468 **maxim** 격언, 좌우명, 금언

469 **by leaps and bounds** 비약적으로, 급속하게

470 **substantial** 상당한, 실질적인

471 **unbearable** 참을 수 없는, 견딜 수 없는

472 **remorse** 후회, 양심의 가책

473 **remonstrance** 항의, 불평

474 **hesitation** 망설임, 주저함

475 **bottom out** 바닥을 치고 나서 다시 상향세를 타다[안정되다]

476 **go south** 남쪽으로 가다, 하향하다, 나빠지다

477 **remove** 치우다, 제거하다

478 **regulate** 규제하다, 조정[조절]하다

479 **rehearse** 연습하다, 반복하다

480 **informal** 비공식의, 격식을 차리지 않는

481 **brush aside** 무시하다, 털어내다

482 **elucidate** 설명하다, 명백히 하다

483 **depreciate** 가치를 떨어뜨리다, 얕보다, 경시하다

484 **addictive** 중독성의

485 **back down on** 철회하다

486 **devise** 고안하다, 생각해내다

487 **unfold** 펴다, 펼치다

488 **supportive of** ~을 지지하는

489 **polite** 예의 바른, 공손한, 정중한

490 **inclusive** 포괄적인

491 **clone** 복제하다

492 **camouflage** 위장, 위장하다, 숨기다

493 **domesticate** 길들이다

494 **epitomize** ~의 전형이다, 요약하다

495 **idealize** 이상화하다

496 **aggregate** 합계, 총액, 종합하다, 집합하다, 모으다

497 **enliven** 활기를 띠게 하다, 생기를 돋우다

498 **cover up with** ~로 감싸다

499 **congruent with** ~와 일치한

500 **supplementary to** ~을 보완하는

501 **incompatible with** ~와 양립할 수 없는, ~와 맞지 않는

502 **unabashed** 부끄러워하지 않는, 겁먹지 않는

503 **unprincipled** 절조 없는, 부도덕한

504 **self-disciplined** 자기 훈련이 된

505 **parasitic** 기생하는

506 **virtuous** 덕이 있는, 덕이 높은, 고결한

507 **canny** 영리한, 민첩한

508 **neglect** 등한시하다, 소홀히 하다

509 **pinnacle** 정점, 절정

510 **cloy** 물리다, 질리다

511 **clamp down on** ~을 단속하다

512 **countenance** 안색, 표정, 지지하다

513 **aim at** 겨냥하다

514 **weasel out of** ~에서 손을 빼다

515 **look back on** ~을 돌아보다

516 **immoral** 부도덕한

517 **allocate** 할당하다, 배치하다

518 **lay over** 들르다, 연기하다

519 **muddle** 혼란시키다, 뒤죽박죽을 만들다

520 **transpire** 일어나다, 발생하다

521 **derision** 조롱, 웃음거리

522 **gnarl** 비틀다

523 **discursion** 종잡을 수 없는 이야기, 산만한 논의

524 **dispatch** 파견, 보내다, 파견하다

525 **mull over** 숙고하다

526 **creaky** 삐걱거리는

527 **reproach** 비난하다, 꾸짖다

528 **colossal** 거대한, 엄청난

529 **malignant** 악성의, 악의 있는

530 **expound** 자세히 설명하다

531 **thumb through** 휙휙 넘겨보다, 훑어보다

532 **read through** ~을 꼼꼼히 읽다

533 **peruse** 정독하다, 숙독하다

534 **fluster** 당황하게 하다, 혼란스럽게 하다

535 **jubilant** 기뻐하는, 의기양양한

536 **foster** 육성하다, 촉진하다

537 **concession** 양보, 양해

538 **disconcert** 당황하게 하다, 불안하게 하다

539 **condescend** 자신을 낮추다, 잘난 체하다, 거들먹거리다

540 **commence** 시작하다, 개시하다

541 **get ahead of** ~를 앞지르다, ~을 능가하다

542 **make a pass at** ~에게 수작을 걸다

543 **entangle** 얽히게 하다

544 **recommend** 추천하다, 권고하다

545 **shine** 빛나다, 반짝이다

546 **degrade** 비하하다, 격하하다

547 **stake out** 감시하다

548 **rake up** 긁어모으다, (과거 일을) 들먹이다

549 **fritter away** 낭비하다

550 **slander** 비방하다, 명예를 훼손하다

551 **bonanza** 횡재, (뜻밖의) 행운

552 **debacle** 대실패

553 **laid-back** 느긋한, 태평한

554 **interfering** 간섭하는, 참견하기 좋아하는

555 **mousy** 칙칙한, 갈색의, 소심한, 내성적인

556 **blithe** 유쾌한, 즐거운, 명랑한

557 **hyaloid** 투명한, 유리 모양의

558 **consonant** ~와 일치하는, 조화하는

559 **commensurate** 어울리는[상응하는], 같은 정도의

560 **interchangeable** 교체[교환]할 수 있는

561 **exploitative** 착취하는
562 **rarely** 드물게, 좀처럼 ~하지 않는
563 **reimburse** 배상하다, 변제하다
564 **pathological** 병적인, 병을 다루는
565 **cardinal** 기본적인, 주요한, 중요한
566 **orator** 연설자, 웅변가
567 **oracle** 신탁, 신탁소
568 **submissive** 복종하는, 순종하는, 유순한
569 **perplexed** 당황한, 어쩔 줄 몰라 하는
570 **invincible** 무적의
571 **calumniate** 비방하다, 중상하다
572 **wangle** (남을 설득하거나 꾀를 부려) 얻어 내다[해내다]
573 **suffuse** 뒤덮다, 가득 채우다
574 **demeanor** 행실, 품행, 태도
575 **desultory** 두서없는, 산만한, 종잡을 수 없는
576 **ascetic** 금욕적인
577 **pellucid** 투명한, 명료한
578 **ad-hoc** 임시의, 즉석의
579 **pretrial** 공판 전의
580 **renaissance** 부흥[부활]
581 **hortatory** 권고의, 충고의
582 **jettison** 버리다
583 **denounce** 비난하다, 고발하다
584 **invigorate** 기운나게 하다, 활기를 북돋우다
585 **irredeemable** 바로잡을 수[구제할 길] 없는
586 **impregnable** 난공불락의, 무적의, 확고한
587 **superficiality** 천박, 피상
588 **haughtiness** 건방짐, 오만

589 **sardonic** 냉소적인, 조롱하는, 비웃는

590 **strident** (소리가) 귀에 거슬리는[거친], 삐걱거리는

591 **insistent** 고집[주장]하는, 우기는

592 **exuberant** 활기 넘치는, 풍부한, (식물 등이) 무성한, 우거진

593 **unceasing** 끊임없는, 쉴 새 없는

594 **scour** 샅샅이 뒤지다

595 **flog** 몹시 때리다, 채찍질하다

596 **blue in the face** 격분하여 새파래진, 지쳐서 창백한

597 **out of the woods** 위기를 벗어나, 위험에서 벗어나

598 **a fine kettle of fish** 혼란, 엉망인 상태

599 **baffle** 당황하게 만들다

600 **exoteric** 대중적인

601 **excrete** 배설하다, 분비하다

602 **prerogative** 특권, 특권의, 특권을 가진

603 **find out** 알아내다[알게 되다]

604 **hamper** 방해하다

605 **trade on** ~을 (부당하게) 이용하다

606 **inimical** ~에 해로운, 불리한, 적대적인

607 **apathy** 무관심, 냉담

608 **ferocious** 사나운, 잔인한

609 **intolerant** 편협한, 견딜 수 없는 (of)

610 **suppliance** 공급, 보충, 탄원, 간청

611 **requirement** 요구, 필요

612 **process** 과정, 절차, 가공하다, 처리하다

613 **decumbent** 드러누운, 가로누운

614 **turn out of** ~에서 쫓아내다

615 **reduction** 감소, 절감

616 **preposterous** 터무니없는, 어리석은

617 **acrimony** 신랄함, 악감정

618 **temerity** 무모함

619 **cordiality** 진심, 따뜻한 우정

620 **recollection** 회상, 기억(력)

621 **grapple** 잡다, 쥐다, 붙잡다

622 **ostentatiously** 허세를 부리면서, 과시적으로

623 **confidently** 확신을 갖고, 자신 있게

624 **altercation** 말다툼, 언쟁, 논쟁

625 **fist fight** 주먹다짐, 주먹 싸움

626 **mutual consent** 상호 합의

627 **promulgate** 알리다, 발표[공표]하다

628 **derogate** (명예, 권위, 가치 따위를) 떨어뜨리다, 훼손하다

629 **distorted** 비뚤어진, 왜곡된

630 **unveil** 베일을[덮개를] 벗기다, (비밀 따위를) 밝히다, 털어놓다

631 **lay away** 따로

632 **change into** ~으로 바꾸다

633 **semantic** 의미의, 의미론적인

634 **phonetic** 음성의, 말소리의

635 **vitiate** 가치를 떨어뜨리다, 손상시키다

636 **rejuvenate** 활기를 띠게 하다

637 **undeniable** 부인[부정]할 수 없는

638 **spell out** ~을 간결하게[자세히] 설명하다

639 **state** 국가, 나라, 주, 상태, 말하다, 진술하다

640 **unflinching** 움츠리지 않는, 굴하지 않는, 단호한

641 **capitulate** 굴복하다, 항복하다

642 **meander** 굽이쳐 흐르다, 정처없이 거닐다

643 **get out** (~에서) 떠나다

644 **strategy** 전술, 전략

645 **infuriate** 격분시키다

646 **dearly** 대단히, 몹시, 비싼 대가[희생/비용]를 치르고

647 **earn** 얻다, 벌다

648 **credit** 신뢰, 신용

649 **manner** 방식, 태도, 예의

650 **abdicate** 버리다, 포기하다, 퇴위하다

651 **reassuring** 안심시키는, 위안을 주는

652 **unexpected** 예기치 않은

653 **unfamiliar** 익숙하지 않은, 낯선

654 **digressive** 주제를 벗어나는, 지엽적인

655 **infected** 감염된, 전염된, 오염된

656 **get over with** ~을 끝내다, 완료하다

657 **get through with** ~을 완수하다

658 **propitious** 좋은, 유리한

659 **flout** 모욕하다, 업신여기다, (법 등을 공공연히) 어기다[무시하다]

660 **at large** 대체적으로, 아직 잡히지 않은

661 **disengage** 풀다, 해방하다, 자유롭게 하다

662 **discursive** 두서없는, 산만한

663 **excuse** 변명, 이유, 용서하다, 변명하다

664 **adduce** 제시하다, 인용하다

665 **annul** 무효화하다, 취소하다

666 **vindicate** ~의 정당성을 입증하다

667 **extol** 극찬하다, 격찬하다

668 **venal** 부패한, 매수할 수 있는

669 **blasphemous** 신성 모독의

670 **allegiance** 충성

671 **alleviation** 경감, 완화

672 **cavalier** 기사, 호위자, 무신경한, 무심한

673 **snobbish** 속물적인

674 **appalling** 섬뜩한, 끔찍한

675 **insipidness** 재미없음, 지루함

676 **havoc** 대파괴, 큰 혼란[피해]

677 **dereliction** 포기, 태만

678 **perturbation** 혼란, 동요

679 **denigration** 중상, 모욕, 명예훼손

680 **laudation** 칭찬, 찬미

681 **homage** 존경, 경의

682 **exuberance** 풍부, 무성함

683 **relent** 수그러들다[누그러지다]

684 **retaliate** 보복하다, 앙갚음하다

685 **repudiate** 거부하다, 부인하다

686 **perpetuation** 영구화

687 **sullen** 시무룩한, 음울한

688 **diaphanous** 아주 얇은, 속이 비치는, 투명한

689 **sombre(somber)** 어두침침한, 우울한

690 **unscrupulous** 부도덕한, 파렴치한

691 **ungrudging** 아끼지 않는, 진심의

692 **valiant** 용감한, 씩씩한

693 **tractable** 유순한, 온순한, 다루기 쉬운

694 **insolent** 거만한, 무례한

695 **apogee** 정점, 절정

696 **panacea** 만병통치약

697 **glean** 줍다, 수집하다

698 **make believe** ~인 체하다

699 **neophyte** 초보자

700 **ordain** ~을[이라고] 정하다, 임명하다

701 **denunciation** 비난, 고발

702 **loath** ~하기를 꺼리는, 싫은

703 **panegyric** 칭찬, 찬사

704 **lax** 느슨한 태만한

705 **ceaseless** 끊임없는

706 **augment** 증대시키다, 늘다

707 **supercilious** 거만한, 건방진

708 **exploitation** 개발, 이용, 착취

709 **stark** 삭막한, 황량한, (차이가) 극명한

710 **euphoric** 행복감의

711 **eviction** 축출, 쫓아냄

712 **harbinger** 전조, 선구자

713 **antithesis** 대조, 대립, 정반대

714 **ordeal** 시련, 고통스러운 체험

715 **debunk** (정체를) 폭로하다

716 **praise** 칭찬하다

717 **delimit** ~의 범위[한계]를 정하다

718 **scorn** 경멸, 모욕, 경멸하다, 멸시하다

719 **idiosyncratic** 특이한, 색다른

720 **cramping** 속박하는

721 **irksome** 진저리나는, 귀찮은, 성가신

722 **desiccated** 건조한, 분말의, 생기가 없는

723 **soak** 담그다, 흡수하다

724 **slice** 얇은 조각, (얇게) 썰다[자르다]

725 **on leave** 휴가로, 휴가중인

부록 03 공무원 영어 동사구/전치사구

공무원 영어 동사구 총정리

001 **account for** 설명하다, 차지하다

002 **abide by** 준수하다, 지키다

003 **allow for** 고려하다

004 **attend to** ~을 처리하다, ~에 주의를 기울이다, 돌보다, 시중들다

005 **attend on** 돌보다, 시중들다

006 **allude to** ~을 언급하다, 암시하다

007 **aim at** 겨냥하다

008 **add to** ~에 더하다, ~을 늘리다

009 **add up** 말이 되다, (조금씩) 늘어나다

010 **add up to** 합계[총] ~가 되다

011 **brush up on** 복습하다

012 **break into** 침입하다

013 **bring up** 기르다[양육하다], (화제를) 꺼내다

014 **break in** 침입하다, 끼어들다[방해하다], 길들이다

015 **be fed up with** 진절머리가 나다, 지긋지긋하다

016 **be bound for** (버스 등이) ~행이다

017 **be subject to** ~의 대상이다, 영향을 받다

018 **be devoid of** ~이 없다, 결여되어 있다

019 **be convicted of** ~로 유죄판결을 받다

020 **be engaged in** ~을 하다, ~에 종사하다

021 **be absorbed in** ~에 열중하다

022 **be apt [liable/prone] to** ~하기 쉽다

023 **break up with** ~와 헤어지다

024 **break down** 고장나다, 부수다

025 **beef up** 강화하다

026 **blow up** 폭발하다, 부풀리다, 화내다

027 **bottom out** 바닥을 치고 나서 다시 향상하다, 안정되다

028 **brush aside** 무시하다, 털어내다

029 **lot out** ~을 완전히 덮다[가리다], 지우다

030 **boil down to** 결국 ~이 되다, ~으로 요약되다

031 **burst into** ~을 터뜨리다, 내뿜다

032 **call for** 요구하다

033 **call on** 요청하다, 시키다, 방문하다

034 **call off** 취소하다

035 **catch up with** ~을 따라잡다

036 **call it a day** 하루 일을 마치다, 그만하기로 하다

037 **come into operation** 작동되기 시작하다

038 **carry out** 수행하다, 실행하다

039 **carry on** 계속하다

040 **come up with** ~을 생각해내다, 제시하다

041 **cover up with** ~로 감싸다

042 **cope with** 다루다

043 **come off** (~에서) 떨어지다, 성공하다

044 **come by** 잠시 들르다, 얻다, 획득하다

045 **come under fire** 비난을 받다

046 **cut off** 잘라내다, 차단하다

047 **come down with** (병에) 걸리다

048 **coincide with** ~와 동시에 일어나다, 일치하다

049 **crop up** 일어나다, 생기다

050 **cater to** ~에 맞추어 주다

051 **clamp down on** ~을 단속하다

052 **damp down** 약화시키다

053 **drive ~ up the wall** ~을 궁지에 몰아넣다, 화나게 하다

054 **dispense with** ~없이 지내다

055 **find out** 알아내다[알게 되다]

056 **fritter away** 낭비하다

057 **drop by** 잠깐 들르다

058 **fall on** ~에 떨어지다

059 **figure out** 생각하다, 이해하다, 계산하다

060 **follow up on** ~을 끝까지 하다

061 **get cold feet** 초조해지다, 겁먹다

062 **get on** ~을 타다

063 **get rid of** ~을 제거하다

064 **get over** ~을 넘다, 극복하다

065 **get ahead of** ~을 앞지르다, 능가하다

066 **get above oneself** 분수를 모르다, 자만하다

067 **get out from under** 영향에서 벗어나다, ~의 아래에서 나오다

068 **give off** (냄새, 열, 빛 등을) 내다[발하다]

069 **give out** (열 · 빛 등을) 내다[발하다], ~을 나눠주다

070 **give up** 포기하다

071 **give way to** (감정에) 못 이기다[무너지다], ~에게 굴복하다

072 **give rise to** ~을 낳다, 일으키다

073 **go through** ~을 겪다, 살펴보다, 검토[고려]하다, 거치다

074 **go around** 돌아다니다

075 **go back** 돌아가다, 거슬러 올라가다

076 **go down** 넘어[쓰러]지다

077 **go into** ~에 들어가다, 시작하다

078 **go about** ~을 시작하다, 일을 보러 다니다

079 **go off** 자리를 뜨다, 발사되다, 폭발하다[터지다], (경보기 등이) 울리다

080 **go south** 남쪽으로 가다, 하향하다, 나빠지다

081 **have faith in** ~을 믿다

082 **have[take] pity on** ~을 불쌍히 여기다

083 **have an eye for** ~을 보는 눈이 있다

084 **hear out** ~의 말을 끝까지 들어주다

085 **hit the nail on the head of** 핵심을 찌르다, 적절한 말을 하다

086 **hit upon** ~을 우연히 생각해내다

087 **hit the hay[sack]** 잠을 자다

088 **hit the book** 열심히 공부하다, 벼락치기 공부하다

089 **hit[go through] the ceiling / hit[go through] the roof** 몹시 화가 나다

090 **hold water** 합리적이다, 이치에 맞다

091 **hold back** 저지하다, 방해하다, 참다

092 **hold up** ~을 떠받치다, 견디다, 강탈하다

093 **iron out** 해결하다

094 **keep abreast of** ~을 알고 있다

095 **keep away from** ~을 멀리하다

096 **keep in contact with** ~와 접촉을 유지하다

097 **keep one's feet on the ground** 현실적이다

098 **keep up** 내려가지 않게 하다, ~을 계속하다

099 **keep ~ to oneself** ~을 비밀로 하다

100 **know ~ inside out** ~을 환하게 알다

101 **keep up with** ~에 뒤지지 않고 맞추어 가다

102 **lose one's temper** 화내다

103 **look up** 올려다 보다, 찾아보다, 나아지다

104 **look up to** ~을 존경하다

105 **look down on** ~을 낮춰보다[얕보다]

106 **look over** ~을 살펴보다

107 **look back on** ~을 돌아보다

108 **let up** (강도가) 약해지다, 누그러지다

109 **let on** (비밀을) 말하다, 누설하다

110 **lay off** ~를 해고[정리 해고]하다

111 **make a case for** ~에 옹호하는 의견을 내다
112 **make do with** ~으로 임시변통하다
113 **make out** ~을 이해하다, 알아보다
114 **make it** 성공하다, 해내다, 시간 맞춰가다
115 **make over** ~을 양도하다, 고치다
116 **make up** 화장하다, 꾸며내다, 구성하다, 화해하다
117 **make up for** 보상[보충]하다
118 **make up to** ~에게 알랑거리다, 아첨하다
119 **make away with** ~을 면하다, 벗어나다
120 **make off with** ~을 가지고 도망가다
121 **make fun of** 놀리다
122 **make ends meet** 수입과 지출의 균형을 맞추다, 겨우 먹고 살 만큼 벌다
123 **make against** 불리하게 작용하다
124 **make sense** 의미가 통하다, 타당하다, 말이 되다
125 **mull over** 심사숙고 하다
126 **open up** 친해지다, 마음을 터놓다
127 **pay tribute to** ~에게 경의를 표하다
128 **pick up** 알게 되다, 태워주다, 체포하다, 회복하다, (물건을) 집다, 사다
129 **pick on** 비난하다, 혹평하다, 괴롭히다
130 **pore over** ~을 자세히 보다
131 **put down** 적다, 진압하다, 내려놓다
132 **put on** ~을 입다, ~을 바르다, 살이 찌다, 무대에 올리다, 가장하다
133 **put up** (돈 등을) 제공하다, 기부하다, 세우다, 올리다
134 **put up with** 참다, 견디다
135 **put upon** ~을 속이다, 학대하다
136 **pull over** 차를 길 한쪽에 세우다
137 **put off** 미루다, 연기하다
138 **rule out** 제외시키다, 배제하다

139 **run over** ~을 치다

140 **run out of** ~을 다 써버리다

141 **run short of** ~이 부족하다[없다]

142 **rake up** 과거 일을 들먹이다

143 **root for** 응원하다

144 **scratch the surface of** ~을 피상적으로 다루다

145 **stand to reason** 당연하다, 도리에 맞다, 합리적이다

146 **seize hold of** ~을 붙잡다

147 **shun away from** ~로부터 피하다

148 **stand a chance of** ~의 가능성이 있다

149 **stand by** 대기하다, 지지하다

150 **stand for** ~을 상징하다, 나타내다, 옹호하다

151 **stand out** 빼어나다, 눈에 띄다, 튀어나오다

152 **stand up for** ~을 지지하다, 옹호하다

153 **stand up to** ~에게 저항하다[맞서다], ~에도 잘 견디다

154 **stick one's nose in** 간섭하다

155 **see off** 배웅하다

156 **scratch off** ~에서 지우다

157 **slack off** 빈둥대다, 게으름을 피우다

158 **shore up** 유지하다, 강화하다

159 **sleep on** ~에 대해서 생각하다

160 **stake out** 감시하다

161 **speak well[ill] of** ~에 대해 좋게[나쁘게] 말하다

162 **see to it that** 꼭 ~하게 하다, ~하도록 마음쓰다

163 **stave off** 피하다, 막다

164 **start over** ~을 다시 시작하다

165 **take after** ~을 닮다

166 **take care of** ~을 돌보다

167 **take down** 내리다, 무너뜨리다, 적어 두다

168 **take off** 이륙하다, 벗다, ~동안을 쉬다, ~을 빼다

169 **take on** 떠맡다, 고용하다, 띠다

170 **take in** 속이다, 섭취하다, 이해하다

171 **take over** ~을 인계받다, 인수하다

172 **take effect** 효과가 나타나다, 시행[발효/적용]되다

173 **take place** 발생하다

174 **take the place of** ~을 대신하다

175 **take up** (시간, 공간을) 차지하다

176 **take a seat** 자리에 앉다

177 **take away** 제거하다, 치우다

178 **take ~ for granted** ~을 당연하게 여기다

179 **take ~ into account** ~을 고려하다

180 **take it out on** ~에게 화풀이 하다

181 **trade on** ~을 (부당하게) 이용하다

182 **take a nosedive** 급강하하다, 폭락하다

183 **touch off** 촉발하다, 유발하다

184 **turn down** 거절하다

185 **turn off** (전기 · 가스 · 수도 등을) 끄다, ~을 지루하게[흥미를 잃게] 만들다

186 **tell ~ apart** 구별하다

187 **turn into** ~로 바뀌다, 되다

188 **turn a blind eye to** 못 본 체하다, 외면하다

189 **use up** 고갈시키다, 다 쓰다

190 **wind up** 결국 ~되다, 마무리 짓다

191 **work up** ~을 불러일으키다[북돋우다]

192 **wear out** 기진맥진하게 만들다

193 **weasel out of** ~에서 손을 빼다, (일을 하지 않으려) 요리조리 잘 빠지다, (의무 · 약속 등을) 회피하다

194 **weigh down** ~을 무게로 내리눌러 짓누르다

195 **walk on air** 기뻐 날뛰다, 들뜨다

196 **walk on eggshells** 눈치보다, 살얼음판을 걷다

197 **wrap up** 옷을 따뜻하게 챙겨 입다, 마무리 짓다

198 **work out** 운동하다, 해결하다, (일이) 잘 풀리다

199 **yearn for** ~을 열망하다, 갈망하다

200 **zero in on** ~을 겨냥하다

공무원 영어 전치사구 총정리

001 **at the risk of** ~의 위험을 무릅쓰고

002 **at the discretion of** ~의 재량대로, 좋을 대로

003 **at the expense of** ~을 희생하면서, ~을 잃어가며

004 **at the mercy of** ~에 휘둘리는, ~의 처분대로

005 **apart[aside] from** ~을 제외하고

006 **by means of** ~에 의하여

007 **in token of** ~의 표시로

008 **in behalf of** ~을 도우려고, ~을 위해

009 **in case of** ~의 경우에

010 **in comparison with** ~와 비교하여

011 **in conjunction with** ~와 함께

012 **in line with** ~에 따라, ~의 방침에 의거

013 **in charge of** ~을 맡아서, 책임지고 있는

014 **in place of** ~ 대신에

015 **in favor of** ~을 찬성하여, ~을 위해

016 **in spite of** ~에도 불구하고

017 **in terms of** ~한 측면에서, ~에 관해

018 **in the face of** ~에 직면해서, ~에도 불구하고

019 **in exchange for** ~에 대한 대가로, 교환[대신]으로

020 **in accordance with** ~에 따라서

021 **in discord with** ~와 일치하지 않은

022 **in proportion to** ~에 비례하여

023 **irrespective of** ~에 상관없이

024 **on the brink of** ~의 직전에

025 **on a par with** ~와 동등한, 동등하게

026 **on behalf of** ~을 대신하여, 대표하여

027 **regardless of** ~에 상관없이

028 **to the detriment of** ~을 해치면서

029 **with a view to** ~할 목적으로, ~하기 위해서

030 **without regard to** ~와 상관없이

INDEX

INDEX

INDEX

INDEX

진가영

주요 약력

現) 박문각 공무원 영어 온라인, 오프라인 대표교수
서강대학교 우수 졸업
서강대학교 영미어문 심화 전공
중등학교 정교사 2급 자격증
단기 공무원 영어 전문 강의(개인 운영)

주요 저서

2025 진가영 영어 신독기 구문독해(박문각)
2025 진가영 영어 신경향 독해 마스터(박문각)
2025 진가영 영어 신경향 어휘 마스터(박문각)
New Trend 진가영 영어 단기합격 문법 All In One(박문각)
New Trend 진가영 영어 단기합격 독해 All In One(박문각)
New Trend 진가영 영어 단기합격 VOCA(박문각)
진가영 영어 기출문제집 문법·어휘(박문각)
진가영 영어 기출문제집 반한다 독해(박문각)
진가영 영어 독해끝판왕[독판왕](박문각)
진가영 영어 문법끝판왕[문판왕](박문각)
진가영 영어 진독기 구문독해 시즌1(박문각)
진가영 영어 단판승 문법 킬포인트 100(박문각)
진가영 영어 단판승 생활영어 적중 70(박문각)
진가영 영어 하프 모의고사(박문각)
2024 박문각 공무원 봉투모의고사(박문각)

진가영 영어 ✧✦ 단기합격 VOCA

초판 발행 2024. 7. 30. | **2쇄 발행** 2024. 11. 28. | **편저자** 진가영
발행인 박 용 | **발행처** (주)박문각출판 | **등록** 2015년 4월 29일 제2019-000137호
주소 06654 서울시 서초구 효령로 283 서경 B/D 4층 | **팩스** (02)584-2927
전화 교재 문의 (02)6466-7202

저자와의 협의하에 인지생략

정가 26,000원
ISBN 979-11-7262-121-6